Johannes Schmeer

AF130018

Führungskräfte mit unternehmerischer Power

Wie Sie Ihr Führungsteam zu mehr Lebendigkeit und Unternehmertum führen

Johannes Schmeer
München, Deutschland

ISBN 978-3-658-38622-1   ISBN 978-3-658-38623-8 (eBook)
https://doi.org/10.1007/978-3-658-38623-8

Die Deutsche Nationalbibliothek verzeichnet diese Publikation in der Deutschen Nationalbibliografie; detaillierte bibliografische Daten sind im Internet über http://dnb.d-nb.de abrufbar.

Springer Gabler

Planung/Lektorat: Mareike Teichmann
Springer Gabler ist ein Imprint der eingetragenen Gesellschaft Springer Fachmedien Wiesbaden GmbH und ist ein Teil von Springer Nature.
Die Anschrift der Gesellschaft ist: Abraham-Lincoln-Str. 46, 65189 Wiesbaden, Germany

Inhaltsverzeichnis

Teil I

Gefangen in Verantwortungslosigkeit und Frust

Täglich grüßt das Murmeltier

1

Praxisbeispiel

Das ist mal wieder eine der Besprechungen, bei denen der Geschäftsführer Oliver Schmitt sich wünschte, nicht dabei sein zu müssen. Einmal mehr kommt er sich vor wie Bill Murray in dem Film „Und täglich grüßt das Murmeltier" – mit dem großen Unterschied, dass dieser nach gut 90 Minuten aus der Dauerschleife, immer wieder das Gleiche erleben zu müssen, herausgekommen war. Oliver Schmitt aber hat das Gefühl, festzustecken und mit seinem eigenen Führungsteam in einer großen Dauerschleife gefangen zu sein.

Als einziger Tagesordnungspunkt des Meetings steht die erneute Erhebung aller Prozesse des Unternehmens auf dem Programm, eine wichtige Voraussetzung für die geplante Digitalisierung. Schmitt hat rechtzeitig eingeladen, auf die Wichtigkeit des Themas hingewiesen und ausdrücklich darum gebeten, dass alle dabei sein sollten. Und, was ist? Am Vorabend kommen zwei Absagen wegen „kurzfristiger und wichtiger Kundentermine", ein Bereichsleiter meldet sich am Morgen krank, und ein weiterer sagt gleich zu Beginn der Sitzung, dass er „leider" nur eine Stunde dabei sein könne, obwohl er das Thema natürlich „hoch relevant" fände. Von Schmitts zehn Führungskräften der ersten Ebene sind also gerade mal sechs durchgehend anwesend. Zumindest körperlich.

Klar, die Präsentation des externen Beraters zu Beginn war mal wieder so ein Klassiker: gefühlte 200 Folien in einer Stunde. Spätestens ab Folie 20 war es auch Schmitt schwergefallen, mit voller Aufmerksamkeit am Ball zu bleiben. Aber den Berater während seines Vortrags bitten, die Folien aufs Wesentliche zu reduzieren? Wie wäre er dann dagestanden, der Berater. Aber Oliver Schmitt genauso. Also ließ er es lieber sein.

Fragen im Anschluss an die Präsentation? Wie üblich keine. Hätten ja auch alle zuhören müssen. Stattdessen beredtes Schweigen. Schmitt müht sich nach Kräften: Noch einmal macht er deutlich, wie wichtig das Thema ist, um im Wettbewerb bestehen zu können, indem man zugleich schneller und kostengünstiger werde. Er zeigt Verbindungen auf, in jeden einzelnen Bereich, den seine Führungskräfte verantworteten. Und er stellt Fragen, um die Führungskräfte zum Austausch zu animieren. Aber die gucken vor allem freundlich. Sie tun interessiert, sitzen aber letztlich nur die Zeit ab. Mann oh Mann, denkt sich Schmitt, was läuft hier bloß immer wieder falsch?

Irgendwann dann erbarmt sich – klar! – Heinrich Müller und bezieht Stellung. Wenn man das überhaupt so nennen kann. Müllers Beiträge taugen nämlich eher als Rezept für Leipziger Allerlei. Ein klassischer Müller geht so: „Wir wissen ja alle, wie hoch relevant Prozesse für die Digitalisierung sind. Und sind wir uns nicht auch alle darüber einig, dass das Thema maximal hoch priorisiert gehört? Man müsste im Folgenden einfach die nötigen Konsequenzen ziehen, gerade in den Bereichen, wo es darauf ankommt. Jeder weiß hier, wovon ich hier spreche, da will ich jetzt gar nicht weiter ausholen. Eigentlich fände ich es gut, wenn man vielleicht in Zukunft …" Und so weiter. So kann das locker 10 Minuten am Stück gehen. Am Ende ist dann immer viel geredet, aber nichts gesagt. Vor allem aber: nichts getan.

Irgendwann hat Oliver Schmitt genug von der friedhöflichen Stimmung. Friedlich und höflich – aber eben auch komplett tot und wirkungslos. So kommen sie nicht voran. Schmitt beschließt, eine Stufe weiterzugehen und Verantwortlichkeiten zu verteilen. Jedes Mal aufs Neue findet er es dann sehr erstaunlich, wie flexibel seine Bereichsleiter plötzlich werden. Allerdings nicht im Übernehmen von Aufgaben, sondern im geschmeidigen Wegducken angesichts der Jobs, die sie auf sich zukommen sahen. Klar, jeder bedauert außerordentlich, dass gerade sein Bereich aufgrund Umstand X oder Y leider, leider nicht federführend das Projekt vorantreiben kann – wo es doch so wichtig ist! Aber vielleicht hat ja Kollege Maier Zeit, wo doch sein letztes Projekt schon vor zwei Monaten ausgelaufen ist? Na, das war ja klar, dass Maier vorgeschlagen würde. Kranke widersprechen nicht.

Oliver Schmitt ist gefrustet und wütend über seine Führungstruppe. Er war ja vorgewarnt worden, als er sich vor fünf Jahren von außen für den Job beworben hatte. Und zufrieden ist er, dass sich alle Kennzahlen seither in die richtige Richtung bewegen und das Unternehmen gut konsolidiert dasteht. Schmitt führt das auf seinen extremen Einsatz in diesen Jahren zurück, der gefühlt bei 250 Prozent gelegen hat. Er weiß aber auch, dass er so nicht weitermachen kann, wenn er den nächsten Expansionsschritt mit der Firma gehen will. Das kann nur mit einer durchgängig gut funktionierenden Führungstruppe gelingen. Mit ihm als Impulsgeber, als Ideenstifter, als Moderator und, klar, auch als oberster Controller. Aber bitte nicht mehr als Ackergaul, ohne dem, wenn er sich nicht ins Zeug legt, der Pflug stecken bleibt und nicht mehr weitergezogen wird.

Schmitt ist ratlos ob seiner Führungsriege und, wenn er ehrlich zu sich ist, fühlt er sich einsam und ohnmächtig. Aber woran liegt es nur, dass alle so saft- und kraftlos sind? Da steckt doch Potenzial drin, in der Truppe! Bloß: Wieso haben dann seine bisherigen Versuche, Schwung in sein Führungsteam zu bekommen, so wenig gefruchtet? Und wenn die Passivität seines Führungsteams das Symptom ist: Wo bitte liegen dann die Ursachen dafür? ◄

Painpoints und Killer verstehen

Im wahren Leben heißt Oliver Schmitt natürlich ganz anders, so wie alle Praxisbeispiele in diesem Buch zwar auf realen Erlebnissen beruhen, aber verfremdet und anonymisiert sind. Wie ging es Ihnen beim Lesen seiner Geschichte? Fanden Sie alles übertrieben – oder noch zu harmlos? Welche Punkte beschäftigen Sie selbst gerade und machen Sie vielleicht genauso frustriert oder wütend wie Oliver Schmitt?

In diesem Buch werden Sie zuerst erfahren, woran es liegt, wenn Führungsteams (und damit das gesamte Unternehmen) unter ihren Möglichkeiten bleiben. Sie werden sehen, weshalb oft Potenziale brachliegen, die leicht gehoben werden können – wenn man nur die Stellhebel dafür kennt. Dazu werden Sie die entscheidenden Qualitäten erfolgreicher Führungsteams näher beleuchten: deren Lebendigkeit sowie ihr unternehmerisches Denken und Handeln. Und Sie werden drei Dutzend Tools kennenlernen, wie Sie Ihr Führungsteam zu echtem, *lebendigen Unternehmertum* führen können.

2.1   Wo tut's bei Ihnen weh?

Egal, ob wir von einem Geschäftsführer und seiner Zusammenarbeit mit den Bereichsleitern sprechen oder von einer Abteilungsleiterin mit ihren Teamleitern: Es sind drei zentrale Aspekte, die ich in den vergangenen Jahren bei meinen Kunden identifizieren konnte, die sie daran hinderten, noch erfolgreicher zu sein, als sie es bereits sind.

Als erstes fehlt es bei vielen Führungsteams – und zwar ausdrücklich beginnend beim Topteam an der Spitze – an der umfassenden Übernahme von Verantwortung. Dann fällt es vielen Führungskräften schwer, Entscheidungen von größerer Tragweite zu treffen, sowohl allein, erst recht aber als Führungsteam. Und schließlich wird in vielen Unternehmen zwar alles Mögliche angestoßen und auf den Weg gebracht; fragt man aber drei oder sechs Mo-

J. Schmeer, *Führungskräfte mit unternehmerischer Power*,
https://doi.org/10.1007/978-3-658-38623-8_2

nate später nach, was aus dem Vorhaben geworden ist, erntet man nur ein müdes Lächeln und den Verweis auf neue, noch viel wichtigere Themen, die mittlerweile reingekommen sind und die das „alte" Projekt in der Prioritätenliste weit nach hinten verdrängt haben.

Kein Unternehmertum

Bringt man diese drei Aspekte überspitzt auf den Punkt, dann lauten sie: verantwortungslos, entscheidungsschwach und inkonsequent. Das sind typische Kennzeichen von Führungsteams, auf deren Potenzialen noch ein dicker Deckel ruht. In meiner Zuspitzung mag sich das nach geballter Inkompetenz anhören, nach einer völligen Fehlbesetzung und einem aussichtslosen Unterfangen, an diesem Zustand irgendetwas zu ändern. Das Verblüffende ist aber, dass diese Unternehmen durchaus funktionieren und sie definitiv nicht kurz vor dem Konkurs stehen. Im Gegenteil: Sie können sich am Markt meist gut behaupten.

Auch die Menschen, die ich in diesen Unternehmen kennenlernen durfte, sind fast ausnahmslos angenehme Menschen, die ich alle als „ehrliche Haut" bezeichnen würde. Sie haben eine Ausbildung durchlaufen, ihren Meister, Diplom oder MBA gemacht und arbeiten jeden Tag, um ihren Job zu erfüllen. Auf meine Kunden der letzten 25 Jahre will ich nichts kommen lassen! Zugleich ist jedoch offensichtlich, wie sehr sie alle unter ihren Möglichkeiten bleiben. Wie viel mehr möglich wäre. Wie alles effektiver und effizienter laufen könnte, wenn nur – ja: wenn was?

Ich nenne den ersten, zentralen Aspekt, der diesen Teams fehlt, „Unternehmertum". Unabhängig davon, ob jemand als geschäftsführende Gesellschafterin an der Spitze ihres eigenen Unternehmens steht oder ob es ein angestellter Manager mit Führungsverantwortung ist: *Unternehmertum, wie ich es verstehe, ist eine innere Haltung, die durch unternehmerisches Handeln sichtbar wird.* Unternehmertum heißt nämlich nichts anderes als: Verantwortung zu übernehmen. Entscheidungen zu treffen. Umzusetzen. Das ist die zentrale Qualität, die jedes Unternehmen bei allen Führungskräften braucht, um sich nachhaltig entwickeln zu können. Wie gesagt: keine Selbstverständlichkeit.

Doch was ist die andere Qualität, der zweite Aspekt? Was braucht ein Unternehmen noch, außer Unternehmertum?

Keine Lebendigkeit

Fehlendes unternehmerisches Denken und Handeln von Führungskräften führt in der Summe meist zu einer ziemlich schlechten Atmosphäre im gesamten Betrieb. Ohne Unternehmertum ist es zwar erst einmal bequemer als mit, auf Dauer aber kostet es unglaublich viel Kraft. Es erschöpft, macht leer und unzufrieden.

Denn weil die Arbeit natürlich trotzdem bewältigt werden muss, lässt sich gut beobachten, wie angestrengt alle arbeiten, um ihren Job bewältigt zu bekommen. Dafür motivieren sie sich vor allen Dingen durch Selbstdisziplin. „Muss ja!", heißt es dann gerne. Freude oder gar Spaß verbinden sie mit der täglichen Arbeit schon lange nicht mehr. In der Folge fühlen sich die Menschen innerlich zerrissen und liegen auch untereinander oft im Clinch. Auf den Punkt gebracht sind sie kraftlos, lustlos und zerstritten. Wer mag da arbeiten? Ich jedenfalls nicht.

Was aber ist die spezifische Qualität in der täglichen Zusammenarbeit, die eine dermaßen hohe Attraktivität hat, dass jeder in diesem Betrieb dabei sein möchte? Was ist also das Gegenteil von kraftlos, lustlos und zerrissen? Das ist: wenn alle Funktionsträger aus ihrer Kraft heraus arbeiten, wenn ihnen die tägliche Zusammenarbeit richtig Spaß macht und wenn sie gelernt haben, mit sich selbst und ihrem Umfeld in Einklang zu sein, sie also gut miteinander arbeiten.

In der Summe bezeichne ich das als lebendig: kraftvoll, glücklich und im Einklang zu sein. Mit sich und mit den Anderen. Lebendig! – das spricht den ganzen Menschen an und nicht nur den Funktionsträger, der jeden Tag seine Pflichten erledigt und Aufgaben abarbeitet.

Die Wechselwirkung

Letztlich haben wir es bei Unternehmertum und Lebendigkeit mit einer Wechselwirkung zu tun, im Positiven wie im Negativen. Fehlt es an Unternehmertum, wird alles unlebendig. Und das Unlebendige ist wiederum der perfekte Nährboden für immer weniger unternehmerisches Denken und Handeln. Mit anderen Worten: Keine Verantwortung, keine Entscheidung, keine Konsequenz, genau das macht die Menschen auf Dauer kraftlos, lustlos und zerstritten. Und umgekehrt natürlich ebenso. Wo sollten schließlich auf einem solch zwischenmenschlichen Brachland die Power und die Motivation herkommen, unternehmerisch zu denken und zu handeln?

Im Positiven ist es gerade umgekehrt: Gelebtes Unternehmertum macht die Menschen in jeder Beziehung lebendig. Und Lebendigkeit ist die perfekte Energie, um Unternehmertum voranzutreiben. Es liegt förmlich auf der Hand: Wenn alle Verantwortung übernehmen, Entscheidungen mutig getroffen und dann auch konsequent umgesetzt werden, bringt das Kraft, und es bedeutet Spaß und ein gutes Miteinander. Und umgekehrt: Lebendigkeit ist der beste Nährboden, die Firma durch unternehmerisches Denken und Handeln weiterzuentwickeln.

Unternehmertum ist also der Motor für Lebendigkeit – und Lebendigkeit der Motor für Unternehmertum. Das eine bedingt das andere, beide treiben sich gegenseitig voran. Hört sich das gut an, *lebendiges Unternehmertum*? Schön! Bloß – warum ist das eigentlich so schwierig? Was sind die Ursachen, weshalb Lebendigkeit und Unternehmertum so oft auf der Strecke bleiben? Genau das sehen wir uns als Nächstes näher an.

2.2 Die Killer der Lebendigkeit

Sechs Ursachen sind mir in den vergangenen Jahren besonders oft begegnet, weshalb es in vielen Unternehmen nur „halblebig" zugeht. Was Sie hier lesen werden, beruht also weniger auf wissenschaftlichen Studienergebnissen als vielmehr auf Erfahrungswissen aus rund 150 mittelständischen Unternehmen, die ich bisher zu Führungsthemen beraten durfte. Nehmen Sie die folgenden Aspekte deshalb bitte vor allem als Anregung, Ihren eigenen Verantwortungsbereich genau unter die Lupe zu nehmen. Meine Impulse von außen wollen Ihnen einen neuen Blickwinkel auf die eigene Situation ermöglichen.

Festhalten

Überrascht es Sie, wenn ich gleich als ersten Punkt behaupte, dass man auch mal etwas loslassen sollte? Habe ich nicht gerade das konsequente Durchziehen als wichtigen Baustein von Unternehmertum beschrieben? Stimmt natürlich, aber sehen wir uns ein Beispiel aus der Praxis an.

Praxisbeispiel

Ole Hansen ist auf der Zielgeraden seiner Tätigkeit als Geschäftsführer angekommen. Ein knappes Jahr liegt noch vor ihm, das er mit der geordneten Übergabe der Verantwortung an seine Tochter nutzen will. Hansen hat definitiv Grund, zufrieden auf seine 40 Jahre im familieneigenen Baustoffgroßhandel zurückzublicken. Auch in schweren Zeiten hat das Unternehmen gutes Geld verdient, meist sogar über dem Durchschnitt der Branche. Bei einem gemeinsamen Abendessen mit mir kommt Ole Hansen von sich aus auf eine Geschichte zu sprechen, die er mit einem großen Seufzer und den Worten „Wo viel Licht ist, da gibt's leider auch mal Schatten" beginnt. Anscheinend will er etwas loswerden …

Als er vor 35 Jahren die Geschäftsführung von seinem Vater übernimmt, „erbt" er auch einen jungen Buchhalter, der wenige Jahre zuvor von seinem Vater eingestellt und zum Leiter der kleinen Abteilung gemacht worden war. Herr Ludwig, das hatte sich früh abgezeichnet, ist nicht der große Hoffnungsträger, den man sich gewünscht hätte. Aber er macht seine Sache ordentlich, und zumindest zu Anfang gibt es auch nur wenig zu klagen.

Je länger aber Herr Ludwig die Buchhaltung verantwortet, umso schwieriger wird es mit ihm. Jede Veränderung stellt für ihn eine persönliche Zumutung dar, der er sich nach Kräften entgegenstellt – je älter er wird, umso mehr. Änderungen der Vorschriften zur Lohnbuchhaltung (und die gibt es bekanntlich laufend) sind bei Herrn Ludwig jedes Mal mit großem Gezeter und ebenso großem Widerwillen verbunden. Er jammert, er klagt. Und er nervt, ist sein Tonfall doch jedes Mal mit einem gefühlten Vorwurf an den Geschäftsführer verbunden, obwohl gerade der nun ganz sicher nichts für die neuesten Vorschriften kann.

Ludwig wird älter, Hansen genervter. Ludwig bleibt Buchhalter, Hansen genervt. Dreimal muss in all den Jahren die IT komplett umgestellt werden, natürlich inklusive einer neuen Buchhaltungssoftware. „Eine Zumutung! Völlig überflüssig! Wozu schon wieder! Die alten Programme liefen doch noch so schön!" Kein Witz: Noch im Jahr 2020, als ich mit Ole Hansen zu Abend esse, kann er bestimmte Zahlen und Auswertungen von seinem Buchhalter ausschließlich auf Papier bekommen. Mit spitzem Bleistift und feinsäuberlich von Hand geschrieben.

Wie gesagt, Hansen ist ein erfolgreicher Unternehmer – Handelsspannen, Deckungsbeiträge und Jahresüberschuss: alles bestens! Im Umgang mit Herrn Ludwig aber – da stieß er gewaltig an seine Grenzen. Immer wieder suchte er das Gespräch mit ihm. Das eine Mal versuchte er, Herrn Ludwig von den Vorteilen der neuen IT zu überzeugen oder brachte gute Argumente, weshalb handschriftliche Zahlenkolonnen nicht weiterhelfen. Das andere Mal machte er Druck, schimpfte und wurde laut. Dann und wann schrieb er auch mal eine Abmahnung, auf die er aber nie eine zweite folgen ließ. Ähnlich einem alten Ehepaar lebten und arbeiteten die beiden nebeneinander her und sich aneinander ab.

Wie kann das sein? Warum hält Hansen über Jahrzehnte an Ludwig fest? Richtig wäre es natürlich gewesen, sich frühzeitig von einem Buchhalter zu trennen, der mit jedem Jahr, das er länger dabei ist, noch weitere Macken an den Tag legt. Der allein schon durch seine Umständlichkeit die Kosten in die Höhe treibt und mit seiner schlechten Laune auch das Arbeitsklima vermiest. Der Grund ist letztlich: *Wir Menschen sind nicht logisch. Wir sind vor allem psycho-logisch.* Ob es uns passt oder nicht.

Beim Abendessen stellt Hansen es mir gegenüber so dar: Lange Zeit leitete ihn bei Herrn Ludwig das Prinzip Hoffnung. „Das wird schon noch. Ich muss nur mehr Geduld mit ihm haben!" Als seine Geduld aber aufgebraucht war, gab es einen neuen Grund. Die Firma war mittlerweile deutlich gewachsen und im regionalen Markt eine bekannte Größe geworden. Hansen hatte große Sorge, Ludwig würde zur Konkurrenz gehen und dort Interna preisgeben, was dem eigenen Unternehmen schaden könnte. Irgendwann dann, er stand mal wieder kurz davor, sich trotz aller Bedenken von Ludwig zu trennen, merkte er zu seiner eigenen Überraschung etwas anderes, das ihn von der Kündigung abhielt: Ludwig war ja noch von seinem Vater eingestellt worden – und auch sein Vater hatte sich nie von langjährigen Mitarbeitern getrennt, zu denen er einmal Ja gesagt hatte. Hansen merkte: Das würde auch er nie schaffen. „Was dieser Mann mich Zeit und Nerven gekostet hat. Ich wünschte, ich hätte sie für wichtige Projekte und Themen einsetzen können!", lautet deshalb auch Hansens durchaus frustriertes Fazit.

Ein Jahr nach unserem gemeinsamen Abendessen ist Hansen im wohlverdienten Ruhestand. Und nochmal sechs Monate später ist auch Herr Ludwig weg, freiwillig, wenngleich mit Rechtsanwalt und Abfindung. Hansens Tochter, jetzt frisch gebackene Geschäftsführerin, hatte die innere Freiheit, vor allem aber die nötige Konsequenz, die Trennung endlich durchzuziehen. Schön war's nicht, aber wirksam. ◀

Können Sie sich vorstellen, was diese über 30 Jahre andauernden Streitereien bei allen Beteiligten ausgelöst haben? Wie der Krach alle immer wieder aufs Neue genervt und belastet hat? Welche Stimmung sich dadurch mit jedem Jahr mehr ausgebreitet hat, gekennzeichnet durch Frust und Resignation, durch Ohnmacht und Wut? Festhalten an Personalentscheidungen, obwohl offensichtlich ist, dass sie falsch waren. Ein echter Killer von Lebendigkeit!

Wir können an allem Möglichem festhalten, nicht nur an Personalentscheidungen. An Zielen zum Beispiel – obwohl jeder im Betrieb weiß, dass sie nie mehr zu erreichen sind. An Produkten – obwohl man weiß, dass sie sich am Markt nicht mehr rentieren, sie im Unternehmen aber eine so schöne Tradition haben. An der Strategie – obwohl sich in nicht vorhergesehener Weise die Parameter geändert haben, unter denen sie einmal entschieden worden war. An Strukturen, Personal, Technik, einer Firmenübernahme, woran auch immer. Es gibt viele Dinge, die losgelassen gehören, weil sie überholt sind, die aber trotzdem oft eine erstaunliche Überlebensfähigkeit entwickeln.

Sehen Sie sich einmal in Ihrem eigenen Unternehmen um: An welchen Entscheidungen oder Einschätzungen halten Sie und Ihre Führungskräfte noch fest, einfach weil's schwerfällt, sie loszulassen und obwohl diese vielleicht schon lange überholt sind und deshalb mehr schaden als nützen?

Funktionieren müssen

Menschen und Unternehmen passen, wenn man es genau betrachtet, nicht zusammen. Unternehmen brauchen Regeln und Strukturen, um funktionieren zu können. Es gibt ein mehr oder weniger starres Konzept, wer wann wo welchen Job zu erledigen hat. Gegossen wird das Ganze in Förmchen, die Prozesse, Schnittstellen, Stellenbeschreibung, Organigramm oder wie auch immer heißen.

Natürlich gibt es Menschen, die genau so etwas lieben. Alle, die mit Controlling, Buchhaltung oder eben Organisation als eigentlichem Arbeitsinhalt zu tun haben, wissen meist auch als private Person eine klare Ordnung und logische Strukturen zu schätzen. Aber insgesamt sind wir Menschen eben nicht so eindeutig definiert und getaktet, wie eine Organisation das von uns erwartet. Die einen Kollegen schätzen wir sehr, da funktioniert die Kommunikation an der Schnittstelle optimal. Andere können wir nicht leiden, da klafft in der Zusammenarbeit ganz schnell eine Schnitt-Stelle. Mancher Prozess mag uns genau in der Form liegen, wie er definiert ist, andere entsprechen unserer Arbeitsweise ganz und gar nicht. Und dass eine Stellenbeschreibung ausschließlich Dinge beinhalten würde, die die Stelleninhaberin begeistert angehen würde, das habe ich auch noch nie erlebt. So weit, so menschlich.

Das Dumme ist nur – und ich übertreibe, um es anschaulich zu machen – dass sich das Unternehmen für unsere Befindlichkeiten nicht interessiert. Schlecht drauf heute? Pech gehabt, in einer Stunde beginnt die Präsentation vor dem neuen Großkunden! Sie hätten gerne Ihre Ruhe? Ja, leider stellen wir jetzt mal wieder auf Großraumbüros um, damit die Kommunikation unmittelbarer und einfacher wird. Sie kommen mit Herrn Wust nicht klar? Oh, Sie wissen schon, dass Sie in den kommenden zwei Jahren mit ihm im gleichen Projekt zusammenarbeiten werden?

Merken Sie, worauf ich hinauswill? Ihre Organisation hat ein zentrales Bedürfnis, und das lautet: Gewinn machen, um dadurch kurz- und langfristig das eigene Überleben zu sichern. Ihre oben beschriebenen, ganz menschlichen Bedürfnisse müssen da leider hintanstehen. Als Führungskraft haben Sie eine Funktion inne. Sie haben zu funktionieren. Und zwar so, wie es festgeschrieben ist; nicht so, wie Ihnen gerade zumute ist.

Ein Stück weit ist das okay. Es ist aushaltbar, wir haben gelernt, damit zu leben. Aber für dieses Funktionierenmüssen zahlen wir einen Preis, und der ist umso höher, je weniger unser Mensch-Sein zum Funktionsträgerin-Sein passt und je länger dieser Zustand andauert. Es ist jeden Tag aufs Neue eine Anpassungsleistung, die wir da vollbringen. Egal, ob wir „nur" Kopfschmerzen haben, die wir mit einer Tablette wegdrücken, um gut arbeiten zu können. Oder ob wir die Zähne zusammenbeißen und die Faust in der Tasche ballen, weil wir auf Kollegin Vogel und ihre Kompetenz angewiesen sind, sie aber noch nie haben leiden können.

Dass es uns Kraft kostet, diese Anpassungsleistung jeden Tag aufs Neue zu vollbringen, merken wir an zunehmender Erschöpfung und Dünnhäutigkeit, am Genervtsein, Appetit, Alkoholkonsum, schlechten Schlaf oder eben an den Kopfschmerzen. Manchmal treffe ich auf Coachees, die nur noch Erschöpfung ausstrahlen – und als Reaktion auf mein Mitgefühl mich (!) dann beruhigen wollen, indem sie mir erklären, dass es bis zum Sommerurlaub ja nur noch sieben Wochen seien. Diese Zeit werde man ja nun wohl auch noch überstehen können.

Als ich einmal den Bereichsleiter Produktion auf seine offensichtlich schlechte Verfassung ansprach, antwortete er im gespielt auftrumpfenden Ton „Man will ja schließlich auch funktionieren und beweisen, dass man's drauf hat!" Ich hörte gut zu, fragte viel nach, und eine halbe Stunde später hörte sich der Satz aus seinem Mund dann schon ganz anders an, als er meinte: „Ich würde ja gerne immer funktionieren. Aber ich merke, das kostet mich so unglaublich viel Kraft. Und ich habe Sorge, dass mich das gesundheitlich bald mal so richtig einholen könnte." Das war ein guter Punkt, von dem aus wir weiterarbeiten konnten. Denn Funktionierenmüssen kann viel Kraft, Spaß und innere Zufriedenheit kosten – und damit: Lebendigkeit, die doch ein so wunderbarer Motor für die tägliche Arbeit sein könnte.

Rollen spielen

Wie sieht es nun mit den Rollen aus, die wir jeden Tag im Unternehmen spielen? Was unterscheidet überhaupt eine Rolle von einer Funktion? Und wann werden diese zu Killern der Lebendigkeit? Jeder Mensch hat ja dutzende Funktionen inne: Partner, Kind, Elternteil, Nachbarin, Vereinsmitglied, Jogger, Kinobesucher, Verkehrsteilnehmerin, Restaurantbesucher und so weiter. Im Unternehmen dann Mitarbeiter, Kollegin und natürlich: Führungskraft.

Führungskraft ist eine Funktion, keine Rolle. Haben Sie zum Beispiel die Stelle „Leiterin Einkauf" inne, so ist Ihre Funktion innerhalb des Einkaufs die der Führungskraft. Und welche Rolle spielen Sie dort? Das hängt eben ganz von Ihrem persönlichen Führungs- und damit Rollenverständnis ab. Davon, welche Erwartungen Sie selbst an sich als Führungskraft richten. Hier fallen dann oft Begriffe wie Leader, Coach, Organisatorin, Kontrolleurin, Wegbereiterin und andere mehr. Bezeichnet die Funktion also die Aufgabe eines Menschen in einem System, beschreibt die Rolle die Art und Weise, wie er diese Funktion ausübt.

So weit so gut; doch jetzt kommt der Punkt, wo es stressig werden kann. So nämlich, wie Sie selbst Erwartungen an Ihre Rolle haben, so haben auch andere Personen ihre eigenen Rollenerwartungen an Sie als Führungskraft. Ihr Chef (wenn Sie nicht selbst an der Spitze Verantwortung tragen), Ihre Kollegen, vor allem aber Ihre Mitarbeiter: Jeder von diesen hat eine ganz spezifische Erwartung, wie Sie gefälligst Ihre Funktion ausüben, Ihre Rolle also spielen sollen.

Praxisbeispiel

Frau Fischer ist eine erfahrene Führungskraft. Zwölf Jahre hatte sie ihren früheren Bereich, den zentralen Einkauf, verantwortet. Ihre sachliche Art, verbunden mit einem lockeren Führungsstil, wurden bei den Mitarbeitern geschätzt und durch sehr gute Ergebnisse gedankt. Ihr eigenes Rollenverständnis und das ihres Teams passten perfekt zusammen.

„Wenn's dem Esel zu gut geht, geht er aufs Eis", begründet mir Frau Fischer, weshalb sie irgendwann zum Geschäftsführer gegangen ist und um Versetzung in einen anderen Bereich gebeten hat. So sehr sie die gute Zusammenarbeit mit ihrem Team genossen hatte, wollte sie doch nicht von dort aus viele Jahre später in Rente gehen müssen. Ein gutes Jahr später ist sie zur frisch gebackenen Leiterin Marketing ernannt, und der Rollenstress beginnt. Denn diese Abteilung wurde seit ihrer Gründung vor 30 Jahren von Herrn Buck geleitet, einem Patriarchen der alten Schule, der nach dem Prinzip „Teile und herrsche!" geführt, seine Leute kleingehalten und seine Hauptaufgabe in der peniblen Kontrolle von Ergebnissen gesehen hatte. Besonders beliebt: Mit dem Holzlineal nachmessen, ob das Firmenlogo auf dem Ausdruck die richtige Größe hat oder nicht. Ein Kulturschock für Frau Fischer, oder besser: ein massiver Rollenkonflikt.

Alle ihre neuen Mitarbeiter hatten nämlich gelernt und zutiefst verinnerlicht, dass Selbstständigkeit im Denken und Handeln nicht nur unerwünscht sind, sondern über Jahrzehnte hinweg mit Wutanfällen, Abwertung oder dem Entzug irgendwelcher Privilegien bestraft wurden. Und jetzt sitzt auf demselben Stuhl plötzlich eine, die das ganz genau umgekehrt haben will: selbst denken, selbst entscheiden, selbst verantworten! „Sowas ist doch keine Führung!", meinen die einen. „Wir brauchen straffere Vorgaben von Ihnen; früher haben wir die schließlich auch bekommen!", riefen die anderen.

Frau Fischer fühlt sich von Monat zu Monat mehr in ihrer neuen Rolle gefangen, die sie in dieser Form nie hätte haben wollen. Ihren Mitarbeitern geht es aber umgekehrt ganz genauso. Der Stress ist auf beide Seiten gleich verteilt. Rollenkonflikt pur also – und für lange Zeit ein Zustand, der alle Beteiligten massiv Kraft kostet und wenig Spaß macht. Von den bestenfalls mittelprächtigen Ergebnissen ganz zu schweigen. Lebendig ist das alles nicht, zumindest nicht in dem positiven und angenehmen Sinn, wie ich dieses Wort bisher immer gebraucht habe. ◄

Es muss ja nicht gleich so grundsätzlich und allumfassend sein wie hier bei Frau Fischer. Aber in welchen Aspekten fühlen Sie sich selbst in Ihrer Rolle gefangen? Wo richten Mitarbeiter oder Kolleginnen Erwartungen an Sie, die Sie nicht erfüllen wollen oder nicht erfüllen können? Und wenn Sie sich selbst gut reflektieren können: Wo stellen Sie sogar selbst an sich Erwartungen, die zu erfüllen Ihnen schwerfällt und mit denen Sie sich ständig unter Druck setzen?

Smarte Ziele

„Ziele müssen smart sein!", höre ich immer wieder oder, mit stolzgeschwellter Brust verkündet: „In unserem Unternehmen sind alle Ziele smart!" So haben wir das in den vergangenen 20 Jahren tatsächlich ja auch gelernt und praktizieren es seither. Was wir leider versäumt haben: es zu hinterfragen, auf seine Richtigkeit, vor allen Dingen aber auf seine Wirksamkeit. Interessanterweise klagen gleichzeitig nämlich viele dieser stolzen Führungskräfte über Motivationsprobleme in ihrem Bereich, über immer mehr Anstrengung und Selbstdisziplin, die es braucht, um noch etwas zu bewegen. Kann es sein, dass das eine mit dem anderen zusammenhängt? Dass smarte Ziele zwar üblich, aber – neben aller Nützlichkeit – auch zersetzend sind?

Erst einmal zum Guten von SMART. Zwar gibt es für jeden der fünf Buchstaben mehrere Bedeutungen, aber für vier davon werden fast immer dieselben genannt. S steht für spezifisch, also genau definiert. M für messbar, in Zahlen ausgedrückt und losgelöst von subjektiver Wahrnehmung. Zum A kommen wir gleich, denn dafür gibt es viele Bedeutungen. R steht für realistisch und T für terminiert, das heißt mit einem Datum oder sogar einer Uhrzeit versehen.

Und das A? A steht für attraktiv, sagen die einen, für akzeptiert die anderen. Ausführbar wird oft genannt. Aktionsorientiert, aktivierend, angemessen und so weiter. Eine bunte Mischung, die da zusammenkommt! Am häufigsten genannt wird achievable, ausführbar. Ausführbarkeit soll sicherstellen, dass für die Zielerreichung die nötigen Ressourcen verfügbar sind. Damit meint es auch etwas anderes als realistisch. Denn während Ausführbarkeit sich auf die Ressourcen bezieht, bezieht realistisch sich auf das Ziel selbst. Realistisch ist, wenn wir uns nicht für das nächste Quartal schon die Eroberung des Weltmarktes vornehmen, wenn wir mit unserem Business gerade mal den Heimatmarkt abdecken können. Keine Frage, SMART steht für fünf sinnvolle Kriterien. Was gibt es schon gegen spezifisch, messbar, ausführbar, realistisch und terminiert einzuwenden? Erst einmal nichts.

Die Schattenseite wird deutlich, wenn wir uns angucken, welche Ebene bei einem Mitarbeiter oder einer Führungskraft mit diesen fünf Kriterien angesprochen wird. Nimmt man für das A die Ausführbarkeit, dann stehen alle fünf Abkürzungen für sachlogisch richtige, rational definierte und wirtschaftlich gut begründete Kriterien. Damit richten sich 100 Prozent der smarten Kriterien an den Kopf eines Menschen, an seinen Sachverstand, an das Hirn. Es geht allein um Zahlen, Daten und Fakten. Die müssen erreicht werden. Und das gefälligst bis zum genannten Termin. Was fehlt? Um im Bild zu bleiben: Es fehlt der Bauch. Der Bauch soll hier als Sinnbild stehen für die Lust, die ein Mensch verspürt, das gesetzte Ziel tatsächlich auch anzugehen. Er steht für seine Leidenschaft, die er bei seiner Arbeit gerne erleben möchte.

Genau da liegt nun das Problem smarter Ziele. Der Kopf eines Menschen ist zuständig für die Steuerung und Kontrolle. Das sind zwei wichtige Größen, um sicher ans Ziel zu gelangen. Aber der Kopf hat noch keinen Menschen bewegt bekommen, außer vielleicht mit Selbstdisziplin und selbst auferlegtem Druck. Letztlich ist es nämlich immer der Bauch, der uns Menschen antreibt und der, je mehr Lust, Leidenschaft und Spaß er beim Arbeiten empfindet, uns umso schneller, länger und nachhaltiger voranbringt. Auf den Punkt: *Der Bauch ist unser Motor, der Verstand die Kontrolle.* Smarte Ziele richten sich nur an das Kontrollzentrum; nicht aber an den Motor. Der bleibt kalt – und genau das wird auf lange Sicht dann zum Problem.

Die Schattenseite smarter Ziele betrifft letztlich alle. Seit über zehn Jahren beobachte ich, dass der Fokus vieler Führungskräfte fast nur noch auf den smarten Zielen und Zahlen liegt. Margen, die rauf und Kosten, die runter müssen. Die Folge ist, dass auch immer mehr Führungskräfte der ersten und zweiten Ebene sich immer öfter in ihre Arbeit regelrecht hineinzwingen müssen. Natürlich bemüht jeder sich nach Kräften, sich das nicht anmerken zu lassen. Schließlich ist man hier Leistungsträger! Führungskraft! Wichtig! Stark! Erfolgreich! Doch der permanente Druck und das Gefühl, selbst als Geschäftsführer oder Vorstand fremdbestimmt zu sein, zehren an den Nerven, machen auf Dauer schlechte Laune und sorgen für Streitereien und Abgrenzung zu den Kollegen. Smarte Ziele – ein weiterer Faktor also, der die Lebendigkeit in einem Unternehmen auf lange Sicht ganz schön zum Absturz bringen kann.

Horrorstreifen

Henry Ford soll gesagt haben: „Ob du glaubst, du schaffst es, oder ob du glaubst, du schaffst es nicht: Du wirst auf jeden Fall recht behalten." An diesen Satz musste ich denken, als eine Ingenieurin, die als Freiberuflerin bei verschiedenen Unternehmen arbeitete, mir ihre Geschichte erzählte.

Vier Monate war sie in einem Ingenieurbüro mit 30 Mitarbeiterinnen tätig gewesen, als sich plötzlich das Gerücht von einer Schieflage der Firma verbreitete. Anfangs ging das noch eher tuschelnd hinter vorgehaltener Hand, bald aber immer offener und lauter an den Schreibtischen. Die besagte Ingenieurin versuchte, zunehmend angestrengt, sich auf ihre Arbeit zu konzentrieren, und appellierte an alle, doch ruhig zu bleiben und erst einmal abzuwarten. Umsonst. Sie sagte mir: „Ich konnte förmlich dabei zusehen, wie mit jeder Woche die Leistung des Team nach unten sank und im gleichen Maß die Ängste, Empörungen und Unsicherheiten wuchsen, bis sie irgendwann nicht mehr zu kontrollieren waren. Ein halbes Jahr hat es gedauert. Dann war die Firma tatsächlich pleite."

Bei dieser Geschichte hat die berühmte „self fulfilling prophecy" ganze Arbeit geleistet. Weil alle immer fester daran glaubten, dass sie bald arbeitslos auf der Straße stehen würden, verhielten sie sich entsprechend und bewirkten damit genau das, wovor sie Angst hatten.

Natürlich mag es auch andere Gründe für die Pleite gegeben haben, aber die Geschichte macht etwas Grundsätzliches deutlich. Es ist ungeheuer wichtig, darauf zu achten, wo wir Menschen unsere Gedanken und damit unsere Aufmerksamkeit haben. Was sich heute noch nur in unserem Kopf abspielt, hat gute Chancen, morgen die Realität zu sein, in der wir leben.

Kein Unternehmertum

Lebendigkeit kann nur gelingen, wenn die Führungskräfte deren Killer beseitigen. Ob als Geschäftsführerin oder als Teamleiter – es gilt zu erkennen, wo man selbst seine Beiträge dazu leistet, dass die Menschen saft- und kraftlos unterwegs sind, lustlos ihren Job machen und miese Stimmung zum Alltag gehört. Sind die eigenen Beiträge identifiziert, dann heißt es, eine klare Entscheidung zu treffen, daran *wirklich* etwas ändern zu wollen und nicht eher loszulassen, bis man dieses großartige Ziel einer lebendigen Zusammenarbeit tatsächlich erreicht hat. Auch wenn's dauert.

2.3 Die Killer von Unternehmertum

Wäre es nicht ein fantastisches Ziel, ein Ideal geradezu, dass absolut jeder im Betrieb – Mitarbeiter, Mittelmanagement oder oberstes Führungsteam – von einer unternehmerischen Haltung durchdrungen ist und auch entsprechend handelt? Dass jeder aus sich heraus für den eigenen Bereich volle Verantwortung übernimmt, schwierige Entscheidungen trifft und diese dann auch konsequent umsetzt? Wieso aber ist das überhaupt ein Ideal und keine alltägliche Selbstverständlichkeit? Wo bleiben unternehmerisches Denken und Handeln auf der Strecke? Anders gefragt: Was sind die Killer von Unternehmertum? Auch hier kommt nun meine absolut subjektive, auf Erfahrung beruhende Liste. Sie sind herzlich eingeladen, die genannten Punkte aus Ihren eigenen Erlebnissen heraus zu ergänzen.

Überregulation und Formerfüllung

Wer einem Banker in den letzten Jahren den Stecker ziehen wollte, der musste nur das Gespräch auf die Regulatorik bringen, und schlechte Laune war vorprogrammiert. Seit 2014 wurden mit „Basel III" Vorschriften immer weiter verschärft, in den nächsten Jahren steht bereits „Basel V" zur Umsetzung auf dem Programm. Auch das Kreditwesengesetz, das Wertpapierhandelsgesetz oder das Meldewesen wurden in regelmäßigen Abständen umfangreicher und komplexer. Jahr für Jahr bedarf es immer mehr Aufwand, durch passende Strukturen und Prozesse allen Regularien gerecht werden zu können. Ein Umstand, der gerade kleinen und mittleren Häusern schwer zu schaffen macht.

Ich persönlich kenne keinen Bankvorstand, der darüber nicht den Kopf schüttelt und die Augen rollt. „Das ist hier schon lange nicht mehr vergnügungssteuerpflichtig", lautet das Fazit eines Vorsitzenden. Wer die Beratung der Kunden liebt, wer Finanzierung (und nicht Paragrafen) spannend findet, wer tolle, neue Produkte entwickeln will – all denen schnüren die Regulatorik und deren strenge Kontrollen förmlich die Luft ab. Allerdings ist mir schon lange vor den genannten Regularien so manches Kreditinstitut begegnet, das ein Weltmeister im Entwickeln eigener Regelungswerke war.

Praxisbeispiel

Fast 30 Jahre lang ist Reinhold Hemper bereits im Vorstand „seiner" Volksbank tätig, davon 25 Jahre als Vorsitzender. Kaum noch vorstellbar heute, solch eine lange Verweildauer angestellter Topmanager im obersten Führungsgremium. Gibt es zu irgendeiner Fragestellung im Hause Streit, ob Kredit X nun links- oder rechtsherum bearbeitet werden muss, erkennt Hemper seine Chance: da gibt es was zu regeln! Offenbar ist diese Sache ungeklärt, und das muss nicht nur entschieden, sondern vor allem auch aufgeschrieben werden. Schließlich soll es bei ähnlichen Fällen in der Zukunft dann wieder genauso bearbeitet werden können. IWD heißt die fortlaufende Sammlung aller Regeln, „Interner Weisungsdienst", zu Hempers Amtszeit noch auf Papier. Bald zwanzig prall gefüllte Leitzordner haben sich angesammelt, als Hemper in Ruhestand geht und sein Nachfolger damit beginnt, die Sammlung Stück für Stück wieder abzubauen. Abbauen? Weshalb? Was ist denn schlecht daran, alles genau geregelt zu haben?

Was glauben Sie, war mit jedem neuen Blatt, das dem IWD hinzugefügt wurde, bei den verantwortlichen Führungskräften (und natürlich auch den Mitarbeiterinnen) gewachsen? Sicherheit oder Unsicherheit? Klar, wenn ich schon so frage … Es war tatsächlich so: In der besten Absicht durch klare und für alle verbindlich festgeschriebene Regeln die Sicherheit bei künftigen Entscheidungen zu erhöhen, hatte Reinhold Hemper bei seinen Leuten genau das Gegenteil bewirkt, zunehmende Verunsicherung. Selbst die alten Hasen, die dem Werk ja beim Wachsen hatten zusehen können, bekamen Schweißperlen auf die Stirn, wenn ein Kollege sie fragte, ob sie beim Darlehen an die Firma Müller denn auch an IWD 15.4.23, 12.8.87 und – ganz wichtig! – 46.12.1 gedacht hätten. Die Angst, etwas übersehen zu haben, nahm mit jedem neuen Paragrafen zu, und die Wahrscheinlichkeit, dass das tatsächlich auch passierte, zwangsläufig ebenso. Die Angst davor, etwas falsch machen zu können – sie ist ein machtvoller Killer von Unternehmertum. ◄

Eine kleine Ergänzung noch: „Gut ist das Gegenteil von gut gemeint", heißt es ja so schön. Hemper hatte es gut gemeint, keine Frage. Aber letztlich war die von ihm selbst geschaffene Überregulierung auch der Versuch, sich die Arbeit zu ersparen, die es bedeutet, Menschen zu führen und sich mit ihnen auseinanderzusetzen. Das kann so nicht funktionieren. 10.000 Seiten Kleingedrucktes, damit ich mir als Führungskraft die Gespräche mit meinen Mitarbeiterinnen bei deren Nachfragen sparen und sie auf meinen heißgeliebten IWD verweisen kann? So ticken wir Menschen nicht. Das sind Pseudolösungen, deren Schaden den Nutzen bei Weitem überwiegt.

Prägende Erfahrungen

„Da oben kriegen Sie den Kopf abgerissen", lautet der trockene Hinweis an die Auszubildende, als sie zur Geschäftsleitung gehen und dort eine Verbesserungsidee präsentieren möchte. In der Abteilung, die sie gerade im Rahmen ihrer Ausbildung durchläuft, hat ihre Vorschläge nämlich keiner wirklich hören wollen.

Wie kommen die Mitarbeiter zu ihrer Behauptung? Nun, sie haben über fast zwei Jahrzehnte hinweg mit dem Geschäftsführer prägende Erfahrungen sammeln können. Verbesserungsvorschläge waren für ihn stets ein Hinweis auf bestehende Missstände. Und für Missstände galt es nicht Lösungen zu suchen, sondern Schuldige zu finden. Und diesen Schuldigen hieß es dann möglichst klar zu sagen, was er von ihnen halten würde. Sicherlich nicht der Alltag im deutschen Mittelstand, doch genauso sicher nicht die Ausnahme.

Aber jetzt kommt's: Besagter Geschäftsführer ist längst in Rente. Ganze sieben Jahre ist sein Abschied jetzt schon her. Seitdem wird das Unternehmen von zwei jungen Geschäftsführern geleitet, die kooperativen Führungsstil und partnerschaftliche Kommunikation nicht nur aus den Büchern kennen, sondern darin jeden Tag ihr Bestes geben. Ist das nicht verrückt, dass diese andere Art, Menschen zu führen, auch nach sieben Jahren bei den Mitarbeitern noch nicht angekommen ist? Leider nein, es ist vielmehr menschlich. Denn es gibt einen Teil in unserem Gehirn, limbisches System genannt, das einen extrem guten Erinnerungsspeicher hat, wenn es darum geht, Gefahren zu erkennen und entsprechend Alarm zu schlagen. Dummerweise verfügt dieser Teil des Gehirns aber über keine Zeitachse und kann deshalb nicht zwischen Vergangenheit und Gegenwart unterscheiden. Deshalb schlägt das limbische System auch viele Jahre nach dem Ausscheiden des „Alten" noch immer Alarm, wenn man nach oben zum Chef kommen soll. Das ist die Situation, die das limbische System als gefährlich erkannt hat und deshalb (zu) zuverlässig davor warnt. ◄

Wovon hängt der Zeitraum ab, bis positive Erfahrungen mit dem neuen Chef die alten, negativen überwiegen? Ganz einfach: Es hängt davon ab, wie viele nachhaltig positive Erfahrungen die einzelnen Personen mit dem neuen Vorgesetzten bisher machen konnten, und zwar persönlich, nicht nur durch die Erzählungen Dritter.

Vielleicht ist das ein Hinweis für Sie, wie Sie das Vertrauen Ihrer Teammitglieder gewinnen können. Welche Erfahrungen machen Ihre Leute, wenn sie Ihnen gegenüber den Finger in die Wunde legen und auf Missstände hinweisen? Können Sie diese Frage aus der Sicht Ihrer einzelnen Teammitglieder beantworten?

Fakt ist: Mitarbeiter, und natürlich auch Führungskräfte, vermeiden umso mehr, Verantwortung zu übernehmen und selbstständig Entscheidungen zu treffen, je mehr sie später Sanktionen fürchten müssen, falls diese sich als Fehler herausstellen sollten. So entsteht die typische Fehlervermeidungskultur, die jedes Unternehmen in seiner Entwicklung lähmt.

Keine Konsequenzen

In meinen Anfängen als Trainer, Berater und Coach saßen oft noch Mitarbeiter verschiedener Firmen in meinen Trainings, keine Führungskräfte. Aus dieser Zeit ist mir eine oft gehörte Klage in Erinnerung geblieben. Regelmäßig beschwerten sich die Teilnehmerinnen darüber, dass es in ihrem Team einzelne Mitglieder gäbe, die eine hohe Kompetenz darin besäßen, sich aus allem herauszuhalten: bloß keine Verantwortung übernehmen und auch ja keine Entscheidungen treffen. Hat man diese beiden Hürden genommen, dann drohte auch keine Gefahr mehr, irgendetwas umsetzen zu müssen.

Schauen wir uns das zuerst einmal aus der Perspektive derjenigen an, die eine so hohe Kompetenz im Sich-Heraushalten haben. Deren Denke lautet: „Ist das nicht ein herrlicher Zustand? Könnte ich es überhaupt noch bequemer haben? Wie blöd muss man sein, sich freiwillig Arbeit aufzuhalsen, wofür man am Ende dann noch den Kopf hinhalten muss? Wunderbar, dass es so Blöde in jedem Unternehmen gibt. Das ermöglicht mir selbst ein komfortables Leben. Und die unangenehme Arbeit machen andere. Herrlich!"

Der Blickwinkel der anderen Teammitglieder hört sich naturgemäß ganz anders an: „So eine Gemeinheit! Wir machen uns hier den ganzen Tag buckelig und schauen, dass die Arbeit am Abend erledigt ist, aber Herr X oder Frau Y, die haben das ja nicht nötig. Die machen sich einen schönen Tag, tun immer ungeheuer beschäftigt und sitzen in Wahrheit nur die Zeit ab. Eine Frechheit, dass die das gleiche Gehalt bekommen wie wir!"

Einerseits ist klar, wer hier „gut" und wer „böse" ist, wer sein Verhalten beibehalten, vor allem aber, wer es gefälligst ändern sollte. Andererseits, wenn ich mich in die Position der – um es beim Namen zu nennen – Minderleister hineinversetze: Ich verstehe diese Menschen gut! Das bedeutet keinesfalls, dass ich ihr Verhalten richtig fände oder ich damit sogar einverstanden wäre. Aber sie verstehen, das tue ich auf jeden Fall. Keine Verantwortung übernehmen, aber volles Gehalt bekommen. Keine Entscheidungen treffen, aber nichts befürchten müssen. Nichts umsetzen, aber dafür auch nicht belangt werden. Was sollte solche Menschen bewegen, an ihrem Verhalten etwas zu ändern? Wer nur an sich selbst denkt und wem die Kollegen oder die Firma egal sind, für diese Menschen ist ihr Verhalten nur konsequent.

Mit den Teilnehmern in meinen Trainings konnte ich dann Möglichkeiten erarbeiten, was sie selbst tun können, um daran etwas zu ändern. Wobei sie meist schon einiges versucht hatten, aber nicht weit damit gekommen waren. Damit rückte dann regelmäßig diejenige Person in den Vordergrund, die das Spiel hätte beenden können, aber genau die war damals in den Trainings nie anwesend: die Führungskraft. Es gibt viele Gründe, die ich später dann von Führungskräften gehört habe, weshalb sie sich (natürlich bei Weitem nicht alle) in solchen Situationen zurückgehalten haben. „Das müssen die doch selbst regeln können", lautete eine häufige Begründung. „Ich bin doch nicht der Papa, der sich hier um alles kümmern muss." „Das sind doch erwachsene Leute. Also wenn die das nicht gelöst kriegen, dann weiß ich auch nicht." Aber manchmal war auch die eine oder andere Führungskraft so ehrlich und gab zu, dass sie durchaus schon Anläufe unternommen hatte, an dem Fehlverhalten etwas zu ändern, sie aber genauso wie die Mitarbeiter nichts hatte bewirken können. Und dass sie unsicher war, wie sie mit solchen Leuten überhaupt sprechen kann und muss. In der Summe gab es einige Gründe, weshalb die Vorgesetzten so passiv geblieben waren.

Das Ergebnis war jedoch immer dasselbe: Wenn das Sich-Drücken eines Mitarbeiters von der Führungskraft nicht konsequent sanktioniert wurde, war das auf lange Sicht der Killer unternehmerischen Denkens und Handelns im gesamten Team. Die Lebendigkeit konnte man dann auch gleich mit beerdigen, denn ungeklärte Dauerkonflikte machen ein gutes Miteinander unmöglich.

Im Kindergarten

Praxisbeispiel

„Herr Schmeer! Unsere Bereichsleiter! Ich sag's Ihnen! Die sind nichts anderes als ein teuer bezahlter Kindergarten!", ruft mir der Geschäftsführer eines Mittelständlers zu, als wir uns zum ersten Mal treffen. Ein dutzend Beispiele hat er parat, was er damit meint: In den wöchentlichen Treffen den Mund halten, danach aber sich aufregen, was der Geschäftsführer schon wieder Unmögliches planen würde. Streitereien und Neid, weil Kollege Schneider durch seine Beziehungen mal wieder eine Wagenklasse als Firmenfahrzeug ergattern konnte, die ihm gemäß Richtlinien doch gar nicht zustehen würde. Und schließlich kämen noch alle dauernd zu ihm als Chef gelaufen und fragen, wie sie ihre anstehenden Probleme lösen sollten. Kindergarten, eindeutig!

Später, in den Einzelinterviews eben dieses „Kindergartens" erfahre ich dann den anderen Blick auf die Situation. Die Bereichsleiter erzählen von ihrem Geschäftsführer, den sie untereinander gerne als den „Großen Vorsitzenden" bezeichnen, weil andere Meinungen als die seine nicht geduldet werden. Seine Problemlösungen sind natürlich immer die besten. Und überhaupt funktioniert Führung durch den Geschäftsführer ausschließlich mittels Befehls und Gehorsams. ◄

Verblüffend? Nein, vielmehr der Klassiker. Aus zwei völlig verschiedenen Blickwinkeln resultieren häufig zwei vollkommen unterschiedliche Bewertungen ein und derselben Situation. Welche der beiden Seiten hat nun recht? Natürlich beide. Denn jede Seite konnte die eigene Bewertung aus ihrer Sicht klar begründen. Beide Seiten erlebten ihr eigenes Verhalten lediglich als Reagieren auf das vorausgegangene Verhalten der Gegenseite. „Wenn die Gegenseite so agiert, wie sie es tut, bleibt einem ja nichts anderes übrig als so zu reagieren, wie man es tut!"

Was war der Lerneffekt dieses obersten Führungsteams? Geschäftsführer und Bereichsleiter waren über die Jahre in eine sich selbst verstärkende Spirale hineingeraten. Je „unreifer und kindischer" sich die Bereichsleiter in den Augen des Geschäftsführers verhielten, umso mehr musste er durch klare Ansagen sicherstellen, dass der Laden überhaupt noch läuft. Und je mehr er seinen autoritären Führungsstil ausübte, umso passiver und unselbstständiger wurden seine Bereichsleiter. Ein klassischer Teufelskreis. Unternehmerisches Denken und Handeln gehen mit jeder Umdrehung noch mehr verloren, bis sie irgendwann ganz auf der Strecke geblieben sind.

Käse unterm Teppich

In vielen Unternehmen werden neu auftauchende Probleme erst einmal unter den Teppich gekehrt. „Ist doch nicht so schlimm. Das Problem haben im Augenblick doch alle. Also da haben wir aber ganz andere Themen auf unserer Agenda. Ich kann nicht erkennen, warum das ein Problem sein soll. Passt doch alles." So oder so ähnlich lauten dann die Argumente, mit deren Hilfe die Auseinandersetzung mit dem Thema unterdrückt wird und der Ärger seinen Lauf nimmt.

Denn stellen Sie sich einmal vor, das neu aufgetauchte Problem wäre in Wahrheit ein Camembert, der frisch aus dem Kühlregal im Supermarkt kommt und mit solchen Aussagen unter den Teppich gerollt wird. Was passiert dann? Erst einmal nichts! Diejenigen, die den Käse unter den Teppich gerollt haben, sehen sich entsprechend bestätigt. Gut, vielleicht stolpert mal einer, wenn er über den Teppich geht, und dreht sich verwundert um. Aber was sieht er: wieder nichts. „Ist doch auch wirklich schön anzusehen, der Teppich!" Tja, und dann verstreicht die Zeit. Ein paar Wochen ziehen ins Land, vielleicht Monate … Das Problem, pardon: der Camembert, reift vor sich hin … und irgendwann fängt es an, seltsam zu riechen. „Komisch, wo kommt das her? Wie kann das sein?", wundern sich alle. „Lüftet doch mal gründlich durch!" Doch trotz aller Frischluft wird aus dem seltsamen Geruch zunehmend Gestank. Penetrant, heftig – und irgendwann so stark, dass man widerwillig dem Rat des Handwerkers folgt, den Teppich doch mal umzudrehen und genauer nachzusehen. Doch wenn es erst einmal so weit gekommen ist, dann ist es zu spät.

Nicht nur, dass der gereifte Camembert sich längst verflüssigt hat. Er ist in den Teppich förmlich eingedrungen. Und egal, wie viel man jetzt schrubben würde, die Milchsäurebakterien kriegt da keiner mehr raus. Ein großer Teil des Teppichs muss entsorgt werden, oder er fliegt gleich im Ganzen raus.

Unternehmertum? Ist bei solch einem Verhalten Fehlanzeige. Wegzusehen anstatt Verantwortung zu übernehmen – das ist allerdings nicht selten. Wenn ich mit ehemaligen Kunden ins Gespräch komme, mit denen ich 5 oder 10 Jahre zuvor gearbeitet habe: Die Geschichte vom Camembert ist bei allen hängen geblieben. Alle hatten sie früher diese Erfahrung viel zu oft gemacht und ziehen deshalb – meistens zumindest – seither die richtige Konsequenz daraus: den Käse gar nicht erst unter den Teppich rollen zu lassen. Oder, wenn es doch passiert ist, ihn schnellstmöglich dort wieder hervorzuholen. Bei einem frischen Camembert ist das ein Kinderspiel!

Keine Identifikation

„Ich will hier Geld verdienen, sonst nichts", lautet bei manchen Mitarbeitern die Einstellung zu ihrer Arbeit. Das Problem daran ist nicht der erste, sondern der zweite Teil ihrer Aussage: „sonst nichts". Warum sich hier engagieren? Wozu auch mal die Extra-Meile gehen? Die Firma wird hier ausschließlich als Möglichkeit zum Broterwerb gesehen, ob sie Pizza bäckt oder Autos herstellt, ob dort Kranke gepflegt oder Urlauber bespaßt werden – alles gleichgültig. Hier gibt es keinerlei Identifikation mit dem Unternehmen oder den Inhalten der Arbeit und für diese Menschen deshalb auch keinen Grund, sich mehr als unbedingt nötig zu engagieren. Man macht zwar seinen Job – aber das war's dann auch. Diese Einstellung kann sich auf das gesamte Unternehmen beziehen, den Bereich, die Abteilung, oder sogar auf die eigene Funktion, nicht nur bei Mitarbeitern.

Zum Beispiel habe ich in Sozialunternehmen Führungskräfte kennengelernt, die sich ausschließlich als Psychologen verstanden haben, die „auch eine gewisse Koordinationsfunktion wahrnehmen müssen". Oder Vorstände von Finanzdienstleistern, die mir unter vier Augen anvertraut haben, wie sehr sie ihrer Zeit als Vertriebler nachtrauern, mit täglichem Kundenkontakt und ganz ohne Ärger über leidige personalrechtliche Fragestellungen. Oder Unternehmensinhaber, die auch bei einem Betrieb mit mehr als 500 Mitarbeitern noch am liebsten das getan haben, was sie schon 20 Jahre früher am liebsten getan hatten, nämlich tagesaktuelle Probleme im Kleinklein zu lösen, anstatt sich mit langfristigen strategischen Fragestellungen zu beschäftigen.

Je weniger aber ein Mensch sich mit dem identifiziert, was sein Aufgabengebiet umfasst, umso weniger ist er bereit, dafür Verantwortung dafür zu übernehmen, Entscheidungen zu treffen und diese auch durchzuziehen. Unternehmertum ade!

Die Kultur

Die Unternehmenskultur beschreibt den täglichen Umgang der Menschen im Unternehmen: wie sie zusammenarbeiten, miteinander reden, E-Mails schreiben oder ihre Konflikte klären. Sie ist also „von Menschen gemacht" und deshalb auch jederzeit änderbar, wenn auch nicht von heute auf morgen. Doch von vielen wird die Kultur im Unternehmen wahrgenommen, als wäre sie in Stein gemeißelt, festgeschrieben und unumstößlich. Wir werden später, in Abschn. 6.7 (Teams mit Saft und Kraft) noch ein prominentes Beispiel für diese Denkweise kennenlernen.

Wie sehr fördert die Kultur in Ihrem Bereich, dass Mitarbeiter Verantwortung übernehmen, weil sie darin eine Chance sehen, etwas lernen zu können und keine Angst haben, bei Fehlern als Sündenbock dastehen zu müssen? Wie sehr fördert die Kultur, dass Mitarbeiter Entscheidungen allein treffen, ohne sich mehrfach rückversichern zu müssen, weil sie wissen, dass bei einer gut begründeten Entscheidung ihre Führungskraft hinter ihnen steht? Wie sehr fördert die Kultur, dass Mitarbeiter dranbleiben an ihren Aufgaben, auch und gerade, wenn es nachhaltig Widerstände oder Probleme gibt, weil das Ziel ihnen jede Mühe wert ist? Kurz: Wie sehr fördert die Kultur Ihres Unternehmens das Unternehmertum?

Wenn Sie sich mehr unternehmerisches Denken und Handeln wünschen, dann suchen Sie Antworten auf die drei genannten Fragen. Zuerst aus der Sicht Ihres Teams. Dann aus Ihrer eigenen Sicht. Und schließlich mit dem Blick aufs große Ganz aus der Sicht aller Beteiligten.

Keine Lebendigkeit

Unternehmertum zu leben, braucht Kraft, sollte richtig Spaß machen und gelingt am besten, wenn man mit einem tollen Team zusammenarbeiten kann. Alle drei Faktoren sind die Bestandteile der Lebendigkeit, ohne die Unternehmertum nur ein nettes Schlagwort und ansonsten leeres Gerede bleibt. Denn jede Veränderung in einem Unternehmen wird durch die Menschen, die dort arbeiten, veranlasst. Und je weniger der „Motor der Lebendigkeit" in ihnen brennt, umso weniger kommen sie auf ihrem Weg voran.

Lebendigkeit und Unternehmertum zur Befreiung nutzen

Rund ein Dutzend Killer konnten wir als Ursache identifizieren, weshalb Lebendigkeit und Unternehmertum so häufig auf der Strecke bleiben. Ein Jammer! Denn wie sehr bleibt ein Bereich oder ein ganzes Unternehmen unter seinen Möglichkeiten, wenn nur eine Handvoll Leistungsträger bereit ist, Verantwortung zu übernehmen, schwierige Entscheidungen zu treffen und diese dann auch konsequent durchzuziehen. Manchmal fehlt es „nur" am unternehmerischen Mindset und an dessen Umsetzung. Doch häufig fehlt es genauso an der Lebendigkeit. Sie ist der Treibstoff, der unternehmerisches Handeln überhaupt erst möglich macht: Kraftvoll seinen Aufgaben nachgehen. Richtig Spaß dabei haben. Mit sich selbst und mit den Kollegen in bester Verbindung sein.

Lebendigkeit und Unternehmertum sind Qualitäten, die jedes Unternehmen benötigt, das nicht nur vor sich hinvegetieren möchte. Aber leider sind es auch Qualitäten, von denen viele Unternehmen meilenweit entfernt sind, die eigentlich wachsen wollen, ertragreicher werden oder einfach nur besser. Warum ist das so? Um das zu beantworten, möchte ich gemeinsam mit Ihnen einen Effekt untersuchen, der sowohl jeden einzelnen Menschen als auch ganze Unternehmen daran hindert, an ihrer unbefriedigenden Situation tatsächlich etwas zu verändern.

Kennen Sie das von sich, dass Sie einerseits wissen, es wäre gut, Sie würden weniger Fleisch essen, dafür mehr frisches Gemüse, weniger rauchen, stattdessen mehr Sport treiben, weniger arbeiten, dafür mehr Zeit mit der Familie verbringen, weniger im Internet surfen, stattdessen mehr gute Bücher lesen? Vermutlich müsste ich anders fragen: Wer kennt solche oder ähnliche Fragen nicht? Den gleichen Effekt kennen viele Führungskräfte von sich. Sie wissen, es wäre gut, sie würden weniger E-Mails schreiben und wieder mehr mit ihren Leuten reden. Weniger sich auf die nächste Umstrukturierung stürzen, stattdessen sich im Team von der einen oder anderen Person trennen. Weniger die Standorte

J. Schmeer, *Führungskräfte mit unternehmerischer Power*, https://doi.org/10.1007/978-3-658-38623-8_3

in Asien und Südamerika besuchen, dafür sich mal wieder in den Standorten der deutschen Provinz blicken lassen.

Also: Warum? Warum tun wir so oft nicht, was offensichtlich dran wäre zu tun? Wie kann es sein, dass wir ganz klar erkennen, was zu tun das Beste wäre, es aber trotzdem einfach sein lassen? Was hält uns in diesem Zustand fest, der manchmal nicht nur Wochen oder Monate, sondern Jahre andauern kann? Genau das sehen wir uns jetzt näher an. Das Bild, das uns hier am meisten weiterhilft, ist das der Komfortzone, die jedoch bei näherem Hinsehen wesentlich vertrackter ist, als sie auf den ersten Blick erscheint und wie sie auch den meisten Menschen bekannt ist.

Erstmal steht der Begriff der Komfortzone für die Summe unserer Gewohnheiten. Verrückterweise eben nicht nur für die Summe unserer liebgewonnenen Gewohnheiten, sondern auch für die ungeliebten. Wie läuft von Montag bis Freitag Ihr Start in den Tag ab, vom Klingeln des Weckers am Morgen bis zu dem Moment, wo Sie im Büro angekommen sind? Vermutlich immer gleich, der Gewohnheit folgend. Wie reagieren Sie, wenn Sie merken, dass über Wochen hinweg Ihre Stressbelastung steigt, immer mehr Menschen etwas von Ihnen wollen und immer mehr dringende Themen auf Ihrer Agenda landen? Vermutlich können Sie auch das gut beschreiben, Sie kennen sich und Ihre jahrelang eingeübten Gewohnheiten schließlich bestens. Wie erleben Kolleginnen oder Mitarbeiter Sie als Gesprächspartner? Vermutlich immer gleich. Wenn Ihnen etwas nicht passt, was tun Sie dann? Wohl in etwa immer das Gleiche. Die Liste ließe sich ewig fortsetzen. Psychologen behaupten sogar, dass wir über 90 Prozent unseres Tages in solchen Mustern leben. Alles Schema F.

Weil wir all diese Muster in unserem Denken und Verhalten schon Jahre oder Jahrzehnte so gewohnt sind, ist es folglich ganz einfach komfortabel, in diesen Mustern auch weiterhin zu bleiben. Zum einen ist es herrlich vertraut und vermittelt damit ein Gefühl von Sicherheit. Zum anderen unterliegen viele Menschen einer Wahrnehmungsfalle. „So war ich schon immer! So bin ich nun mal!", behaupten viele meiner Coachees, wenn sie erklären wollen, weshalb sie in einer bestimmten Situation so und nicht anders gehandelt haben. Das stimmt aber nicht ganz. Wir Menschen sind nicht so und verhalten uns deswegen entsprechend. Sondern weil wir uns über sehr, sehr lange Zeiträume immer so *verhalten* haben, deshalb haben wir irgendwann die feste Überzeugung gewonnen, tatsächlich auch so zu *sein*. Ein fundamentaler Unterschied! Warum ist das wichtig? Ganz einfach deswegen, weil wir an unserem „So-Sein" nichts ändern könnten. Genau das hat die Natur, der liebe Gott oder wer auch immer geschaffen. Aber an unserem Tun, an unserem Denken und Handeln, daran können wir etwas ändern, auch wenn das so leicht oft nicht ist, wie wir es gerne hätten.

Bei denjenigen Gewohnheiten, die uns guttun, ist es ja auch ausgesprochen praktisch, in einer Komfortzone unterwegs zu sein. Wenn es die Gewohnheit ist, alle zwei Tage Sport zu machen, nur einmal pro Woche Fleisch zu essen und spätestens um 18 Uhr Feierabend zu machen – wer wollte an diesen Gewohnheiten rütteln? Diese Gewohnheiten sind absolut unkritisch, und es sich hier in der Komfortzone gemütlich einzurichten, ist geradezu sinnvoll. Ganz anders aber bei den sogenannten schlechten Gewohnheiten. Oben habe ich schon einige beispielhaft aufgezählt. Ihre eigenen kennen Sie natürlich selbst am besten. Was hindert uns nun aber, diese einfach abzulegen?

Ganz einfach wäre das, wenn es nach dem Schema in Abb. 3.1 ginge. Innerhalb unserer Komfortzone sind wir über all die Jahre das Immer-Gleiche leid geworden. Wir fühlen uns in den Gewohnheiten gefangen, erkennen, wie langweilig das mittlerweile geworden ist, und wie starr und unflexibel wir selbst dadurch geworden sind. Beim Blick nach außerhalb der Komfortzone sehen wir dann Dinge auf uns warten, die allesamt attraktiv erscheinen. Dort erkennen wir die Bereicherung, die das Neue mit sich bringen würde. Wir ahnen nicht nur die Weite und eine viel, viel größere Freiheit. Sondern wir ahnen auch, welch große Chance das Leben da draußen für uns bedeuten könnte.

Wären wir der „Homo oeconomicus", von dem die Betriebswirtschaftslehre gerne behauptet, dass wir es sind, dann würden wir losstürmen, um alles haben zu können, was „da draußen" auf uns wartet. Aber wir bleiben drin. Und warum das so ist, dafür müssen wir den Teil der Wahrheit ansehen, der in der Abb. 3.1 fehlt und den erst Abb. 3.2 sichtbar werden lässt.

Denn wie bereits beschrieben, ist es ja innerhalb der Komfortzone auch unglaublich gemütlich und schön: Dort ist alles gewohnt, vertraut, stabil, und deswegen fühlen wir uns hier ausgesprochen sicher. Und aus dieser Perspektive betrachtet: Was erkennen wir vor allem, wenn wir nach draußen sehen? Da erkennen wir sofort die Risiken, die dort auf uns lauern. Draußen ist alles unbekannt und folglich unsicher. Alles ist fremd und irgendwie fragil. Wer würde bei dieser Betrachtungsweise – innen: alles fein, außen: alles fremd – sich jetzt aufmachen und die Komfortzone verlassen? Ich jedenfalls nicht. Hat uns oben noch ein "Neues habenwollen" in Bewegung gesetzt, hält uns jetzt ein "Vertrautes nicht verlieren wollen" am Platz. Mit anderen Worten: gab es oben noch die Sehnsucht nach Veränderung, und

Abb. 3.1 Die Komfortzone, Betrachtungsweise 1

Abb. 3.2 Die Komfortzone, Betrachtungsweise 2

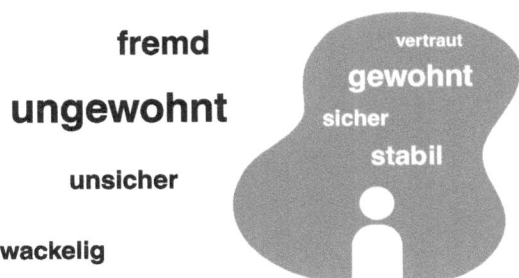

damit die nötige Motivation, die Komfortzone zu verlassen, so ist es jetzt nichts anderes als die Angst, den Status quo zu verlieren, die uns motiviert, da zu bleiben, wo wir sind.

Auf den Punkt gebracht ist das die Dynamik, die uns als einzelner Mensch, als Team oder in einem ganzen Unternehmen immer wieder begegnet: *Die Sehnsucht und der Wunsch nach Veränderung auf der einen Seite. Und die Angst vor genau dieser Veränderung auf der anderen Seite.* Die Sehnsucht haben wir, weil wir erkennen, was wir gewinnen könnten. Die Angst, weil wir ahnen, dass wir damit auch etwas zu verlieren haben. Wie Gerald Hüther, der bekannte Neurobiologe, es in einem Vortrag einmal auf den Punkt gebracht hat: Wir Menschen haben nach nichts so sehr Sehnsucht wie nach Veränderung. Und wir haben vor nichts so sehr Angst wie vor Veränderung. Der Fachbegriff dazu lautet Ambivalenz – und die wird uns hier noch öfter begegnen.

Die entscheidende Frage ist dann natürlich: Wie schaffen wir es trotz dieser vertrackten Ausgangslage ins Tun zu kommen? Wie kriegen wir unseren Hintern hoch und bleiben an der Veränderung dran, um genau die Entwicklung zu schaffen, die wir für uns selbst, das Team oder für das Unternehmen anstreben? Anders gefragt: Wie können wir die Kräfte Sehnsucht und Angst so beeinflussen, dass sie sich nicht mehr gegenseitig neutralisieren? Wie wird die Angst vor Veränderung möglichst klein und die Sehnsucht nach Veränderung möglichst groß? Spannende Fragen? Die Antworten darauf sind schließlich genau die Methoden, wie Sie Ihr Team auf Vordermann bringen können – und sich selbst gleich mit.

Machen wir uns hier noch einmal klar, welche Qualitäten langfristiger Unternehmenserfolg braucht: die Lebendigkeit und das Unternehmertum. Lebendigkeit heißt, kraftvoll, glücklich und im Einklang zu sein. Sie ist ein grundpositives Lebensgefühl. Und sie entsteht umso leichter, je selbstverständlicher wir uns in der Fülle und Vielfalt des Lebens bewegen. Unternehmertum heißt Verantwortung übernehmen, entscheiden und konsequent handeln. Jeder für den Bereich, den er verantwortet, und das im Bewusstsein, dass der eigene Bereich ohne die Leistung der anderen nichts bewirken könnte. Kurz und knackig: Es geht um Unternehmertum (Haltung und Handeln), das aus der Lebendigkeit (Kraftstoff und Motor) seinen Antrieb bezieht.

Wir werden uns also zuerst damit beschäftigen, wie Sie in die Lebendigkeit kommen, persönlich und mit dem Team. Danach, wie Sie Ihr Team oder die ganze Firma zu gelebtem Unternehmertum führen können. In der Summe geht es für Ihren Verantwortungsbereich um nicht weniger als dessen *Befreiung ins lebendige Unternehmertum.*

Status quo erkennen und Begrenzungen verschieben

Worauf achten Sie, um zu erkennen, ob in Ihrem „Laden" alles so läuft, wie Sie es sich wünschen? Welche Einflussgrößen haben Sie im Blick, unabhängig davon, ob diese hart messbar sind oder von Ihnen eher intuitiv bewertet werden? Meines Erachtens gibt es fünf logische Ebenen, die permanente Aufmerksamkeit benötigen, denn auf jeder von ihr können Dinge ins Rutschen kommen und damit den Erfolg des Unternehmens gefährden.

4.1 Die fünf Ebenen zur Analyse

Lassen Sie uns mit der obersten und zugleich offensichtlichsten Ebene beginnen, der Nummer 5. Mit deren Kenngrößen ist wohl jeder Manager im Unternehmen nahezu täglich befasst. Es sind der Gewinn, die verschiedenen Deckungsbeiträge, Erlöse, Kosten, Cashflow, EBITDA und wie sie alle heißen. Entwickeln sich diese Zahlen in die falsche Richtung, dann ist dies ein zwingendes Zeichen dafür, dass auf einer der vier darunterliegenden Ebenen etwas schiefgelaufen sein muss.

Ebene 4 steht für die Produkte oder Dienstleistung, die Ihr Unternehmen anbietet und mit denen es sein Geld verdienen soll. Ebene 3 enthält die Strategie des Unternehmens sowie die Strukturen, die für deren Umsetzung die optimalen Voraussetzungen bieten sollen.

Wie kommen Strategie und Strukturen aber zustande? Und wie wird jeden Tag aufs Neue dafür gesorgt, dass sie zuverlässig funktionieren? Genau das geschieht auf Ebene 2. Diese steht nämlich für die Zusammenarbeit und Kommunikation aller Funktionsträger. *Zusammenarbeit*: wie verbindlich Vereinbarungen getroffen werden, oder wie schnell sie wieder vergessen sind. Wie sehr man sich aufeinander verlassen kann, oder allein im Regen stehen gelassen wird. Wie schnell alles geht, oder wie lange alles dauert. *Kommunikation*: Wie viel miteinander gemailt oder gesprochen wird. Wie häufig Meetings stattfinden, wie

© Der/die Autor(en), exklusiv lizenziert an Springer Fachmedien Wiesbaden GmbH, ein Teil von Springer Nature 2022
J. Schmeer, *Führungskräfte mit unternehmerischer Power*,
https://doi.org/10.1007/978-3-658-38623-8_4

strukturiert oder chaotisch diese ablaufen, ob sie von Monologen oder Dialogen gekennzeichnet sind, wie offen oder taktierend alle miteinander sprechen und insbesondere, wie
Meinungsverschiedenheiten zu strittigen Fragen üblicherweise geklärt werden. All diese
zwischenmenschlichen Faktoren bestimmen Ebene 2.

Diese Faktoren haben ihren Ausgangspunkt schließlich in Ebene 1, womit wir bei den
einzelnen Personen angekommen sind, den Individuen. Sie selbst, alle Kollegen, Mitarbeiter
und Vorgesetzte – jeder von Ihnen bringt jeden Tag seine komplette Persönlichkeit mit in die
Arbeit. Das umfasst sowohl die aktuelle Tagesform als auch das Mindset und alle Emotionen, die sich auf Berufliches oder Privates beziehen können. Da sind viele Ressourcen und
Fähigkeiten dabei - und ganz sicher auch bei jedem die eine oder andere Unfähigkeit und
innere Blockade. So sind wir Menschen nun mal, ob es uns gefällt oder nicht.

Abb. 4.1 zeigt alle fünf Ebenen im Überblick. In diesem einfachen Modell ist die
Ebene 5 eine Folge aller Ebenen darunter. *Die Zahlen (5) werden erwirtschaftet mit den
Produkten und Dienstleistungen (4), die aus der Strategie und den Strukturen resultie-
ren (3), die wiederum entstanden sind in der Zusammenarbeit und Kommunikation aller
Beteiligten (2), die schließlich begründet ist in den Persönlichkeiten und der Tagesverfas-
sung eines jeden Einzelnen (1).*

Oliver Schmitt, der Geschäftsführer vom Beginn des Buches (Kap. 1, Täglich grüßt das
Murmeltier), will sicherstellen, dass das Unternehmen profitabel bleibt (5). Um zu wettbe-
werbsfähigen Preisen anbieten zu können (4), hat er die Digitalisierung und Prozesserhe-
bung (3) fest im Blick. Doch er stellt fest, dass es in der Zusammenarbeit mit seinem
Team (2) bei Weitem nicht so klappt, wie er es sich wünschen würde. Das frustriert ihn
und macht ihn ratlos (1). Aus dieser schlechten Verfassung heraus versucht er, das Problem
in den Griff zu bekommen, indem er Verantwortlichkeiten (3) zuteilen will (2). Aber, in
der Geschichte ist es ja bereits angedeutet: Es funktioniert nicht. Jeder der Anwesenden
hat angeblich noch Wichtigeres zu tun (2). Nichts geht voran (3). Wo also anpacken? Wo
liegt die Lösung?

Einer meiner Kunden hatte die Antwort für sich gefunden. Er sagte wörtlich: „Ich saufe
ab in Arbeit. Es bringt mich um, Tag und Nacht arbeiten zu müssen. Aber damit sich das
ändert, brauche ich ein Team, auf das ich mich mehr verlassen kann. Eines, das die Themen selbstständig so gelöst bekommt, wie der Betrieb es so dringend braucht." Auf welcher Ebene liegt hier das Problem? Klar, das Unternehmen soll überleben (5), und dafür
müssen offenbar zahlreiche Themen gelöst werden (4, 3). Allerdings scheint das Team

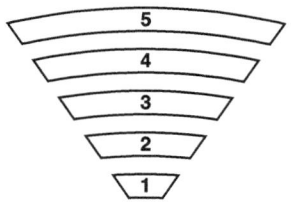

5 Deckungsbeiträge, Gewinn

4 Produkte, Dienstleistungen

3 Strukturen, Strategie

2 Zusammenarbeit, Kommunikation

1 Persönlichkeit, Verfassung

Abb. 4.1 Die fünf Ebenen zur Analyse

nicht in der Lage zu sein, das selbstständig zu leisten (2). Also ist klar, wo anzupacken ist: Schulungen, Teamentwicklung, Kommunikation – alles Ebene 2. Ja, aber …

Dem Geschäftsführer hatte es über all die Jahre gedämmert, dass das nur der eine Teil der Wahrheit ist, weshalb sein Team so schwach ist und er so viel arbeiten muss. Mittlerweile war ihm auch bewusst geworden, dass sein Team genau deswegen so schwach war, weil er ihm immer so viel abgenommen hat. Er selbst war es, der sein Team in der selben Unmündigkeit gehalten hat, mit der er es vor vielen Jahren übernommen hatte. Je mehr er für seine Leute die Kastanien aus dem Feuer holte, umso weniger kamen diese noch auf die Idee, sich selbst die Finger schmutzig zu machen, und guckten lieber ihrem Chef dabei zu, wie er mal wieder das nächste Problem gelöst bekam. Schon wieder so ein Teufelskreis.

Und damit heißt es einmal mehr: Willkommen auf der Ebene 1. Denn besagter Geschäftsführer war einer, wie ihn viele Firmeninhaber sich nur wünschen können. Er fühlte sich für alles verantwortlich und hatte höchste Ansprüche an sich und seine Lösungen. Er war sich auch nicht zu schade, selbst mit anzupacken. Ein Traum – aber eben nicht wirklich. Tatsächlich war es nämlich ein Albtraum. Denn was hilft es einem Unternehmen, wenn sein Chef jahrelang über seine Kräfte hinausgeht und gleichzeitig sein hochbezahltes Führungsteam sich zwischen neun und fünf Uhr pseudoengagiert die Zeit vertreibt? Nichts. Das ist auf beiden Ebenen die reine Ressourcenverschwendung.

Noch ein Praxisfall. Eine Unternehmerin hatte ihre Firma binnen fünfzehn Jahren von zunächst 20 auf knapp 300 Mitarbeiter vergrößert. Mittlerweile war sie Mitte Fünfzig und begann, sich Gedanken zu machen, wie es in fünf bis zehn Jahren einmal ohne sie funktionieren könnte. Ich sehe uns noch heute zu zweit vor dem großen Organigramm stehen, das wir an der Wand befestigt hatten. Sie schaute darauf, schwieg eine Weile und sagte dann: „Wenn ich mir meine direkt unterstellten Führungskräfte angucke, dann muss ich mir eingestehen, dass kein einziger von denen in der Lage ist, mir einmal nachzufolgen. Die sind alle zu schwach. Da fehlt es bei jedem an irgendetwas." Eine ernüchternde Erkenntnis, aber, weil sie so ehrlich war, auch eine äußerst hilfreiche. So wie es die Kundin aber formulierte, lagen Problem und Lösung vor allen Dingen an der Ebene 1: Ihre Leute waren von ihrer Persönlichkeit her einfach nicht zur Geschäftsführung geeignet! Noch einmal: Ja, aber …

Anders als im zuerst geschilderten Fall hatte die Unternehmerin das Team nicht von irgendeinem Vorgänger übernommen und in seiner Unmündigkeit gehalten. Im Gegenteil, es war ihr Team, das sie selbst über viele Jahre hinweg zusammengestellt hatte. Jeden Einzelnen hatte sie in den vergangenen Jahren persönlich an diese Position gesetzt. Dass mir das Gespräch mit dieser Unternehmerin so gut in Erinnerung geblieben ist, hat mit der Selbsterkenntnis zu tun, die sie noch hinterher geschoben hat. „Wenn ich ehrlich zu mir bin", sagte sie nachdenklich, „wusste ich bei allen, dass sie als Führungskräfte über Mittelmaß nicht hinauskommen würden. Und genau das wollte ich so! Ich hatte schlicht und ergreifend Angst, dass mir sonst einer von denen zu stark wird. Denn auch wenn ich dieses Unternehmen groß und erfolgreich gemacht habe: Tief in mir drin bin ich immer wieder unsicher und fühle mich all dem nicht gewachsen. Und weil das so ist, deshalb muss ich sie alle immer im Griff haben, und das gelingt mir nicht, wenn sie zu gut in ihren Jobs sind."

Wow, kann ich da nur sagen, Respekt vor dieser Ehrlichkeit und Offenheit . Hier wurde deutlich, dass der Ursprung des Problems zwar eindeutig auf Ebene 1 liegt. Aber erst einmal nicht bei den verschiedenen Führungskräften, sondern noch einen Schritt vornedran, bei der Unternehmerin selbst. In unseren Treffen haben wir dann eine ganze Weile lang daran gearbeitet, dass sie ihr schwaches Selbstbild hinter sich lassen und zu einer – für sie damals völlig neuen – inneren Stärke finden konnte. Einige der Tools, die ihr dabei geholfen haben, finden Sie auch hier im Buch beschrieben.

Es lohnt es sich also, alle fünf Ebenen immer wieder in den Blick zu nehmen. Gibt es irgendwo Probleme, dann gilt es zu hinterfragen. Warum ist es so, wie es ist? Was ist die Ursache für den Missstand? Was ist das Problem hinter dem Problem? Meine Erfahrung ist, dass man fast immer fündig wird, wenn man sich von Ebene 5 auf 4 und 3 herunterarbeitet, von dort aus dann Potenziale auf der Ebene 2 erkennt und, fast der Regelfall, schließlich bei der Ebene 1 landet. Das kann sowohl einzelne Führungskräfte betreffen als auch einen selbst. Und nicht selten beide.

Was löst meine These in Ihnen aus, dass Sie fast immer bei Ebene 1 und bei sich selbst landen werden, wenn es darum geht, die Ursache hinter den Ursachen zu identifizieren? Zucken Sie mit den Schultern und sagen „Ist doch klar. Wer soll schließlich letztverantwortlich für alles sein, wenn nicht die oberste Führungskraft mit ihrem Denken und Handeln? Und in meinem Bereich bin das nun mal ich selbst und niemand anderes." Oder macht es Sie wütend, wo doch so offensichtlich ist, was bei den anderen nachweislich alles schiefläuft. Oder frustriert es Sie, weil Sie in den vergangenen Jahren doch so vieles probiert haben, um die Missstände in den Griff zu bekommen, und Sie haben jetzt keine Lust, sich auch noch anhören zu müssen, dass ausgerechnet Sie derjenige wären, an dem es hängt?

Ganz ehrlich: ich könnte alle drei Reaktionen verstehen. Alle drei habe ich immer wieder bei meinen Kunden erlebt. Und alle drei kenne ich auch von mir selbst. Andererseits: Dass man es im Kern oft selbst ist, der einer gewünschten Veränderung im Weg steht, ist ja auch eine gute Nachricht. Schließlich heißt das im Umkehrschluss: Ich kann bei mir selbst anpacken, wenn ich etwas ändern möchte: Mein Denken ändern. Meine Emotionen besser kanalisieren. Mein Handeln variieren. Mein Sprechen und Zuhören noch weiterentwickeln.

In meinen Augen ist das nicht nur der vielversprechendste, sondern letztlich auch der einzige Ansatzpunkt. Haben Sie schon einmal versucht, einen anderen Menschen zu ändern? Und wenn ja – waren Sie nachhaltig erfolgreich damit? Ein ganz privates Beispiel dazu: Meine Eltern waren mehr als fünfzig Jahre verheiratet. Vierzig Jahre davon versuchte meine Mutter, ihren Mann dorthin zu verändern, wo sie ihn gerne gehabt hätte. Er sollte mehr erzählen, sich deutlich mehr bewegen (freiwillig natürlich) und außerdem auch weniger arbeiten und früher Feierabend machen. Und worum hat mein Vater sich Zeit seines Lebens bemüht? Seiner Frau unter Beweis zu stellen, dass gefälligst er selbst der Herr über sich und sein Leben ist, nicht sie.

Egal ob es um die Ehepartnerin geht, den Bereichsleiter oder die Teamleiterin: Der Schlüssel für jede Veränderung und für jede Unternehmensentwicklung liegt zuerst in uns selbst. Das ist sehr befreiend, wenn man das erkannt hat. Und es ist hoch wirksam. Sich selbst zu verändern, bedeutet nämlich nicht, ein „neuer Mensch" werden zu müssen, wie es viele meiner Kunden erstmal befürchten. Denn abgesehen davon, dass das genauso unmöglich wie unsinnig ist: Es genügt, diejenigen Kleinigkeiten im Denken und Handeln zu ändern, die in der Folge dann einen großen Effekt haben werden.

Die Kette funktioniert dann so: Weil Sie in einem bestimmten Aspekt Ihre Meinung geändert haben und etwas auf eine andere Art und Weise anpacken, als Sie es bisher getan haben (Ebene 1), erreichen Sie eine bessere Zusammenarbeit und Problemlösungskompetenz in Ihrem Team (2). In der Folge gelingt es, dank besserer Strukturen und Strategie, die Dinge leichter und schneller umzusetzen (3), was sich zwangsläufig in besseren Produkten bzw. Dienstleistungen zeigt (4) und sich später in wirtschaftlichem Erfolg niederschlägt (5). Diese Kausalität funktioniert bei Ihnen für Ihren Verantwortungsbereich, und genauso natürlich bei jedem Ihrer Teammitglieder für den seinen.

4.2 Aller Anfang liegt hier

Die Abb. 4.1 macht deutlich: Das, was am offensichtlichsten ist, wird getrieben von dem, was am wenigsten ins Auge fällt. Der Gewinn des Unternehmens wird getrieben von der Persönlichkeit der handelnden Personen – zuerst der Führungskräfte, und zuallererst der obersten Führungskraft. Die Konsequenz daraus lautet: *Die Entwicklung eines Teams oder eines ganzen Unternehmens findet ihre Grenzen genau in der Person, die an der Spitze dafür die Verantwortung trägt.*

Hart? Vielleicht. Wahr? Ich meine: ja. Denn gerade, wenn eine Führungskraft drei, fünf oder sieben Jahre ihren Bereich führt, wer sollte denn bitte für die zurückliegende Entwicklung und damit auch den aktuellen Status quo letztverantwortlich sein, wenn nicht sie selbst? Etwa Herr Schmelzer an der Pforte? Oder Frau Dr. Lüdens im Controlling? Auf Dauer passiert in einem Team oder einem Unternehmen nichts, was nicht die Person an der Spitze entweder entschieden, ermöglicht oder zumindest nicht verhindert hat. Das heißt ausdrücklich nicht, dass Schmelzer und Lüdens sich für ihr Tun nicht genauso verantworten müssten. Doch am viel beschworenen Ende des Tages muss eine Führungskraft sich jeden Erfolg und jeden Misserfolg in ihrem Bereich zurechnen lassen.

Ich persönlich finde es äußerst hilfreich, dass alle Veränderungen im Verantwortungsbereich bei einem selbst beginnen. Je besser man die eigenen Anteile an der aktuellen Situation erkennt, umso zielgerichteter kann man zuerst sich selbst und in der Folge seinen Verantwortungsbereich in die gewünschte Richtung entwickeln.

Es menschelt

In jeder Führungssituation treffen ja mindestens zwei Funktionsträger aufeinander, zum Beispiel eine Bereichsleiterin mit ihrem Abteilungsleiter. Würden die beiden nun so schön „funktionieren", wie es ihre Stellenbeschreibungen vorgeben, so wäre alles ganz einfach.

Die Bereichsleiterin äußert ihre Erwartungshaltung, und der Abteilungsleiter setzt diese um. So weit die Theorie.

Tatsächlich treffen hier aber erst in zweiter Linie Funktionsträger aufeinander. Ihre Funktion haben die beiden nämlich nur 40 oder vielleicht auch 60 Stunden pro Woche inne. In erster Linie treffen immer zwei Menschen aufeinander, die ihr „Mensch-Sein" auch niemals ablegen können. Mit allen Vor- und Nachteilen, die das mit sich bringt. 24/7 sind wir Menschen – und einen Bruchteil davon verbringen wir in unserer Funktion im Betrieb.

Auch wenn viele das nicht sehen können, aber unser Menschsein schleppen wir jeden Tag mit in die Arbeit. Blicken wir eher optimistisch auf die Welt, oder sehen wir eher die Gefahren? Wissen wir eher den Überblick zu schätzen, oder vertiefen wir uns lieber in die Details? Gehören wir eher zu den ruhigen Denkern oder zu den beredten Kommunikatoren? All das macht unsere Persönlichkeit aus, und es bestimmt, wie wir unsere Funktion im Unternehmen ausfüllen. Das Gleiche gilt für unsere aktuelle Stimmungslage, die im Hintergrund auch stets von unserem Privatleben bestimmt wird. Denn auch, wenn viele Führungskräfte es behaupten: Diesen Einfluss können wir nicht einfach ausblenden. Gesundheitliche Sorgen, die uns vielleicht belasten, der Stress mit den pubertierenden Kindern, der Frust über eine Ehe, deren beste Zeiten schon lange vorbei sind … All das schleppen wir mit in die Arbeit hinein. Wir können es nicht zu Hause ablegen, wie wir es bei einem Kleidungsstück oder Ähnlichem tun können. Es wirkt, auch wenn wir es nicht wollen. Und es wirkt auch da, wo wir es nicht brauchen können, in all den Gesprächen mit Mitarbeitern oder Kunden, die wir den ganzen Tag über führen.

Der Zentralschlüssel jeder Veränderung

Für viele Führungskräfte gleicht das Menschsein allerdings einem Fass ohne Boden, das zu verstehen ihnen nie so recht gelingen will. Gerade Führungskräfte, deren Beruf sehr technisch geprägt ist oder denen fachliche und sachliche Exzellenz besonders wichtig sind, wundern sich häufig sehr, weshalb das Gegenüber in einem Gespräch mal wieder so seltsam reagiert hat und vor allen Dingen so ganz anders, als sie es erhofft hatten. Kennen Sie das auch?

Einerseits finde ich, macht gerade das uns Menschen spannend: dass wir eben niemals berechenbar sind. Menschliches Verhalten kann im Nachhinein immer klug erklärt werden. Im Vorhinein aber weiß keiner, was kommen und wie eine bestimmte Person sich im Gespräch verhalten wird. Die Börse ist ein anschauliches Beispiel dafür. Vormittags wird wild spekuliert, wie die Kurse sich entwickeln werden und was kommen könnte. Am Abend dann, nach Börsenschluss, wird uns haarklein erklärt, was die Akteure an der Börse gedacht und welche Papiere sie deshalb gekauft oder verkauft haben. Hier gilt der Satz „Im Nachhinein ist man immer schlauer" in Reinkultur, ganz einfach, weil man menschliches Verhalten im Vorhinein nie wissen kann. Es wird sich also lohnen, wenn wir uns ein wenig mit dem Menschsein auseinandersetzen. Je besser wir verstehen, wie wir Menschen ticken, umso sicherer werden wir im Umgang damit. Wissen gibt Orientierung und Orientierung gibt Halt.

Wie wäre es, dafür ein einfaches Modell kennenzulernen? Eines, das bildhaft deutlich macht, wie wir Menschen funktionieren. Ein Modell, das in fünf „Bausteinen" eine klare Übersicht über die Zusammenhänge in uns aufzeigt. Genau das sehen wir uns jetzt an. Es ist ein praktisches Tool, wenn es darum geht, auf der Ebene 1 den Status quo zu erkennen. Und es ist ein geniales Werkzeug, die richtigen Hebel zur Optimierung zu entdecken.

Auf den ersten Blick sind es lediglich drei Bausteine, die einen Menschen umfassend beschreiben: der Körper, die Gedanken und die Emotionen. Diese drei sehen wir uns zuerst an und werden daraus dann die Nummer 4 und 5 ableiten.

Unseren Körper registrieren wir vor allem dann, wenn er nicht so funktioniert, wie wir es gerne hätten. Wenn der Kopf schmerzt, Muskeln sich verspannt haben, das Knie sich beim Treppensteigen beschwert oder der Magen nach zu viel Essen rebelliert. In diesen Augenblicken sendet der Körper ein Signal, das uns bewusst macht, dass etwas nicht in Ordnung ist. Bei einem gesunden Menschen gibt es nur wenige solche Momente pro Tag. Doch natürlich ist der Körper rund um die Uhr aktiv. Ohne jede Unterbrechung stellt er sicher, dass die gesamte „Maschine" funktioniert. Nur bekommen wir davon nichts mit, das läuft alles komplett unbewusst ab.

Das gleiche Prinzip begegnet uns bei den Gedanken. Wir wissen, dass unser Gehirn ebenfalls Tag und Nacht im Einsatz ist, es permanent Überlegungen anstellt, Bilder und Ideen produziert und Erfahrungen sortiert – aber von diesen Verarbeitungsprozessen bekommen wir nichts mit. Lediglich das Thema, mit dem wir uns im Augenblick beschäftigen – zum Beispiel die Pro- und Contra-Argumente in der Diskussion – ist uns bewusst, und wir könnten sagen, was uns dazu gerade durch den Kopf geht. Aber dass gleichzeitig im Hinterkopf völlig andere Denkprozesse zu ganz anderen Themen ablaufen, davon bekommen wir nichts mit. Das gilt tagsüber, wenn wir wach sind, und es gilt nachts, wenn wir schlafen. Das Gehirn arbeitet rund um die Uhr – und fast nichts davon kriegen wir mit.

Sie ahnen es vermutlich: Bei Baustein Nummer 3, unseren Gefühlen, wiederholt sich das Prinzip ein weiteres Mal. Wir haben nicht nur eine Empfindung, ein Gefühl oder eine Emotion. Vielleicht steht gerade Ihre Wut im Vordergrund, weil Sie sich ärgern, dass etwas nicht so funktioniert, wie Sie es sich gewünscht hätten. Aber die Enttäuschung, die Sie deshalb ebenfalls empfinden, die ist zwar auch da – Ihnen nur eben nicht bewusst. Würde Sie jemand fragen, wie es Ihnen mit der Stornierung eines Auftrags geht, würden Sie „Ich bin wütend!" antworten und nicht „Ich bin wütend und echt enttäuscht". Möglicherweise zeigt sich die Enttäuschung später einmal, wenn die vordergründige Wut verraucht ist.

Dreimal, am Beispiel des Körpers, der Gedanken und der Emotionen, konnten wir also sehen, dass nur ein Bruchteil dessen, was geschieht, uns auch bewusst ist und von uns benannt werden kann. Der Großteil geschieht ohne unser bewusstes Zutun, also unbewusst. Und genau damit sind wir bei den zwei noch ausstehenden Teilen 4 und 5 angekommen, von denen ich gesprochen habe. Es sind unser Bewusstsein und unser Unbewusstsein. Alles, was sich in Körper, Denken und Gefühlen ereignet und auf das wir Zugriff haben, bestimmt unser Bewusstsein. Und alles andere, was sich in Körper, Denken oder Emotionen abspielt, bildet in der Summe das Unbewusste. Es ist der mit Abstand größte Teil.

Die fünf Bausteine, die einen Menschen umfassend beschreiben, sind also: Körper, Gedanken, Gefühle, Bewusstes, Unbewusstes. Die Abb. 4.2 fasst die fünf Bausteine im Bild eines großen Fasses zusammen.

Diese fünf Bausteine stehen nun in einem permanenten Austausch. Es kann nichts bei einem der Bausteine geschehen, das nicht unmittelbar Auswirkung auf die anderen Bausteine hätte. Einige einfache Beispiele dazu:

Körper > Denken: Wer fünf Stunden nonstop vor seinem PC saß, kann meist kaum noch einen klaren Gedanken fassen. Wer eine halbe Stunde draußen joggt oder ohne Smartphone einfach nur spazieren geht, merkt, wie der Kopf wieder frei wird und neue Ideen zu sprudeln beginnen.

Körper > Emotionen: Wessen Körper durch eine Grippe geschwächt ist, fühlt sich meist auch emotional verletzlich und irgendwie bedürftig. Wer ein Wochenende beim Skifahren verbracht hat, fühlt sich oft stark und unangreifbar.

Emotionen > Denken: Von einem Mitarbeiter positiv zu denken, den Sie wegen seiner Art nicht leiden können, verlangt sehr viel von einem ab und dürfte auch kaum gelingen.

Emotionen <> Körper: Wenn wir fröhlich sind, fühlen wir uns leicht und beweglich. Wenn wir wütend sind, verspannt, und wenn wir traurig sind, eher schwer und unbeweglich.

Denken und Emotion > Körper: Ein noch sehr junger Mitarbeiter trifft unerwartet auf den Vorstand des Unternehmens, bei dem er gerade angefangen hat zu arbeiten. Vermutlich wird er bewusst seine Hand zum Gruß reichen und damit ein selbstbewusstes Signal senden wollen. Gleichzeitig bemerkt er nicht, dass er mit seinem Blick dem Vorstand ausweicht, er im gleichen Augenblick also ein Zeichen seiner inneren Unsicherheit sendet. Beide Anteile, der bewusste Gedanke und die unbewusste Emotion, zeigen sich gleichzeitig in seiner Körpersprache. Abb. 4.3 macht all diese Zusammenhänge noch einmal deutlich.

Wie Sie Ihren Körper und Ihr Denken nutzen können, um mit deren Hilfe in eine neue Lebendigkeit zu gelangen, das sehen wir uns in Teil II (Lebendigkeit ist Kraftstoff und Motor) genau an. Hier geht es erst einmal nur um das Unbewusste und damit um den vermutlich am wenigsten greifbaren der drei Bestandteile. Fünf Möglichkeiten seien hier genannt, wie ein Mensch an das Unbewusste herankommen und es zur Verbesserung seines Befindens nutzen kann.

Abb. 4.2 Das Fass unseres
Menschseins

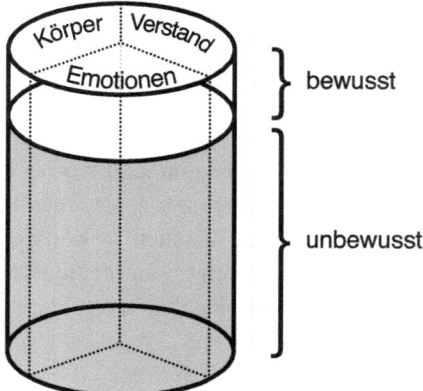

Abb. 4.3 Alles wirkt
aufeinander ein

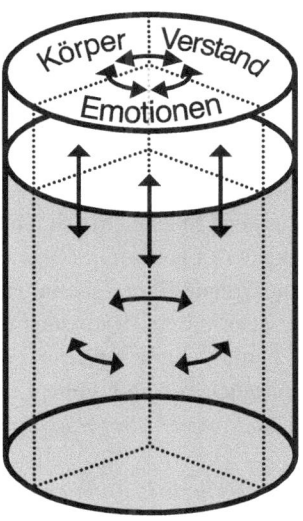

Bauch-Gefühl wahrnehmen Eine rational nicht zu begründende Ahnung zu einem bestimmten Thema haben. Ein intuitives Wissen, welche Lösung eines Problems die richtige
ist. Woher kommt das alles? Diese Informationen kommen eben nicht wie gewohnt aus
dem Kopf. Vielmehr sind es kleinste und feinste Gefühle im Körper, die mit etwas Übung
jeder wahrnehmen kann. Kostbare Hinweise, direkt aus unserem Unbewussten. Effektiver
und effizienter kommen Sie nicht zu der für Sie besten Lösung. Letztlich ist das, was ich
hier beschreibe, das berühmte Bauch-Gefühl, oder der Riecher, den man in einer Angelegenheit haben kann und den man ernst nehmen und nutzen sollte.

Feedback einholen Geschätzte 90 Prozent unseres Verhaltens sind uns nicht wirklich bewusst, weshalb jeder Mensch seine blinden Flecken hat. Um sich derer bewusst zu werden, genau dafür wurde Feedback erfunden. Wenn Sie durch ein Feedback wirklich Neues
über sich erfahren wollen, dann braucht es dafür einen Rahmen, der Offenheit und Vertrauen unterstützt. Erbitten Sie das Feedback einer Person nicht spontan zwischen Tür und
Angel, sondern nehmen sich dafür Zeit. Machen Sie Ihrem Gegenüber deutlich, wie wichtig es für Sie ist, ein offenes und ehrliches Feedback zu bekommen, weil Sie etwas über
sich lernen und erfahren wollen, was Ihnen bisher vielleicht noch nicht bewusst war. Wenn
Sie es tatsächlich so sehen, sagen Sie auch dazu, dass Sie sich gerade über das kritische
Feedback freuen, eben weil Sie es aufgrund Ihrer Position mittlerweile so selten bekommen. Und schließlich: Lassen Sie sich nicht entmutigen, wenn es im ersten Anlauf nicht
funktioniert und Sie wiederholt nachfragen müssen.

Trancen nutzen Tagträume hat jeder, sei es beim Autofahren oder in einem langweiligen
Meeting. Solche Tagträume sind kleine alltägliche Trancen. Denn Trancen sind nichts
anderes als ein Zustand, bei dem die unbewussten Prozesse die bewussten überwiegen.

Wer Trancen gezielt einsetzt, kann auf diese Weise ein Thema tiefer erfassen, als es ihm durch den reinen Verstand möglich ist. Wenn Sie ein Thema beschäftigt, dann eigenen Sie sich als erstes viel Wissen an und füllen Ihr bewusstes Denken mit reichlich Futter. Dann legen Sie all das zur Seite, ziehen sich für ein Stündchen zurück, schalten alle technischen Geräte und Ablenkungsmöglichkeiten aus, gucken entspannt Löcher in die Luft – und beobachten, was geschieht. Welche Gedanken tauchen auf? Welche Bilder? Welche neuen Fragen? Machen Sie sich Notizen, aber möglichst nur in Stichworten. Wenn Sie anfangen, wieder in ganzen und vor allem logischen Sätzen zu denken und zu schreiben, haben Sie die Trance-Ebene schon wieder verlassen und sind im üblichen Denk- und Arbeitsmodus angekommen. Besonders wirksam ist es, wenn Sie sich am Nachmittag oder Abend einem Thema widmen und dann am nächsten Vormittag gucken, welche neuen Gedanken dazu auftauchen. Die kommen nicht aus dem Nichts. Sie sind das Ergebnis der Arbeit, die Ihr Unbewusstes über Nacht gleistet hat.

Kinesiologie kennenlernen Das Unbewusste weiß, was gut für Sie ist, was passt und was nicht. Und genau das lässt sich 1:1 ablesen an der unwillkürlichen Anspannung Ihrer Muskeln. Von dem berühmten Armtest haben Sie vielleicht schon gehört. Suchen Sie sich doch einmal einen Kinesiologen. Er wird Ihnen genau sagen können, was für Sie richtig ist zu tun. Nicht weil er es besser wüsste als Sie. Er spiegelt Ihnen nur wider, was Ihr Unbewusstes schon weiß und durch Ihren Körper ausdrückt – auch wenn Ihr rationales Denken in dem Augenblick vielleicht noch vor einer großen Wand steht und keine Ahnung hat, wo es als Nächstes langgehen soll.

Münze werfen Wenn Sie nicht wissen, ob Sie Option A oder B wählen sollen, kann auch ein Münzwurf helfen. Um damit das Schicksal entscheiden zu lassen? Klar, das wäre auch eine Möglichkeit. Aber wenn Sie Ihr unbewusstes Wissen anzapfen wollen, dann funktioniert es so: Sie legen fest, welche Seite der Münze für welche Option steht. Dann werfen Sie die Münze in die Luft, und während sie sich dort dreht, achten Sie darauf, was Sie hoffen, dass sie zeigen wird. Oder, wenn die Münze schon liegt, merken Sie, Sie sind enttäuscht über die Seite, die oben liegt. Prima Feststellung! Machen Sie einfach das, wofür die Unterseite der Münze stand – genau das ist nämlich der jetzt für Sie passende Weg.

4.3   Bewusstwerden, entscheiden, dranbleiben

Eine letzte und wichtige Voraussetzung gilt es noch kennenzulernen, ohne die keine Veränderung eine Chance hat. Weder im Privaten noch in der Arbeit. Vielleicht wollen Sie wieder öfter mal ein schönes Buch lesen und weniger mit dem Smartphone die Zeit totschlagen? Vielleicht wollen Sie sich und Ihr Team ins *lebendige Unternehmertum* befreien? In beiden Fällen sind es dieselben drei Schritte, die Sie dafür gehen müssen:. bewusstwerden, entscheiden und dranbleiben. Doch was verbirgt sich dahinter?

Vor vielen Jahren war ich zu Fuß in Gütersloh zu einem langjährigen Kunden unterwegs. Da fiel mir an einem Laternenmast ein Zettel auf, der mich förmlich anzog. Der Schreiber schimpfte polemisch über die örtliche Politik und brachte dann ein Zitat, das mir bis heute in Erinnerung geblieben ist. Es stand tatsächlich auf Latein dort: „Nihil salvatur, nisi acceptatur". Auf gut Deutsch: „Nichts kann geheilt werden, was nicht zuvor erkannt und anerkannt wurde." Google hat mir später verraten, dass der Satz von einem gewissen Irenäus stammt, der das schon 300 Jahre nach Christus so gut auf den Punkt gebracht hat.

Für uns hier bedeutet es zweierlei. Zum einen, dass absolut jede gewünschte und zielgerichtete Veränderung Bewusstheit benötigt. Was einem nicht bewusst ist, kann man nicht ändern. Aber Irenäus sagt eben nicht nur „erkannt", er spricht ausdrücklich auch von „anerkannt". Kennen Sie das aus Ihrem eigenen Umfeld? Manchmal sieht man es bei anderen leichter als bei sich selbst. Kollege Naber klagt Ihnen in der Kantine sein Leid, worüber er sich bei seinen Führungskräften immer wieder aufs Neue ärgern muss. Sie kennen den Kollegen schon länger und hören auch seinen Kummer heute nicht zum ersten Mal. Deshalb sehen Sie auch sehr, sehr deutlich, an welcher Stelle bei Naber im Team etwas schiefläuft, und sagen ihm das geradeheraus ins Gesicht. Und Naber? Naber stimmt Ihnen zu, dass das zwar tatsächlich so ist, wie Sie es wahrnehmen, aber *darin* könne die Ursache seines Problems ja nun keinesfalls liegen, weil … Meistens enden solche Gespräche an genau dieser Stelle. Naber hat zwar das Problem erkannt, aber nicht als ausschlaggebend anerkannt. Für ihn war das *ein* Problem, nicht *das* Problem. Pech gehabt, wenn sich gerade hier die Lösung versteckt gehalten hat.

Bei anderen fällt es bekanntlich immer leicht, sowohl das Problem als auch die Lösung zu erkennen. Bei uns selbst ist das ungleich schwerer. Aber denken Sie doch einmal an ein immer wiederkehrendes Problem oder Ärgernis, das Sie umtreibt. Was haben andere Ihnen schon oft widergespiegelt oder welche Idee hatten Sie selbst schon oft im Kopf, wo die Ursache liegen könnte? Kann es sein, dass der „Casus Knacksus" vor Ihnen auf dem Silbertablett liegt, Sie ihn aber bisher schlicht und ergreifend nicht anerkennen wollen?

Bewusstwerden, das ist also die erste und zwingende Voraussetzung für jede Veränderung. Die anderen beiden Schritte, das Entscheiden und das Dranbleiben, sind essenzielle Bestandteile von Unternehmertum, die wir uns in den Kap. 12 (Entscheidungen treffen) und 13 (Konsequent dranbleiben) noch sehr genau ansehen werden. Jetzt erforschen wir erst einmal Lebendigkeit.

Teil II

Lebendigkeit ist Kraftstoff und Motor

Woher kommt die Energie, die eine Führungskraft nicht nur morgens aus den Federn treibt, sondern sie auch alle Herausforderungen des Tages meistern lässt? Und wie muss dieser „Motor" beschaffen sein, damit er nicht zu schnell heiß läuft und auf halber Strecke stehen bleibt? Bevor wir uns das näher ansehen, werfen wir zuerst einmal einen Blick darauf, was uns Menschen oft daran hindert, kraftvoll und mit richtig viel Spaß unseren Aufgaben nachzugehen. Im schlechtesten Fall sind wir nämlich noch nicht einmal aus dem Bett gestiegen und haben uns bereits die Energie abgegraben. Doch auch wenn wir tagsüber Höchstleistungen vollbringen – im Hinterkopf laufen oft Programme mit, die uns fortlaufend das Leben schwer machen. Fünf solcher schädlichen Programme sehen wir uns hier näher an.

5.1 Fluch und Segen unserer Erwartungshaltung

„Seien wir doch ehrlich. Es ist noch nie was Besseres nachgekommen!", war vor 20 Jahren die Aussage des Bereichsleiters einer großen Privatbank. Es ging um die Frage, was jeder Einzelne von der Zukunft erwartet. Die Erwartungshaltung dieses Bereichsleiters war klar: Alles Neue, was ihm in den verbleibenden zehn Berufsjahren noch entgegenkommt, würde jedes Mal eine Verschlechterung des Vorherigen sein. Können Sie sich in diesen Menschen hineinversetzen? Wie muss es sich anfühlen, mit dieser Erwartungshaltung auf zehn weitere Berufsjahre blicken zu müssen? Was macht es jedes Mal mit solch einem Menschen, wenn schon wieder eine neue Software eingeführt, eine neue Strategie verkündet oder ein neuer Vorstand installiert wird?

Mir geht es dabei nicht darum, ob dieser Bereichsleiter nun objektiv Recht hatte oder nicht. Ganz sicher dient bei Weitem nicht alles, was an Neuerungen auf uns zukommt, einer Verbesserung des Alten. Mir geht es um die Einstellung zu den Neuerungen, um die

© Der/die Autor(en), exklusiv lizenziert an Springer Fachmedien Wiesbaden GmbH, ein Teil von Springer Nature 2022
J. Schmeer, *Führungskräfte mit unternehmerischer Power*,
https://doi.org/10.1007/978-3-658-38623-8_5

Erwartungshaltung. Denn es ist bekanntlich nicht unwahrscheinlich, dass sich unsere Erwartungshaltung später auch bewahrheitet.

Wenn Sie selbst nun nicht an die nächsten 10 Jahre, sondern, sehr überschaubar, nur an Ihre nächste Arbeitswoche denken: Was erwarten Sie sich von ihr – und welche Gefühle löst das in Ihnen aus? Oder wenn Sie an Ihr Team und dessen Performance in den nächsten Monaten denken: Was erwarten Sie sich von Ihrem Team – und welches Gefühl löst diese Erwartung bei Ihnen aus? Ganz offen gefragt: Welche Situationen Ihres Alltags fallen Ihnen ein, wo Sie selbst in eine negative Erwartungsfalle tappen, wo Sie also ahnen, dass etwas nur deswegen so ungünstig verlaufen könnte, weil Sie schon vorher genau damit gerechnet haben? Und was wollen Sie unternehmen, um das künftig ganz oder wenigstens teilweise zu unterbinden?

5.2   Die Grenzen unserer Vorstellung

Während Ihre Erwartungshaltung Ihr jetziges Denken über ein zukünftiges Ereignis widerspiegelt, geht Ihre Vorstellungsfähigkeit noch einen Schritt weiter. Sie fragt, inwiefern Sie überhaupt in der Lage sind, Ihre Erwartung schon im Vorfeld des Ereignisses zu ändern. Das ist alles andere als trivial, wie uns der Abteilungsleiter eines anderen Unternehmens deutlich macht.

„Bei MAYER ändert sich nie was. Nie!" Das war die glasklare Aussage von Abteilungsleiter Stiefken, als er im Interview zur Lage des Unternehmens Stellung beziehen sollte. Mit dem gleichen Tonfall hätte er sagen können „Die Erde ist rund!" oder „Irgendwann müssen wir alle sterben!" Es ging ihm nicht um seine persönliche Meinung zur Firma. Seine Aussage sollte auch nicht nur seine Einschätzung widerspiegeln. Nein, es galt für ihn, ein Naturgesetz zu verkünden, inklusive dessen ewiger Gültigkeit: Bei MAYER ändert sich nie etwas. Nie!

An Beweisen mangelte es Stiefken nicht. 20 Jahre war er immerhin schon dabei, hatte Dutzende von Anläufen erlebt, wie alles effektiver und effizienter hätte werden sollen – und hatte dutzende Male erleben müssen, wie alle Pläne und heiligen Schwüre aus irgendwelchen Workshops oder Projektgruppen bald darauf wieder Makulatur geworden waren. Immer wieder neue Anläufe. Immer wieder neues Scheitern. Ist es da ein Wunder, dass Stiefken zutiefst überzeugt war, dass es genau so ist: Da ändert sich nie etwas? Ich finde: nein.

Zum einen haben wir es bei Stiefken mit der „self fulfilling prophecy" zu tun. Er kann sich schon nicht einmal mehr vorstellen, dass Vereinbarungen aus einem Workshop mit der Geschäftsleitung später auch tatsächlich umgesetzt werden. Zu oft wurde er enttäuscht und schreibt diese Erfahrungen aus der Vergangenheit nun in die Zukunft fort. Wozu sollte er sich dann aber noch engagieren? Völlig sinnlos! Und so passiert in der Folge natürlich genau das, was Stiefken prophezeit. Aber nicht, weil es ein Naturgesetz wäre, eine unumstößliche Tatsache, wie er es erlebt. Sondern weil Stiefken sich schon nicht einmal mehr vorstellen kann, dass es jemals anders sein könnte, und entsprechend auch keine wirkliche Anstrengung mehr unternimmt, Veränderungen voranzutreiben. Es ist für ihn im wortwörtlichen Sinne undenkbar geworden. Die Folge ist bitter. Denn was Stiefken nicht einmal mehr denken und sich vorstellen kann, wird er auch nie erleben. Für uns alle gesprochen: *Die Grenzen unserer Vorstellung sind die Grenzen unserer Welt.*

Wenn Sie nun an Ihren eigenen Verantwortungsbereich denken: Wie klar ist Ihre Vorstellung, wo er in einem oder in drei Jahren stehen wird? Vor allem aber: Wo gibt es leise Zweifel, ob dorthin zu kommen Ihnen auch tatsächlich gelingt? Was können Sie sich, wenn Sie ehrlich zu sich sind, nicht vorstellen, wohin Ihr Bereich sich noch entwickeln wird? Können Sie sich zum Beispiel vorstellen, dass der fachlich brillante und äußerst wichtige „Stinkstiefel" in Ihrem Team noch zum gut gelaunten und geschätzten Teammitglied wird? Alternativ natürlich: Können Sie sich vorstellen, dass er auf Ihrem Zukunftsbild fehlt, weil Sie sich von ihm getrennt haben?

Nehmen Sie sich einen Augenblick Zeit und stellen sich in Gedanken Ihr persönliches Zielbild ganz genau vor. Sie können es auch aufschreiben, wie alles einmal aussehen soll. In ganzen Sätzen bitte, denn Spiegelstrichaufzählungen führen zu sehr in den Kopf, sind zu sachlogisch und zu wenig emotional. Und Ihre Emotionen werden Sie für eine erfolgreiche Veränderung schließlich dringend benötigen. Schreiben Sie es also am besten so auf, dass Ihnen schon das Lesen der Beschreibung Spaß macht und Sie Lust bekommen, sich auf den Weg dorthin zu machen.

Wozu lohnt sich diese Arbeit? Ganz einfach: Je weniger Sie sich über die Entwicklungsziele Ihres Bereiches bewusst sind und je diffuser alles nur im Hinterkopf herumspukt, umso mehr wird Ihre Vorstellung geprägt sein von den Erfahrungen der Vergangenheit, deren Grenzen und deren Fortschreibung in die Zukunft. Stiefken hat genau das erlebt.

In Teil I haben wir gesehen, welche Qualität *lebendiges Unternehmertum* in einem Team oder Betrieb schafft. Wäre genau das nicht auch für Sie ein lohnenswertes Ziel: dass jede Mitarbeiterin und jeder Mitarbeiter von einer solchen unternehmerischen Haltung geleitet ist? Dass jeder aus seinem unternehmerischen Mindset heraus Verantwortung übernimmt, Entscheidungen trifft und diese dann auch konsequent umsetzt? Können Sie sich vorstellen, dass das gelingt? Oder rührt sich hier der innere Skeptiker und begrenzt Ihre Vorstellungsfähigkeit? Falls ja: Wie schaffen Sie es, die Grenzen Ihrer Vorstellung weiter nach außen zu verschieben? Wenn es Ihnen schwerfällt, eine großartige Ideallösung zu denken, gibt es einen einfachen Trick dafür.

Umsetzen: Grenzen verschieben

Verlagern Sie Ihre Wunschziel-Vorstellung erst einmal bewusst ins Reich der reinen Theorie. Sie sollen sich nicht selbst blockieren, indem Sie bei jeder schönen Idee gleich drei Gründe parat haben, weshalb das angeblich nicht funktionieren kann. Solche inneren Einwände sind in einem späteren Schritt natürlich zu prüfen: inwieweit sie realistisch sind oder nur eine Befürchtung. Doch selbst wenn sie realistisch sind, dann ist später, nicht jetzt, noch genug Zeit, darüber nachzudenken, wie Sie damit umgehen können.

Jetzt steht also die „*reine Theorie*" an, und Sie fragen sich … *rein hypothetisch* … wo *theoretisch* ja doch alles möglich *wäre* … Sie also alles nach Belieben ändern *könnten* … wie gesagt: *nur mal angenommen* … dann sähe es ja *vielleicht* wie folgt aus: …!

Schreiben Sie es auf. Träumen Sie. Egal, wie absurd es Ihnen erscheint, dort jemals ankommen zu können. Sie wissen ja: Es ist reine Theorie. (Vorerst.)

5.3   Selbstbild: Daumen rauf oder runter

Mit der Erwartungshaltung eng verknüpft und vermutlich noch stärker wirksam ist das Bild, das Sie von sich selbst haben. Ihre Denke, wie Sie „so sind", und Ihre Bewertung dazu, ob Sie innerlich den Daumen über sich heben oder ihn senken. Kurz, es geht um Ihr Selbstbild.

Weil positive Selbstbilder Sie bei allem, was Sie tun, unterstützen und voranbringen, und weil alles, was uns unterstützt und voranbringt, auch gerne im Unbewussten verbleiben kann, richten wir unseren Fokus jetzt auf diejenigen Selbstbilder, mit denen wir uns selbst das Wasser abgraben. Um es als Bild auszudrücken: Stellen Sie sich vor, Sie wären eine Mühle, wie man sie aus früheren Jahrhunderten kennt. Sie verfügen über ein fantastisches Räder- und Mahlwerk, und draußen, an der Außenmauer, sitzt ein perfekt gezimmertes Mühlrad, auf das eine lange Holzrinne zuläuft. Kurz: Sie haben alle Potenziale, die Sie brauchen. Bloß – es ist kaum Wasser da. Da kommt nur ganz wenig bei Ihnen an, weil irgendwo weiter vorne die Schleuse heruntergelassen ist und das Wasser seinen Weg zu großen Teilen an Ihnen vorbei nimmt. Schön blöd, nicht wahr? Aber genau diese Schleuse da draußen, die ist kein Schicksal, sondern letztlich von Ihnen selbst gebaut. Sie gilt es zu entdecken, ganz nach oben zu ziehen, das Wasser damit freizugeben auf das Mühlrad und Sie ins kraftvolle Produzieren zu bringen.

Hier nun einige Beispiele negativer Selbstbilder, die ich in den vergangenen 20 Jahren von Führungskräften des obersten oder mittleren Managements gesammelt habe. „Ich bin schwach." „Ich bin blöd." „Ich bin nichts wert." „Ich bin allein." „Ich tauge nichts." „Ich schaffe es nicht." „Ich genüge nicht." „Ich brauche jemanden, der mir hilft." Sind Sie verblüfft, wenn Sie das lesen? Erschrecken Sie darüber? Oder beruhigt es Sie vielleicht sogar? Welches Bild entsteht über diese Menschen in Ihrem Kopf? Welches Urteil fällen Sie vielleicht über diese Kollegen?

Man könnte meinen, es sei eindeutig, dass negative Selbstbilder sich im (Berufs-)Leben auch entsprechend negativ auswirken würden. Doch so verrückt es sich anhören mag, diese Sätze haben oft *auch* eine sehr positive Wirkung, allerdings eine mit starken Nebenwirkungen. Sehen wir uns also zuerst die positiven Auswirkungen negativer Selbstbilder an. Die Vorstände, Geschäftsführer oder Bereichsleiter, von denen diese Sätze stammen, sind nämlich allesamt äußerst erfolgreich unterwegs – sonst hätten sie es auch nicht so weit nach oben geschafft auf der Karriereleiter. Sie sind da angekommen, wo sie immer hatten hinkommen wollen, und sie machten dort einen tollen Job. Das nennt man nun mal Erfolg.

Aber wie kann das sein? Wie kann es sein, dass jemand, der von sich denkt, schwach, dumm oder nichts wert zu sein, es bis ganz nach oben schafft? Wie kann sich so jemand in Tausenden von Meetings jemals durchsetzen? Die nur scheinbar paradoxe Antwort lautet: Nicht trotz, sondern gerade wegen dieser negativen Selbstbilder sind diese Menschen so weit nach oben gekommen.

Solche Sätze entstehen typischerweise in den frühen Jahren eines Lebens. Die meisten von ihnen formen sich bis etwa zum sechsten Lebensjahr, einer Zeit also, an die wir uns bestenfalls noch bruchstückhaft erinnern. Der Großteil dessen, was wir erlebt haben und wie wir es verarbeitet haben, ist deshalb tief im Unbewussten versunken. Wer erinnert sich schon noch detailliert an seine ersten Lebensjahre?

Stellen Sie sich deshalb einmal vor, Sie sind etwa fünf Jahre alt. Sie sollen Ihr Zimmer aufräumen, den Tisch decken, ein Bild malen, auf dem Pony reiten, Fußball spielen oder was auch immer. Doch egal, was Sie tun und wie Sie es tun, es ist nie gut genug für Vater oder Mutter, und das bekommen Sie entsprechend zu spüren. Das müssen keine Schläge sein. Missbilligende Blicke, Schweigen oder eine Standpauke in entsprechendem Tonfall genügen völlig. Sie genügen, um in Ihnen, als noch ziemlich kleinem Lebewesen, das Gefühl entstehen zu lassen, nicht zu genügen, zu klein, zu schwach oder zu blöd zu sein.

Das Selbstbild, das so entsteht, ist gleichsam der Reim, den Sie sich als kleines Kind auf das Erlebte gemacht haben. Es ist die völlig unbewusste Verarbeitung Ihrer Erfahrungen gewesen, Ihr Versuch, sich in dieser doch ziemlich komplexen Welt zurechtzufinden. Sie wollten und mussten sich einordnen und irgendwie erkennen, wo Ihr Platz ist, im Verhältnis zu den anderen. Die Transaktionsanalyse bringt das Fazit, das viele aus solchen Erfahrungen ziehen, gut auf den Punkt: „Ihr, die Eltern, seid okay. Ich, das Kind, bin es nicht."

Ist das schön, ein solches Selbstbild? Sicher nicht. Tut es weh? Ganz bestimmt. Was macht deshalb ein Kind, um trotz dieser schmerzlichen Erfahrungen möglichst schmerzfrei weiterleben zu können? Es verdrängt, was es da erlebt. Es verschiebt die abwertenden Urteile von Papa, Mama, Oma oder Lehrer möglichst tief nach unten in den inneren Keller. Natürlich geschieht das vollkommen unbewusst. Kein Kind überlegt sich „Das tut aber weh. Das drücke ich lieber mal weg." Auf jeden Fall aber ist es für das Alter und die Situation des Kindes eine ausgesprochen angemessene und hilfreiche Strategie, um mit diesen destruktiven Botschaften einen Umgang zu finden. In diesem Alter hat ein Kind dazu auch keine echte Alternative.

Negative Selbstbilder sind gerade deshalb so wirksam, weil sie ins Unbewusste verdrängt wurden und von dort aus ihre Wirkung entfalten können. Worin besteht diese Wirkung? Bei meinen oben genannten Geschäftsführern und Vorständen liegt sie darin, dass sie irgendwann auf ihrem Schul- oder Ausbildungsweg einen großen Ehrgeiz entwickelt haben. Den Ehrgeiz, unbedingt der Erste, Beste, Schlaueste oder Erfolgreichste zu sein. *Ehrgeiz ist oft ein Reflex auf gegeizte Ehre.* Die Abwertungen, die das Kind erfahren musste, führen zu einer Gegenreaktion, und die lautet: Euch zeig' ich es! Euch beweise ich, dass ich sehr wohl jemand bin und dass ihr falsch liegt mit eurer Aussage über mich!

„Ja und?", mögen Sie jetzt vielleicht fragen. „Wo bitteschön liegt denn das Problem, wenn solche Sätze mich später im Leben beruflich erfolgreich machen?" Das Problem liegt im Preis, den Sie für Ihren Erfolg bezahlen. Denn der ist hoch. Er liegt nämlich in der Unfreiheit, in der Sie durch diese negativen Selbstbilder landen. Sie sind innerlich nicht mehr frei zu entscheiden, ob Sie ein bestimmtes Karriereangebot oder sonst eine andere Herausforderung annehmen wollen oder nicht. Sie sind innerlich getrieben, das vorliegende Angebot auf jeden Fall annehmen zu müssen. „Das kann man doch nicht ablehnen!" Sie *müssen* es tun, was nicht ausschließt, dass Sie gleichzeitig durchaus auch das Gefühl haben können, es tatsächlich auch tun zu wollen. Lehnen Sie das Angebot aus welchen Gründen auch immer doch ab, sind Sie sehr wahrscheinlich immer wieder aufs Neue damit beschäftigt, sich dafür vor sich selbst rechtfertigen zu müssen.

Fühlt es sich gut an, Getriebener zu sein? Fühlt es sich gut an, nicht frei entscheiden zu können? Fühlt es sich gut an, immer auf Schneller-Höher-Weiter setzen zu müssen? Neben allem, was Ihnen das an Erfolg, Ansehen oder Einkommen tatsächlich bringen mag: Worauf verzichten Sie? Und wenn Sie sich vorstellen, Sie blicken im Alter von 75 Jahren auf all die Jahre zwischen 25 und 65 zurück: Haben Sie dann Ihr Leben so gelebt, dass es sich für Sie gut und stimmig anfühlt? Mir ist es im wahrsten Sinn des Wortes gleichgültig, wie Sie all diese Fragen für sich beantworten. Ich wünsche Ihnen nur, dass Sie stimmige und sich selbst gegenüber ehrliche Antworten finden.

Doch nun zur negativen Wirkung negativer Selbstbilder. Im Vergleich zur vermeintlich positiven Wirkung leuchtet die negative Wirkung unmittelbar ein. Die Überzeugung, schwach, doof oder wertlos zu sein, wird genau zur beschriebenen Staumauer, die verhindert, dass das Wasser seinen Weg zur Mühle findet – und Ziele nur mühsam oder überhaupt nicht erreicht werden.

Wie gesagt: Ich bin in all den Jahren noch keiner einzigen Führungskraft begegnet, die überhaupt keine negativen Selbstbilder in sich spazieren tragen würde. Haben Sie eine Ahnung, welche innere Abwertung Sie selbst mit sich spazieren tragen? Als Sie oben über die negativen Selbstbilder anderer Führungskräfte gelesen haben, haben Sie zwei oder drei davon besonders getriggert? Jede kleine, emotionale Reaktion, die Sie beim Lesen empfunden haben, kann ein Hinweis darauf sein, dass dieses Selbstbild so oder ähnlich auch in Ihnen wirksam ist.

Zu unser aller Beruhigung: Wir werden durch negative Selbstbilder nicht zu schlechteren Menschen. Allerdings durch positive auch nicht zu besseren. Der einzige Unterschied liegt darin, dass positive Selbstbilder unser Leben leichter machen, weil wir frei sind zu wählen, ob und wie viel Karriere wir machen und welche Art von Erfolg wir erleben wollen. Negative Selbstbilder machen das Leben oft mühsam, und wir haben das Gefühl, viel mehr rackern zu müssen als andere, um unsere Ziele tatsächlich zu erreichen.

Was können Sie nun tun, um ein negatives Selbstbild, das Sie bei sich entdeckt haben, hinter sich zu lassen? Wie kommen Sie zu einem positiven Selbstbild, das Ihre Lebendigkeit fördert, damit Sie aus dieser kraftvollen Ressource Ihr Unternehmertum leben können? Von dem Psychologen Wolfgang Loch soll der wunderbare Satz stammen: „Wir können nicht ändern, was dem Ich angetan wurde. Wir können aber sehr wohl ändern, was das Ich daraus gemacht hat." Und die radikalste Möglichkeit, wie das gehen kann, die sehen wir uns jetzt näher an.

Das neue Selbstbild

Alles, was ich bin, bin ich, weil ich beschließe, es zu sein, sagt Donald Walsch [1] und bringt damit perfekt auf den Punkt, was viele Schauspieler tun, um ihre Rollen auszufüllen, oder Spitzensportler um vor einem Match ihre optimale Leistungsbereitschaft herzustellen. Was macht nämlich ein Schauspieler, der aufgrund von familiärem Dauerstress persönlich in einer Krise steckt, jetzt aber in seiner Rolle als Schauspieler pures

Glück verkörpern soll? Ganz einfach: Der Schauspieler entscheidet sich dafür, glücklich *zu sein*. Er weiß aus seinem Leben ja schließlich, wie sich das anfühlt. Wie wir in Abschn. 4.2 (Aller Anfang liegt hier) gesehen haben, erleben wir solche Zustände ja auf mindestens drei Ebenen. Glücklich sein ist auf jeden Fall ein intensives Gefühl. Dieses Gefühl spürt man unmittelbar im Körper. Und auch der Kopf funkt dann permanent fröhliche Gedanken dazu, die das Glücksgefühl noch weiter antreiben und wachsen lassen.

Umsetzen: Das Wunsch-Selbstbild

Bleiben wir kurz bei diesem Beispiel und halten Sie einen Moment inne und fragen sich, wann Sie in Ihrem Leben schon einmal so richtig glücklich waren. Stellen Sie sich diese Situation noch einmal so plastisch vor Augen, als würden Sie es gerade jetzt erleben. Was haben Sie in diesen Momenten gedacht und gespürt? Woran genau merken Sie, dass sich ein großes Glücksgefühl in Ihnen ausbreitet?

Diese Technik können Sie auch anwenden, um eines Ihrer negativen Selbstbilder, zu entmachten. Zuerst überlegen Sie, was Sie statt dessen gerne sein wollen – und dann entscheiden Sie sich, genau das zu sein. Sie benötigen dafür lediglich Ihren Kopf, um die Entscheidung zu treffen. Und dann Ihren Körper, um mit seiner Hilfe wachzurufen, wie sich dieses neue und positive Selbstbild anfühlt. Am besten, Sie gehen mit diesem neuen Körpergefühl ein wenig in Ihrem Zimmer auf und ab. Machen Sie sich klar: Sie *sind* gut. Und spüren Sie, wie sich das anfühlt. So radikal einfach ist das.

Eng ans Selbstbild geknüpft ist übrigens der *Glaube an sich selbst*. Der Glaube an sich ist die tiefe Überzeugung von Selbstwirksamkeit. Ohne ihn wird man seine Ziele vermutlich nie erreichen, weil einem zum einen schon der Mut zum Anfangen fehlt oder man spätestens bei den ersten Rückschlägen aufgibt („Das war ja klar. Ich hab's ja eh gewusst."). *Der Glaube an sich selbst lässt die Hoffnung, dass die Umsetzung gelingt, zur Zuversicht werden.* In dem Maße, wie Sie sich entscheiden, Ihr gewünschtes Selbstbild zu sein, werden Sie auch Ihrem Glauben an sich selbst immer wieder neue Kraft verleihen.

5.4   Selbstentwicklung ist Mist

Aber sind wir Menschen überhaupt in der Lage, uns *wirklich* zu verändern? Sich fachliches Wissen aneignen, klar, das geht. Aber das eigene Denken, Fühlen und Handeln dauerhaft verändern? Da ist nicht nur die Skepsis groß, sondern häufig melden sich auch Ängste. Entsprechend gering ist oft die Bereitschaft, sich auf „so etwas" auch einmal einzulassen. Mich erinnert das an einen gezeichneten Witz, der in zahlreichen sozialen Netzwerken zu finden ist. Auf Bild 1 steht ein Redner vor vielen Menschen und fragt „Wer will Veränderung?" Alle Arme gehen hoch; alle gucken begeistert. Auf Bild 2 fragt dann derselbe Redner dieselben Menschen: „Wer will sich verändern?" Sämtliche Arme bleiben unten und alle blicken betreten zu Boden. Besser kann man es in meinen Augen nicht veranschaulichen. Alles soll sich bitte ändern, natürlich zum Guten. Bloß mich selbst lasst ihr da bitte außen vor!

Das ist der Grund, weshalb ich auf drei Denk-Schranken näher eingehen möchte, die sich alle auf die Selbstentwicklung von uns Menschen beziehen. Denn ich finde es einfach schade, wenn wir uns selbst dabei boykottieren, dass es uns – in welcher Beziehung auch immer – besser geht. Dass uns etwas leichter gelingt, der Erfolg wächst oder nur, dass einfach alles mehr Spaß macht, als wir sie es bisher gewohnt waren. Drei Einstellungen haben sich als äußerst hilfreich erwiesen, wenn wir im Leben vorankommen wollen und dafür bereit sind, bei uns selbst den Anfang zu machen: Hilfe genießen, furchtlos sein, Rückschläge wegstecken.

Hilfe genießen

Auf die Gefahr hin, jetzt vielen meiner männlichen Leser in den Rücken zu fallen, aber es muss einfach mal gesagt sein: Viele von uns Männern haben ein ziemlich großes Ego-Problem, wenn es darum geht, sich helfen zu lassen. Frauen sind in dieser Beziehung wesentlich freier und flexibler unterwegs. „Um schneller, leichter oder besser zu meinem Ziel zu gelangen: Lasse ich mir dafür helfen oder nicht?" Während nach meiner Erfahrung die meisten Frauen darauf schulterzuckend antworten „Na klar, warum nicht? Ist doch praktisch!", wird bei vielen Männern ihr Ego getriggert. Und dieses Ego denkt: Hilfe anzunehmen ist ein Zeichen von Schwäche. Denn echte Kerle lösen Probleme – aber sie haben keine. Und wenn sie doch tatsächlich ausnahmsweise mal eines haben sollten, dann schaffen sie es selbstverständlich auch ohne fremde Hilfe, das wieder aus dem Weg zu räumen. Wie es ein Kollege neulich formulierte: „Lieber mache ich dreimal einen Umweg, bevor ich jemanden fragen muss, wo es langgeht." Unterstützung? Habe ich nicht nötig!

Doch ein professioneller Coach sagt einem ohnehin nicht, was man tun oder lassen soll. Diesen Weg haben bereits viele Eltern mit mäßigem Erfolg bei ihren Kindern versucht. Ein guter Coach stellt vor allem gute Fragen. Und gute Fragen sind genau diejenigen, die die Denk-Schranken, die Staumauern des Coachees überwinden helfen. Eine Beobachtung verblüfft mich hier immer wieder aufs Neue. Wenn mich selbst ein lästiges Thema hartnäckig beschäftigt, dann gehe ich zu einem Kollegen, um mir bei ihm Hilfe zu holen. Und weil das natürlich immer gute Coaches sind, sagt mir keiner von denen, was ich tun soll, sondern sie stellen mir entsprechend gute Fragen. Und jetzt kommt's: Natürlich kenne ich diese Fragen! Ich hätte die Frage an seiner Stelle ganz genauso gestellt! Aber meinen Sie, ich wäre von selbst darauf gekommen? Eben nicht. Je mehr man als Mensch in seinem aktuellen Thema gefangen ist, umso weniger ist man frei, aus einer entspannten Distanz auf seine Lage zu gucken und die Lösung, die oft so naheliegend ist, selbst zu erkennen. Ich finde es deshalb äußerst praktisch, mir helfen zu lassen. Bequemer geht's nicht.

Furchtlos sein

Der Gedanke, einmal selbst an einem Training zur Persönlichkeitsentwicklung teilzunehmen, löst bei vielen, die das noch nie gemacht haben, Befürchtungen aus. Dass diese völlig unbegründet sind, ist im Nachhinein natürlich klar. Aber vorher? Um sich von seiner negativen Erwartungshaltung nicht ausbremsen zu lassen, kann ein schöner Spruch weiterhelfen: „Unsere Ängste sind wie Drachen, die unsere größten Schätze bewachen."

Erinnern Sie sich, was wir im ersten Teil bei der Komfortzone gelernt haben? Je weiter Sie sich vom Mittelpunkt der Komfortzone entfernen und sich ihrem Rand nähern, umso mehr nimmt die Angst zu. Klar, weil es immer unvertrauter und immer fremder wird, was Sie dort erleben. Der Reichtum, oder besser: der Schatz, wartet aber eben gerade außerhalb der Komfortzone auf Sie. Dort, wo das unbekannte Terrain beginnt. Hier erst wird eine Fülle möglich, die es beim Immer-Gleichen in der Mitte der Komfortzone niemals geben kann. Wenn Sie an Ihre Schätze herankommen wollen, gilt es also, mit den Drachen zu kämpfen. Oder, weniger poetisch ausgedrückt, die Angst zu überwinden. Es einfach tun. Trotz der Ängste. Weil Sie mal darauf setzen, dass es sich lohnen wird. Wer entdeckt nicht gerne Schätze, vor allem, wenn sie einem am Ende auch selbst gehören?

Rückschläge wegstecken

Doch auch beim Besuch des besten Trainings – in der Zeit danach sind Rückschläge garantiert. Davon lassen sich viele abhalten und schon entmutigen, bevor sie es überhaupt versucht haben. Ein perfektes Vorbild für den richtigen Umgang mit Rückschlägen sind in meinen Augen alle Kinder dieser Welt – inklusive uns selbst vor vielen Jahren! Wie haben Sie als ganz kleines Kind nämlich das Laufen gelernt? Indem Sie 100-mal auf Ihren Po gefallen sind – und genau 101-mal wieder aufgestanden, um es wieder aufs Neue zu probieren. Dieses eine einzige Mal, das Sie mehr aufgestanden sind, als Sie zuvor hingefallen waren, das ist es, weshalb Sie seither Ihr gesamtes Leben auf zwei Beinen durchs Leben gehen. Aber wie haben Sie es damals geschafft, sich 101-mal für einen neuen Anlauf zu motivieren? Sie haben gar nicht darüber nachgedacht, dass Sie gerade schon wieder auf dem Po gelandet sind! Sie hatten eine klare Entscheidung getroffen, das lernen zu wollen. Und diese Entscheidung zogen Sie konsequent durch. Können Sie sich vorstellen, diese Entschiedenheit und Willensstärke wieder neu zu aktivieren und sie für Ihre persönliche Entwicklung zu nutzen? Wollen Sie das?

5.5   Ein Team ohne Denk-Schranken

Und damit sind wir bei Ihrem Team angekommen und bei der Frage, was Sie tun können, wenn Ihnen dort zu viele Denk-Schranken auffallen, an denen Sie dringend etwas ändern wollen.

Schwarzseher?

Was können Sie tun, wenn sich Ihr Team von der Zukunft nichts Positives erwartet? Als Erstes heißt es dann, sich zurückzulehnen und einen Überblick zu verschaffen. Woher kommt diese negative Erwartungshaltung? Sind es nur einzelne Pessimisten, oder sieht es der größte Teil des Teams auch so? Wird mit offenen Karten gespielt, und die Menschen sagen Ihnen, was sie denken? Oder wird hinten herum Stimmung gemacht, und Sie können die Akteure schwer greifen? Folgt das Schwarzsehen einem bekannten Muster, oder taucht es überraschend, vielleicht sogar erstmalig auf? Je klarer Ihre Antworten ausfallen, umso zuverlässiger können Sie zum passenden Werkzeug greifen, um der Schwarzseherei etwas entgegenstellen zu können.

Nehmen wir uns zuerst den härtesten Brocken vor: Die negative Erwartungshaltung Ihres Teams resultiert nicht aus neuen Plänen des Unternehmens, sondern aus der Persönlichkeit der Mitglieder. Diese Menschen haben – meist völlig unbewusst – eine Entscheidung getroffen, und die lautet: „Es ist vollkommen egal, was unser Bereichsleiter oder die Geschäftsführung entschieden haben, es wird ohnehin nicht funktionieren!" Warum nicht? Da könnten die Skeptiker zwei Dutzend Gründe nennen, von denen Sie jeden einzelnen widerlegen könnten. Aber unabhängig von Ihren Argumenten ist das Urteil längst gefällt. Ein Gespräch darüber gerät dann meist zum reinen Schlagabtausch, wo beide Seiten ihre Statements nur noch mit einem „Ja, aber …" beginnen.

Dieser Menschenschlag bekommt oft viel Aufmerksamkeit – zu viel. Entweder die Schwarzseher sind umgeben von ihresgleichen und können sich immer wieder neu in ihrer düsteren Weltsicht bestärken. Oder aber sie stehen mit ihrer Düsternis eher allein da, und alle um sie herum bemühen sich, den Dauer-Skeptiker doch endlich „drehen" und einem „positiven Menschen" aus ihm machen zu können. Ein aussichtsloses Unterfangen. Und trotzdem: Was können Sie tun? Gerade wenn es nur ein einzelnes Teammitglied betrifft und bei diesem auch eine kleine Bereitschaft besteht, über ein Argument auch einmal nachzudenken, dann empfehle ich die folgende Technik:

Umsetzen: Fluchttüren schließen
Schritt 1 ist ganz klassisch erst einmal das Zuhören. Damit ermöglichen Sie der anderen Seite also das, was Sie sich selbst ja ebenfalls wünschen, wenn Sie dran sind mit Ihrer Meinungsäußerung. Zuhören, sich zurückhalten, ausreden lassen.

Schritt 2 versucht dann den Perspektivwechsel, zum Beispiel: „Sie sagen, Kanban könne hier nicht funktionieren. Erinnern Sie sich noch, welchen Erfolg wir gerade wegen Kanban bei dem Projekt XY hatten?" Häufig bekommt man hier als Antwort nur pauschale Totschlagargumente zu hören. Um jetzt aber nicht in der Ja-aber-Spirale zu landen, folgt Schritt 3.

Schritt 3: Sie nehmen Ihr Gegenüber in die Pflicht und lassen es selbst argumentieren. Nicht Sie erklären. Das Gegenüber muss sich erklären. Und wie bringen Sie es dazu? Indem Sie erst einmal nachfragen: „Wie erklären Sie sich das?" Und dann konsequent nachbohren: „Welchen zwingenden Grund können Sie mir nennen, weshalb Kanban sich bei Projekt XY bewährt hat, beim jetzigen Projekt aber nicht funktionieren soll? Was ist hier anders? Und weshalb soll dieser Aspekt dazu führen, dass diese Methode mit einem Mal nicht mehr funktionieren sollte?" Es ist sehr wichtig, dass Sie nicht in die Falle tappen, selbst wieder auf Basis Ihrer Überzeugungen zu argumentieren, sondern dass Sie konsequent nachfragen. Ihre Nachfragen müssen genau auf die Schwachstelle der Argumentation des Dauer-Skeptikers zielen. Es geht darum, durch freundliches, hartnäckiges und sehr konsequentes Nachfragen das Gegenüber zur Einsicht zu bringen. Vom Schwarzseher höchstpersönlich soll die Aussage kommen, dass (in diesem Fall) Kanban eben doch Sinn machen wird, gerade auch im aktuellen Projekt und nicht nur im vergangenen.

Schritt 4 ist eher noch eine Ergänzung. Wenn Sie im Team auch Mitglieder sitzen haben, die den Plänen positiv und aufgeschlossen gegenüberstehen, dann lassen Sie diese ebenfalls zu Wort kommen. Hilfreich ist es, wenn deren Statements nicht im Tonfall von „Sieh es doch endlich ein, dass du falsch liegst!" erfolgen, sondern ganz entspannt aus der inneren Haltung „So sehe ich das. Und klar, du kannst das auch anders sehen." Während Tonfall 1 nur die Blockade verstärken würde, erhöht Tonfall 2 die Chance, dass die Sichtweise tatsächlich auch übernommen wird.

Weshalb nenne ich dieses Vorgehen „Fluchttüren schließen"? Weil die Argumente der Schwarzseher meist Fluchttüren darstellen, durch die hindurch sie einem entwischen, weil sie sich nicht wirklich mit den Argumenten der Gegenseite auseinandersetzen und stattdessen möglichst schnell zu ihrer negativen Sichtweise zurückkehren wollen. Diese Fluchttüren – und das ist das Entscheidende hier – schließen aber nicht Sie mithilfe Ihrer Argumente. Sondern die Fluchttüren schließt der Schwarzseher selbst, indem er erkennt, anerkennt und selbst ausspricht, weshalb sein Argument von gerade eben doch nicht so stichhaltig war und deshalb auch von ihm nicht länger aufrechterhalten wird.

Hat es das Team aufgegeben, den hartgesottenen Skeptiker für eine positivere Sicht gewinnen zu wollen, werden solche Schwarzseher meist nur noch geduldet und ertragen. Er läuft noch mit, ist aber kein anerkanntes und einbezogenes Teammitglied mehr. „So ist er halt, der Kollege." Doch das Problem mit penetranten Schwarzsehern ist ihre dauerhaft schlechte Laune, das Kaputtreden von Veränderungen, das permanente Nörgeln an allem und jedem und die wiederholte Prophezeiung des Scheiterns. All das ist niemals Privatsache derjenigen Person und darf von keiner Führungskraft hingenommen werden. Der Sprengstoff, der darin für die Motivation und Stimmung im gesamten Team steckt, ist gewaltig. Doch welche Möglichkeiten gibt es, mit solchen ganz harten Schwarzsehern im Team umzugehen?

Umsetzen: Konsequente Konfrontation

Schritt 1: Feedback geben. Permanente Schwarzseher und Stimmungsvermieser brauchen ein glasklares, unmissverständliches und meist auch wiederholtes Feedback von Ihnen. Diese Menschen müssen klipp und klar zu hören bekommen, wie sie mit ihrer chronisch negativen Sichtweise und ihrem permanenten Herumnörgeln auf Sie persönlich und auch auf ihr Umfeld wirken. „Das macht absolut keinen Spaß, mit dir zusammen zu arbeiten. Du ziehst mich runter mit deinem ewigen Kritisieren. Es macht mich fertig, dass du an allem und jedem etwas auszusetzen hast. Ich kann es nicht mehr hören und ich mag es auch nicht mehr hören. Ich bin es leid, dein ewiges Kritteln. Es reicht!"

Sie merken, dieses Feedback darf emotional sein. Weil dadurch Ihr Gegenüber überhaupt einmal ein Gefühl dafür bekommt, was es bei Ihnen anrichtet. Je nüchterner und sachlicher Sie das formulieren würden, umso weniger würden Sie diese Menschen erreichen. Im Idealfall gelingt es Ihnen, den Schwarzseher betroffen zu machen. Und wenn es gut geht, beginnt er daraufhin an seiner Kommunikation zu arbeiten und zu kontrollieren, was er sagt und wie er das sagt. Wiederum im Idealfall ist er sogar bereit, einmal an seiner Einstellung zu arbeiten. Dafür braucht es Zeit, Geduld und Wiederholung. Mit einem Feedback allein ist es meist nicht getan. Was aber, wenn auch wiederholte, glasklare Feedbacks nichts bewirken?

Schritt 2: War das Feedback, wie ich es oben beschrieben habe, bewusst als Rückmeldung „von Mensch zu Mensch" gestaltet, bringen Sie in Schritt 2 nun Ihre Funktion als Führungskraft ein und damit die Hierarchie und Machtverhältnisse.

Benennen Sie als Führungskraft gegenüber Ihrem Mitarbeiter Ihre Erwartungen. Machen Sie deutlich, dass gute fachliche Arbeit allein nicht genügt, sondern dass Sie auch eine grundpositive Haltung zum Unternehmen, zu dessen Zukunft und zum aktuellen Projekt erwarten. Machen Sie den Unterschied deutlich zwischen sachbezogener, begründeter Kritik (erwünscht!) und pauschaler, unbegründeter Skepsis und Ablehnung (unerwünscht!). Der Skeptiker in Ihrem Team ist – wie jedes andere Teammitglied auch – für ein gutes Miteinander verantwortlich. Das schließt eine positive Grundhaltung und -ausstrahlung ausdrücklich mit ein. Ich empfehle, diese Verhaltensziele im Rahmen des jährlichen Zielgespräches auch schriftlich festzuhalten und anhand konkreter Beispiele messbar werden zu lassen.

Schritt 3 kommt zum Tragen, wenn die beiden vorausgegangenen Anläufe entweder keine oder zu geringe Veränderungen bewirkt haben: Sie eskalieren. Kündigen Sie an, welche Konsequenzen Sie ergreifen werden, wenn sich das Verhalten nicht wie erwartet nachhaltig ändert. Das kann alles betreffen, vom Entzug liebgewonnener Privilegien über die Versetzung in eine andere Abteilung bis hin zur Trennung. Es kann alles betreffen, was Sie auch tatsächlich bereit sind durchzuziehen, wenn es denn nötig sein sollte.

Schritt 4 schließlich ist eine begleitende Maßnahme. Mischen Sie Ihr Team durch. Holen Sie sich von außen oder aus anderen Teilen des Unternehmens neue Kräfte ins Team. Es ist kein Problem, wenn diese zu Beginn nicht die fachliche Leistung bringen, wie es der Skeptiker getan haben mag. Denn wie die Arbeitsprozesse laufen, das lernen die Neuen noch. Und das Entscheidende bringen sie mit: eine starke Persönlichkeit mit einer grundpositiven Sichtweise auf all die anstehenden Herausforderungen in ihrem Verantwortungsbereich.

Angsthasen?

Damit kommen wir zum leichteren Aspekt, wenn es um eine negative Erwartungshaltung von Mitarbeiterinnen geht, nämlich wie mit denjenigen umzugehen ist, die Zweifel an der bevorstehenden Änderung haben oder derentwegen einfach ängstlich sind. Leichter ist das natürlich nur im Vergleich zu den oben beschriebenen Skeptikern, deren Sichtweise in ihrer Persönlichkeit begründet ist. Denn bei Menschen, deren negative Sichtweise sachlich begründet ist, haben Sie gute Chancen, den Dreh zu einer positiven Erwartungshaltung zu bewirken.

Mitarbeitern ihre Ängste zu nehmen oder Zweifel zu zerstreuen, das betrachten die meisten Führungskräfte als ihre Aufgabe. Doch das stimmt nur bedingt, denn genau genommen kann ein Mensch sich die Ängste immer nur selbst nehmen. Ob er dazu bereit ist, hängt davon ab, wie gut es Ihnen als Führungskraft gelingt, auf die Mitarbeiterinnen und ihre Zweifel einzugehen. Sie können also *Voraussetzungen* dafür schaffen, dass Ihre Mitarbeiterin Ängste oder Zweifel überwindet. Erzwingen können Sie es nicht.

Es gibt kein Zukunftsprojekt ohne Risiken – und deshalb hat es sich bewährt, genau das auch nicht zu leugnen oder mit Plattitüden zu beschönigen. Sprechen Sie offen an, wo die Risiken liegen, und machen Sie im gleichen Atemzug deutlich, wie Sie diese Risiken einschätzen, wie Sie ihnen begegnen wollen und welche Vorsorgemaßnahmen getroffen wurden, um sie zu minimieren.

Nichts überzeugt das Gegenüber so sehr wie Ihre eigene Überzeugung zu einem Vorhaben. Ihre Mitarbeiter spüren genau, wie sehr Sie persönlich von dem bevorstehenden Projekt und von Ihren eigenen Argumenten überzeugt sind. Stehen Sie voll hinter der Sache, ist das natürlich ideal. Sollten Sie jedoch hier und da Zweifel haben, dann denken Sie das Ganze noch einmal durch und suchen Sie gezielt nach neuen Blickwinkeln, mit denen Sie hinter dem Vorhaben stehen können. Haben Sie an einer Stelle nachhaltig Zweifel, dann haben Sie zwei Möglichkeiten. Die eine ist, sofern das möglich ist, Sie suchen selbst noch einmal das Gespräch mit Ihrem eigenen Vorgesetzten und sprechen Ihre Punkte offen an. Jetzt muss Ihr eigener Vorgesetzter überzeugende Antworten liefern können, und diese Argumente können Sie dann wiederum Ihrem eigenen Team gegenüber vertreten.

Die zweite Möglichkeit ist zwar mit Vorsicht zu genießen, ich halte sie als letzte Option jedoch für unerlässlich. Nehmen wir an, es bleibt bei Ihnen an der einen oder anderen Stelle ein Restzweifel bestehen. Weder Sie selbst noch Ihr Vorgesetzter konnten diese zerstreuen. Dann halte ich es für angemessen und hilfreich, diese Zweifel bei Bedarf auch gegenüber den eigenen Mitarbeiterinnen anzusprechen. Zum einen hat das – anders als befürchtet – häufig eine beruhigende Wirkung auf das Team, erlebt es doch die eigene Chefin nicht als die jederzeit optimistische Funktionsträgerin, sondern eben auch als einen hin und wieder zweifelnden Menschen. So ein Erlebnis schafft Nähe und Vertrauen. Wichtig ist jedoch, dass Sie Ihren offen ausgesprochenen Zweifeln stets eine Ergänzung hinterherschicken. „Ja, an dieser Stelle bin ich nicht ganz überzeugt, ob die Vorgehensweise, wie wir sie im Board beschlossen haben, wirklich greifen wird. Aber weil alle Kollegen sich hier so sicher sind, habe auch ich mich entschieden, ebenfalls auf diesen Weg zu setzen, und ich werde zu 100 Prozent meinen Beitrag leisten, dass es ein Erfolg wird." Das ist die Haltung, auf die es ankommt und die Sie Ihrem Team vermitteln können: Zweifel haben zu dürfen und sich zugleich mit aller Kraft für den Erfolg des Projektes zu engagieren. Nicht trotz der Zweifel, sondern gerade wegen ihnen.

Fantasielose?

Welche Möglichkeiten haben Sie als Führungskraft, wenn Ihr Team an die Grenzen seiner Vorstellung stößt? Wenn zum Beispiel die Fantasie fehlt, sich vorzustellen, anstatt nur auf dem regionalen Markt auch im internationalen vertreten zu sein. Oder dass ein bestimmtes Verfahren, das in Ihrem Unternehmen gerade in den Anfängen seiner Entwicklung steckt, später einmal zum alles beherrschenden Maßstab werden und der größte Umsatzbringer des Hauses werden könnte.

Die einfachste Möglichkeit ist natürlich, Sie scharen ein kleines Team von Leuten um sich, die Ihre Zuversicht und Begeisterung teilen, und setzen darauf, den Rest der Firma später durch den sich einstellenden Erfolg schon überzeugen zu können. Dann hätten Sie die Mitarbeiterschaft durch bestehende Fakten überzeugt – jedoch nicht im Vorhinein durch deren „Glauben" an den Erfolg Ihrer Maßnahme.

Wenn aber Ihr Ziel ist, die Menschen im Vorfeld für das Neue zu gewinnen und zu begeistern, dann benötigen Sie Einiges: Ihre eigene Überzeugung, gute Argumente, viel Leidenschaft, die Fähigkeit, komplexe Sachverhalte einfach und anschaulich zu erklären – und schließlich sehr viel Geduld. Die große Kunst besteht darin, dass Sie Ziele und Zahlen, Meilensteine und Maßnahmen nicht im Business-Sprech vermitteln. Der richtet sich nämlich ausschließlich an den Intellekt der Menschen, ist abstrakt und schwer greifbar. Deshalb versetzt er auch keinen in Begeisterung, geschweige denn in Bewegung.

Menschen benötigen Bilder, einfache, anschauliche, verständliche und attraktive, wenn sie etwas leicht erfassen sollen. Und wir Menschen lieben Geschichten, spannende, bewegende, persönliche und nahbare, wenn wir für etwas Neues gewonnen werden wollen. Genau das ist Ihre anspruchsvolle Aufgabe: den Transfer zu bewerkstelligen, vom

Geschäft zur Geschichte, und vom Denken zu den Emotionen. Wenn es Ihnen erst einmal auf dem Papier gelungen ist, die Geschichte lebendig zu formulieren, dann werden Sie für einige Monate zum Wanderprediger. Einmal oder auch fünfmal Ihre Geschichte zu erzählen, wird nicht ausreichen, so nach dem Motto: „Jetzt muss es doch auch wirklich jeder verstanden haben." Wenn Sie als Geschäftsführer die Geschichte, weil Sie sie so oft schon erzählt haben, selbst schon nicht mehr hören können, ist es für die Belegschaft oft immer noch nicht genug.

Vision und Strategie wollen also so vermittelt sein, dass sich die Grenzen in der Vorstellung Ihres Teams nachhaltig verschieben. Ja, das ist echte Arbeit, aber eine, die sich lohnt. Denn es macht einen großen Unterschied, ob Ihnen später Menschen folgen, weil sie begeistert sind von dem, was sie erreichen wollen. Oder ob sie „wegen der neuen Strategie, die der Chef beschlossen hat" tun, was man ihnen sagt, ohne wirklich verstanden zu haben, warum und wozu das alles gut sein soll. Am Ende von Abschn. 10.1 (Ziele mit eingebautem Booster) kommen wir darauf noch einmal zurück.

Literatur

1. Neale Donald Walsch, Bring Licht in die Welt, Mosaik bei Goldmann, 4. Auflage 2002

Mit voller Kraft arbeiten

Immer mit voller Kraft unterwegs sein zu können und dadurch alle Ziele zuverlässig zu erreichen – zumindest im Hinterkopf ist das vermutlich der Traum vieler Führungskräfte. Doch leider funktioniert „immer volle Kraft" bei uns Menschen genauso wenig wie bei einem Auto. Zumindest nicht, wenn wir gesund bleiben wollen. Wie sieht dann aber ein angemessener Umgang mit den eigenen Kräften aus? Wann wird Kraft zur Anstrengung? Und welche Arten von Kraft gibt es eigentlich?

6.1 Drei verschiedene Kräfte

Klar, wenn wir das Wort „kraftvoll" hören, dann haben wir auf den *ersten Blick* dazu Bilder im Kopf, die vor allem positiv besetzt sind. Vermutlich haben wir Menschen vor Augen, deren Ausstrahlung voller Zuversicht, Entschlossenheit, Tatkraft und Durchhaltevermögen ist. Kraftvoll zu sein, heißt „Muckis zu haben". Vielleicht sogar körperlich, insbesondere aber emotional, mit einer großen inneren Stabilität. Und mental, das heißt mit Willenskraft und einer hohen Resilienz. Diese Kraft ist eine wichtige Ressource – sofern wir sie denn auch mitbekommen haben, ins Leben! Das Beispiel eines Bereichsleiters macht deutlich, dass das so selbstverständlich gar nicht ist.

Praxisbeispiel

Eigentlich kann sich Frank Wollgard über seine Kindheit nicht beschweren. Er wächst behütet auf, es ist genug Geld zum Leben da und seine Mutter immer daheim, wenn Frank aus der Schule kommt. Umso mehr wundert er sich, als ihm bereits im Alter von 15 Jahren zunehmend depressive Verstimmungen zu schaffen machen, die sich 10 Jahre

---

J. Schmeer, *Führungskräfte mit unternehmerischer Power*,
https://doi.org/10.1007/978-3-658-38623-8_6

später, mit zunehmender Verantwortung im Beruf, noch weiter verstärken. Wie kann das sein? Wo kommen die her? Über viele Jahre hinweg setzen sich für ihn zahlreiche Erfahrungen und Erkenntnisse wie Puzzleteile zu einer Antwort zusammen, und als ich Frank mit Ende 40 im Rahmen seines Topmanagement-Coachings kennenlerne, erzählt er mir seine Geschichte, die er allerdings bei seiner Mutter beginnt.

Schon vor ihrem 20. Lebensjahr hatte Franks Mutter beide Eltern verloren, den Vater durch Krieg und die Mutter durch Krankheit. Als sie 23 Jahre alt ist, kommt auch noch ihre Schwester bei einem Verkehrsunfall ums Leben. Ein Jahr später wird Frank geboren. Die Mutter steckt da noch immer in einer tiefen Trauer über den Verlust ihrer Schwester, und auch den Tod der beiden Eltern den sie bis dahin noch nicht wirklich verarbeitet hat. Frank ist das erste Kind und ein Wunschkind, keine Frage. „Es mag sich verrückt anhören", sagt Frank zu mir, „aber meine Depressionen wurden mir gleich in meinen ersten Lebensjahren mit ins Leben gegeben."

Er meint das wörtlich – und so stellt sich natürlich die Frage, wie es sein kann, dass ein wenige Wochen alter Säugling, der weder Worte mit ihrem Inhalt verstehen noch sich selbst in Worten ausdrücken kann, überhaupt irgendetwas von seiner Mutter mitbekommen kann, außer natürlich deren Zuwendung und der leiblichen Versorgung. Letztlich lautet die Antwort: nicht *trotz* der fehlenden kognitiven Fähigkeiten, sondern gerade *wegen* ihnen. Wenn Sie einmal versuchen, sich in so ein kleines Lebewesen hineinzuversetzen, wird deutlich, wie sehr alle Wahrnehmung eines Säuglings aufs Spüren und Hören ausgerichtet ist. Erst nach einigen Wochen wird zunehmend auch das Sehen relevant. Es dauert sogar einige Zeit, bis ein Säugling überhaupt den Unterschied zwischen sich selbst und seiner Umwelt realisiert. Zu Beginn des Lebens sind diese Grenzen noch nicht existent. In dieser Zeit erlebt der Säugling alles unmittelbar und als eins.

Wann immer damals Frank von seiner – wie ihm wichtig war zu betonen: liebevollen – Mutter auf den Arm genommen, geherzt und an sie gedrückt wird, bekommt er ihre Trauer und den Schmerz körperlich ungefiltert zu spüren: ihre Muskelanspannung, ihr angehaltener Atem, ihr trauriger Tonfall, mit dem sie zu ihm spricht. Die Trauer und Schwere ist für Frank als Säugling natürlich nicht verständlich – wie auch. Aber sie ist zu 100 Prozent für ihn spürbar, und folglich ist er ihr auch schutzlos ausgeliefert. Könnte ein Kind bewusst wahrnehmen, wie sehr die Trauer der Mutter und ihr flacher Atem auch ihm selbst die Luft zum Atmen nimmt und wäre dieses Kind darüber hinaus in der Lage, Abstand zur Mutter zu nehmen – es würde genau das tun. Um sich selbst zu schützen.

Aus der Neurobiologie wissen wir, wie eminent wichtig diese ersten Lebensmonate und -jahre sind [1]. Das Gehirn eines frisch Geborenen ist – sehr vereinfacht gesagt – noch eine relative funktionslose Masse. Mit jeder Bewegung, jedem Hören, jedem Greifen, jedem Sinneseindruck, den das Kind von nun an erlebt, werden im Gehirn dann Nervenbahnen gelegt. Und diese Nervenbahnen bestimmen wesentlich mit, wie wir später in unserem Leben denken, fühlen und handeln. Was hat das bei Frank zur Folge? Gerade wenn im Unternehmen der Stress wieder besonders groß wird, fällt es ihm schwer, seine Kräfte zu mobilisieren. „Es fühlt sich an, als wäre ich gefesselt und säße unter einer Käseglocke", lautet sein Resümee. „Schon im Alltag ist meine Atmung nur flach, aber je höher die Anspannung im Job wird, umso mehr halte ich förmlich die Luft an, verspanne und bekomme einen Tunnelblick. Wenn das länger andauert, nimmt es mir alle Kraft, und ich rutsche in meine depressive Verstimmung."

Doch trotz seiner gedrückten Lebenskraft leistet Frank immer mehr. Sich seine Kraftlosigkeit zu erlauben – das kommt für ihn nicht in Frage. ◄

Sich Kraftlosigkeit erlauben? Genau! Nach meinem Verständnis gehört zum Kraftvoll-sein nämlich auch dessen Gegenteil. Zur Kraft gehört auch die Schwäche. Und zum Kraft-vollsein das Kraftlossein. Diese Perspektive bezeichne ich als den *zweiten Blick*. Es hört sich nach einer Binsenweisheit an, aber ich würde nicht davon schreiben, wenn ich nicht bei meinen Kunden regelmäßig erleben würde, wie sie, solange irgend möglich, genau diese Tatsache verdrängen. „Schwäche? Gibt's bei mir nicht!", lautet hier das Wunsch-Selbstbild. Auch mag es einige Motivationstrainer geben, die ihren Kunden zwar beibrin-gen, mit einem lauten Schrei auf den Tisch zu springen. Dass es aber zum Leben gehört, dass wir vom Tisch auch mal herunterfallen und uns eine blutige Nase holen können, dieser Teil wird gerne unterschlagen. Was unerwünscht ist, wird ausgeblendet. Dumm nur, dass es trotzdem da ist und da bleibt.

Kraftvoll sein und kraftlos sein – beides gehört zum Leben dazu. Gleichzeitig steckt darin die typische Polarität, in der wir Menschen leben: Entweder-oder. Stark oder schwach, voll oder leer, „Muckis" oder Erschöpfung. Es wäre schön, wenn wir diese Pole als gleichwertige und gleichberechtigte Möglichkeiten nebeneinander sehen könnten. Zu-mindest im Business ist das jedoch Fehlanzeige. Stark, kraftvoll und tatkräftig? Alles gut! Schwach, kraftlos und erschöpft? Ganz schlecht.

Gibt es vielleicht noch einen *dritten Blickwinkel* auf unsere Kraft? Einen, der die Pola-rität von kraftvoll und kraftlos wenn schon nicht aufhebt, dann doch wenigstens um eine dritte Perspektive ergänzt? Ich meine: ja. In meinen Augen ist das diejenige Kraft, deren Ursprung nicht mehr körperliche, mentale oder emotionale „Muskeln" sind, sondern die aus einem tiefen, inneren Frieden eines Menschen kommt. Dem einen oder anderen Men-schen durfte ich schon begegnen, der diese in sich ruhende Kraft sichtbar verkörpert hat. Im Businessleben, vor allem bei den Führungskräften ganz, war bisher jedoch noch keiner dabei. Aber muss das bedeuten, dass das auch nicht möglich ist?

Weil Frank sich seine Kraftlosigkeit nicht erlauben konnte, aber immer weiter und immer mehr leistete, ersetzte er seine fehlende Kraft durch Anstrengung. Wohin Frank das führte, sehen wir uns gleich näher an. Erst einmal gilt es jedoch, Kraft und Anstrengung überhaupt voneinander unterscheiden zu können.

6.2   Wenn Anstrengung mit Kraft verwechselt wird

Anstrengung ist unangemessener Kraftaufwand. Drei Beispiele machen das deutlich. Sie zeigen, wodurch Anstrengung überhaupt entsteht und weshalb sie dort nicht ange-messen ist.

Leerer Akku, volle Power

Den ersten Trigger von Anstrengung haben wir gerade bei Frank gesehen. Wenn er der Wahrheit ins Gesicht hätte sehen können, dann hätte er sich eingestanden, dass er längst bei seinen Kraftreserven angekommen war. Er hätte es zum Beispiel körperlich spüren können, an seinem schlechten Schlaf, emotional an seiner Gereiztheit oder mental an seinen dauernd kreisenden Gedanken. Hätte, hätte … Tatsächlich aber war Frank gehetzt von einem inneren Antreiber: „Streng Dich an!" Antreiber sind (meist unbewusste) Aufforderungen, die wir in uns spazieren tragen. Sie entstehen – wie so vieles, was uns als erwachsene Menschen und Funktionsträger im Unternehmen dann Stress bereitet –, wenn wir noch als kleine Kinder durch die Welt laufen.

Hat sich zum Beispiel ein Kind beim Schulaufsatz besonders Mühe gegeben, erhält es dafür vielleicht von den Eltern oder der Lehrerin ein dickes Lob: „Da hast du dir ja sehr viel Mühe gegeben. Toll! Ich bin sehr stolz auf dich!" Oder, noch deutlicher: „So fleißig, da hast du dich richtig angestrengt! Du bist Papas Liebling!" Was lernt das Kind daraus? „Aha! Immer, wenn ich mich anstrenge und mich besonders ins Zeug lege, dann ist mein Papa stolz auf mich!" Und wer wollte keinen Vater haben, der stolz auf einen ist oder einen sogar besonders liebt? Folglich legt sich dieses Kind immer öfter schwer ins Zeug, allerdings weniger wegen der Sache an sich, sondern weil ihm der Stolz und die Liebe des Vaters so wichtig sind. Dabei tut es tatsächlich nichts zur Sache, ob Liebe und Stolz des Vaters tatsächlich von der Anstrengung seines Kindes abhängen. Dass dieser Zusammenhang vom Kind so erlebt wird, das ist seine prägende Erfahrung, die es später im Leben begleiten wird.

Das ist ja das Typische an diesen Prägungen: Da sind wir längst in unseren besten Erwachsenenjahren angekommen, der Elternteil, der uns den Zusammenhang zwischen Leistung und Liebe vermittelt hat, vielleicht schon lange tot. Aber wir haben ihn so verinnerlicht, dass wir immer wieder versuchen, durch besondere Leistung die ersehnte Anerkennung zu bekommen. Und meistens funktioniert das ja auch. Welcher Chef schätzt eine Mitarbeiterin, die sich in besonders hohem Maße anstrengt und engagiert, nicht auch besonders hoch?

Außer sich anzustrengen gibt es übrigens noch vier weitere Antreiber: Sei stark! Beeil' dich! Sei perfekt! Mach's allen recht! Wenn Sie in den Spiegel schauen: Welche dieser Antreiber sind Ihnen besonders vertraut? Welche „zwingen" Sie regelmäßig dazu, über Ihre Kräfte zu gehen und mit aller Anstrengung Ihre Themen voranzutreiben? Denn genau das ist die Folge solcher Antreiber. Wie ihr Name schon sagt: Sie treiben uns ständig an. Ob da noch Kraft vorhanden ist oder nicht: Egal! Ich folge meinem Programm! Wenn keine Kraft mehr vorhanden ist, wir aber trotzdem Ergebnisse liefern wollen, genau dann landen wir in der Anstrengung. Bildlich gesprochen: Wenn Sie noch 10 Prozent Kraft übrighaben, aber 100 Prozent Leistung liefern, kommen 90 Prozent ihrer Leistung durch Anstrengung zustande.

Liefern zu wollen, obwohl der Akku fast leer ist – das kann kurzfristig und in Einzelfällen absolut angemessen sein. Auf Dauer ist es das nicht. Meine Erfahrung aus vielen

Unternehmen ist aber genau das: über die eigenen Kräfte zu gehen, das ist längst Alltag geworden. Dauernd „platt", dauernd erschöpft sein – aber auch dauernd weiterarbeiten. Wer sich jedoch trotz Erschöpfung immer weiter anstrengt, erschöpft sich nur noch mehr und muss sich noch mehr anstrengen, wenn er weiterhin Leistung liefern will. Ein typischer Teufelskreis. Erschöpft sein, sich anstrengen, noch mehr Erschöpfung, noch mehr Anstrengung. Wie fühlt sich das an? Wenig lebendig sicher. Und das macht deutlich, wie sehr unsere inneren Antreiber und unser Verhalten daraus, ebenfalls zu machtvollen Killern unserer Lebendigkeit werden können.

Hier widmen wir uns vor allem der Schattenseite der Antreiber, weil sie es ist, die uns belastet, anstrengt und erschöpft. Für das ganze Bild ist aber wichtig, zusätzlich die Sonnenseite der Antreiber zu sehen, auch wenn ich persönlich, um im Bild zu bleiben, dabei immer eine Sonne mit Wolken vor Augen habe. Tatsache ist, dass alle Antreiber im Arbeitsalltag gern gesehen sind. „Sei stark!" als Antrieb in sich zu tragen, führt meist zu einem guten Standing und Durchhaltevermögen. „Sei perfekt!" macht Menschen verlässlich und ihre Arbeitsergebnisse oft fehlerfrei. Wer es „allen recht machen" will, der verfügt in aller Regel über eine gute Empathie und versucht, seinen Beitrag zu einem guten Miteinander zu leisten. Wer „sich anstrengt", ist ehrgeizig, will hoch hinaus und gibt sich mit halben Sachen nicht zufrieden. Und schließlich, wer glaubt, sich immer „beeilen" zu müssen, liefert schnell Ergebnisse und ist entsprechend entscheidungsfreudig.

„Das sind doch alles tolle und nützliche Dinge!", mögen Sie jetzt denken, „Was soll an Antreibern überhaupt schlecht sein?" Auf lange Sicht sind Antreiber tatsächlich für beide Seiten schädlich. Für den Funktionsträger, der diese Sätze in sich trägt, genauso wie für das Unternehmen, in dem er arbeitet. Der Grund: Es fehlt an der Wahlfreiheit, an der Flexibilität. Beim Vorstand eine perfekte Präsentation abliefern zu *können*, ist wichtig und hilfreich. Aber immer und bei jedem Anlass eine perfekte Präsentation abliefern zu *müssen*, ist nicht nur zwanghaft, sondern auch völlig unökonomisch. Dann fehlt die Flexibilität, die Prioritäten so zu setzen, wie es in der konkreten Situation angemessen und hilfreich wäre.

Ineffektive Gespräche

„Hundertmal schon habe ich mit der Mitarbeiterin gesprochen", berichtete mir der Bereichsleiter eines Mittelständlers, „aber meinen Sie, die würde endlich mal in die Pötte kommen?". Er war es leid, denn er hatte viel Zeit in die Gespräche mit ihr investiert, doch alle Mühe war nicht mit dem gewünschten Erfolg belohnt worden. Hatte er es zu Anfang noch freundlich und kooperativ versucht, wechselte er später zu klaren Ansagen, wurde auch mal laut und strafte sie schließlich durch gekränktes Schweigen ab. Egal, in welcher Atmosphäre die Gespräche verliefen, sie halfen alle nichts.

Dieser Bereichsleiter war in die Falle „Mehr vom Selben" getappt. Wenn eine bestimmte Vorgehensweise (hier: die gemeinsamen Gespräche) wiederholt zu nichts geführt hat, dann wird das nächste Gespräch es auch nicht mehr schaffen. Vor allem dann nicht, wenn er zuvor schon eine gewisse Bandbreite in seiner Gesprächsführung eingesetzt hat.

Allgemeingültig formuliert: Mehr vom Selben, was bisher nichts gebracht hat, wird auch beim nächsten Mal nichts bringen.

All die Anstrengung, die mit den immer neuen Gesprächen verbunden war, hätte er sich auch sparen können. Es fiel ihm schwer anzuerkennen, dass er trotz aller Anstrengung auf diesem Weg das Ziel nicht würde erreichen können. Aber er war bereit, den Hebel an einer ganz anderen Stelle anzusetzen. So bekam diese Mitarbeiterin tatsächlich die unter seiner Führungsverantwortung erste Abmahnung ausgesprochen. Als sie einige Zeit später die zweite Abmahnung erhielt, wurde ihr klar, dass sie so wie bisher nicht würde weitermachen können, und sie begann, Stück für Stück von Konfrontation auf Kooperation umzuschalten. Machen Abmahnungen Spaß? Nein. Sind sie effektiv? Hier auf jeden Fall. Für den Bereichsleiter hieß das: weniger Anstrengung und, Dank des richtigen Hebels, neue Kraft. Ein gutes Ergebnis war das. Letztlich für alle Beteiligten.

Ineffiziente Gespräche

Nicht effizient zu sein, das ist dann am ärgerlichsten, wenn es beim wichtigsten Führungsinstrument geschieht: dem persönlichen Gespräch mit einem Mitarbeiter. Von daher war der Ansatz des Bereichsleiters, mit seiner Mitarbeiterin erst einmal das Gespräch gesucht zu haben, natürlich richtig.

Doch wie führt man optimalerweise ein Gespräch mit seinen Mitarbeitern? „Ich denke, das war ein gutes Gespräch mit Herrn König. Diesmal sollte es klappen!", sagte ein Geschäftsführer zu mir, den ich durch seinen Arbeitstag begleiten durfte. Er fiel aus allen Wolken, als ich ihm – freundlich, aber bestimmt – deutlich machte, dass ich keineswegs seiner Ansicht war. Hätte nämlich in dem halbstündigen Gespräch zwischen Geschäftsführer und Mitarbeiter jemand mit der Stoppuhr dagesessen, dann wäre deutlich geworden, dass die Redeanteile zu 75 Prozent beim Geschäftsführer und nur zu 25 Prozent beim Mitarbeiter gelegen haben.

Im Einzelfall ist diese Verteilung natürlich in Ordnung. Sie kann angemessen sein und deswegen auch zum gewünschten Erfolg führen. Ein Problem wird es, wenn sie der Regelfall ist, die Führungskraft also immer deutlich mehr spricht als ihr Gegenüber. Dann läuft etwas schief, weil von den drei Elementen erfolgreicher Gesprächsführung eine zu viel und zwei zu wenig zum Einsatz kommen. Abb. 6.1 macht deutlich: So wie ein Tisch, wenn er auf drei Beinen steht, niemals wackeln kann, so ruht nämlich auch ein gutes Gespräch auf genau drei Säulen. Zuhören. Fragenstellen. Sprechen. Und zwar in dieser Reihenfolge.

Was sind die Nachteile, wenn Sie als Führungskraft in einem Gespräch zu viel reden und Ihr Gegenüber zu wenig? Hier kommen die aus meiner Sicht sieben wichtigsten Gründe.

(1) Mitarbeiter schalten in solchen Situationen gern ab, vor allen Dingen dann, wenn sie ihren Chef gut kennen und schon im Vorfeld zu wissen glauben, welche bereits tau-

Abb. 6.1 Die 3 Säulen
gelingender Gesprächsführung

sendmal gehörte Leier als Nächstes kommen wird. Hat der „Empfänger" aber das
Empfangen eingestellt (auch wenn er sein Bestes geben wird, genau diesen Eindruck
zu vermeiden), dann verhallt jedes Wort ungehört im Raum.

(2) Selbst wenn der Mitarbeiter sich ums Zuhören bemüht, ist sein Kurzzeitspeicher völlig
überfordert mit all den Aussagen, die da auf ihn einprasseln. Die Mitarbeiter können es
schlicht und ergreifend nicht verarbeiten, und damit gerät jedes weitere Argument zu
einer reinen Energieverschwendung. Das Neue wird zwar im Kurzzeitgedächtnis oben
draufgepackt. Das Ältere aber muss dafür schon wieder gelöscht werden.

(3) Durch längere Monologe nehmen Sie sich selbst die Chance sicherzustellen, ob Ihr Mitarbeiter überhaupt verstanden hat, worum es Ihnen geht und was Sie ihm vermitteln
wollen. Wenn es gut läuft, dann hat er zwar das meiste von dem, was Sie gesagt haben,
gehört, aber hat er es auch verstanden? Vor allen Dingen genau so, wie Sie es gemeint
haben? Da „gehört" noch nie dasselbe war wie „verstanden", sind da Zweifel angebracht.

(4) Ihr Mitarbeiter wird von allen Argumenten, die Sie in Ihrem langen Redeblock genannt haben, sich dasjenige für seine Antwort aussuchen, das zu widerlegen ihm am
leichtesten fällt. Damit ist nichts gewonnen, denn gerade die Knackpunkte, die später
über Erfolg und Misserfolg entscheiden, werden mit dieser Taktik elegant umschifft.

(5) Ganz nüchtern betrachtet, erfährt eine Führungskraft nichts Neues, solange sie selbst
spricht. Alles, was sie sagt, war ihr selbst ja vorher schon bekannt. Damit verspasst sie
die Chance, etwas Neues vom Gegenüber zu erfahren, was ein Ansatzpunkt für neue
Einsichten, Fragen oder Argumente sein könnte - und zwar auf beiden Seiten.

(6) Eine Führungskraft landet durch ihr vieles und langes Reden leicht in einer Wahrnehmungsfalle. Sie hört nämlich vor allen Dingen ihre eigenen Argumente. Schließlich
hören wir, während wir sprechen, uns selbst fortlaufend zu. So entsteht bei der Führungskraft die wohlige Illusion, man sei sich weitgehend einig gewesen, und die andere Seite würde der eigenen Sichtweise im Wesentlichen auch folgen. In Wahrheit ist
der aufmerksame Mitarbeiter nur gut konditioniert und weiß, wie er gucken oder
wann er nicken muss, um seinem Vorgesetzten das Gefühl zu geben, es würde schon
alles passen.

(7) Ein viel redender Chef ist für seine Mitarbeiter ausgesprochen bequem. Ist die Besprechung mit der Vorgesetzten mit 30 Minuten angesetzt und 20 davon monologisiert die Führungskraft, dann bleiben maximal 10 Minuten, in denen der Mitarbeiter überhaupt etwas sagen kann. Und damit auch nur 10 Minuten, in denen er sich zeigen muss: sich positionieren, Stellung beziehen, Argumente einordnen, diese entsprechend gewichten. Wenn er geschickt ist, dann stellt er seinem Chef nach 5 Minuten Monolog ganz einfach eine neue Frage. Und während dieser bereitwillig antwortet, lehnt sich der Mitarbeiter innerlich für weitere 5 Minuten zurück und freut sich, wie entspannt für ihn doch das Gespräch verläuft.

Keine Frage, die Darstellung hier ist zugespitzt, bei Weitem nicht alle Mitarbeiter denken und handeln so wie beschrieben. Aber gerade in den Gesprächen, wo es zwischen Führungskraft und Mitarbeiter ein lästiges Problem zu klären gilt und wo bereits mehrere Gesprächsrunden nicht zum gewünschten Ergebnis geführt haben, lassen sich regelmäßig die hier beschriebenen Effekte beobachten.

Was genau macht diese Art der Gesprächsführung nun so anstrengend? Ein Gespräch, das so verläuft, wird von der Führungskraft natürlich erst einmal als angenehm erlebt. Schließlich folgt sie darin ihren vertrauten Mustern, und das ist immer bequem. Mühsam wird es für sie, weil sich einige Tage oder Wochen nach diesem Gespräch herausstellt, dass der Mitarbeiter die Anweisungen doch wieder nicht umgesetzt hat. In der Folge müssen immer weitere Gespräche geführt werden, in der Hoffnung, an die Sache doch endlich mal einen Haken machen zu können. Ich erinnere mich an so manche Führungskraft, die es leid war, mit bestimmten Mitarbeitern immer wieder dieselben Probleme „durchkauen" zu müssen. Mühsam war das für sie, und äußerst anstrengend.

Was wäre dagegen effizient? Was können Sie tun, wenn Sie schnell und sicher zum Ziel gelangen wollen? Ideal ist es, wenn Sie als Führungskraft einen Mitarbeiter dazu bringen, dass dieser selbst erkennt und auch selbst benennt, wo das Problem liegt, was dessen Ursache ist und welche Möglichkeiten es gibt, das Ganze zu lösen. Widerstehen Sie deshalb der Versuchung, es immer wieder selbst zu erklären. Effizient führen Sie Ihr Gespräch, wenn Sie dafür sorgen, dass sämtliche Aussagen, Erkenntnisse und Lösungsideen von dem Mitarbeiter selbst kommen. Wie kann so etwas gelingen? Ganz einfach, indem Sie konsequent auf die zwei anderen Säulen professioneller Gesprächsführung zurückgreifen: das Zuhören und das Fragen stellen.

Fragen zu stellen ist das Machtvollste, was Sie tun können, viel machtvoller als Aussagen zu treffen. Weshalb? Wer fragt, der führt. Fragen zu stellen, heißt Macht auszuüben, weil der Befragte über diese Frage und seine Antwort nachdenken muss. Ihre Fragen lenken also das Denken Ihres Gegenübers. Sehr wahrscheinlich wird die Antwort, die Sie erhalten, nicht die sein, die Sie persönlich für richtig halten. Das muss nicht einmal daran liegen, dass Ihr Mitarbeiter ausweichen möchte oder sogar die Unwahrheit sagt. Es kann ganz einfach sein, dass er eben eine andere Sichtweise auf die Dinge hat als Sie selbst. Genau bei dieser Sichtweise gilt es nun, den Mitarbeiter abzuholen und mit der nächsten Frage weiterzuführen. Die Antwort darauf mag immer noch nicht da liegen, wo Sie es für richtig und angemessen halten. Kein Problem, solange Sie jetzt nicht anfangen zu erklären und zu argumentieren. Fragen Sie weiter. Hören Sie sich genau die Antwort an, die Sie bekommen. Und stellen darauf aufbauend die nächste Frage. In Abschn. 5.5 (Ein Team ohne Denk-Schranken) konnten Sie bereits ein Beispiel zu dieser hoch effizienten Gesprächstechnik sehen.

Kleiner Tipp dazu: Wann immer Ihr Gegenüber für eine Antwort mehr Zeit benötigt als üblich, desto mehr ist das ein Hinweis darauf, dass Sie mit Ihren Fragen auf dem richtigen Weg sind. Je schneller eine Antwort nämlich wie aus der Pistole geschossen kommt, umso weniger musste Ihr Gegenüber darüber nachdenken. Bei solchen Antworten ist der Mitarbeiter noch komplett in der eigenen Denkwelt unterwegs, seiner Komfortzone. Wann immer eine Antwort eine Weile dauert, nähert sich Ihr Gegenüber dem Rand der Komfortzone. Und wir haben gesehen: erst dort beginnt das Lernen, das Neue.

Zugegeben: Je weniger Sie es gewohnt sind, Ihr Gespräch (fast) ausschließlich durch Zuhören und Fragenstellen zu führen, umso mehr Kraft und Konzentration wird es Sie zu Beginn kosten. Aber Sie werden sehen: Je öfter Sie sich darin üben und je konsequenter Sie dranbleiben, umso leichter fällt es Ihnen mit der Zeit. Anstrengung ade! Der Leitgedanke dieser Art der Gesprächsführung lautet nämlich: Ihr Gegenüber muss arbeiten, nicht Sie!

Durch die hier beschriebene Gesprächsführung steigt die Chance gewaltig, dass die Umsetzung auch tatsächlich so funktioniert, wie es beide Seiten am Ende des Gespräches vereinbart haben. Schließlich setzt der Mitarbeiter dann „nur noch" um, was er selbst sich gedanklich im Gespräch erarbeitet und gesagt hat – nicht das, was die Führungskraft ihm wortreich vorgetragen hat.

Praxisbeispiel

Wie ging es nun bei Frank weiter? In Franks (Arbeits-)Leben öffnet sich die Schere zwischen Anspruch und Wirklichkeit immer weiter: Leistungsdruck und Verantwortung hier. Das Gefühl, keine Kraft zu haben, dort. Frank meint, stark sein zu müssen, obwohl er gleichzeitig spürt, dass er genau das immer weniger ist. Aber er reagiert so, wie es die meisten Leistungsträger in den Unternehmen tun. Er will es nicht wahrhaben. Er will nicht hinsehen und die zweite Perspektive, wie ich sie genannt habe, einnehmen müssen. Angesagt sind stattdessen: verdrängen und anstrengen.

Doch Frank hat noch einen weiteren Antreiber in sich, der ihm viel Kraft raubt und ihn immer angestrengter sein lässt: „Mach's allen recht!". Das ist generell schon zum Scheitern verurteilt, aber für Führungskräfte ist das auch ein extrem dysfunktionaler Anspruch. Denn es ist nicht die Aufgabe einer Führungskraft, es allen recht zu machen. Es ist schön, wenn das im Einzelfall einmal gelingt. Auch klug, es gelegentlich zu versuchen. Aber wenn es allen recht zu machen zum unbedingten Anspruch an sich und die Lösung eines jeden neuen Problems wird, dann wird es sehr, sehr anstrengend – und aussichtslos obendrein. Unterschiedliche Interessen nicht unter einen Hut bringen zu können und es auszuhalten, wenn deswegen vorübergehend mal wieder Neid, Missgunst und schlechte Stimmung herrschen – für Führungskräfte ist genau das der Alltag. Eine

Führungskraft, die nicht den Anspruch an sich hat, es allen recht machen zu müssen hat ein Problem weniger.

Franks Antreiber will, dass alle seine Mitarbeiter glücklich sind. Doch das Gegenteil ist der Fall: Sie sind unzufrieden mit nahezu allen Vereinbarungen, die getroffen werden. Und das hat wiederum etwas damit zu tun, wie Frank es immer wieder versucht, es allen recht zu machen.

Weil es Frank schwerfällt, klare Pflöcke zu einzuschlagen, beginnt er Diskussionen mit seinem Team gern völlig ergebnisoffen. Regelmäßig entsteht dadurch der Eindruck, nichts sei festgelegt und alles verhandelbar. Gehen die Diskussion und die gemeinsame Lösungsfindung nun in eine Richtung, die in Franks Rahmen passt, dann ist das kein Problem. Kommen seine Mitarbeiter jedoch auf Lösungsideen, die nicht zu Franks Vorstellungen passen, muss er Stück für Stück den Rahmen setzen und diesen gegebenenfalls auch immer enger ziehen. Das sorgt bei den Diskussionsteilnehmern für Frust und bei Frank für Stress, erlebt er in diesen Momenten doch erneut, dass er es einmal mehr nicht allen recht machen kann.

Ein Thema, das Frank Wollgard in seinen Coachings anpackte, waren seine Antreiber: Die galt es zu entmachten, um frei und flexibel handeln zu können. Zum einen lernte Frank, sich seine Schwächephasen zu erlauben, und zum anderen, es nicht mehr jedem recht machen zu müssen. Im Laufe der Zeit verwandelte sich seine Anstrengung in ein großes Aufatmen. ◄

6.3   Das Getriebensein überwinden

Welche Antreiber tragen Sie mit sich spazieren? Und was können Sie tun, um aus diesem permanenten Getriebensein herauszukommen und damit flexibler zu werden in Ihrem Denken und Handeln? Zwei Möglichkeiten stehen uns dafür zur Verfügung, Erlaubnisse und Akzeptanz.

Erlaubnisse
Sicher haben Sie bei einem oder zwei der fünf Antreiber bereits gemerkt, dass er Ihnen doch arg bekannt vorkommt. Sei stark! Mach's allen recht! Beeil Dich! Sei perfekt! Streng Dich an! In jeder dieser Aufforderungen schwingt ein „Du musst!" mit – und genau an dieser Stelle setzt die erste Strategie an, um einen Antreiber zu entmachten. Sehr wahrscheinlich haben Sie den einen oder anderen Antreiber von einem Ihrer Eltern mit ins Leben bekommen. An dieser Tatsache können Sie natürlich nichts mehr ändern. Aber Sie können heute, als erwachsener Mensch, entscheiden, wie Sie künftig mit diesen Sätzen umgehen wollen, wie sehr diese weiterhin noch Macht in Ihrem Leben haben sollen oder eben nicht. Was halten Sie davon: Anstatt permanent eine „Du musst"-Aufforderung mit sich spazieren zu tragen, beschließen Sie, diese in eine „Ich darf"-Erlaubnis umzuwandeln? Anstatt „Ich muss tun, was man mir sagt", lieber ein „Ich darf tun, was ich mir erlaube". Hier ein paar Vorschläge, wie solche Erlaubnisse aussehen können.

Sei stark!

- Ich darf auch mal schwach sein.
- Ich darf mir helfen lassen.
- Ich darf Gefühle zeigen.

Mach's allen recht!

- Ich darf mich abgrenzen.
- Ich darf für meine Überzeugungen einstehen.
- Ich darf Nein sagen.

Beeil Dich!

- Ich darf mir Zeit nehmen.
- Ich darf meinem Tempo folgen.
- Ich darf Pausen machen.

Sei perfekt!

- Ich darf Fehler machen.
- Ich gebe mein Bestes und das ist das Beste.
- Ich darf Mensch sein und damit unperfekt.

Streng Dich an!

- Ich darf mit Leichtigkeit Erfolg haben.
- Ich darf mühelos zum Ziel gelangen.
- Ich darf auf meine Kräfte achten.

So machtvoll Antreiber sein können, sie können auch entmachtet werden. Und das geht so:

Umsetzen: Antreiber entmachten
Wählen Sie als Erstes denjenigen Antreiber aus, den Sie schnellstmöglich hinter sich lassen wollen. Und dort wählen Sie nun diejenige Erlaubnis aus, die Sie am meisten anspricht, oder Sie formulieren sich selbst eine passende Version. Hier gibt es kein Richtig oder Falsch, nur ein optimal für Sie passend – oder nicht. Je besser sich ein Erlaubnissatz für Sie anfühlt oder je größer die Sehnsucht ist, genau diese Erlaubnis wahr werden zu lassen, umso besser sind Sie auf Kurs.
   Schritt 1, Ihren Antreiber zu identifizieren, und Schritt 2, ihn in eine Erlaubnis umzuwandeln, dürfte beides noch schnell und einfach gelungen sein. Sie ahnen es: Schritt 3 ist derjenige, der darüber entscheidet, ob Sie all das in drei Tagen schon wieder vergessen haben, oder ob Sie durch Ihre Erlaubnisse auch Stück für Stück Ihre Freiheit

zurückerlangen. Wie gelingt es, Ihre neue, schöne Erlaubnis in den Alltag zu integrieren? Mit Geduld und Konsequenz. Wir werden in Abschn. 13.1 (Wenn der Alltag Sie einholt) sehen, wie Gedanken, die tausendmal durch unser Hirn geflitzt sind, dort stabile neuronale Verschaltungen produzieren. Ihr neuer Erlaubnissatz benötigt deshalb vor allem drei Dinge: Wiederholung, Wiederholung und nochmals Wiederholung. Denn damit erzeugen Sie für Ihre Erlaubnis zunehmend stabile Verschaltungen und können so die alten Überzeugungen immer weiter in den Hintergrund drängen.

Letztlich gilt es, sich den Erlaubnissatz in einem guten, wohlwollenden Tonfall immer und immer wieder selbst vorzusagen. Entweder spontan oder indem Sie Routinen etablieren:

(1)   Spontan: Wann immer Sie merken, dass Sie anfangen, sich bei der Arbeit selbst zu hetzen (Beeil' dich!): Halten Sie für einen Moment inne, lehnen sich kurz zurück und sagen leise – oder noch besser laut – zu sich „Ich darf mir Zeit nehmen." Verschieben Sie das nie auf später. Machen Sie es immer sofort in der Sekunde, wo Sie Ihr Getriebensein bemerken.

(2)   Routinen: Sagen Sie sich Ihren Erlaubnissatz zu Anlässen, die jeden Tag ablaufen. Zum Beispiel bei der morgendlichen Tasse Kaffee und dem ersten Schluck, den Sie nehmen. Beim Einschalten Ihres Rechners, wenn Sie ins Büro gekommen sind. Mittags, wenn Sie nach dem Essen sich wieder an den Schreibtisch setzen. Abends, wenn Sie es sich auf der Couch gemütlich machen. Unsere Tage sind so sehr von Routinen geprägt, dass wir Dutzende von Möglichkeiten haben, die uns an unsere schöne Erlaubnis erinnern können. Jeden Tag aufs Neue bestätigen Sie sich also in diesen Situationen, dass Sie sich jetzt Zeit nehmen dürfen. Immer und immer wieder. Machen Sie daraus keine neue Pflicht! Sehen Sie es vielmehr als ein Geschenk, das Sie sich mehrmals täglich gönnen.

Selbstakzeptanz

Es gibt noch eine zweite Möglichkeit, sich seiner Antreiber zu entledigen. Sie ist weniger eine Alternative zur oben beschriebenen Nummer 1 als vielmehr eine wirksame Ergänzung.

Sei stark! Mach's allen recht! Beeil Dich! Sei perfekt! Streng Dich an! Es fällt nicht schwer, sich zu diesen Aufforderungen den passenden, vermutlich strengen Tonfall vorzustellen. Dahinter schwingt eine Drohung mit: „Wenn … dann". Wenn Du meiner Anweisung folgst, dann bist du o.k. Sonst nicht.

Ein Kind, das solche Botschaften zu hören bekommt, egal ob wörtlich oder indirekt: Was wäre dessen Sehnsucht, wenn es diese denn benennen könnte? Ganz einfach: Es will endlich ohne irgendwelche Bedingungen angenommen sein. Es will im wahrsten Sinne des Wortes unbedingte Liebe und Anerkennung erleben können. Geliebt werden, ohne dafür schnell oder perfekt sein zu müssen. Einfach nur so, um seiner selbst willen.

Vielleicht wollen Sie an dieser Stelle einen Augenblick innehalten und sich genau das vorstellen, wie es sich auch für Sie als erwachsenen Menschen jetzt anfühlen würde, nicht dauernd funktionieren und leisten zu müssen, um Anerkennung oder Liebe zu bekommen. Sondern, einfach so, geschätzt und geliebt zu werden. Weil Sie ein toller Mensch sind – um Ihrer selbst willen. Weil Sie so sind, wie Sie sind. Mit all Ihren Stärken und all Ihren Macken. Wie ist diese Vorstellung für Sie? Ist sie überhaupt denkbar? Kann es sein, dass das äußerst entspannend wäre?

Jetzt ist es natürlich so, dass immer das Gegenüber entscheidet, ob es uns mit oder ohne Bedingung liebt. Da können wir nichts erzwingen. Woran wir aber etwas ändern können, ist unsere innere Haltung zu uns selbst. Unser Denken über uns – und damit verbunden: das Gefühl uns selbst gegenüber. Doch, wenig überraschend, fällt den meisten Menschen genau das schwer: dieses bedingungslose Sich-selbst-Mögen oder wenigstens Sich-Akzeptieren. Aber unmöglich ist es nicht, und hier zeige ich Ihnen eine äußerst einfache und ebenso wirksame Möglichkeit, Ihre Selbstakzeptanz oder Selbstliebe zu erhöhen. Sie stammt aus dem ROMPC, einem innovativen, neuropsychologischen Verfahren, das genau solche Situationen im Blick hat: eine Erfolgsblockade (Antreiber) zu beseitigen und Alternativen (Erlaubnis) zu fördern, sodass daraus tatsächlich eine neue gelebte und gefühlte Realität entsteht. Was ich an dieser Methode sehr schätze, ist, dass sie sowohl Kopf als auch Körper nutzt, um sich den Stress zu nehmen. Spielen wir es einmal durch am Beispiel des Antreibers „Sei perfekt".

Umsetzen: Klopfen und lösen

Trinken Sie ein Glas Wasser und setzten Sie sich entspannt und aufrecht auf einen Stuhl (keine Couch). Wie stark empfinden Sie zurzeit die Belastung durch Ihren Perfektionismus? Legen Sie sich spontan auf einen Wert zwischen 1 (sehr klein) und 10 (sehr groß) fest. Halten Sie nun einen Moment inne, spüren Sie den Kontakt mit der Sitzfläche, der Stuhllehne und dem Boden. Machen Sie, ohne jede besondere Anstrengung, drei tiefe Atemzüge, wobei Sie vor allen Dingen langsam und möglichst vollständig ausatmen.

Nun nehmen Sie Ihre rechte Hand und ziehen im Uhrzeigersinn Kreise auf der linken Seite Ihres Brustkorbs, etwa da, wo Sie das Herz darunter vermuten. Während Sie die Kreise ziehen, sprechen Sie nach Möglichkeit laut, sonst einfach in Gedanken, zu sich. Etwa so: „Ich akzeptiere mich voll und ganz, auch wenn ich immer wieder glaube, perfekt sein zu müssen." Sprechen Sie dabei in einem freundlichen, zugewandten, beruhigenden und akzeptierenden Tonfall zu sich. Das Handkreisen und Sprechen wiederholen Sie immer wieder. Gerne 10- oder 15-mal. Natürlich dürfen Sie den Satz auch variieren. Wichtig ist nur, dass sowohl Ihre Selbstakzeptanz als auch Ihr momentaner Stress, der Perfektionismus, darin vorkommen.

Dann halten Sie einen Moment inne, bevor Sie aus Ihrer rechten Hand eine offene Faust machen, so als würden Sie einen sehr dicken Stift in dieser Hand halten. Mit dieser lockeren Faust klopfen Sie nun auf Ihr Brustbein und benennen dazu Ihren Stress in einem oder höchstens zwei Worten: „perfekt sein" oder sogar nur „perfekt". Auch das darf gerne 10-, eher 20-mal wiederholt werden, das Klopfen und dazu immer Ihr entsprechendes Wort.

Nun halten Sie wieder inne, atmen ganz normal weiter und spüren in Ihrem Körper nach, was sich verändert hat. Wenn Sie jetzt wieder an Ihren Perfektionismus denken: Wie hoch ist Ihr Stresslevel jetzt auf der Skala zwischen 1 und 10? Sie werden sehen, es ist weniger geworden. Wenn Sie mit dem erreichten Level schon zufrieden sind, dann können Sie das Ganze an dieser Stelle schon wieder beenden. Wenn Sie finden „Da geht noch was!", dann wiederholen Sie die einzelnen Schritte, sowohl das Reiben in der Herzgegend mitsamt dem Satz als auch das Klopfen auf das Brustbein mit dem Wort.

Machen Sie sich bewusst, in welchem „inneren Zustand" Sie jetzt angekommen sind: Sie können an Ihren Perfektionismus denken, aber Sie verurteilen sich nicht mehr dafür – zumindest jetzt gerade, in diesem Augenblick. Wie fühlt sich das an? Merken Sie sich dieses Körpergefühl, dann können Sie es auch später immer wieder wachrufen. Ansonsten gilt natürlich auch hier: Wiederholung wirkt Wunder. Es wäre absurd anzunehmen, von einmal Klopfen würde sich Ihr jahrzehntealtes Thema in Wohlgefallen auflösen. Aber Sie haben hier eine Technik kennengelernt, wie Sie Ihren Stress reduzieren und die Selbstakzeptanz erhöhen können. Auch mal zwischendurch im Büro, auf dem stillen Örtchen, im Auto oder wo auch immer es Ihnen gerade guttut. Dass Sie Ihre Selbstakzeptanz erhöhen, ist die beste Voraussetzung, um Stück für Stück Ihren Perfektionismus hinter sich lassen zu können. Sie haben ihn einfach nicht mehr nötig.

6.4   Kraft entfalten

„Move your ass and your mind will follow!" soll das Motto der 68er-Bewegung gewesen sein. Ein herrlicher Leitsatz, wie ich finde. Nicht nur weil er so schön knackig ist, sondern vor allen Dingen, weil er einen Zusammenhang auf den Punkt bringt, der nach meiner Beobachtung noch viel zu wenig Beachtung findet: wie gut nämlich unser Körper geeignet ist, unser Denken in Bewegung zu bringen und dadurch in unsere Kraft zu kommen. Mit diesem Zusammenhang haben wir uns bereits in Abschn. 4.2 (Aller Anfang liegt hier) eingehend beschäftigt.

Hier kommen nun meine völlig subjektiven Best-of-Empfehlungen, wie Sie ihren Körper effektiv und effizient nutzen können, um wieder neu in Ihre Kraft zu kommen - und zwar auf allen Ebenen: körperlich, mental und emotional. De Empfehlungen sind das Extrakt aus allen Methoden und Techniken, die ich in den vergangenen 25 Jahren kennenlernen und ausprobieren durfte. Ich bin sicher, dass das eine oder andere Passende auch für Sie dabei ist. Drei Blickwinkel auf unsere Kraft haben wir im Abschn. 6.1 (Drei verschiedene Kräfte) kennengelernt. Starten wir mit Perspektive Nummer 1, dem Kraftvollsein – und mit einem kleinen Ausflug in die Physik!

Materie besteht bekanntlich aus Atomen. Aber so klein diese sind, können sie doch noch weiter geteilt werden. Die kleinsten, nicht mehr teilbaren Bestandteile eines Atoms sind die sogenannten Elementarteilchen. Ohne sie existiert nichts, sie sind die Basis von allem. Was sind nun die „Elementarteilchen unseres Wohlbefindens"? Was sind die Elementarteilchen unserer Kraft? Es sind genau drei Dinge: sich bewegen, atmen – und fokussieren. Diese drei spielen bei absolut allem, was wir tun, die entscheidende Rolle dafür, wie wohl oder unwohl wir uns gerade fühlen.

Ob Sie seit zwei Stunden am Rechner sitzen oder ob Sie nach Feierabend noch eine halbe Stunde joggen gehen: Wie eingeschränkt oder frei ist Ihre Bewegung dabei? Wie flach oder tief ist Ihr Atem? Wie fokussiert oder abgelenkt sind Sie bezüglich dessen, was Sie gerade tun? Der Klassiker bei zwei Stunden am Rechner ist, dass unsere Bewegung immer eingeschränkter wird und wir zunehmend verspannen. Der Atem wird zwangsläufig immer flacher und die Gedanken immer enger. Aber selbst beim Joggen gilt: das Spannungsmuster, das Sie sich tagsüber im Büro fleißig angeeignet haben, löst sich beim Joggen eben nicht von selbst auf. Ohne es zu merken, tragen Sie es weiter mit sich herum. Sie sind in Ihrer Bewegung eingeschränkter, als sie es wahrnehmen können. Jede unwillkürliche Muskelanspannung, jede eingeschränkte Bewegung schlägt sich auf die Atmung nieder. Wie bewusst ist Ihnen Ihre Atmung beim Laufen? Und der Fokus: Kennen Sie das, dass Sie durch die schönste Natur joggen, grüne Bäume, duftende Blüten und zwitschernde Vögel um sich herum haben. Aber wo ist Ihr Fokus? Bei der Arbeit, dem Meeting und all dem Unerledigten.

Einmal mehr gilt es also, das Unbewusste und Unbeachtete aufs Neue in den Blick zu nehmen: unser Bewegen, unser Atmen und unser Denken. Sie erinnern sich: Alles, was uns nicht bewusst ist, können wir auch nicht zielgerichtet ändern. Bewusstwerden und dann an den richtigen Stellschrauben drehen – genau so klappt's.

Umsetzen: Echt BAF

Wie können Sie die drei Elementarteilchen, Bewegung, Atmung und Fokus („BAF") nutzen, wenn Sie an Ihrem Computer sitzen? Wie kommen Sie allein durch deren Veränderung zu mehr Gelassenheit und Kraft? Ganz einfach. Lehnen Sie sich zum Beispiel für nur 30 Sekunden zurück (das ist bereits die erste Bewegung), drehen Sie Ihren Kopf nach links und rechts (zweite Bewegung) und atmen Sie dreimal tief ein und aus (dritte Bewegung). Zur Bewegung kommt hier das bewusste Atmen also gleich dazu – und wenn Sie auf Ihren Atem achten, ist eben auch Ihr Fokus bereits für einige Augenblicke nicht mehr bei der Arbeit, sondern bei sich selbst.

Oder: Sie stehen zwischendrin einmal vom Schreibtisch auf, gehen ans Fenster und öffnen es (Bewegung). Die frische Luft, die von draußen hereinkommt, lassen Sie in Ihre Lungen strömen (Atmung). Und währenddessen beobachten Sie, was da draußen auf der Straße so alles geschieht (Fokus). Zwei Minuten genügen völlig, und Sie können mit neuer Energie an Ihren Rechner zurückkehren. Sie sehen: Um die drei Elementarteilchen Ihrer Kraft in eine wohltuende Richtung zu lenken, braucht es kein großes Tamtam – und trotzdem können Sie eine Veränderung in die gewünschte Richtung bewirken.

Bei allen Best-of-Tools, die ich Ihnen hier vorstelle, sind Bewegung, Atmung und Fokus immer ein integraler Bestandteil – es geht ja gar nicht anders. Haben Sie Lust, die folgenden Techniken zwei- oder dreimal auszuprobieren? Dann bekommen Sie ein Gefühl dafür, was sie bei Ihnen bewirken können, viel mehr, als es Ihnen nur vom Lesen her möglich ist.

Umsetzen: 5 × 5

Setzen oder stellen Sie sich aufrecht hin und atmen Sie vollkommen aus. Strecken Sie sodann Ihre Arme ganz nach vorn mit den Handflächen offen nach oben.

Nun atmen Sie 5-mal durch die Nase ein, auf fünf Züge also, ohne dass Sie zwischendurch ausatmen. Sie teilen Ihr Einatmen also in 5 Teile auf mit dem Ziel, auch noch den letzten Winkel Ihrer Lungenflügel mit Sauerstoff zu versorgen. Natürlich werden die Atemzüge zum Ende hin immer kleiner. Mit jedem Einatmen ziehen Sie nun die ausgestreckten Arme zu sich heran und lassen die offenen Hände zur Faust werden, ganz so, als würden Sie auch noch mit Ihren Händen die Luft in sich hereinholen können. Zu 5-mal einatmen ziehen Sie also auch 5-mal die Arme zu sich heran.

Jetzt ist es höchste Zeit, wieder auszuatmen, ebenfalls auf fünf Portionen verteilt. Sie atmen also 5-mal aus, ohne zwischendurch wieder eingeatmet zu haben. Auch hierbei wird das Ausatmen mit jedem Mal etwas weniger. Ihre Handflächen haben Sie dafür nach unten gedreht, und Ihre Arme werfen Sie 5-mal nach vorne, so, als wollten Sie etwas Klebriges an den Händen loswerden.

Kleine Pause. Und wieder von vorn. 5-mal ein … 5-mal aus … Insgesamt empfehle ich davon fünf Durchgänge. Gerne können Sie das Tempo variieren und ausprobieren, wie sich die Wirkung dadurch verändert. Am Ende wählen Sie einfach die Geschwindigkeit, die Ihnen am besten gefällt. Nach dem fünften Durchgang halten Sie inne. Spüren Sie in Ihrem Körper nach, was sich verändert hat. Und die Gedanken, was machen die jetzt? Und wie fühlen Sie sich? Diese Methode kostet Sie keine drei Minuten. Aber Sie ist ein echter Kraftgewinn!

Noch schneller und noch effektiver ist die folgende Praxis. Eine Minute genügt bereits, fünf Minuten katapultieren Sie in einen maximal kraftvollen Zustand.

Umsetzen: Die Pumpe

Stellen Sie sich aufrecht hin und atmen Sie aus. Machen Sie mit jeder Hand eine lockere Faust, winkeln Ihre Arme an und platzieren beide Fäuste vor Ihrem Brustbein. Jetzt atmen Sie durch die Nase flott ein und gleich wieder aus, vom Tempo her etwa zwei bis maximal drei Atemzüge pro Sekunde. Zwischen den einzelnen Atemzügen gibt es keine Pause; es geht nahtlos durch. Ihre Arme und Knie unterstützen dabei Ihre Atmung: Wenn Sie einatmen, gehen die Fäuste vor dem Brustkorb nach oben und die Knie strecken sich durch. Atmen Sie aus, gehen die Fäuste nach unten und Sie selbst dabei in die Knie. Knie, Unterarme und Fäuste machen gleichsam eine pumpende, die Atmung unterstützende, Bewegung.

Besonders intensiv wird diese Praxis, wenn Sie dazu noch die passende, flotte Musik auflegen. Doch Vorsicht. Weil Ihr Körper es nicht gewohnt ist, so viel Sauerstoff auf einmal zu bekommen, kann es sein, dass Sie im wahrsten Sinne des Wortes zu viel davon kriegen. Fangen Sie in kleinen Portionen an, mit einer halben oder ganzen Minute, und steigern Sie sich von dort aus langsam, so, wie es Ihnen guttut. Zur Sicherheit können Sie auch einen Stuhl bereitstellen, auf den Sie sich setzen können, falls Ihnen schwindelig werden sollte.

Ich selbst habe diese Atemtechnik unter Anleitung und mit Betreuung einmal ganze sechzig Minuten durchgezogen. Danach habe ich mich besser erholt gefühlt als nach drei Wochen Urlaub. Es war unglaublich!

Die letzte Praxis, die ich Ihnen vorstellen möchte, ist ein noch größerer Booster. Sie bietet viel Action und die maximale Kombination von Bewegung plus Atmung plus Fokus.

Umsetzen: Der Holzfäller

Bevor Sie bei dieser Methode gleich die Axt schwingen werden, gibt es zwei Stufen der Vorbereitung. Beginnen Sie im Stehen und spüren Sie einmal mehr, wie sich Ihr Körper jetzt gerade anfühlt. Die Füße stehen etwa hüftbreit und eher parallel, damit die Gesäßmuskeln entspannt sind. Die Knie sind keinesfalls durchgedrückt und deshalb ebenfalls entspannt – und bei denen geht es jetzt auch los.

Federn Sie in Ihren Knien, indem Sie in schnellen, leichten und kleinen Bewegungen in die Knie gehen und wieder hoch. Runter, rauf, runter, rauf. Im Sport oder auch beim Samba nennt man diese Bewegung „Bouncen". Machen Sie das eine Minute bis drei Minuten und achten Sie dabei darauf, dass Sie Ihre Schultern und Arme nicht fixieren, sondern ebenfalls locker lassen. Machen sie das einfach so lange, wie Sie benötigen, um aus Ihren muskulären Spannungsmustern im Oberkörper, den Schultern oder den Armen herauszukommen. Das Ziel ist, sich durchs Bouncen locker zu machen. Am besten, Sie atmen dabei im Rhythmus der Bewegung durch den offenen Mund aus. Das Einatmen geschieht von selbst.

Wenn Sie sich gelockert haben und mit dem Bouncen zum Ende gekommen sind, können Sie mit beiden Füßen ein paarmal fest auf den Boden stampfen, einfach, um möglichst gut die Verbindung zwischen sich und dem Boden zu spüren. Achten Sie dann noch einmal auf einen festen Stand (Knie weiterhin nicht durchgedrückt) und drehen nun Ihren Oberkörper nach links und rechts. Sie drehen sich also um die eigene Achse. Wenn Sie das eine Weile machen, werden die Bewegungen vermutlich zunehmend weiter. Die Arme schwingen dabei locker nach rechts und links mit, sodass sie an den Außenpunkten Ihrer Drehung immer leicht gegen den Körper schlagen. Alternativ können Sie Arme und Hände auch in der „Hände hoch!"-Haltung fixieren, genau so, wie Sie das aus Western oder Gangsterfilm kennen.

Das Bouncen in Stufe 1 und das Drehen um die eigene Achse in Stufe 2 waren die perfekte Vorbereitung für Stufe 3, die nun folgt und die dieser Übung ihren Namen gegeben hat: der Holzfäller.

Nachdem Sie nämlich auch Ihre Drehbewegungen wieder haben zur Ruhe kommen lassen, verbreitern Sie Ihren Stand leicht und heben nun Ihre Arme nach oben, hoch über den Kopf. Mit dem Hochheben Ihrer Arme atmen Sie tief ein. Stellen Sie sich vor, Sie würden in Ihren beiden Händen eine Axt halten, die Sie hoch über Ihren Kopf heben. Spüren Sie auch, wie sich mit dieser Bewegung der Brustkorb dehnt, wie er weiter wird und sich öffnet. Vor allem dann, wenn Sie Ihre Hände nicht zu eng zusammenführen.

Jetzt lassen Sie beide Arme samt Oberkörper nach vorne und unten fallen. Diese Bewegung ist natürlich schneller als das Aufrichten zuvor. Stellen Sie sich vor, Sie würden die Axt in einen Holzblock treiben. Das heißt, Ihre Bewegung endet schlagartig, etwa in der Höhe zwischen Knie und Becken. Wichtig ist, dass Sie, zur Bewegung passend, stoßartig ausatmen. Kein Muss, aber eine sehr herzliche Empfehlung ist es, das Ganze mit einem Ton zu verbinden. Mit einem lauten Seufzer, einem Stöhnen, einem lauten „Ha!", oder was auch immer Ihnen besonders guttut. Schon mit der Atmung ist der Holzfäller sehr kraftvoll. Aber mit Atmung und Stimme ist seine Wirkung um ein Vielfaches intensiver. Probieren Sie es aus!

Genau das wiederholen Sie jetzt 5- bis 7-mal. Wenn Sie Ihre fiktive Axt beim letzten Mal in die Luft gestemmt haben, kommt die Abwärtsbewegung dann nicht mehr schlagartig zum Stillstand. Vielmehr lassen Sie Ihre Arme zwischen Ihren Beinen auspendeln und kommen vornübergebeugt langsam zur Ruhe.

Wenn Sie mögen, können Sie nach dem Aufrichten Ihren Kopf noch ein wenig entspannt hin und her rollen, von links nach rechts und wieder zurück, immer über vorne, den Kopf also nicht in den Nacken gelegt. Zum Abschluss spüren Sie nach, wie sich Ihr Körper nun anfühlt und wie es Ihnen emotional geht. Und was denkt Ihr Kopf? Im Idealfall nichts. Er ist einfach nur herrlich leer. Und der Körper wieder voller Kraft.

Sie sehen: Wieder neu in seine Kraft zu kommen, ist letztlich ganz einfach. Sie müssen eben nicht über eine lange Zeit hinweg irgendwelche Kurse besuchen, um dann endlich die ersten, kleinen Fortschritte bei sich bemerken zu können. Hier und jetzt können Sie anfangen. Es hängt nur davon ab, ob Sie es wollen *und* sich dafür entscheiden. Mögen Sie vielleicht sogar noch einen Schritt weitergehen, um sich ganz neue Krafträume zu eröffnen? Hoffentlich benötigen Sie für diese Entscheidung nicht so lange, wie ich es getan habe ...

Ich saß abends gemütlich auf der Couch, mein Feierabendbier stand gut gekühlt vor mir. Die Kinder waren im Bett, und ich las einen Artikel übers Boxen. „Das auszuprobieren wäre mal spannend", meinte ich zu meiner Frau, denn der Artikel hatte sehr schön deutlich gemacht, wie man durch Boxen an Kampfgeist und mentaler Stärke gewinnen kann. Ist Ihnen meine Formulierung aufgefallen? „Wäre mal". Das ist eine nette Umschreibung für „rein theoretisch" oder „nie und nimmer". Genau deswegen hatte der Artikel für mich auch keine praktischen Konsequenzen – wobei er in meinem Hinterkopf durchaus abgespeichert war.

Einige Jahre später, ich war Teilnehmer auf einem Selbsterfahrungsseminar, stellte der Leiter am dritten Tag plötzlich zwei Kisten in die Mitte des Raumes: die eine voller Boxhandschuhe, die andere voller Kopf- und Mundschutze. Zwei Gedanken schossen mir durch den Kopf. Der eine: „Ach du große …!" Der andere: „Meine Chance!" Und obwohl ich mir erst kurz zuvor eine Rippe geprellt hatte und deshalb etwas angeschlagen war, war meine Entscheidung im nächsten Augenblick gefallen: Das ziehe ich durch. Diese Herausforderung nehme ich an!

Zweimal zwei Minuten dauerte ein Kampf, mit abgestecktem Boxring und dem Kursleiter als Ringrichter. Mir war klar: sobald ich im Ring stehen würde, würde ich mich schlagartig ganz, ganz weit außerhalb meiner Komfortzone wiederfinden. Denn mit Fäusten zu kämpfen, das hatte ich selbst auf dem Schulhof nicht gelernt. Als „Waffe" hatte ich, wenn es einen Streit zu klären galt, schon damals lieber auf meine Klappe vertraut und den Kampf mit Worten geführt. Mit dem jetzigen Setting hatte ich also schlichtweg keinerlei Erfahrung – und das hatte Folgen. Ich gestehe hier freimütig, dass keiner der rund zwanzig Teilnehmer, es waren allesamt Männer, derartig schlecht geboxt hat, wie ich es getan habe. Aber das war für mich in diesem Augenblick vollkommen irrelevant. Das Entscheidende war: Ich bin in den Ring gestiegen, ich habe gekämpft, ich habe mich vor dieser Herausforderung nicht gedrückt.

Dann waren die vier Minuten vorbei und ich hatte so manchen schmerzhaften Treffer kassiert. Und wie fühlte ich mich? Großartig! Wie befreit. Kraftvoll. In einer für mich komplett neuen Energie. Allein diese Erfahrung gemacht zu haben, war schon jeden Schmerz wert gewesen. Die eigentliche Sensation wartete aber erst im Nachgang zu diesem Training auf mich: Dieser Zustand, voller Energie, Kraft und dann auch Tatendrang zu sein, er hielt ganze acht Monate an. Ein Phänomen, das ich bis heute nicht wirklich erklären kann. Vier Minuten Boxen, acht Monate voller Saft und Kraft. Aber gerade deswegen ist es für mich ein unglaublich eindrückliches Zeichen dafür, wie Blockaden, die wir in unserem Denken oder in unseren Emotionen haben, über den Körper gelöst werden können.

Und nach den acht Monaten? Wie ging es da weiter? Stück für Stück merkte ich, wie ich aus dieser großartigen Verfassung wieder heraus und in meine alten Muster hineinkam. Da wäre es natürlich naheliegend gewesen, eine Möglichkeit zu suchen, wo ich weiter zum Boxen gehen könnte. Wäre … Denn trotz meiner fantastischen Erfahrung habe ich es nicht getan. Kennen Sie das auch von sich selbst? Genau zu wissen, was richtig wäre, es dann aber doch nicht zu tun? Wer kennt das nicht? Wir haben zu Beginn von Kap. 3 (Lebendigkeit und Unternehmertum zur Befreiung nutzen) schon gesehen, dass dabei die Komfortzone eine erhebliche Rolle spielt. Doch auch ein Philosoph, Immanuel Kant, hat es in einem etwas anderen Zusammenhang sehr schön auf den Punkt gebracht. Seine Erklärung, weshalb wir nicht tun, was richtig wäre zu tun, lautete sinngemäß: Faulheit und Feigheit sind die Wurzel allen Übels.

Um an diesem Punkt angekommen zu sein, muss man allerdings schon viele Schichten beiseite geräumt haben. Denn dieser Satz ist das radikale Eingeständnis, dass es nicht äußere Umstände oder andere Personen sind, die einen daran hindern, etwas Bestimmtes zu tun, sondern ausschließlich man selbst. Nicht mehr: Der andere ist schuld. Die Firmenkultur ist schuld. Die fehlende Veränderungsbereitschaft der Kollegen ist schuld. Der falsche Zeitpunkt. Die Wirtschaftslage, die Gesellschaft, der Klimawandel, die Politik. Sondern: Ich selbst bin es. Ich, mit meiner Bequemlichkeit angesichts der Mühe, die mit diesem Schritt verbunden wäre: also der Faulheit. Oder ich mit meiner Angst vor der Veränderung und ihren Konsequenzen: und damit der Feigheit. Oder natürlich: mit Faulheit und Feigheit im Doppelpack.

Bei mir war es genau so: Ich wusste ja, wie anstrengend und mühsam selbst vier Minuten Boxkampf sein können. Da meldete sich die Faulheit in mir. Und ich wusste auch, wie schmerzhaft diese vier Minuten sein können. Da rührte sich die Feigheit. Wollte ich mir das also zumuten? Bloß nicht. Ganze sieben Jahre hat es gedauert, bis ich in meinem Leben wieder an einem Punkt angelangt war, wo ich bereit war, sowohl meine Faulheit als auch meine Feigheit hinter mir zu lassen. Sieben Jahre voller Ambivalenz, voller Wollen und Nichtwollen gleichzeitig. Einmal pro Woche boxe ich seither. Endlich ist dieser Sport mit seiner großen Kraft ein fester Bestandteil meines Alltags geworden!

Umsetzen: Sich selbst herausfordern
Was wäre für Sie die große Herausforderung, von der Sie ahnen, dass sie Sie in eine neue Kraft bringen kann? Auch das Boxen? Ein Marathon? Vielleicht Klettern in einer Steilwand? Oder eine Woche, ohne nachts ein Dach über dem Kopf zu haben, durch die Wälder wandern? Was ist es, von dem Sie ahnen, dass es neue Kraft bringen würde? Und was sind Ihre ersten Schritte, die Sie heute und in dieser Woche noch unternehmen werden, um diese Idee auch tatsächlich zu realisieren?

6.5   Kraftlosigkeit erlauben

Alle bisher vorgestellten Formate zahlen auf den *ersten Blickwinkel* ein, den wir beim Thema „Kraft" identifiziert hatten: Kraftvoll zu sein in seiner unmittelbaren Bedeutung von Stärke und Energie, und das nach Möglichkeit auf allen Ebenen, Körper, Gefühle und Gedanken. Doch es gibt eben auch den *zweiten Blick*. Die nüchterne Feststellung, dass auch schwach zu sein und keine Energie zu haben Teil der eigenen Kraft sein kann, nur sozusagen mit umgekehrten Vorzeichen. Wie sieht nun der ideale Umgang mit seiner Kraftlosigkeit aus?

Obwohl es das Naheliegendste, Einfachste und vermutlich auch Wirksamste ist, was wir tun können, ist es doch zugleich das, was den meisten von uns ausgesprochen schwerfällt und wogegen wir uns oft Wochen oder sogar Monate wehren: uns selbst überhaupt einmal einzugestehen, dass wir uns schwach und kraftlos fühlen.

Schwach und kraftlos zu sein wird gerade von Menschen, die an der Spitze Verantwortung tragen, als Makel empfunden und als negatives Gefühl eingeordnet. Gehören Sie auch dazu? So zu denken steht Ihnen natürlich frei. Aber ist es hilfreich? Kann es sein, dass es nur täglich weitere Anstrengung bedeutet, sich selbst einzureden, man sei ja gut drauf und alles in Ordnung? Keine Frage: Kraftvoll zu sein ist schöner und angenehmer als das Gegenteil davon. Aber was bringt einem die Einordnung von Kraftlosigkeit als ein vermeintlich negatives Gefühl? Ist es nicht einfach ein Fakt, dass jeder Mensch bessere und schlechtere Zeiten hat? Ist es nicht einfach das, was wir „Leben" nennen und das nun mal genau so funktioniert? Warum also nicht einfach anerkennen, was ist?

Viele meiner Kunden tun sich jedoch genau damit schwer. Sie lehnen diese Emotionen ab und kämpfen mehr oder weniger erfolgreich dagegen an. Bei diesem Kampf zu kapitulieren, sich das Schwach-Sein einzugestehen, käme für sie einer persönlichen Niederlage gleich. „Surrender" lautet das englische Wort für Kapitulation. Und keine Frage: zu kapitulieren, einen Kampf verloren geben zu müssen, das tut weh. „Surrender" ist im Englischen jedoch auch das Wort für Hingabe oder sich hingeben. Und genau diese gedankliche Brücke kann ausgesprochen hilfreich sein. Was folgt nämlich im Idealfall auf die schmerzliche Kapitulation, auf das Aufgeben? Man findet sich damit ab. Man akzeptiert es als das, was es ist: eine Tatsache. Man erkennt an, diesen Kampf nicht mehr gewinnen zu können. Und entscheidet sich, ihn auch nicht mehr gewinnen zu wollen. Man gibt sich also dem hin, wie es nun mal gerade ist. Können Sie spüren, wie extrem entspannend dieser Mindshift ist? Wie entlastend es ist, einen Kampf verloren geben zu können, der zuvor ja bereits nicht mehr hat gewonnen werden können? Vom Aufgeben des Kampfes zum Sich-Hingeben an die Situation, das ist ein unglaublicher, entlastender und wohltuender Schritt.

Genau an dieser Stelle setzt nun die erste Methode an. Sie ist äußerlich unspektakulär, aber innerlich hoch wirksam.

Umsetzen: Couching statt Coaching

Sie können es nach der Mittagspause im Büro tun, auf einem Parkplatz, den Sie auf dem Heimweg ansteuern, auf dem Sofa zu Hause, wo auch immer: In den Phasen, in denen Sie sich besonders kraftlos fühlen, nehmen Sie sich täglich fünf Minuten Zeit für sich selbst in ihrer aktuellen Verfassung.

Nachdem Sie 2- oder 3-mal ein- und langsam wieder ausgeatmet haben, verbinden Sie sich mit genau der Emotion, die Sie die meiste Zeit des Tages verdrängt haben, also mit Ihrer Kraftlosigkeit (oder was auch immer in diesem Moment das Gefühl ist, das Sie belastet). Spüren Sie, wo in Ihrem Körper Sie die Kraftlosigkeit besonders deutlich spüren. Wenn Sie „voll drin sind", dann sagen Sie hörbar, nicht nur gedanklich, zu sich: „Ich bin kraftlos. Und ich darf das jetzt auch sein." Wenn Sie es mit einem Seufzen sagen wollen, sagen Sie es mit einem Seufzen. Wenn Sie es als klares Statement ausdrücken wollen, sagen Sie es als klares Statement. Egal. Es geht darum, dass Sie Ihrem Gefühl jetzt einige Minuten Zeit geben, dass Sie es sich eingestehen, dass Sie dieses Gefühl haben und dass Sie es sich ausdrücklich erlauben, dieses Gefühl auch haben zu dürfen.

Fünf Minuten darf diese kleine Übung dauern. Sie spüren Ihre Kraftlosigkeit. Und Sie wiederholen zwischendurch immer wieder diese zwei Sätze. Zum Abschluss nehmen Sie dann noch einmal drei bewusste, tiefe Atemzüge und kehren anschließend zu Ihrem weiteren Tagesprogramm zurück.

Man kann sich nicht von etwas verabschieden, das man nicht zuvor auch begrüßt hat. Mit dieser Übung begrüßen Sie ausdrücklich Ihre Kraftlosigkeit. Sie werden merken, danach ist sie eher bereit zu gehen, als wenn Sie sie – nie willkommen geheißen – ständig aus Ihrer Tür herausdrängen wollen.

Wenn Sie mögen, lässt sich diese Methode auch gut in Form des ROMPC-Formates durchführen, wie Sie es unter der Überschrift „Selbstakzeptanz" im Abschn. 6.3 (Das Getriebensein überwinden) kennengelernt haben. Ihr Satz beim Reiben in der Herzregion könnte zum Beispiel lauten „Ich akzeptiere mich voll und ganz, auch damit, dass ich gerade so kraftlos bin." Und wenn Sie im Anschluss daran auf Ihr Brustbein klopfen, murmeln Sie immer wieder das Wort „kraftlos … kraftlos … kraftlos." Das wird Sie erleichtern, entspannen und Stück für Stück Ihre Kraft zurückkehren lassen.

Auch die nächste Methode hilft Ihnen, aus dem Muster des Verdrängens und Verleugnens herauszukommen. Sie lässt sich perfekt mit der Vorhergehenden kombinieren.

Umsetzen: Brief an den Master-Teacher
Für diese Methode ist es hilfreich, wenn Sie ein wenig Fantasie mitbringen und auch einmal bereit sind, sich (wenigstens versuchsweise) auf etwas völlig Neues, auf den ersten Blick vielleicht sogar ein wenig Abseitiges, einzulassen. Ich würde dieses Tool hier nicht vorstellen, wenn es sich nicht als äußerst hilfreich erwiesen hätte. Vielleicht aber sind Sie ja ohnehin ganz entspannt, wenn ich Sie jetzt nämlich einlade, sich Ihr Leben einmal als nichts anderes als ein großes und langes Studium vorzustellen. Ein Studium, in dem Sie permanent neue Dinge dazu lernen dürfen und manchmal vermutlich auch lernen müssen. Und wie das so ist, auch früher in der Schule und später in der Ausbildung oder dem Studium, wissen wir oft nicht recht weiter. Wir haben Fragen zu all dem, was da geschieht, das uns immer wieder die Kräfte raubt oder einfach nur ratlos macht. Doch zum Glück haben wir jemanden, den wir fragen können! Einen Lehrer, der viel besser ist als die, die wir oft in der Schule oder Ausbildung erdulden mussten. Einen, der uns gut zuhört und der uns Antworten auf unsere Fragen geben kann. Diesen Lehrer nenne ich den „Master-Teacher".

Suchen Sie sich einen Platz, wo Sie für 10 oder 15 Minuten ungestört sein werden. Nehmen Sie sich ein Blatt Papier und einen Stift zu Hand. Nutzen Sie bitte keinen Laptop oder PC für diese Praxis. Halten Sie einen Moment inne, einfach, um sich zu sammeln und sich vom Alltag zu lösen. Ein paarmal tief ein- und vor allem wieder auszuatmen ist dafür hilfreich. Und nun beginnen Sie Ihren Brief, natürlich mit der Anrede: „Lieber Master-Teacher!". „Und dann?", werden Sie fragen. Und dann … schreiben Sie alles nieder, was Ihnen durch den Kopf geht, alles, was Sie beschäftigt, alles, was Sie umtreibt. Vielleicht ist es einfach ein Ärger, von dem Sie berichten wollen. Vielleicht haben Sie berufliche oder private Sorgen, die Ihnen die Kraft rauben. Vielleicht treibt Sie ein Konflikt in der Arbeit um. All das schreiben Sie auf, ohne dabei besonderen Wert auf formelle Vorschriften zu legen und ohne mit dem Schreiben zu pausieren. Das heißt: Sie schreiben mindestens fünf Minuten am Stück durch. Immer weiter, auch wenn Ihnen nichts mehr einfällt. Sollte das der Fall sein, beginnen Sie wieder an dem Punkt, der Sie am meisten belastet, und wiederholen einfach das, was Sie bereits weiter oben geschrieben haben. Vermutlich verbinden sich mit den Themen, die Sie beschäftigen, auch Fragen. „Wie soll ich es schaffen, diesen nervigen Konflikt zwischen Müller und Maier endlich zu befrieden?" oder „Warum bin immer ich diejenige, die am Ende einknickt und Ja sagt?" oder „Wo liegt die Lösung, dass ich endlich den Vorstandsposten bekomme, ohne dass mir hier zu Hause alles um die Ohren fliegt?"… Was auch immer Sie an Fragen haben, fragen Sie. Schließlich schreiben Sie nicht in ein Tagebuch, sondern Ihr Brief ist an jemanden adressiert, an Ihren ganz persönlichen Master-Teacher.

Sie sind skeptisch? Sie fragen sich, was das bringen soll? Ausprobieren, kann ich da nur sagen. Einmal, zweimal, dreimal. Es waren schon viele überrascht, die sich trotz ihrer anfänglichen Zweifel auf diese Methode eingelassen hatten, wie sehr sie am Ende davon profitieren konnten. Ich verzichte bewusst darauf, hier zu erklären, weshalb dieses Tool so gut funktioniert. Aber meine Einladung steht: Probieren Sie es aus!

Abschließend noch ein Tipp, der keiner großen Anleitung bedarf. Es wirkt oft Wunder, wenn wir uns davon frei machen, auch das Wochenende mit lauter Terminen vollzustopfen. Die Schwiegereltern, die besucht werden müssen, der Verein, wo man sich endlich einmal wieder sehen lassen muss, die angeblich ach so außergewöhnliche Kunstausstellung, die man keinesfalls versäumen darf. All das gehört auf einen sehr, sehr strengen Prüfstand und 90 Prozent davon aussortiert. Das Wochenende ist zum Erholen da. Hier dürfen Erschöpfung, Müdigkeit und Kraftlosigkeit überwunden werden, anstatt sie weiter zu verstärken. Ein Programm, das abgearbeitet werden muss, ist deshalb fehl am Platz. Denn Müssen und Pflicht sind fürs Wochenende keine hilfreichen Kriterien. Dürfen und Wollen dagegen die perfekten Maßstäbe, um neue Kräfte sammeln zu können.

6.6   Ruhekraft entdecken

Aus der Ruhe kommt die Kraft. Wer kennt diesen Satz nicht? Aber … in sich ruhen? Mir scheint, das war selten anspruchsvoller als in der Zeit, in der wir heute leben. Die Taktung, mit der wir heute unterwegs sind, die sich ständig ändernden Rahmenbedingungen, unsere dauernde Erreichbarkeit. Für Menschen, die vor 150 Jahren oder früher gelebt haben, war das vermutlich unvorstellbar. Für uns heute ist das alles eine Selbstverständlichkeit, die ihre Folgen hat. Gehetzt statt gelassen. Zerrissen statt entschieden. Gedankenlärm statt Ruhe im Kopf. Mit sich und allem kämpfen, anstatt mit sich und allem im Einklang zu sein … Nach meiner Erfahrung sind die meisten von uns weit weg von einer inneren Ruhe und damit weit weg von der Kraft, die daraus entstehen kann.

Unsere innere Ruhe hängt davon ab , wie sehr wir mit unserem Umfeld und auch mit uns selbst im Einklang sind. Je mehr wir hier kämpfen, hadern und unzufrieden sind, umso weiter sind wir von unserer Ruhekraft entfernt. Aber überall, wo wir mit uns selbst und mit unserem Umfeld in Einklang sind – da entsteht sie, die innere Ruhe - und aus ihr unsere innere Kraft. Was genau das bedeutet, mit sich und dem Umfeld im Einklang zu sein, und was Sie tun können, um dorthin zu gelangen, das werden wir uns in Kap. 8 (Spannungen in Einklang bringen) noch genau ansehen.

6.7   Teams mit Saft und Kraft

Kennen Sie dieses Gefühl, dass in Ihrem Team mehr drinsteckt, als sein aktuelles Niveau es widerspiegelt? Die Ahnung, dass ein Schneller, Höher, Weiter möglich wäre, wenn nur alle mehr in ihrer Kraft wären? Doch was hindert Ihr Team daran, mehr aus seiner Kraft zu schöpfen? Kann es das nicht? Oder will es nicht? Oder … liegt es vielleicht sogar daran, dass es das gar nicht darf?

Können: Über- oder unterfordert

Der naheliegendste Gedanke, wenn das Team seine Kraft nicht abrufen kann, ist vermutlich *Überforderung*, dass die Kraftreserven im Team schon länger aufgebraucht sind. Wenn über Monate oder Jahre hinweg alle über ihre Grenzen gegangen sind, woher soll die Kraft dann schließlich noch kommen?

Den Druck rauszunehmen, darum geht es in solchen Fällen. Doch genau das fällt vielen Führungskräften äußerst schwer. „Wie soll ich denn als Führungskraft im Mittelmanagement Druck rausnehmen, wenn ich ihn selbst von oben dauernd bekomme?" Und genauso: „Wie soll ich als Geschäftsleitung denn Druck rausnehmen, wenn am Markt der Druck bei Preisen, Qualität und Geschwindigkeit doch nur permanent steigt?"

Je mehr Sie das Gefühl haben, dem ständigen Druck ausgeliefert zu sein, umso hilfreicher ist es, Abstand gewinnen zu können. Sich dissoziieren, lautet der Fachbegriff: die aktuelle Lage aus einem ganz großen Abstand betrachten und dadurch eine völlig neue innere Haltung gewinnen zu können. Können Sie sich das vorstellen? Haben Sie Lust, es einmal auszuprobieren und sich dafür auf ein kleines Gedankenexperiment einzulassen?

Umsetzen: Abstand herstellen

Stellen Sie sich dafür zum Beispiel vor – Achtung: Fantasie ist gefragt! –, Sie säßen jetzt gerade auf einem der Planeten unseres Sonnensystems und würden von dort aus auf die Erde blicken. Sehr weit weg sind Sie von dieser Erde, auf die Sie gerade gucken. Und sehr klein ist unser Planet geworden, nicht mehr als ein Punkt im Weltraum. Und wie extrem klein ist erst recht dieses Firmengebäude, das Sie da erkennen können, ganz zu schweigen von den Menschen, die darin herumlaufen. „Ach ja, da sehe ich auch mich selbst", werden Sie vielleicht denken. „Worum kümmere ich mich denn da gerade? Worum sorge ich mich?"

Wenn Sie sich all das jetzt gerade vorstellen …, wenn Sie einen derart großen Abstand vom Geschehen haben …, können Sie dann spüren, wie klein all die Sorgen und der Stress dort drunten auf der Erde sind? Wie das, was „dort vor Ort" groß und gewaltig wirkt, jetzt, durch den Abstand, an Gewicht verliert und genau dadurch leichter handhabbar wird? Ich bin sicher: Aus dem Abstand heraus fällt es Ihnen wesentlich leichter, Möglichkeiten und Wege zu erkennen, an welchen Stellen Sie etwas Druck herausnehmen und zur Verbesserung der Situation beitragen können. Nicht wahr?

Erscheint es Ihnen absurd, sich auf einen Planeten im All zu denken? Dann fällt es Ihnen vielleicht leichter, sich vorzustellen, Sie würden Ihren 90. Geburtstag feiern. Und auf dieser Feier kommt Ihre Enkelin auf Sie zu, selbst bald 40 Jahre alt, und sucht das Gespräch mit Ihnen. Nach dem Motto „Lernen von den Alten" würde die Enkelin gern wissen, wie sie in ihrem eigenen Team, dessen Führungskraft sie ist, den Druck herausnehmen kann, damit alle wieder mehr in ihre Kraft kommen. Wenn Sie sich diese Situation vor Augen führen, werden Sie vermutlich sehen, wie leicht es Ihnen fällt, da ein paar hilfreiche Hinweise zu geben. Vielleicht beginnen diese mit den Worten „Also ich habe mich damals ja schwergetan. Ich habe manchmal den Wald vor lauter Bäumen nicht mehr gesehen. Aber je älter ich geworden bin … im Rückblick … ist mir klar geworden, welche ganz einfachen Dinge ich hätte ändern können, ohne wirklich ein Risiko damit einzugehen …"

Abstand schaffen im Kopf. Räumlich oder zeitlich. Das hilft, überraschende Antworten auf aktuelle Fragen zu bekommen!

Mit Abstand fällt insgesamt die Unterscheidung leichter. Erkennen, welche Einflussfaktoren Sie nicht ändern können, weil es einfach nicht in Ihrer Macht liegt. Und genau so, an welchen Stellschrauben Sie etwas drehen können, weil diese in Ihrem Einflussbereich liegen. Hier ein Beispiel dafür, wo ein prominenter Topmanager nicht den nötigen Abstand zum Geschehen hatte, der hilfreich gewesen wäre, um gemeinsam mit seinem ganzen Team aus der Anstrengung und dem Getriebensein wieder in die Kraft zu kommen.

Herbert Henzler war fast 15 Jahre lang Deutschlandchef von McKinsey, einer der renommiertesten Unternehmensberatungen weltweit. In einem Fernsehbeitrag des WDR über Topmanager [2] sagte er einmal: „Schwächen zuzugeben ist sehr, sehr schwer. (...) Das ist die Kultur! Dass man viele Menschen führt, und die wollen ja das Gefühl haben, dass die Führung weiß, wo es hingeht."

So, wie Henzler es formuliert, ist es die Kultur, die dafür verantwortlich ist, dass es ihm schwerfällt, seine Schwächen zuzugeben. Dort die Kultur mit ihrer machtvollen Wirkung. Hier Henzler, der die Auswirkung daraus tragen muss. Keine Frage: Im unmittelbaren Erleben mag sich das für ihn genau so angefühlt haben. Hätte er die Situation damals jedoch mit Abstand ansehen und beurteilen können, vielleicht hätte er sich ganz anders ausgedrückt: „Ich habe mich schon immer damit schwergetan, Schwächen zuzugeben, selbst als Kind und als junger Mann. Das war für mich nie eine Option. Erstrecht nicht, wenn ich als Deutschlandchef der weltweit besten Beratungsgesellschaft Verantwortung trage. Was hatte das zur Folge? Ich habe mich natürlich mit Menschen umgeben, die in dieser Beziehung genauso funktionierten wie ich. Die ebenfalls immer stark sein wollten. Dadurch haben wir uns gegenseitig immer weiter hochgeschaukelt. Jeder wollte nur noch stark sein. Und ich natürlich am allermeisten."

Die Kultur eines Unternehmens bezeichnet ja nichts anderes als den täglichen Umgang der Menschen miteinander. Es macht jedoch einen großen Unterschied, ob man die Kultur verantwortlich macht, wie Henzler es in seinem Originalzitat getan hat. Oder ob man die Verantwortung den Menschen und damit auch sich selbst zuschreibt, so wie er es in meinem frei erfundenen Zitat getan hat. Die Kultur, da kann man scheinbar nichts machen, die ist halt so. Wie ich aber mit meinen Kolleginnen und Kollegen umgehe, das kann ich jeden Tag dutzende Male so gestalten, wie ich es für richtig halte, auch wenn es mir schwerfällt. Mittlerweile ist Herbert Henzler 80 Jahre alt. Ganz vielleicht würde er sein Statement von damals heute noch wie folgt fortführen:

„Ja, klar, wir haben uns alle gegenseitig hochgeschaukelt mit unserem Anspruch, immer alles im Griff und im Blick haben zu müssen. Aber soll ich jetzt mit dem Finger auf meine Kollegen zeigen und mich als Opfer von deren Verhalten darstellen? Ich selbst habe es doch auch nicht anders gemacht. Mit dem großen Unterschied, dass ich eben der Chef der ganzen Truppe war. Ich selbst war es, der mit meiner Schwierigkeit, Schwächen zuzugeben, jeden Tag aufs Neue diesen Maßstab gesetzt hat. Ich selbst war es deshalb auch, der den Anfang genau an dieser Stelle hätte machen müssen: zuzugeben, dass ich mich in manchen Momenten schwach und elend fühlte – und trotzdem der Chef bin und bleibe. So etwas auszusprechen, das wäre zwar sehr, sehr schwer für mich gewesen. Aber, und da habe ich keinen Zweifel, am Ende hätte es uns allen auch sehr, sehr gutgetan."

Dieses Verhalten hätte Henzler und seinem Deutschlandteam vermutlich viel von der *Anstrengung* genommen, die es für alle bedeutet hat, täglich den Starken verkörpern zu müssen, obwohl man sich phasenweise gerade so nicht gefühlt hat. Doch das auszusprechen hätte ihm und seinem Team ihre *Kraft* zurückgebracht. Denn Kraft ist eben nur dann echt, wenn sie zwischendurch Pausen haben darf, in denen sie sich dann *Kraftlosigkeit* nennt. Aber Schwäche zuzugeben, das widersprach seinem *Selbstbild*. Und mit vorübergehender Kraftlosigkeit sich als Nummer 1 behaupten zu können, das stieß bei allen Beteiligten wohl an die *Grenzen ihrer Vorstellung*. Doch Henzler hätte mit einem solchen Verhalten die *Verantwortung* für seinen Beitrag zur Unternehmenskultur übernommen. Er hätte eine *Entscheidung* treffen können, daran etwas ändern zu wollen, und er hätte dieses Ziel über einige Jahre *konsequent verfolgen* können. Ein solches unternehmerisches Denken und Handeln hätte allen Beteiligten und damit auch der Firma gutgetan.

Permanente Überforderung führt zuerst in die Anstrengung und dann in die Kraftlosigkeit. Doch kann ein Team auch kraftlos sein, weil es nicht zu viel, sondern zu wenig gefordert wird? Dass es vielleicht noch nie erfahren hat, was in ihm steckt, welche Kraft und welche Möglichkeiten es tatsächlich hätte? Gibt es das: kraftlos durch Unterforderung?

Ich denke: Ja. Schon so mancher neue Vorstand hat die Ziele seiner Teams von einem Jahr auf das andere verdoppelt – und sie wurden auch fast alle erreicht! Da steckte offenbar viel mehr Kraft im Team, als sich zuvor alle haben vorstellen können. Ich möchte aber noch anhand eines Modells aus dem Stressmanagement deutlich machen, weshalb Überforderung und Unterforderung viel mehr gemeinsam haben, als man es auf den ersten Blick vermuten würde. Das zu verstehen, dabei hilft uns der Flow-Kanal.

Ideal ist es, wenn Menschen in dem Maße mit Aufgaben gefordert werden, wie sie für diese Aufgaben über die nötigen Fähigkeiten verfügen. Für eine kleine Aufgabe, zum Beispiel ein Bild aufzuhängen, benötigt man auch eher kleine handwerkliche Fähigkeiten, nämlich einen Nagel in die Wand schlagen zu können. Für sehr große Aufgaben, zum Beispiel eine Schrankwand passgenau und funktionsfähig einbauen zu können, ein entsprechend großes handwerkliches Geschick. Irgendwo dazwischen mag vielleicht die Anforderung für den Einbau von Boaxel, einem Regalsystem von Ikea liegen. Stress entsteht nun immer dann, wenn wir entweder überfordert werden, weil wir meinen, die Schrankwand selbst bauen zu müssen, obwohl unsere Fähigkeiten über Hammer und Nagel kaum hinausgehen. Und genauso entsteht Stress, wenn wir fortlaufend unterfordert sind, weil wir, obwohl wir uns Schreinermeister nennen dürfen, nur fortlaufend Bilder aufhängen sollen.

Nicht anders verhält es sich mit unserer Kraft. Stehen unsere Aufgaben und Verantwortung in keinem ausgewogenen Verhältnis zu der Kraft, die wir mitbringen, dann sind wir auf Dauer entweder über- oder eben unterfordert. Abb. 6.2 geht auf Mihály Csíkszentmihályi und seine Forschungen zum Flow zurück, und sie macht diesen Zusammenhang sehr anschaulich.

Abb. 6.2 Überforderung und Unterforderung machen kraftlos

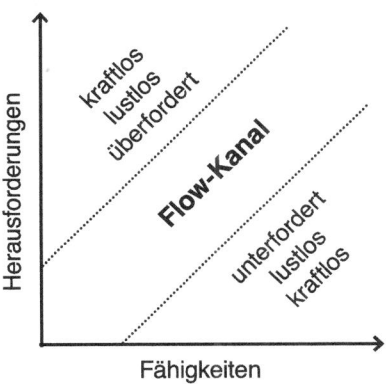

Ist ein Team also noch nicht in seiner Kraft, weil es schon zu lange nicht mehr angemessen gefordert wurde, so gilt es, Möglichkeiten zu suchen, wo Aufgaben erweitert, Termine vorgezogen oder Ziele höher priorisiert werden können. Ein Team in seine Kraft zu führen, kann also völlig unterschiedliche Wege bedeuten, je nachdem, ob das Team bisher über- oder eben unterfordert war.

Wollen: Freiwillig auf Sparflamme

Bisher haben wir Situationen angesehen, wo das Team nicht in seiner Kraft war, weil es nicht anders *konnte*. Doch genauso ist möglich: Das Team ist nicht in seiner Kraft, weil es nicht anders *will*-obwohl es das sehr wohl könnte.

Als Ursache sind vielerlei Gründe möglich, zum Beispiel, dass die Menschen keinen Sinn darin sehen, sich mehr zu engagieren; das begegnete uns bereits in Abschn. 5.2 (Die Grenzen unserer Vorstellung) bei Herrn Stiefken, der überzeugt ist, dass sich bei MAYER nie etwas ändern wird. Wenn er das so sieht – wozu bitte sollte er dann volle Kraft geben? Es wäre sinnlos, im wahrsten Sinn des Wortes. Dann gibt es Teams, die sich nur gerade so viel wie nötig engagieren, weil sie zum Beispiel von ihrem Chef eine schlechte Meinung haben, ihn fachlich oder persönlich für inkompetent halten. Oder im Team herrscht chronisch schlechte Stimmung. Was sollte einen da motivieren, sich mit allem, was man hat, einzubringen? Vielleicht gibt es aber auch zu Hause Stress, fünf Kinder wollen auf Kurs gehalten oder ein Familienmitglied gepflegt werden. Da heißt es Kräfte sparen in der Arbeit, die werden nach Feierabend noch genug gefordert sein. Und schließlich bringen Menschen weniger Kraft ein, als in ihnen steckt, weil die Aufgaben, die sie zu bewältigen haben, nicht ihren Interessen entsprechen. Ein Motivationsproblem also, das wir uns gleich in Abschn. 7.2 (Teams mit Spaß am Arbeiten) ansehen werden.

Wenn ein Team saft- und kraftlos ist, kann es am Können liegen (Ursache 1) oder am Wollen (Ursache 2). Doch es gibt noch eine dritte Ursache, weshalb die PS eines Teams nie auf die Straße kommen: Sie dürfen es nicht.

Dürfen: Verhinderte Kraftentfaltung

Um beim Bild mit den PS zu bleiben: Wer stellt denn die Verkehrszeichen mit den Tempolimits auf? Wer hat das Recht, ein Schild aufzuhängen, auf dem „Durchfahrt verboten" steht? Klar, das sind Sie als Führungskraft. Alle Einschränkungen, die nicht in gesetzlichen Normen begründet sind, hat diejenige Person zu verantworten, die sie aufgestellt hat. Keine Frage, dafür gibt es immer Gründe und ich bin noch nie einer Führungskraft begegnet, die nicht hätte erklären können, weshalb in ihrem Bereich die Kompetenzen genau so und nicht anders geregelt sind. Oder weshalb bestimmte Vorgänge generell über ihren Tisch zu laufen haben.

Wo immer das sachlich objektiv gerechtfertigt ist, Haken dran. Aber wir haben es in Abschn. 2.2 (Die Killer der Lebendigkeit) mit der „self fulfilling prophecy" schon gesehen, dass ein Team auch allein deswegen schwach sein kann, weil sein Chef es für schwach hält. Oder wie es die Selbsterkenntnis der Unternehmerin in Abschn. 4.1 (Die fünf Ebenen zur Analyse) war, die erkannt hatte, dass sie es höchstpersönlich ist, die ihre Führungskräfte klein und damit kraftlos hält, um dadurch immer alles in der Kontrolle zu haben und am Ende gut dazustehen zu können.

Wenn Sie für einige Momente sich in Gedanken noch einmal auf den fernen Planeten oder auf Ihren 90. Geburtstag versetzen wollen … um von dort aus auf Ihre aktuelle Situation zu blicken: Wo erkennen Sie Regeln, Anweisungen, Gebote oder Verbote, die Sie festgelegt haben und mit denen Sie Einzelne oder Ihr ganzes Team daran hindern, ihre Kraft vollständig zu entfalten?

Anstrengung reduzieren

Anstrengung ist unangemessener Kraftaufwand. Und wenn im Team alle nur noch angestrengt unterwegs sind, befinden sie sich oberhalb des Flow-Kanals. Das lässt sich unmittelbar lösen, indem Aufgaben reduziert, Termine gestreckt oder Ziele niedriger priorisiert werden.

Einerseits ist das natürlich „Chefsache", denn Sie sind es, der die Menge und Verteilung der Aufgaben an Ihr Team steuert. Doch genauso ist jeder Einzelne dafür verantwortlich, darauf zu achten, ob er noch in seiner Kraft arbeitet oder längst bei leerem Akku angelangt ist. Machen Sie es deshalb zu einer Aufgabe für sich und Ihr gesamtes Team: Weg von der Anstrengung und hin zu neuer Kraft zu kommen!

Am besten, Sie nehmen sich dafür außerhalb des Tagesgeschäfts Zeit. Schaffen Sie gemeinsam ein Bewusstsein dafür, bei welchen Themen jeder in seiner Kraft arbeitet und bei welchen Aufgaben nur durch Anstrengung ein Vorwärtskommen möglich ist. Und fragen Sie sich, was jedes Teammitglied und Sie als Führungskraft tun werden, um künftig mehr Kraft und weniger Anstrengung erleben zu können.

Haben Sie in der Beschreibung von Herbert Henzler auch sich und Ihr Team wiedergefunden? Sich schwach zu fühlen, aber meinen, immer Stärke beweisen zu müssen? Dann mag es tatsächlich eine tolle Übung für Sie und Ihr Team sein, ihre vorherrschenden Antreiber zu identifizieren und diese durch neue Erlaubnisse zu ersetzen, so, wie wir das im Abschn. 6.3 (Das Getriebensein überwinden) bereits kennengelernt haben. Doch unabhängig davon, welche Absprachen Sie und Ihr Team treffen: Vereinbaren Sie regelmäßige Runden, in denen Sie immer wieder Zwischenbilanz ziehen. Wie gut ist es Ihnen gelungen, das Vereinbarte tatsächlich in die Tat umzusetzen? Wie sehr haben Sie das Gefühl, wegzukommen von der Anstrengung und wieder hin zu einer neuen Kraft? Auch mag es hilfreich sein, zweimal pro Woche morgens eine kleine Erinnerung an alle im Team zu senden. Am besten ist dafür reihum jeder einmal verantwortlich, auch Sie als Führungskraft.

Um zu entdecken, wo Sie nicht effektiv arbeiten (das Falsche tun) oder nicht effizient (es falsch tun), helfen meist klassische Workshops, um alle Meinungen auf den Tisch zu bekommen und gemeinsam Lösungen entwickeln zu können. Je offener sich alle Beteiligten hier einbringen, umso wahrscheinlicher werden alle Aspekte von Können, Wollen und Dürfen zur Sprache kommen.

Kraftlosigkeit erlauben

Die eigene Komfortzone zu verlassen und sich in neue, unbekannte Gefilde vorzuwagen, macht erst einmal Stress. Zu Beginn von Kap. 3 (Lebendigkeit und Unternehmertum zur Befreiung nutzen) haben wir uns das genau angesehen. In einem Team aus lauter Leistungsträgern über die eigene Kraftlosigkeit zu sprechen, ist deshalb eine gewaltige Herausforderung! Doch die Erfahrung zeigt: Wenn es erstmal „raus ist", tritt bei allen eine große Erleichterung und Entspannung ein. Vielleicht haben Sie ja Lust, sich einmal mit Ihrem Team zu den folgenden Fragen auszutauschen.

Umsetzen: Kraft dank Kraftlosigkeit
Vier Schritte bringen Sie zu mehr gegenseitigem Verständnis, tragfähigen Vereinbarungen und einem neuen Teamzusammenhalt :

(1)   Die persönliche Perspektive (IST): Wann arbeite ich mit voller Kraft? Wann bin ich angestrengt? Wo liegt für mich der Unterschied zwischen den beiden Möglichkeiten?
(2)   Die Team-Perspektive (IST): Wie erlebe ich unser Team in diesem Punkt? Wie unseren Chef? Auf wen gucke ich vielleicht etwas neidvoll, weil er immer Kraft zu haben scheint? Wem fühle ich mich verbunden, weil ich ahne, dass er genauso wie ich Phasen der Kraftlosigkeit kennt?
(3)   Die persönliche Perspektive (SOLL): Was habe ich schon probiert, um weniger angestrengt unterwegs sein zu können? Was davon ist mir gut gelungen, was weniger? Wie geht es mir aktuell in diesem Punkt? Was will ich selbst ändern? Welche Unterstützung durch das Team wäre für mich hilfreich?
(4)   Die Team-Perspektive (SOLL): Wie stelle ich mir ein kraftvoll arbeitendes Team vor? Wer müsste dafür was ändern? Was bin ich selbst bereit beizutragen, um unsere Situation zu verbessern?

Mag das Sprechen über sich selbst für manches Teammitglied noch einigen Stress bedeuten, wird spätestens beim Hören der Beiträge der anderen Teammitglieder eine große Erleichterung eintreten. Ich durfte es dutzende Male erleben, wie unglaublich beruhigend es für die meisten Menschen ist, wenn sie erkennen, dass sie mit ihren begrenzten Kräften und ihrer gelegentlichen Kraftlosigkeit nicht allein sind. Sondern dass es letztlich allen so geht, wenn auch natürlich in unterschiedlichem Maß. Auch von anderen zu hören, dass sie ebenfalls schon einige Fehlversuche hatten, um aus dem permanenten Angestrengtsein herauszukommen, schafft ein starkes Maß an Verbundenheit und verbessert auf diese Weise die Teamarbeit nachhaltig.

Kraft entfalten

Um die Kraft eines Teams zu entfesseln, werden gerne Events zum Teambuilding und zur Kraftentfaltung gebucht. Auf der persönlichen Ebene hatte ich am Ende von Abschn. 6.4 (Kraft entfalten) von meiner Erfahrung durch das Boxen berichtet. Können Sie sich vorstellen, so etwas auch für Ihr gesamtes Team zu organisieren? Ein Event, wo sich alle einmal beim Boxen ausprobieren? Eine völlig neue Erfahrung wäre das vermutlich für die meisten. Ganz sicher wird es dem Team einen großen Impuls für seine Kraft geben. Und vielleicht entdeckt der eine oder die andere ja auch einen neuen Sport für sich.

Aber auch andere außergewöhnliche Veranstaltungen, die nicht Theaterbesuch, Städtereise, Party oder Biergartenbesuch heißen, können wertvolle Impulse sein und Ihrem Team wieder neue Kraft bringen. Klassiker sind Outdoortrainings, in denen die Beteiligten ein Floß bauen, in den Hochseilgarten gehen oder eine Bergtour samt Hüttenübernachtung zu bewältigen haben.

Doch muss auch kritisch angemerkt werden, dass deren Wirkung nur selten nachhaltig ist. Denn solche Veranstaltungen bieten zwar eine tolle Erinnerung an einen außergewöhnlichen gemeinsamen Tag. Wenn jedoch nicht zusätzlich die Missstände beseitigt werden, die zur allgemeinen Kraftlosigkeit beigetragen haben, ist die Wirkung auch wieder schnell verpufft. Um es in aller Deutlichkeit zu sagen: Ein tolles Team-Event zu organisieren und auch zu bezahlen, ist billig, verglichen mit dem Aufwand und der Mühe, die es bedeutet, dauerhafte Veränderungen in einem Unternehmen zu bewirken. Und trotzdem: Wenn bei allen Beteiligten ein echter Wille zur Veränderung vorhanden ist und dafür die nötigen Baustellen in der Zusammenarbeit angegangen werden, dann kann das eine großartige Sache sein und die Menschen wieder neu in ihre Kraft bringen.

Literatur

1. Joachim Bauer, Wie wir werden, wer wir sind, Blessing, 1. Auflage 2019
2. Einsame Spitze - Top-Manager am Limit", WDR, 23.11.2016, https://www.youtube.com/watch?-v=E6E-cUSvxpY

Spaß als Motor nutzen

Wieviel Spaß macht Ihnen Ihre tägliche Arbeit? Kennen Sie das: Glücklich zu sein, weil Sie sich mit einer bestimmten Aufgabe befassen dürfen? Wie oft am Tag haben Sie ein Lächeln im Gesicht, weil Sie es kaum fassen können, Ihre Themen und Projekten so sehr genießen zu können und dann auch noch dafür bezahlt zu werden? Was sind Ihre ehrlichen Antworten auf diese drei Fragen – ohne dass Sie lange nachgedacht und die spontanen Antworten mit Ihrem Verstand mehrfach korrigiert haben?

Und wie sieht es in Ihrem Team aus? Ist den Mitarbeitern anzumerken, dass sie Lust haben, jeden Tag zur Arbeit zu kommen? Dass sie sich auf die Projekte und Kollegen freuen und abends glücklich, zufrieden und dankbar nach Hause gehen? All diese Begriffe, die ich da verwende: Hören die sich maßlos übertrieben für Sie an? Halten Sie es für unrealistisch, was ich hier beschreibe? Wenn ja: Weshalb?

Ich habe das Kapitel bewusst nicht mit dem Begriff „Motivation" überschrieben. Zum einen kann ich das Wort nicht mehr hören, es ist mir zu abgedroschen. Jeden Monat kommen gefühlt 100 neue Studienergebnisse dazu auf den Markt. Zum anderen fehlt bei dem Wort Motivation genau das, worum es mir hier im Kern geht: der *Spaß* an der Arbeit. Die *Lust*, mit Kolleginnen gemeinsam ein Projekt voranzutreiben. Die *Liebe* für aktuelle Themen und Fragestellungen. Die *Leidenschaft*, die uns Menschen im Idealfall vorantreibt, um ein Problem zu lösen oder etwas Neues zu schaffen. Kurz: Gerade dem Fachbegriff der Motivation fehlt das Wichtigste, die *Emotion*! Denn unsere Gefühle sind es, die uns Menschen in Bewegung setzen und die uns nachhaltig an einer Sache dranbleiben lassen. Und um genau die soll es deshalb hier gehen.

J. Schmeer, *Führungskräfte mit unternehmerischer Power*, https://doi.org/10.1007/978-3-658-38623-8_7

7.1   Dreierlei Wohlergehen

Im Abschn. 6.1 (Drei verschiedene Kräfte) haben wir schon erkannt, dass es neben dem Kraftvollsein auch die Kraftlosigkeit gibt. Und als dritte Qualität hatten wir die Ruhekraft mit dazu genommen. Wie verhält sich das nun beim Spaß oder – ganz eng damit verbunden – beim Glück?

Blickwinkel Nummer 1 ist auch hier erst einmal der aufs Positive. Spaß zu haben, damit meine ich kein Schenkelklopfen im Bierzelt, und es ist für mich auch mehr als nur die „Freude am Fahren". Glücklich zu sein oder Spaß zu haben: Das fühlt sich leicht an, fröhlich und beschwingt. Das sind herrliche und energiereiche Gefühle im ganzen Körper.

Doch wer meint, ständig glücklich sein und Spaß haben zu müssen, der bekommt irgendwann ein Problem. Wenn wir gesund-glücklich durchs Leben gehen wollen, hilft Blickwinkel Nummer 2: nämlich anzuerkennen, dass es nun auch mal Phasen gibt, in denen wir nur noch gefrustet sind. Wo wir unglücklich sind und uns elend fühlen, traurig oder was auch immer. Phasen auf jeden Fall, in denen wir ganz weit weg sind von Glück oder Spaß.

Damit haben wir auch hier eine Polarität, nämlich die von glücklich und unglücklich, Spaß und Ernst, Lust und Frust. Dem will ich deshalb ebenfalls einen dritten Blickwinkel an die Seite stellen. Das Wort mag Ihnen etwas blumig erscheinen – aber vielleicht gefällt es Ihnen ja auch: die Glückseligkeit. Glückseligkeit, damit bezeichne ich ein ganz ruhiges Glücksgefühl, das aus einem tiefen, inneren Frieden erwächst. Einem Frieden mit sich selbst und mit der ganzen Welt. Es ist tatsächlich ein Gefühl, das die übliche Bewertung in gut und schlecht, schön und hässlich, glücklich und unglücklich hinter sich lässt. Kennen Sie einen solchen Zustand innerer Glückseligkeit? Sehen wir uns das Ganze nun aus allen drei Blickwinkeln näher an.

Spaß entfalten

Glücklich zu sein ist, ganz nüchtern betrachtet, erst einmal die Folge eines biochemischen Prozesses im Gehirn. Hat es irgendwelche positiven Reize empfangen, reagiert es darauf mit einer Ausschüttung von Glückshormonen. Spannend ist, dass diese Reize sowohl von außen als auch von innen kommen können. Der Sonnenaufgang bei der morgendlichen Tasse Kaffee, ein feines Essen auf dem Teller, die heiß ersehnte E-Mail eines Kunden mit dem neuen Auftrag … all das sind typische, äußere Reize, die unsere Hormonausschüttung in Gang setzen. Doch genauso bewirkt bereits die bewusste Vorstellung all dieser Dinge im Kopf, dass der Körper eine entsprechende Glücksreaktion hervorruft. Die Gehirnareale, die für die Hormonausschüttung zuständig sind, können zwischen innen und außen nicht unterscheiden. Kopfkino und Realität sind für sie gleichwertig. Beides wirkt also. Oder besser: Beides kann wirken, wenn nicht gleichzeitig zu viele Stresshormone unterwegs sind und eine entsprechende Anspannung und damit Gegenreaktion hervorrufen.

Hormone, die zu den Glückshormonen gezählt werden, sind zum Beispiel: Dopamin, Serotonin, Endorphine und Oxytocin. Muss Sie als Führungskraft das interessieren? Oh ja, denn die Ausschüttung dieser Glückshormone können Sie bei Ihren Mitarbeitern auslösen, eben durch die Art und Weise, wie Sie diese führen.

So ist Oxytocin dasjenige Hormon, das aktiviert wird, wenn es um zwischenmenschliche Bindung geht. Wenn Ihr Mitarbeiter spürt, dass Sie sich wirklich für ihn als Menschen interessieren, dann wird bei ihm Oxytocin ausgeschüttet und löst ein entsprechend gutes (Glücks-)Gefühl in ihm aus. Die Betonung liegt hier allerdings auf dem Wörtchen „wirklich". Denn ein kurz angebundenes „Na, wie war das Wochenende?", wo schon der Tonfall die dringende Bitte enthält, keinesfalls ausführlich zu antworten, bewirkt eher die Ausschüttung von Stresshormonen – und damit das Gegenteil von Bindung und Glück.

Dopamin ist ein sehr machtvoller Trigger, wenn es darum geht, neue Reize erleben, etwas erreichen und schaffen zu wollen. Als Führungskraft haben Sie damit zu tun, wenn es um die Ziele Ihrer Mitarbeiterinnen und Mitarbeiter geht. Wenn Sie realistische Ziele gesetzt haben, die Mitarbeiterin diese erreicht hat und die dafür Anerkennung erfahren hat, dann bewirkt die Dopaminausschüttung pures Glück. Nicht jedoch, wenn sich die Mitarbeiterin erfolgreich abgerackert hat, als Reaktion von Ihnen jedoch nur zustimmendes Schweigen oder ein zackiges „Weiter so!" bekommt.

Schließlich kann auch Endorphin Ihre Mitarbeiter glücklich machen – wenn sie in ihrer Arbeit Sinn und Nutzen erkennen können. Wer jedoch das Gefühl hat, jeden Tag nur einen Job zu machen und seiner Arbeit inhaltlich keine Bedeutung mehr beimisst, der hat auch keine Chance auf Glücksgefühle.

Unser Glücksgefühl beruht also auf Hormonen, und deshalb ist Glück, zumindest für Neurobiologen, auch messbar. In der Neurobiologie ist Glück – ganz trocken formuliert – schlichtweg eine Frage der Menge an Glückshormonen, die sich in uns tummeln. Wenn Sie als Führungskraft diese Glücks-Cocktails bei Ihren Mitarbeitern bewirken wollen, ist es wichtig, auch selbst in einer guten hormonellen Balance zu sein. Je mehr Sie selbst im Dauerstress stehen, je mehr Ihr Körper also ständig Adrenalin produziert, umso weniger wird sich Ihr Team spürbar (!) von Ihnen unterstützt und angeregt fühlen. Ein gestresster und frustrierter Chef wird auf Dauer kein glückliches Team um sich haben können.

In Abschn. 4.2 (Aller Anfang liegt hier) haben wir uns ausführlich mit den Zusammenhängen von Körper, Verstand und Emotionen beschäftigt. Bei den Hormonen wird besonders deutlich, wie untrennbar diese drei Ebenen verbunden sind. Der positive Reiz wird im Gehirn wahrgenommen und veranlasst die dazu passende Hormonausschüttung. In deren Folge entspannen sich unsere Muskeln, die Atmung wird tiefer, und infolgedessen wiederum fühlen wir uns glücklich. All das geht blitzschnell und deshalb völlig unbewusst. Klar, die Ausschüttung der Hormone selbst werden wir direkt nie wahrnehmen können. Aber die Zwischenstufe zum Glücksgefühl, nämlich die Veränderung in Muskeln und Atmung, auf die können wir achten und sie bewusst wahrnehmen.

Annie McKee, eine US-amerikanische Psychologin, wies in ihrem Artikel im Harvard Business Manager [1] auf drei typische Glücksfallen hin: Ehrgeiz, das Erfüllen von Erwartungen, Überarbeitung. Jetzt dienen alle drei Antriebe natürlich dazu, gesetzte Ziele zu erreichen. Was also soll daran bitte schlecht sein? Es ist, laut McKee, die Annahme, die hinter diesem Verhalten steckt: dass wir nämlich glücklich wären, wenn wir erst einmal unsere Ziele erreicht hätten. Und dafür müssten wir nun mal hart arbeiten. Doch das Gegenteil ist der Fall! „Erst kommt das Glück, dann der Erfolg", zitiert McKee ihren Kollegen Shawn Achor. Denn glücklich zu sein ist die beste Voraussetzung für bessere Ergebnisse. Weshalb? „Das Gehirn arbeitet besser, wir sind kreativer und anpassungsfähiger, wir haben mehr Energie, treffen bessere Entscheidungen und kommen besser mit komplexen Zusammenhängen zurecht. Es ist ganz einfach: Glückliche Menschen leisten bessere Arbeit als ihre unglücklichen Zeitgenossen."

„Na klar, die Arbeit soll schon auch Spaß machen" meinte deshalb auch kürzlich ein Geschäftsführer auf einer Vortragsveranstaltung. Dem will ich hier jedoch ausdrücklich widersprechen. Denn so, wie er es formuliert hat, ist Arbeit vor allen Dingen eine Pflicht und muss erledigt werden. Und wenn sie darüber hinaus dann auch noch Spaß macht, so nimmt man das als einen schönen Zusatznutzen gerne mit. Falsch. Anstatt „soll schon auch" will ich ein „muss" setzen. Arbeit muss jedem Ihrer Mitarbeiter Spaß machen – weil sie nämlich nur dann dauerhaft die Qualität liefern können, die Ihr Unternehmen braucht, um sich am Markt erfolgreich behaupten zu können. Wer bei seiner Arbeit keinen Spaß hat, sollte sich am besten eine neue suchen.

2500 Jahre bevor die Psychologen und Neurobiologen ihre wissenschaftlichen Erkenntnisse zum Glück gewonnen haben, hat Buddha das alles schon perfekt auf den Punkt gebracht. „Es gibt keinen Weg zum Glück", war seine Aussage, „glücklich sein ist der Weg." Und damit sind wir einmal mehr genau an den Punkten, die wir uns im Abschn. 5.3 (Selbstbild) bereits näher angesehen haben: Sie sind, was Sie sich entscheiden zu sein. Und wenn Sie sich dafür entscheiden, glücklich zu sein, dann schaffen Sie genau damit die Voraussetzung für Ihren Erfolg. Nicht nur als Führungskraft, sondern in allen Rollen, die Sie in Ihrem Leben innehaben.

Doch oben hatte ich bereits beim Blickwinkel Nummer 1 darauf hingewiesen, dass jeder ein Problem bekommt, der meint, ständig glücklich sein zu müssen. Denn wer nicht bereit ist, Gefühle wie Traurigkeit, Schmerz, Frust oder Langeweile zu durchleben, landet fast zwangsläufig bei irgendwelchen Suchtmitteln. Und derer gibt es viele, auch unter den völlig legalen: stoffgebundene Drogen wie Alkohol, Nikotin, Koffein und Tabletten. Und natürlich die nicht stoffgebundene Süchte wie Internetsucht, Glücksspielsucht, Sportsucht oder auch Arbeitssucht.

Seine Spielsucht hat Uli Hoeneß für einige Monate ins Gefängnis gebracht, weil er die Gewinne, die er aus seiner Zockerei im Internet erzielt hatte, nicht versteuert hat. Und Carsten Maschmeyer veröffentlichte im Herbst 2021 ein Buch, in dem er ausführlich über seine Tablettensucht berichtete. Was ich persönlich spannend finde: Beide haben mit Sicherheit ein Leben geführt, das alles andere als langweilig war oder inhaltsarm. Und beide waren auf ihren Gebieten sehr erfolgreich unterwegs, genossen öffentliches Ansehen und hatten alles, was man zum Glücklichsein benötigt. *Scheinbar* hatten sie alles, muss man wohl sagen. Irgendetwas muss ihnen nämlich gefehlt haben, und diesen Mangel haben sie durch ihre Glücksspiel- und Tablettensucht zu lösen versucht.

Wer süchtig ist, der sucht. Aber an der falschen Stelle. Immer gut drauf sein wollen, immer großartig dastehen wollen, immer erfolgreich sein wollen, immer sich auf den schönen Seiten des Lebens aufhalten wollen … All das sind Vorstellungen und Erwartungshaltungen, die zum Scheitern verurteilt sind. Ganz einfach deswegen, weil das Leben so nicht funktioniert und wir Menschen erst recht nicht. Wer das jedoch für sich nicht akzeptieren mag, macht sich natürlich auf die Suche nach Möglichkeiten, dem Frust, dem Misserfolg, den Schattenseiten des Lebens ausweichen zu können.

Und wer Ausweichmöglichkeiten sucht, wird fündig. Es gibt dutzende Wege, wie wir uns immer wieder ein angenehmes (Glücks-)Gefühl verschaffen können, die uns jedoch auf Dauer allesamt das Leben kaputtmachen. Ein Workaholic – und davon gibt es vermutlich gerade in den obersten Führungsetagen viele – ist süchtig nach Arbeit. Im Gegensatz zum Alkoholabhängigen wird er für seine Sucht jedoch häufig sogar gefeiert oder bewundert. „Beeindruckend, was Dr. Müller da für ein Pensum abarbeitet! Unter 14 Stunden geht bei dem kein Arbeitstag zu Ende!"

Aber wie gelangt man in eine Sucht? Und warum sind Süchte so machtvoll und warum ist es so schwer, wieder davon loszukommen? Beide Antworten finden wir in den Glückshormonen, und hier besonders beim Dopamin. Vor ein paar hunderttausend Jahren war das Dopamin dafür zuständig, dass sich unsere Vorfahren auf die Jagd nach etwas Essbarem begeben haben. Damals konnte es Wochen dauern, bis es ihnen wieder einmal gelungen war, einen Bären oder Ähnliches zu erlegen und sie sich davon wieder eine Weile lang ernähren konnten. Diese Suche nach einem neuen Erfolgserlebnis und der Kick, der ausgelöst wurde, wenn das Tier tatsächlich erlegt war, genau dafür war das Dopamin zuständig. Ein sehr gut funktionierendes System war das. Sowohl für die Motivation, sich auf Jagd zu begeben, als auch für die Belohnung, wenn der Bär tot vor einem lag.

Wie aber funktioniert „den Bären erlegen" heute? Verglichen mit damals ist unser Leben heute unglaublich einfach geworden. Wer möglichst schnell und möglichst einfach glücklich werden will, hat alle Möglichkeiten dazu rund um die Uhr zur Verfügung. Das Bier, die Zigarette, die Arbeit, das Internet. Alles, was wir haben wollen: Groß anstrengen müssen wir uns dafür in aller Regel nicht mehr. Die Dopaminausschüttung braucht heutzutage kein wochenlanges Jagen mehr. Ein Arbeitsauftrag, ein Flaschenöffner, ein Feuerzeug genügen völlig.

Welche Konsequenzen hat das zum Beispiel für jemanden, der internetsüchtig ist? Das Meeting war frustrierend – aber diesen Frust will die Führungskraft nicht fühlen. Also: klick – schon ist er im Web und bekommt dort seinen Dopaminkick. Die Vorwürfe des Chefs haben sie verletzt – aber sie will den Schmerz nicht spüren. Klick, und da ist er, der Dopaminkick! Der Bürotag ist langweilig? Klick! Das Projekt könnte scheitern? Klick! Der Markt, auf dem das Unternehmen tätig ist, bricht zusammen? Klick! Klick! Klick! So einfach ist das. Ein einziger Fingerklick auf die Maustaste genügt – und schon ist man im Web und zieht daraus seinen ersehnten Dopaminkick. Es geht so leicht! Es geht so schnell! Es ist so unglaublich bequem, sich diesen Kick zu holen, um damit die „schlechten" Emotionen auszuschalten und sich stattdessen angenehm und wohlig zu fühlen. Auch das ist seit vielen tausend Jahren Teil unseres menschlichen Bauplans: Unser gesamtes System will so wenig Stress wie möglich haben und trotzdem natürlich seine Ziele erreichen. Da ist nichts so naheliegend wie der PC und das World Wide Web, die Schachtel mit den Tabletten, die nächste dicke Kundenakte, der Sport – oder was auch immer. Es funktioniert ja auch zuverlässig, und das glückliche Gefühl hält für ein paar Minuten oder im Idealfall wenige Stunden an. Immerhin.

Wären das alles einmalige Erlebnisse – kein Problem. Doch je öfter ein Mensch sein Suchtmittel konsumiert, umso mehr stumpfen die Rezeptoren an den Nerven ab. Die Folge: die Dosis muss immer weiter erhöht werden, um wieder neu denselben Wohlfühleffekt erleben zu können. Ein Teufelskreis entsteht, aus dem auszubrechen immer mühevoller wird. Sucht ist längst kein Thema mehr für nur Wenige, die sich in Hauptbahnhofgegenden eine Nadel in den Unterarm jagen. Sucht ist alltäglich geworden und schon lange in der berühmten Mitte der Gesellschaft angekommen. „Junkies wie wir" heißt deshalb auch ein gutes Buch dazu, in dem all diese Zusammenhänge für Otto Normalverbraucher dargestellt sind [2].

Zum Abschluss noch Voltaire. Der französische Philosoph schrieb schon im 18. Jahrhundert: „Weil es der Gesundheit förderlich ist, habe ich mich entschieden, glücklich zu sein." In dem Erkennen des Zusammenhangs von Gesundheit und Glück, von Körper und Gefühl, war er seiner Zeit weit voraus. Heute wissen wir, wie richtig er damit lag. Wann immer es also gelingt: Die Entscheidung glücklich zu sein, dürfte die schnellste und einfachste Möglichkeit sein, dieses wunderbare Gefühl zu spüren. Doch es gibt noch andere Wege zum Glück – und die führen über dessen Gegenteil.

Schmerz erlauben

Praxisbeispiel

Barbara Senger begegnet mir als Powerfrau in Reinkultur: Zwei Unternehmen hat sie bereits gegründet und erfolgreich am Markt positioniert. Sie gewährt aus Eigenmitteln ihrem Mann ein Darlehen für dessen Unternehmen. Nach dem ersten Hauskauf baut sie gleich noch ein zweites: mit freiem Blick aufs Meer, neuester Technik und reichlich Platz für alle Hobbys, denen sie drinnen wie draußen nachgehen will. Sich und ihre Dienstleistung zu verkaufen, das gelingt ihr mit Bravour. So jemanden haut nichts um, könnte man denken. Und für viele Jahre war das tatsächlich auch der Fall. Sich nach Rückschlägen neu zu motivieren – für Senger kein Problem.

Für einige Zeit haben wir uns aus den Augen verloren, und als wir uns dann wiedersehen, habe ich fast das Gefühl, mit einem anderen Menschen zu sprechen. Das Leben hatte ihr doch einige Knüppel zwischen die Beine geworfen. Klar, wie Senger darauf jedes Mal reagiert hat: so wie immer. Gar nicht lange nachdenken, Kopf hoch, weitermachen. Doch mit der Zeit funktioniert das immer schlechter. „Irgendwann hat mich meine Traurigkeit, die ich ja immer nur weggedrückt hatte, regelrecht überschwemmt, ja: überwältigt. Ich kam in der Früh' kaum noch aus dem Bett. Ich heulte viel. Ich konnte nicht mehr. Ich war völlig am Ende", beschreibt Senger ihre Situation. Und weiter: „Traurig zu sein, das haben wir in unserer Gesellschaft doch völlig verlernt. Ich jedenfalls konnte das nicht. Im Nachhinein muss ich sagen, ich wusste gar nicht, wie das überhaupt geht: traurig sein.“

Senger nimmt sich eine Auszeit. Sie will verstehen, weshalb es ihr gar so schwerfällt, ihre Traurigkeit zuzulassen. Sie will lernen, sich nicht nur zu spüren, wenn sie in ihrer Kraft unterwegs ist, sondern auch, wenn sie sich kraftlos und traurig fühlt. Eine kleine, sehr hilfreiche Methode nimmt sie dafür aus ihrer Therapie mit in ihren Alltag. Ich stelle sie Ihnen gleich vor. ◄

Senger hatte mühsam lernen müssen, sich ihren Schmerz zu erlauben. Bei ihr war es die Traurigkeit, und damit tatsächlich ja das Gegenteil von Glück und Spaß. Zu den Emotionen, die ebenfalls wehtun und schmerzen, zählen natürlich auch Angst, Wut, Ohnmacht, Verzweiflung, Hilflosigkeit, Einsamkeit und andere mehr.

Ein Satz, der mir bei Sengers Geschichte in den Sinn kam, war: *Unerhörtes benimmt sich irgendwann unerhört*. Das gilt bekanntermaßen bei Kindern, die zu wenig Aufmerksamkeit von ihren Eltern bekommen. Wenn sie sich anders nicht mehr zu helfen wissen, tun sie alles, um diese Aufmerksamkeit zurückzugewinnen, und benehmen sich in jedem Wortsinn unerhört. Das gilt aber genauso für unsere negativen Emotionen, die wir einfach links liegen lassen: Auch die wollen Beachtung finden und von uns gesehen werden.

Wenn Sie einen sicher geglaubten Großauftrag am Ende doch noch an den Wettbewerber verlieren – da mag sich eine gewaltige Wut in Ihnen melden, vielleicht ja auch eine große Enttäuschung. Wenn Sie merken, wie es Mitarbeiter Boldt immer wieder gelingt, Sie in die Ecke zu treiben – da mag sich (warum nicht?!) Hass auf Boldt melden, vielleicht auch Ohnmacht oder Hilflosigkeit. Wenn Sie für ein äußerst wichtiges Darlehen von Ihrer Bank keine Zusage bekommen – da mag sich Verzweiflung breit machen, vielleicht auch Angst.

Was tun Sie in solchen Situationen mit Ihren Gefühlen? Können Sie sie überhaupt wahrnehmen? Vor vielen Jahren hatte ich eine Gruppe von Technikern aus dem Automotive-Bereich vor mir sitzen. Alle miteinander waren sie Männer, studierte Ingenieure und mittlerweile als Bereichsleiter oder Geschäftsführer im Einsatz. Unisono erklärten sie mir, dass sie vor gar nichts Angst hätten, ja, Angst überhaupt nicht kennen würden. Im Gegenteil, Probleme jeglicher Art würden bei ihnen nur noch mehr den Antrieb wecken, sie gelöst zu bekommen. Letzteres habe ich ihnen sofort abgenommen. Die Behauptung aber, keine Angst zu haben, die nicht. Angst ist eines unserer Grundgefühle. Sie gehört zur Natur unseres Menschseins, wie wir Luft zum Atmen brauchen. Diese Führungskräfte hatten jedoch den Zugang zu ihren Ängsten verloren. Angst mag immer wieder mal da gewesen sein, sie aber wahrzunehmen, das hatten sie verlernt.

Ja und? mögen Sie sich vielleicht fragen, ist das nicht sogar ganz praktisch und angenehm? Nun, für praktisch halte ich es nicht, weil Angst uns Menschen vorsichtig macht und sie ein gutes Korrektiv für eine zu hohe Risikobereitschaft ist. Und angenehm ist es eben nur genau so lange, bis sich die unerhörte Angst einmal Bahn bricht und dann unerhört verhält. Im Extremfall mag sich das zum Beispiel in Panikattacken äußern. Aber unerhörte, unterdrückte Angst kann sich auch ganz alltäglich zeigen: In übergroßem Kontrollzwang.

In der Unfähigkeit, wichtige Aufgaben zu delegieren. In peniblen Vorschriften. Oder eben durch permanentes Grübeln und nächtliches Wachliegen, weil tausend Dinge gleichzeitig zu bedenken sind und keines davon aus den Augen verloren werden darf. Barbara Senger hatte ihre Traurigkeit immer zur Seite gedrückt und sich geweigert, sie zu erhören. Erst als ihre Traurigkeit sich unerhört benahm, sie ohne Anlass in Tränen ausbrach, da war sie bereit, ihrer Traurigkeit zu begegnen und ihr ins Gesicht zu sehen.

Von allen sogenannten negativen Gefühlen (Traurigkeit, Schmerz, Angst, Wut, Ohnmacht, Verzweiflung, Hilflosigkeit, Einsamkeit): Welches davon kennen Sie bei sich gut, und auf welche Weise hat es einen Platz in Ihrem Leben? Welches der Gefühle ist Ihnen dagegen besonders fremd oder Sie lehnen es sogar ausdrücklich ab? Haben Sie eine Idee, weshalb Sie eine Strategie entwickelt haben, dieses Gefühl nicht spüren zu müssen, auf jeden Fall aber es nicht herzeigen zu wollen? Und wie wollen Sie künftig vielleicht anders mit diesem Gefühl umgehen, es lieber heute erhören, damit es sich morgen nicht plötzlich unerhört benimmt? Eine ganz einfache Möglichkeit dafür ist das Ritual, das Barbara Senger für sich entdeckt hatte. Das Schöne ist, es funktioniert für jede Emotion, die mehr Aufmerksamkeit in Ihrem Leben bekommen soll.

Umsetzen: Unerhörtes erhören

Nehmen Sie sich zweimal pro Tag Zeit für ihr „unerhörtes" Gefühl. Zweimal fünf Minuten, in denen Sie innehalten und ganz bewusst auf die größeren und manchmal ganz kleinen Dinge achten, die dieses Gefühl in Ihnen auslösen. Tipp: Integrieren Sie diese kleinen Zeiträume in Ihren Alltag. Fahren Sie zum Beispiel morgens auf dem Weg zur Arbeit und abends auf dem Rückweg immer am selben Parkplatz raus, schalten Sie den Motor ab, und gucken Sie einfach geradeaus.

Was ist heute oder in den letzten Tagen geschehen, das dieses „negative" Gefühl ausgelöst hat? Egal, ob es ein kleines oder größeres Ereignis war: Vergegenwärtigen Sie sich noch einmal diese Situation und spüren Sie dann in Ihrem Körper nach, wo genau sich das Gefühl breit macht. Erlauben Sie dem Gefühl ausdrücklich, sich in Ihnen auszubreiten. Nehmen Sie wahr, was Sie spüren und wo Sie es spüren, auch wenn das am Anfang noch ganz diskret und kaum wahrnehmbar sein mag. Mit der Zeit werden Sie merken: Es meldet sich auch eine Erleichterung in Ihnen, je mehr dieses Gefühl endlich die ihm zustehende Aufmerksamkeit bekommt. Und vor allen Dingen können Sie feststellen, dass es ja gar nicht so schlimm ist, dieses Gefühl wahrzunehmen. Im Gegenteil, es tut sogar gut! Schicken Sie zum Abschluss dann noch ein kleines Dankeschön nach innen, atmen dreimal tief durch – und schon war's das. Mehr braucht es nicht. Aber diese zweimal fünf Minuten, die sind kostbar.

Es kann gut sein, dass Ihnen im Laufe der Zeit noch weitere Gefühle begegnen, die Sie bisher verdrängt haben und denen es ebenfalls guttut, Aufmerksamkeit zu bekommen. Egal um welches Gefühl es sich handelt – alle wollen gesehen, vor allen Dingen: gespürt werden. Einfach, weil's guttut und eine sehr entlastende Wirkung hat.

Manch einer mag beim „Gegenteil von Spaß" vielleicht weniger an Traurigkeit oder Schmerz denken, sondern vielmehr gleich an eine Depression. Das passt jedoch nur bedingt. Denn Kennzeichen einer Depression ist eher, dass diese Menschen eben nicht besonders unglücklich oder traurig sind, sondern dass sie Gefühle überhaupt nicht mehr spüren können. Bei Depressionen liegt eine Betonplatte auf der Psyche, die das Herz schwer und die Zuversicht unmöglich macht. So etwas kann man als einzelner Mensch erleben. Manchmal liegt solch eine Lethargie und Lähmung aber auch über einer ganzen Firma. Es wäre äußerst spannend, zum Thema „depressive Unternehmen" einmal ein eigenes Buch zu schreiben. Hier will ich mich jedoch auf einen einzigen, konkreten Hinweis für Sie als Führungskraft beschränken.

Erlauben Sie Ihren Mitarbeitern Phasen, in denen sie traurig sein dürfen. Phasen, wo sich alle erschöpft fühlen dürfen, zerrissen, frustriert oder was auch immer. Der Unternehmensalltag bietet schließlich immer wieder Anlass dazu, genau solche Emotionen zu haben. Sie sind dann nichts anderes als eine angemessene Reaktion auf ein negatives Ereignis. Wenn Führungskräfte auf diese Gefühle zu wenig Rücksicht nehmen, wenn Mitarbeiter stattdessen immer nur angetrieben werden und wenn dauermotiviert zu sein zur Pflicht wird – dann ist das die beste Voraussetzung dafür, dass sich zunehmend eine Lethargie oder depressive Verstimmung im Team breit macht. Sie ist dann aber kein plötzliches und unerwartetes Naturereignis, sondern vielmehr die Folge der schon lange Zeit unerhörten Gefühle.

Glückseligkeit entdecken

Seligkeit ist laut Google die Antwort auf eine typische Kreuzworträtselfrage: Tiefes Glücksgefühl mit neun Buchstaben. Erst dieser Tage erzählte mir der CEO einer mittelständischen Firmengruppe von einer Hochzeitsfeier, auf der er eingeladen war und wo ihm aufgefallen sei, wie „glückselig" die meisten Alten doch gewesen wären, während die Jungen vor allem damit beschäftigt seien, sich abzurackern. Weil er nun für seine eigene Glückseligkeit nicht bis zu seinem 67. Geburtstag warten möchte, nahm er sich vor, immer wieder den Fokus weg von der Arbeit zu nehmen und ihn stattdessen mehr auf seine Familie, Freunde, die Natur und den Sport zu richten.

Erinnern Sie sich an Kap. 6 (Mit voller Kraft arbeiten)? Bei der Ruhekraft hatte ich darauf hingewiesen, dass deren Quelle im Einklang eines Menschen zu finden ist. Ein Einklang, den er unmittelbar bei sich selbst empfindet, und darauf aufbauend, auch im Kontakt mit seinem beruflichen und privaten Umfeld. Genau dasselbe gilt für unser Glück. Sehr passend dazu schrieb einmal die FAZ [3] „Menschen empfinden ihr Leben vor allem dann als sinnvoll und glücklich, wenn sie im Einklang mit ihren Talenten, Werten, Bedürfnissen und Gefühlen leben – das hat die Glücksforschung inzwischen hinreichend bewiesen." Einklang – darauf kommt es also auch beim Glücklichsein wieder an, und deshalb verweise ich auch hier wieder auf Kap. 8 (Spannungen in Einklang bringen), wo wir uns dieser zentralen Qualität widmen werden.

Der Philosoph Wilhelm Schmid hat nicht nur ein Buch geschrieben mit dem programmatischen Titel „Unglücklich sein. Eine Ermutigung", sondern auch eines über das Glück selbst. Darin beschreibt er zum einen das Zufallsglück, wenn wir zum Beispiel im Flieger neben einer Person unseren Sitzplatz finden, mit der wir später unser ganzes Leben verbringen dürfen. Dann gibt es das Wohlfühlglück, wenn wir einen besonders schönen Ausflug in der Natur machen oder ein großartiges Buch lesen. Beide Glücksformen sind wichtig und wunderschön, allerdings auch ausgesprochen flüchtig und schnell wieder vorbei. Darum spricht Schmid als dritte Möglichkeit auch vom Glück der Fülle, das als einziges der drei ein dauerhaftes sein kann.

Dauerhaftes Glück? Das kann, wie beschrieben, nur gelingen, wenn wir uns von der Illusion verabschieden ständig happy und gut drauf sein zu müssen. Deshalb bezieht dauerhaftes Glück ausdrücklich die weniger schönen Seiten des Lebens mit ein, alles Unangenehme und auch Schmerzliche. Was ich hier Glückseligkeit nenne und was Schmid als das Glück der Fülle bezeichnet, ist also die geistige Haltung, mit der wir auf unser Leben blicken: Wenn wir Ja sagen zu allen Seiten des Lebens. Dann, so Schmid, „kann ich mich eingebettet wissen in einen größeren Zusammenhang, in dem das eine wie das andere Platz hat. Mit einer Dankbarkeit gegenüber dem Leben und einer Freude, die nicht darauf beruht, nur die positive Seite des Lebens wahrhaben zu wollen." [4]

7.2   Teams mit Spaß am Arbeiten

Wir haben bereits gesehen: Können, Wollen und Dürfen, das sind die drei Parameter, die die Leistung eines Mitarbeiters bestimmen. Es braucht immer alle drei; fällt einer davon aus, gibt es auch kein Ergebnis. Von daher ist Leistung auch nicht einfach die Summe von Können, Wollen und Dürfen. Sondern wir haben es mit drei Faktoren zu tun, die miteinander multipliziert werden müssen.

$$\text{Leistung} = \text{Können} \times \text{Wollen} \times \text{Dürfen}$$

Das heißt, hat ein Mitarbeiter kein Interesse, Spaß, Liebe, Leidenschaft oder eben: Motivation zu seiner Arbeit, dann hat sein Chef ein großes Problem. Liegt sein Wollen nämlich bei null, gilt das gleiche auch für seine Leistung. Egal, wie es um sein Können oder Dürfen bestellt ist. „Die Aufgabe einer Führungskraft ist es, ihre Leute zu motivieren", höre ich deshalb oft in Diskussionen mit Führungskräften. Nein, antworte ich dann, das ist nicht ihre Aufgabe. Und zwar, weil sie das gar nicht können. Keine Führungskraft kann ihre Mitarbeiter motivieren. Das gilt für einen Teamleiter genauso wie für eine CEO. Ach so? werden Sie jetzt vielleicht denken, bei der Motivation meines Teams, da bin ich also außen vor? Das soll also gar nicht mein Job sein? Nun – genauso falsch. Es gibt sehr wohl klar benennbare Punkte, die eine Führungskraft tun kann und muss, wenn ihr daran gelegen ist, dass alle im Team motiviert sind. Nur sind das ganz andere Hebel, als die meisten es zu wissen glauben. Um das verstehen zu können, sehen wir uns kurz die Urmutter aller Motivationsmodelle an, kommen dann zur Wirkung von Anreizsystemen, und wenn wir deren Wirkungslosigkeit erkannt haben, leiten wir ab, wo die wahren Stellhebel einer Führungskraft liegen, um den Spaß, ja: das Glück Ihres Teams positiv beeinflussen zu können.

Herr Maslow und unsere Bedürfnisse

Mehr als 60 Jahre ist Maslows Bedürfnispyramide alt, und es hat gute Gründe, weshalb sie auch heute noch immer wieder genannt wird, wenn es um das Thema Motivation geht, denn sie ist einfach, nachvollziehbar und anschaulich. Klar, das ursprüngliche Modell hat seine Schwächen und Kritikpunkte. Das gilt jedoch für absolut alle psychologischen Theorien zur Motivation und kann kein Grund sein, den „guten alten Maslow" als nicht mehr zeitgemäß zu verurteilen.

Abraham Maslow identifizierte fünf verschiedene Bedürfnisse bei uns Menschen, die er (siehe Abb. 7.1) in einer Pyramide anordnete: Grundbedürfnisse (essen, schlafen, trinken), Sicherheitsbedürfnisse (Dach über dem Kopf), soziale Bedürfnisse (Freunde, Familie), sowie das Bedürfnis nach Anerkennung (Status, Einkommen) und schließlich die Selbstverwirklichung (Kreativität, Potenzialentfaltung).

Bedürfnisse wollen gestillt werden, und um das zu erreichen, setzten wir Menschen uns in Bewegung. Ganz trivial: Wenn ich mittags in meinem Münchener Büro Hunger bekomme (Grundbedürfnis essen), dann habe ich ein Motiv, in den Großwirt, meine Lieblingswirtschaft, zu gehen. Ein Motiv ist also im wahrsten Sinn des Wortes ein Beweg-Grund. Und wenn wir Menschen ein Bedürfnis stillen wollen, ist ein solcher Beweg-Grund vorhanden. Es kann natürlich sein, dass ich nicht gleich loslaufe, sondern noch drei weitere Seiten an meinem Buch schreiben will (Selbstverwirklichung) oder ich mich zum Essen mit einem Freund verabrede (soziales Bedürfnis), ich mich also bis zum Loslaufen noch etwas gedulden muss.

Die fünf genannten Bedürfnisse haben alle Menschen, wenn auch in unterschiedlichem Ausmaß und Ausprägung. Deshalb bringen auch alle Mitarbeiter und Führungskräfte diese Bedürfnisse jeden Tag mit in die Arbeit und wollen sie auch dort gestillt bekommen. Bei meinem Mittagessen ist das noch einfach. Wenn ich meinen Hunger stillen will, dann

Abb. 7.1 Die Bedürfnispyramide eines Menschen

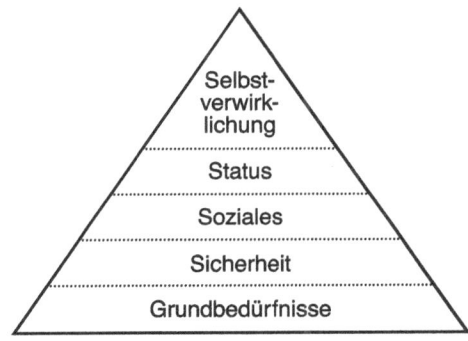

hat mir der Großwirt eine Speisekarte mit leckeren Gerichten zu bieten. Aber was haben Sie als Führungskraft ihren Mitarbeitern auf den fünf Ebenen zu bieten?

Auf der Ebene der *Grundbedürfnisse* ist das ganz existenziell der Arbeitsplatz an sich. Eine Funktion im Unternehmen zu haben, die gebraucht wird, sichert dem Stelleninhaber sein monatliches Gehalt, von dem er leben kann. Wie sehr das *Sicherheitsbedürfnis* eines Angestellten befriedigt wird, hängt davon ab, in welcher Branche das Unternehmen tätig ist, wie wirtschaftlich solide es dasteht oder auch, welchen Arbeitsvertrag mit welchen Kündigungsschutzklauseln er bei sich zu Hause in der Schublade liegen hat.

Soziale Bedürfnisse werden getriggert, wenn ein Mitarbeiter mit seinem Lieblingskollegen das Büro teilen kann. Es hängt davon ab, wie gut und gerne er mit dem Team zusammenarbeitet und natürlich auch, wie gut er mit Ihnen als seinem Chef klarkommt. Manche Menschen fühlen sich in Konzernen wohl und genießen es, alle paar Jahre in völlig neuen Teams arbeiten zu können. Andere sind 30 Jahre oder länger bei einem kleinen Mittelständler mit 20 Angestellten beschäftigt. So hat jeder seine ganz eigenen sozialen Bedürfnisse.

Das *Bedürfnis nach Anerkennung* kann vielfältig bedient werden: ein Sonderbonus, der ausgezahlt wird, der gefragte Fachmann für ein Spezialthema sein oder auf der Karriereleiter eine Sprosse nach oben klettern. In vielen Unternehmen erfahren Mitarbeiter jedoch auch Anerkennung durch Dinge, die nie offen angesprochen werden: wer wie viel Zeit beim Chef verbringt oder ob man vor dem Firmengebäude einen reservierten Parkplatz hat und wie nah dieser zum Haupteingang liegt. Es gibt sehr viele Möglichkeiten, Anerkennung zu erfahren.

Selbstverwirklichung schließlich ist möglich, wenn jemand in einem herausfordernden Projekt arbeitet oder es leiten darf, wenn der eigene Verantwortungsbereich sich vergrößert oder wenn neben der Arbeit noch ein Abendstudium absolviert wird.

Sie sehen: es gibt zahlreiche Möglichkeiten, wie Sie die Bedürfnisse Ihrer Mitarbeiter befriedigen können!

Haben wollen und tun müssen

Was uns Menschen motiviert, sind also unsere Bedürfnisse. Um sie zu stillen, setzen wir uns in Bewegung. Doch wie ist es mit dem Aufwand, den wir dafür betreiben müssen? Wie motiviert sind wir für die Tätigkeit selbst, die uns zum Ziel führen soll? Ein überzeichnetes Beispiel: Vielleicht hat ein Studienabgänger mit 23 Jahren das Ziel, Millionär zu werden. In der Pyramide würde das vor allem auf Anerkennung und Status einzahlen. Wenn ihm aber jemand erklärt, das gelänge am besten, indem er als Investmentbanker sein Berufsleben lang 60- bis 80-Stunden-Wochen ableistet – tut er's dann auch, oder überlegt er es sich doch noch einmal anders?

Das eine ist also das Ziel, ein bestimmtes Bedürfnis gestillt zu bekommen. Das andere ist der Weg dorthin. Das eine kann motivierend sein, man hat Lust darauf. Das andere kann gleichzeitig demotivierend sein, weil es als Last empfunden wird. In ein und derselben

Angelegenheit tragen wir also unter Umständen zwei sich widerstreitende Kräfte in uns spazieren. Das ist ein Aspekt, der in meinen Augen in den üblichen Büchern zu diesem Thema viel zu wenig Beachtung findet.

Deshalb noch ein ganz praktisches Beispiel aus dem Business dazu. Nehmen wir die Tätigkeit: „große Exceltabellen mit Dutzenden von Blättern und Hunderten von Zahlenreihen analysieren." Das zu tun bereitet einem Controller sicherlich Lust. Für einen Schreinermeister mit einem 25-Mann-Betrieb ist es vermutlich eher eine Last. Der Controller ist doppelt motiviert: Die Tätigkeit selbst macht ihm bereits Spaß, und zugleich befriedigt das Ziel seine Bedürfnisse nach Sicherheit (ist das Unternehmen auf Kurs?), nach Anerkennung (auf seine Aussagen hört der Geschäftsführer) und vielleicht auch nach Selbstverwirklichung (weil er neue Zusammenhänge erkannt und diese auch durch entsprechende Zellverknüpfungen abbilden kann). Und der Schreinermeister? Der empfindet zwar definitiv kein Glück angesichts dieser „Zahlenfriedhöfe". Für die Analysetätigkeit selbst bringt er keinerlei Motivation mit; viel lieber würde er neue Möbel für seine Kunden entwerfen. Trotzdem wird er sich den Tabellen widmen, schlicht und ergreifend, weil er weiß, dass die Zukunft seines kleinen Betriebes davon abhängt, weil er frühzeitig ungünstige Entwicklungen erkennen und diesen gegensteuern kann. Mit diesem Motiv stillt er sein Bedürfnis nach Sicherheit. Das ist es, was ihn tätig werden lässt, trotz seiner Unlust an Tabellen.

Die drei Quellen unserer Motivation

Ob eine Tätigkeit für jemanden Lust oder Last bedeutet, ist also eine höchst individuelle Angelegenheit. Bis heute können die Psychologen nicht sicher sagen, wo diese Interessen und Vorlieben herkommen. Einig scheinen sie sich nur darin zu sein, dass die Veranlagung ziemlich früh in unserem Leben gelegt wird und dass sie unser gesamtes Leben weitgehend stabil bleibt: Welche Arbeit liebe ich? Was kann ich gar nicht leiden? Und was „geht so", irgendwo zwischen diesen beiden Polen?

Doch auch, wenn man nicht sicher weiß, wo unsere Motivation ihren Ursprung hat, ist es unglaublich wichtig, die eigene Motivation und die der Mitarbeiter zu kennen. Es geht dabei schließlich, salopp formuliert, um die Frage, was einen Menschen motiviert, seinen Allerwertesten hoch zu bekommen, um eine bestimmte Aufgabe zu erledigen. Und genauso darum, wie lange er dranbleiben kann, ohne den nötigen Antrieb dafür zu verlieren. Wissenschaftlich und etwas vornehmer ausgedrückt, geht es um unsere intrinsische Motivation und damit um unsere Selbstmotivation.

Drei Quellen stehen uns Menschen zur Verfügung, wie wir uns motivieren können. Stellen Sie sich dafür einmal vor, Sie hätten zu Monatsbeginn 100 größere und kleinere Aufgaben auf dem Tisch und wollen diese nun auf drei Töpfe verteilen.

Da sind als erstes einmal all die Aufgaben, die Sie lieben. Ach, wenn es doch ausschließlich um solche Dinge ginge, dann könnte eine Arbeitswoche auch sieben Tage haben! Sie können es kaum erwarten, damit anzufangen, und Sie wissen, dass Sie großen Spaß an deren Abarbeitung haben werden. Sie merken schon: Für diese Aufgaben brennen

Sie – und deshalb bezeichne ich diese erste Quelle auch als *Feuermotivation.* Bei mir persönlich sind das seit 25 Jahren die Coachings, Trainings und Workshops mit meinen Kunden. Gemeinsam mit ihnen die Entwicklung ihres Unternehmens voranzutreiben, im lebendigen Dialog miteinander Lösungen zu entwickeln – das habe ich schon immer geliebt und bin sicher, ich werde es tun, bis ich aufhöre zu arbeiten. Und bei Ihnen? Welche Ihrer Aufgaben fallen in diese Kategorie? Und wie viele der 100 Aufgaben, die Sie auf Ihrem Schreibtisch liegen haben, kommen in diesen Topf?

Die zweite Quelle unserer Motivation sind diejenigen Aufgaben und Themen, die Sie zwar nicht lieben, sie aber doch ganz gerne machen. Vielleicht haben Sie erst über die Jahre entdeckt, was Sie an diesen Jobs haben und worin ihr Reiz liegt. Da brennt zwar kein großes Feuer mehr, aber, um im Bild zu bleiben, eine *kleine Kerze* ist es dann doch. Bei mir sind das zum Beispiel alle Aktivitäten rund ums Marketing. So hat es durchaus ein Weilchen gedauert, bis ich das Netzwerken auf Xing oder LinkedIn nicht mehr als lästige Pflichtübung gesehen habe, sondern das Bereichernde am Austausch mit völlig unbekannten Personen kennen und schätzen gelernt habe. Heute mache ich das gern – würde aber trotzdem eine Stunde Führungskräfte-Coaching sofort einer Stunde auf LinkedIn vorziehen. Wenn Sie auch hier wieder auf Ihren eigenen Schreibtisch gucken: Welche Ihrer Aufgaben fallen unter diese Kategorie? Und wie viele der 100 Aufgaben landen in diesem Topf?

Bei Kategorie Nummer 3 schließlich, da brennt kein Feuer, weder ein großes noch ein kleines. Es sind Jobs, die einfach getan werden müssen, die Sie langweilig finden oder die Sie nicht leiden können. Trotzdem müssen sie zwingend getan werden, ganz einfach, weil sie zu Ihrem Verantwortungsbereich dazu gehören. In meinem Fall waren das über viele Jahre vor allem die Reisebuchungen. Ganz ehrlich: Ich hasste sie. In einer Woche zu zwei oder drei verschiedenen Einsatzorten reisen zu dürfen, das ist eine feine Sache. Aber dafür die optimalen Verbindungen (Bahn, Flieger, Mietwagen, Taxi ...) herausfinden zu müssen – schrecklich! Die Balance aus schneller Verbindung und zugleich sicheren Anschlüssen, die Abwägung zwischen dem optimalen Zeitpunkt, aber einem hohen Preis, oder doch lieber später, dafür billiger – da bekam ich jedes Mal die Krise. Mich hierfür zu motivieren war reine Kopf- oder Willenssache. Keine Lust und auch kein Spaß, dafür aber Notwendigkeit und Verantwortung. Die Disziplin war es, die den Anstoß gab. Ich nenne das *Muskelmotivation,* warum, begründe ich gleich. Doch zuerst noch einmal zu Ihnen. Ich bin sicher, Sie sind auch bei Ihrem eigenen Aufgabengebiet fündig geworden. Welche Jobs fallen bei Ihnen in diese Kategorie? Und auch hier noch einmal die Frage: Wie viele der 100 Aufgaben fallen darunter?

Bei der Muskelmotivation kommt der Antrieb aus Ihrem Kopf. Es ist also eine reine Willensentscheidung. Unser Wille verhält sich jedoch genauso wie ein Muskel. Er kann zwar trainiert werden, aber je öfter, je länger und je härter er zum Einsatz kommt, umso mehr ermüdet er auch. Je mehr Dinge Sie tun, weil Sie sich aus Selbstdisziplin und Verantwortung dafür entscheiden, umso mehr Energie kostet sie das und umso mehr benötigen Sie Ausgleich und Erholung. Freizeit, Hobbys, Wandern, Musizieren, Lesen, Meditieren, Sport machen. All das benötigen Sie umso mehr, je häufiger Sie Ihren Willensmuskel benötigen, um ins Arbeiten zu kommen.

Wenn bei der Muskelmotivation der Impuls also aus dem Kopf kommt, woher kommt dann der Antrieb bei der Feuermotivation und der kleinen Kerze? Beide Male eben nicht aus Ihrem Kopf, sondern aus Ihrem Bauch: Sie haben Lust, diese Aufgaben zu erledigen, ganz einfach, weil sie Ihnen Spaß machen. Energie fließt Ihnen zu. Hey, mehr davon! Warum sollte ich damit jetzt schon aufhören?

Dieser Unterschied ist essenziell: Denn Ihre Feuermotivation, die ist natürlicherweise vorhanden. Sie kommt aus Ihrem Bauch, und beim Arbeiten fließt Ihnen sogar noch weitere Energie zu. Ihre Muskelmotivation dagegen muss immer erst aktiviert werden, und durch ihren Einsatz fließt Ihnen sogar noch Energie ab. Feuermotivierte Aufgaben bringen Sie in Ihre Kraft, muskelmotivierten bedeuten Anstrengung.

Wenn Sie nun bei der Verteilung Ihrer 100 Aufgaben in die Töpfe 1, 2 und 3 gucken: Wie sind die jeweils gefüllt? Und wie gefällt Ihnen diese Verteilung? Klar, möglichst viel im Topf der Feuermotivation und möglichst wenig in dem der Muskelmotivation, das ist ideal! Denn je mehr Sie das tun, was Sie ohnehin lieben, umso leichter wird es Ihnen von der Hand gehen. Und umso mehr strahlen Sie das dann auch auf Ihr Umfeld aus, und umso besser sind Sie in Ihrem Job.

Bis ich eine Assistentin hatte, war bei mir die Verteilung lange Jahre bei etwa 60-20-20. Seit eine Mitarbeiterin mich bei den meisten administrativen Aufgaben (inklusive Reisebuchungen!) unterstützt, lautet die Verteilung 80-15-5. Ein herrlicher Zustand! Die meisten meiner Kunden ordnen rund zwei Drittel ihrer Aufgaben der Feuermotivation zu. Sehr gut in Erinnerung geblieben ist mir jedoch der Geschäftsführer eines Sozialunternehmens, der den Anteil seiner Aufgaben, für die er wirklich brennt, mit „höchstens zehn Prozent" angab. Der Anteil der muskelmotivierten Jobs lag bei ihm bei 40 Prozent. Wie schrecklich für diesen Menschen. Und wie schrecklich für das Unternehmen, das er führte. Er war ein herzensguter Mensch und fachlich ein ausgewiesener Experte, keine Frage. Aber um es ganz deutlich zu sagen: Auf der Stelle des Geschäftsführers war er eine glatte Fehlbesetzung. Aus vielerlei Gründen zwang er sich jeden Tag aufs Neue in die Verantwortung hinein und konnte und wollte bis zu seinem plötzlichen Ausscheiden mit Ende 50 nicht davon ablassen. Wäre er ein guter Sozialarbeiter gewesen? Sehr wahrscheinlich ja. Denn da lag seine Leidenschaft und Liebe. Das wäre die Arbeit gewesen, für die er gebrannt hat.

Nach meiner Überzeugung ist ein 50-Prozent-Anteil an feuermotivierten Aufgaben das absolute Minimum, wenn ein Funktionsträger seine Stelle auch wirklich ausfüllen soll. Je mehr, desto besser. Das gilt für Sie, und zwar unabhängig davon, ob Sie Teamleiter oder Geschäftsführer sind. Und das gilt für jeden ganz normalen Mitarbeiter auf der untersten Hierarchieebene. Es ist deshalb extrem wichtig, ein klares Bild zu haben, wie gut ein Mensch mit seiner Leidenschaft zu der Stelle mit ihren Aufgaben passt – und wenn's nicht zusammenpasst, auch die nötigen Konsequenzen daraus zu ziehen. Feuermotivierte Menschen sind für Sie als Führungskraft das Beste, was Ihnen passieren kann. Denn das sind in Ihrem Team die Leistungsträger, Selbststarter, Durchhalter, Widerstandskämpfer und am Ende ihres Engagements meist auch die Erfolgreichen. Was wollen Sie als Führungskraft mehr?

Verführerische Anreizsysteme

Das Zwischenfazit besteht also aus zwei Aspekten. Erstens: Jeder Mensch ist schon früh in seinem Leben für bestimmte Aufgaben sehr motiviert, für andere weniger und für wieder andere überhaupt nicht. Zweitens: Je mehr Feuermotivation ein Mensch für die Aufgaben seiner Stelle hat, umso besser für ihn selbst und für das Unternehmen.

Doch viele Führungskräfte haben ein anderes Menschenbild von ihren Beschäftigten. Da stimme ich mit Reinhard Sprenger überein, der in seinem Klassiker vom „Mythos Motivation" [5] bereits vor einem Vierteljahrhundert auf diesen Umstand hingewiesen hat. Denn das Menschenbild dieser Führungskräfte stellt alle im Unternehmen, Mitarbeiter wie Führungskräfte, unter einen Generalverdacht: Sie könnten in Wahrheit alle viel mehr leisten, als sie es tatsächlich tun – wenn sie nur wollten! Die Beschäftigten machen sich also, so zumindest die Denke, gezielt zu Minderleistern. Dass das im Einzelfall durchaus der Fall sein kann, haben wir ja bereits im Abschn. 6.7 (Teams mit Saft und Kraft) unter der Überschrift „Wollen: Freiwillig auf Sparflamme" gesehen.

Wer aber pauschal über *alle* Mitarbeiter in seinem Unternehmen so denkt, fragt sich natürlich sofort: „Wie komme ich an die Potenziale heran, die da in all den Leuten noch drinstecken? Was kann ich tun, um ihre Motivation zu steigern und damit von ihrer höheren Leistung zu profitieren?" Die Antwort lautet: „Ich setze Leistungsanreize! Ich biete einen Bonus, für den Fall, dass meine Leute bestimmte Ziele erreichen. In der Folge werden sie sich mehr anstrengen und bessere Ergebnisse erzielen, als sie es ohne diese Anreize tun würden." Positiv verkauft wird diese Strategie dann gern mit einem Satz wie: „Leistung soll sich lohnen!" Klar, das ist eine Aussage, der vermutlich jeder zustimmen wird. Die Schlussfolgerung, die jedoch aus diesem Satz gezogen wird, ist mehr als fraglich und deren Wirkung meist vernichtend. „Extrinsische Motivierung" nennt Sprenger den Versuch, mehr aus den eigenen Leuten herauszuholen, in Abgrenzung zur intrinsischen (Selbst-)Motivation, die wir uns bisher angesehen haben.

Warum dieses Vorgehen oft ein teurer Rohrkrepierer ist, genau das sehen wir uns jetzt näher an. Sie können bei dem kleinen Gedankenexperiment, das jetzt folgt, anstelle der finanziellen Anreize auch an alle anderen Möglichkeiten denken, die Sie Ihren Mitarbeitern bieten können. Fitnessgutscheine, Ballonfahrten, freie Tage, Seminare, ein größeres Büro mit Fenster zum Park – welcher Anreiz auch immer Ihnen in den Sinn kommt, den können Sie im Folgenden gedanklich anstelle von „Geld" einsetzen.

Bei dem Gedankenexperiment sehen wir uns nun gleichzeitig die zwei Motivationsgründe an, die wir bisher identifiziert haben: Die Bedürfnisse des Mitarbeiters, wie wir sie in der Bedürfnispyramide kennengelernt haben. Und die Tätigkeit selbst, ob die Arbeit also per se Spaß macht oder eben nicht. Damit ergeben sich nun vier Möglichkeiten, mit welchem Mitarbeiter Sie es zu tun haben können.

(1) Stellen Sie sich vor, eine Mitarbeiterin, deren Leistung Sie durch einen finanziellen Anreiz steigern wollen, würde ihren Job lieben. Sie ist also feuermotiviert. Mit dem Gehalt, das sie jeden Monat bekommt, ist sie durchaus zufrieden. Sie empfindet es als

angemessen. Nun kommen Sie und bieten ihr mehr Geld – in der Hoffnung, sie liefert dafür entsprechend auch mehr Leistung. Nimmt die Mitarbeiterin das Geld? Na klar. So viel verdient vermutlich niemand, als dass sie oder er bei einem solchen Angebot ablehnen würde. Jetzt die Frage: Steigt durch das Mehr an Geld, das die Mitarbeiterin bekommt, auch ihre Motivation und infolgedessen die Leistung? Hm? Was meinen Sie? Meine Antwort lautet: Nein. Tut sie nicht. Die Mitarbeiterin ist ja schon maximal motiviert. Sie gibt bisher schon jeden Tag ihr Bestes. Einfach weil sie das, was sie tut, liebt. Es ist ihr wichtig, und sie hätte sich bisher schon niemals mit halben Sachen, unfertigen Lösungen oder faulen Kompromissen zufriedengegeben. In der Folge bedeutet das: Ihr Geld ist weg. Die Leistung, die Sie bekommen, bleibt aber gleich.

(2) Stellen Sie sich nun vor, Sie hätten es mit einem Mitarbeiter zu tun, der zwar ebenfalls feuermotiviert ist, mit seinem Gehalt allerdings unzufrieden. „Das könnte schon mehr sein!", denkt er sich. Sie kommen nun wieder an und bieten ihm mehr Geld, damit er dann auch mehr Leistung bringt. Klar: Das Geld nimmt er, schließlich war es ihm bisher ja zu wenig gewesen. Aber steigt deshalb auch seine Leistung? Leider nein. Und die Begründung dafür ist dieselbe wie bei Nummer 1: Wer seinen Job liebt, macht keine halben Sachen, auch wenn er denkt, er könnte dafür durchaus mehr Gehalt bekommen. Oder glauben Sie, dass eine unserer Krankenschwestern oder Altenpfleger die nötige Spritze nur halb aufzieht, das Abendessen ausfallen lässt oder auf die Körperpflege der Patienten verzichtet, nur weil sie denken, dass sie zu wenig verdienen? Sicher nicht! Fazit: Ihr Geld ist auch in diesem Fall weg. Die Leistung, die Sie bekommen, bleibt allerdings auch hier wieder gleich.

(3) Bei Möglichkeit Nummer 3 haben Sie es nun mit einer Mitarbeiterin zu tun, die unmotiviert oder bestenfalls muskelmotiviert ist. „Der Job hier ist Mist, völlig uninteressant. Aber was soll man machen? Das Leben ist nun mal kein Wunschkonzert." So könnte die Mitarbeiterin sinngemäß ihre Haltung formulieren. Mit dem Gehalt, das sie zum Monatsersten überwiesen bekommt, ist sie allerdings zufrieden. Vielleicht ist das auch einer der Gründe, weshalb sie diesen Job überhaupt macht. „Spaß macht es hier keinen. Aber die Kohle stimmt", wäre also die Gesamtbetrachtung der Frau. Und nun kommt Ihr Auftritt! Sie bieten der Mitarbeiterin mehr Geld und hoffen im Gegenzug auf mehr Leistung. Nimmt sie das Geld? Klar, aus demselben Grund, wie es die hochmotivierte Mitarbeiterin ja auch genommen hat. Und jetzt wird es natürlich spannend: Steigt dieses Mal im Gegenzug auch die Leistung? Leider nein, wieder nicht. Denn das Geld war ja ohnehin nicht ihr Problem gewesen. Und ihre Aufgaben, die sind ja immer noch dieselben. Die Tätigkeit, das gesamte Aufgabenfeld wird für Ihre Mitarbeiterin ja nicht plötzlich spannender, nur weil sie dafür mit einem Mal mehr Geld in Händen hält. Ich hoffe, das ist bis hierher nicht allzu deprimierend für Sie. Dreimal hatten Sie jetzt die Situation, dass Sie zwar Ihr Geld investiert, für dieses Investment aber nichts zurückbekommen haben. Hoffen wir also auf Möglichkeit Nummer 4!

(4) Ok ... Sie ahnen es vermutlich schon. Das wird nichts mehr. Der Mitarbeiter ist sowohl unmotiviert als auch mit seinem Gehalt unzufrieden. Das ist ohnehin die denkbar schlechteste Ausgangslage: doppelt unmotiviert. Warum arbeitet dieser Mitar-

beiter dann überhaupt noch bei Ihnen? „Blöder Job, schlechte Bezahlung", lautet schließlich seine Denke. Vielleicht hält ihn seine Bequemlichkeit in Ihrem Unternehmen. Sich neu bewerben zu müssen ist schließlich mühsam – und wer weiß, ob es in der neuen Firma nicht noch viel schlimmer wäre als bei der jetzigen. Vielleicht entspricht es auch seiner Persönlichkeit, jeden Tag meckern und dafür von den Kollegen Mitleid ernten zu können. Vielleicht ist er aber auch schon so lange in Ihrer Firma, dass er quasi unkündbar geworden ist und diesen Status keinesfalls aufgeben möchte. Es gibt alle möglichen Gründe zu bleiben, obwohl weder der Job noch das Gehalt passen. Wenn Sie es nun trotzdem versuchen und – bildlich gesprochen – mit Ihrem Geldbündel in der Hand vor ihm stehen, dann gilt natürlich dasselbe wie bei der unmotivierten Mitarbeiterin oben: Soll die Motivation bei Ihrem Mitarbeiter für diese „blöde Arbeit" jetzt steigen, nur weil er dafür plötzlich mehr Geld bekommt? Natürlich nicht! Vermutlich verbucht er Ihre zusätzlichen Zahlungen als eine Erhöhung des Schmerzensgeldes, was ihm seiner Ansicht nach ohnehin zusteht. Aber mehr Lust auf den Job? Und in dessen Folge mehr Leistung? Fehlanzeige. Auch bei Möglichkeit Nummer 4.

Zusammengefasst heißt das: Sind Ihre Mitarbeiter feuermotiviert unterwegs, geben sie ohnehin ihr Bestes. Mehr geht nicht, auch wenn sie dafür mehr Geld bekämen. Haben Ihre Mitarbeiter aber so gar keinen Spaß an ihrer Arbeit, sind also wenig oder gar nicht dafür motiviert, so können Sie ihnen so viel Geld bieten, wie Sie wollen. Die Leistung wird dadurch nicht steigen. Gut, im Idealfall, wenn Sie Glück haben, dann steigt die Leistung an. Allerdings nur kurzzeitig, für einen oder zwei Monate, wenn's gut läuft. Aber dauerhaft? Niemals.

Einer meiner Kunden hat aus dieser Erkenntnis die perfekte Konsequenz gezogen. Sein Fazit am Ende eines Führungstrainings lautete: „In Zukunft frage ich nicht mehr meine Leute, wie ich sie motivieren kann. Sondern ich frage sie, wofür sie motiviert sind – und suche dazu die passende Stelle." Besser kann man es nicht auf den Punkt bringen. Genau das ist die Aufgabe einer Führungskraft.

Mein eigenes Fazit aus diesen vier Möglichkeiten lautet: *Nichts ist so billig, wie der Versuch, Menschen durch mehr Geld zu mehr Leistung bewegen zu wollen.* Denn bequemer geht es nicht. Und: *Nichts ist so teuer, wie der Versuch, Menschen durch mehr Geld zu mehr Leistung motivieren zu wollen.* Denn bei den meisten ist es komplett zum Fenster hinausgeworfen.

Hauptsache, die machen ihren Job

Noch einmal: Ein Mensch kann zum Arbeiten motiviert sein, entweder wegen der Tätigkeit selbst („tun dürfen"), oder wegen eines Bedürfnisses, das er dadurch stillen möchte („haben wollen"). Identifiziert sich zum Beispiel eine Mitarbeiterin mit den Inhalten ihrer Stelle und sie hat Freiräume, die Dinge so zu gestalten, wie sie es für richtig hält, dann ergänzen sich bei ihr die Feuermotivation und das Bedürfnis nach Selbstverwirklichung. Ein perfektes Zusammenspiel.

Doch noch einmal zum Geld. Finanzielle Anreize sind schließlich derjenige Faktor, der in den meisten Unternehmen zum Einsatz kommt, wenn es darum geht, den Mitarbeitern etwas bieten zu wollen, um dadurch ihre Leistung zu erhöhen. Kann es Ihnen letztlich nicht gleichgültig sein, aus welcher Motivation heraus die Führungskräfte oder Mitarbeiter ihren Job machen? Ist es nicht egal, ob sie sich mit der Tätigkeit selbst identifizieren, oder ob sie vor allen Dingen wegen des Geldes arbeiten? Ich bin auch schon so mancher Führungskraft begegnet, die mir im vertraulichen Vier-Augen-Gespräch erklärt hat, wie „bescheuert" sie viele Dinge in dem Unternehmen findet, für das sie arbeitet. Die Liste der Aufzählungen war lang. Aber den Hut nehmen und sich etwas anderes suchen? Doch nicht bei dem Gehalt! „Ich verdiene hier ein Viertel mehr, als es bei allen vergleichbaren Wettbewerbern möglich wäre", sagte mir einmal ein Bereichsleiter. „Dafür halte ich das gerne aus, was hier abgeht!"

Wie wichtig ist für Sie also, woraus die Belegschaft ihre Motivation für die Arbeit zieht? Die Antwort auf diese Frage wird spätestens dann klar, wenn wir uns vorstellen, Ihr Unternehmen käme in eine Krise. Der Markt bricht zusammen, die Einnahmen sinken rapide, Gehälter müssen, wo immer möglich, gekürzt werden. Wer hält in dieser Krise jetzt zu Ihnen, und zwar bei (fast) jedem Gehalt? Und auf wen sind Sie jetzt in besonderem Maße angewiesen? Auf die Feuermotivierten natürlich! Die haben den Ehrgeiz und die Motivation, den Karren wieder aus dem Dreck zu ziehen. Die wollen nicht einfach aufgeben und die Früchte ihres bisherigen Engagements plötzlich schwinden sehen. Die anderen, die Geldmotivierten, die können Sie in solch schwierigen Phasen vergessen. Sinkt deren Gehalt, sind sie als erste weg. Wozu schließlich sollten sie sich hier noch anstrengen? Die Inhalte ihrer Arbeit, das Unternehmen, dessen Ziele, seine Vision, das alles hat ihnen ohnehin nie etwas bedeutet.

Natürlich gibt es Menschen, für die möglichst viel zu verdienen die stärkste innere Motivation ist, die sie in sich tragen. Die Arbeitsinhalte sind ihnen mehr oder weniger einerlei; je mehr Geldscheine sie jeden Monat zählen können, umso besser. Salopp gesagt: Für Geld würden sie ihre Großmutter verkaufen. Vornehmer ausgedrückt: Diese Menschen sind intrinsisch monetär motiviert. Klar gibt es die! Doch für solche Mitarbeiter gilt auch ohne eine existenzielle Krise: Sinken die Prämien, die sie kassieren können, sinkt auch ihre Leistungsbereitschaft. Und umgekehrt: Ist die Zielmarke erreicht, an die die Prämie gekoppelt ist, wird das Arbeiten eingestellt. Wozu schließlich sich jetzt noch anstrengen? Das Ziel, die Prämie mitnehmen zu können, ist schließlich erreicht! Das sind Denkweisen, auf die feuermotivierte Menschen niemals kämen.

Belohnung motiviert. Angst auch

Will eine Führungskraft nun eine Mitarbeiterin für ein neues Aufgabengebiet gewinnen, sollte sie deren Bedürfnisse möglichst gut kennen. Je besser eine Führungskraft jedes

Teammitglied kennt, umso leichter fällt es ihr, diesem Menschen ein passendes Angebot zu machen.

Egal, ob Ihre Teamleiterin mehr Verantwortung will, eine größere Abteilung, einen neuen Titel oder mehr Freiräume: Wenn Sie ihr eine neue Stelle anbieten, zeigen Sie auf, dass sie genau das dort bekommen wird, was ihrem Bedürfnis entspricht. Es ist eine Wenn-dann-Zusage. „Wenn Sie die Leitung der Abteilung übernehmen, dann können Sie künftig Investitionen bis zu 50.000 Euro selbst entscheiden, ohne dafür noch eine Rücksprache treffen zu müssen." Aus diesem Grund nennt man dieses Vorgehen Belohnungsmotivation. Du tust etwas, das ich will, und dafür bekommst Du etwas, das Du willst. Ist die Belohnung attraktiv, weil sie genau das darstellt, was diese Person haben will, greift sie zu.

Was aber, wenn das Angebot für das Gegenüber nicht attraktiv ist? Was tun, wenn die besagte Teamleiterin auf allen Bedürfnisebenen satt ist? Mehr Verantwortung? Nein danke. Eine noch größere Abteilung? Bloß nicht! Neue Titel? Kein Interesse. Größere Freiräume? Auch nicht. An dieser Stelle sind viele Führungskräfte mit ihrem Latein am Ende. Tja, was soll man da noch machen? „Ich habe alles probiert", höre ich dann oft, „aber sie will einfach nicht." Und jetzt? Pech gehabt?

Die Alternative, die ich hier anbiete, sorgt in meinen Führungstrainings regelmäßig für Schnappatmung bei den Teilnehmern. „Nein! Das geht ja gar nicht! Erstens macht man so etwas nicht, und zweitens würde das niemals funktionieren!" Dabei ist diese Alternative eine ganz einfache und zwingend logische. Wenn nämlich die Aussicht, etwas bekommen zu können, was man gerne hätte, einen Menschen in Bewegung setzen kann ... Kann es dann auch sein, dass die Aussicht, etwas verlieren zu können, was man aber gerne behalten möchte, diesen Menschen in Bewegung versetzen kann? Die Emotion, die sich bei diesem Ansatz breit macht, hat mit Belohnung nichts mehr zu tun, sondern schlichtweg mit Angst. Und so hässlich das Wort auch sein mag, der Grund, weshalb manche Menschen sich in Bewegung setzen, ist ihre Angstmotivation. Sie wollen nicht verlieren, was sie haben. Allein die Vorstellung macht ihnen Angst. Und dafür sind sie bereit, etwas zu tun, um das Bedürfnis auch weiterhin gestillt zu bekommen.

Angstmotivation ist nichts Unmoralisches, dafür aber etwas sehr Alltägliches. Warum fahren viele Autofahrer maximal 20 km/h zu schnell? Weil sie Angst haben, sonst ihren Führerschein zu verlieren. Warum gehen wir zum Arzt, wenn es irgendwo nachhaltig schmerzt? Weil wir unsere Gesundheit und vor allen Dingen unser schönes Leben gerne behalten wollen. Auch wenn das selten so ausgesprochen wird: Die Angst, dass wir etwas verlieren könnten, was wir doch gerne behalten wollen, versetzt uns alle immer wieder in Bewegung. Deshalb ist wichtig festzuhalten: *Eine Führungskraft, die Angstmotivation im Umgang mit ihren Mitarbeitern ausschließt, kämpft mit einem stumpfen Schwert.* Weil sie von zwei bestehenden Möglichkeiten auf eine verzichtet.

Ich weiß nicht, welche Bilder jetzt in Ihrem Kopf auftauchen. Ich hoffe, es ist nicht das Bild einer lautstark brüllenden Führungskraft, die damit droht, der Mitarbeiter würde

„fliegen, wenn er nicht sofort …" Quatsch! So, wie es bei der Belohnung ein Wenn-dann-An-gebot gibt, so gibt es hier, bei der Angst, eine Wenn-dann-Ankündigung. „Wenn Sie die Aufgaben von Herrn X nicht zusätzlich übernehmen wollen, dann sehe ich auch nicht ein, weshalb ich Ihnen weiterhin genehmigen sollte, Freitag schon zwei Stunden vor der offi-ziellen Zeit Feierabend zu machen, damit Sie noch in Ihr Wochenendhäuschen fahren können." So einfach. In aller Ruhe vorgetragen. Es geht nicht um Drohen. Es geht um das Aufzeigen von Konsequenzen. Viele Führungskräfte tun sich damit jedoch sehr schwer. Und weil das so ist und weil deren Mitarbeiter das genau wissen – wieso sollten sie sich dann bewegen? Die haben keinen Beweg-Grund. Ihr Nicht-Wollen hat schließlich keiner-lei Konsequenzen für sie. Wie schön und wie praktisch – für die Mitarbeiter.

Wenn sich nun der Mitarbeiter bei Ihren Belohnungs-Angeboten nicht bewegen will, wird er es dann tun, wenn Sie jetzt Verlust-Konsequenzen aufzeigen? Die einzig ehrliche Antwort ist die einzig realistische: Das entscheidet der Mitarbeiter selbst. Es hängt davon ab, wie sehr er an dem hängt, was er hat. Um beim Beispiel zu bleiben: Sollte er gerade sein Wochenendhäuschen verkaufen wollen, weil es ihm zu teuer oder zu viel Arbeit ge-worden ist – dann stellt Ihre Ankündigung (Freitag nicht früher raus zu kommen) für ihn nichts dar, wovor er Angst zu haben bräuchte. Und damit hat er auch hier keinen Grund, sich auch nur einen Millimeter zu bewegen.

Wir halten also fest: Belohnungsmotivation funktioniert, wenn ein Mensch etwas ha-ben will, das er noch nicht hat. Sie funktioniert nicht, wenn ein Mensch etwas nicht haben will, das ihm angeboten wird. Entweder weil er es bereits hat oder aber es für ihn keinen Wert an sich darstellt. Angstmotivation funktioniert nur, wenn ein Mensch etwas behalten will, das er bereits hat. Sie funktioniert nicht, wenn ein Mensch etwas nicht mehr behalten will, wovon ihm gerade der Entzug angedroht wird. Entweder weil er es bereits lange ge-nug hatte oder aber es für ihn keinen Wert an sich darstellt.

Von Gewächshäusern und Blumensamen

Ich hoffe, dass eines bis hierhin klar geworden ist: Entweder Ihr Mitarbeiter will. Oder er will nicht. Bei dieser Entscheidung sind Sie als Führungskraft komplett außen vor. Aber trotzdem sind Sie nicht machtlos; im Gegenteil! Es gibt 12 sehr konkrete Dinge, die Sie als Führungskraft tun können, um Ihren Beitrag zur Selbstmotivation der Mitar-beiter zu leisten. Diese 12 Schlüsselfaktoren sind die Essenz aus der meistzitierten Stu-die ihrer Art. Sie stammen aus einer weltweiten Befragung von 80.000 Managern und Mitarbeitern durch das Gallup-Institut. Diese Faktoren sind es, die die Produktivität, die Rentabilität, die Mitarbeiterbindung und die Kundenzufriedenheit signifikant beeinflus-sen. Jetzt also: Vorhang auf! für Ihre Chancen, sich die Motivation Ihrer Mitarbeiter zunutze zu machen [6].

Umsetzen: Voraussetzungen und Freiräume schaffen
Handlungsfeld #1: Schaffen Sie optimale Voraussetzungen für die Selbstmotivation der Mitarbeiter

- Stellen Sie sicher, dass jeder Mitarbeiter genau weiß, was bei der Arbeit von ihm erwartet wird.
- Nehmen Sie jeden mit seiner Meinung und seinen Vorstellungen ernst.
- Sprechen Sie mindestens einmal pro Woche Ihre Anerkennung für gute Arbeit aus.
- Interessieren Sie sich als Führungskraft (oder auch jemand anders) für jeden Mitarbeiter auch als Mensch, nicht nur als Funktionsträger.
- Geben Sie durch die Philosophie Ihres Unternehmens und durch klare Ziele jedem das Gefühl, dass seine Arbeit einen wichtigen Beitrag leistet.
- Stellen Sie sicher, dass alle im Team, nicht nur einzelne, sich für eine hohe Qualität der Arbeit verantwortlich fühlen.
- Haben Sie ein Auge darauf, dass jeder in der Firma einen guten Freund hat.
- Sorgen Sie dafür, dass mit jeder Mitarbeiterin binnen sechs Monaten wenigstens einmal über ihre Fortschritte gesprochen wird.

Diese Voraussetzungen zu schaffen, das vergleiche ich gerne mit einem Gewächshaus, das Sie bauen können. Sie stellen sicher, dass optimal viel Licht da ist, die Temperatur perfekt, die Luftfeuchtigkeit stimmt und Ähnliches mehr. Es sind diese acht Schlüsselfaktoren, die Sie gezielt und aktiv beeinflussen können, um die besten *Voraussetzungen* dafür zu schaffen, dass die Mitarbeiterin sagt „Ja, ich will. Hier engagiere ich mich mit meiner ganzen Kraft und Motivation." Wenn das geschafft ist, dann kommt Ihr zweiter großer Einsatz.

Handlungsfeld #2: Verschaffen Sie der Selbstmotivation der Mitarbeiter den nötigen Freiraum

- Ermöglichen Sie den Mitarbeitern, immer wieder Neues zu lernen und sich weiterzuentwickeln.
- Stellen Sie sicher, dass jeder über alle Materialien und Arbeitsmittel verfügt, um seine Arbeit richtig zu machen.
- Ermöglichen Sie jedem, dass er jeden Tag das tun kann, was er am besten kann.
- Sorgen Sie dafür, dass jeder Mitarbeiter jemanden hat, der ihn in seiner Entwicklung unterstützt und fördert.

Um beim Beispiel der Botanik zu bleiben: Der Same ist im Blumentopf gesetzt. Und jetzt heißt es gießen und düngen sowie, bei ausreichendem Wachstum, in einen größeren Topf umzusetzen. Doch jeder Gärtner weiß: Es gehen niemals alle Samen, die im Topf gesetzt sind, an. Und er kann es letztlich nicht erzwingen, dass der Same aufgeht und die Pflanze sich optimal entwickelt. Er kann das beste Gewächshaus haben und dem Sämling die optimale Pflege zukommen lassen – aber das war's dann auch. Das Wachstum, das kann nur von der Pflanze selbst kommen.

Zwölf sehr konkrete Handlungsanleitungen sind das, und für alle ist empirisch bewiesen, dass sie die entscheidenden sind, um die Motivation und damit die Leistungsfähigkeit Ihres Teams nachhaltig zu steigern. Wie gesagt: Nichts ist so billig, wie durch Geld motivieren zu wollen. Und nichts ist so wirkungslos. Hier haben Sie deshalb 12 Punkte vor sich, die Sie definitiv etwas kosten: nämlich Ihre Zeit, Ihre Aufmerksamkeit, Ihre Empathie und Ihre Zuwendung zu den Menschen. Und im Unterschied zum schnöden Geld ist hier das Gute, dass sich die Investition lohnt: Sie bekommen im Gegenzug motivierte und engagierte Mitarbeiter.

Checkliste

Umsetzen: Der fehlenden Motivation auf der Spur
Die 12 Punkte aus der Gallup-Studie sind es wert, zu einem Führungs-Werkzeug umgestaltet zu werden. Zu jedem Aspekt finden Sie im Folgenden eine Frage formuliert. Wählen Sie einen konkreten Mitarbeiter aus Ihrem Team aus, am besten einen, mit dessen Leistung Sie nicht zufrieden sind. Und nun nehmen Sie sich die Zeit, die folgenden 12 Fragen *aus der Perspektive dieses Mitarbeiters* zu beantworten. Es ist – erst einmal – völlig belanglos, wie Sie es persönlich aus Ihrem Blickwinkel beurteilen. Es zählt allein die Meinung Ihres Mitarbeiters. Denn *er* trifft aufgrund *seiner* Einschätzung die Entscheidung, wie viel oder wenig er sich in Ihrem Team engagieren will.

1. Weiß ich, was bei der Arbeit von mir erwartet wird?
2. Habe ich die Materialien und Arbeitsmittel, um meine Arbeit richtig zu machen?
3. Habe ich bei der Arbeit jeden Tag die Gelegenheit, das zu tun, was ich am besten kann?
4. Habe ich in den letzten sieben Tagen für gute Arbeit Anerkennung und Lob bekommen?
5. Interessiert sich mein Vorgesetzter oder eine andere Person bei der Arbeit für mich als Mensch?
6. Gibt es bei der Arbeit jemanden, der mich in meiner Entwicklung unterstützt und fördert?
7. Habe ich den Eindruck, dass bei der Arbeit meine Meinungen und Vorstellungen zählen?
8. Geben mir die Ziele und die Unternehmensphilosophie meiner Firma das Gefühl, dass meine Arbeit wichtig ist?
9. Sind meine Kollegen bestrebt, Arbeit von hoher Qualität zu leisten?
10. Habe ich innerhalb der Firma einen sehr guten Freund?
11. Hat in den letzten sechs Monaten jemand in der Firma mit mir über meine Fortschritte gesprochen?

12. Hatte ich bei der Arbeit bisher die Gelegenheit, Neues zu lernen und mich weiterzuentwickeln?

Wenn Sie alle Fragen beantwortet haben: Was wird Ihnen über Ihren Mitarbeiter klar? Was wird Ihnen über sich selbst und über Ihre Mitarbeiterführung klar? Was wollen Sie beibehalten? Was wollen Sie ändern?

„Teams mit Spaß am Arbeiten" lautete ja die Überschrift zu diesem Abschn. Allerdings haben wir uns ausschließlich mit dem Spaß bzw. der Motivation des Einzelnen beschäftigt. Doch was für die Motivation des Einzelnen gilt, gilt natürlich auch für die Motivation des ganzen Teams. Allerdings unter einer Voraussetzung: dass nämlich, außer der Arbeit selbst, die Zusammenarbeit mit den Kolleginnen und Kollegen Spaß macht. Und das hat natürlich viel damit zu tun, wie gut die Teammitglieder miteinander „können", wie viel Dissonanzen es unter ihnen gibt – oder wie viel Resonanz beziehungsweise Einklang. Und genau das sehen wir uns jetzt näher an: Den Einklang als den dritten Bestandteil von Lebendigkeit, neben Kraft und Spaß.

Literatur

1. Annie McKee, Glücklich sein im Job, Harvard Business Manager, 01-2018
2. Kurosch Yazdi, Junkies wie wir, edition a, 2013
3. Mitte des Lebens: Bereit für die zweite Halbzeit?, Katrin Hummel, 19.07.2016
4. Wilhelm Schmid, Glück, Insel-Verlag, 13. Auflage 2014, Seite 30
5. Reinhard K. Sprenger, Mythos Motivation, campus, 2002
6. Marcus Buckingham, Curt Coffman; „Erfolgreiche Führung gegen alle Regeln", Campus Verlag, Frankfurt/New York, 1999

Spannungen in Einklang bringen

Streit oder Harmonie? Konflikte oder Einigkeit? Misstöne oder Einklang? Egal, ob wir aufs private Leben blicken oder auf die Arbeit: nirgendwo finden wir ein Entweder-oder. Wir haben es immer mit einem Sowohl-als-auch zu tun. Denn Streit, Konflikte und Spannungen sind alle miteinander die Voraussetzungen dafür, dass Harmonie, Einigkeit und Einklang überhaupt erst entstehen können.

Doch auf beiden Seiten ist das rechte Maß gesucht. Zu viel Streitereien und Spannungen lähmen ein Unternehmen genauso wie zu viel Harmonie und Einigkeit. Spannungen in Einklang bringen zu können ist deshalb für jedes Unternehmen ein überlebenswichtiger Prozess. Wie Ihnen das als Führungskraft gelingen kann, darum geht es in diesem Kapitel.

8.1 Drei Erscheinungsformen von Einklang

Sowohl bei der Kraft als auch beim Spaß konnten wir drei Blickwinkel identifizieren. Mit welchen drei Perspektiven haben wir es nun beim Einklang zu tun?

Blickwinkel 1 auf den Einklang ist natürlich der, ihn beim Wort zu nehmen: in Einklang zu sein, mit sich selbst, genauso wie mit dem Umfeld. Im Reinen sein, kein Hadern, kein Zweifeln, kein Hin-und-Her, keine Zerrissenheit, kein Streit. Stattdessen ein echter Friede, sowohl im Innen spürbar als auch im Außen sichtbar … Uff – geht es Ihnen auch so beim Lesen wie mir gerade beim Schreiben? Einerseits hört sich das großartig an. Absolut erstrebenswert. Ein wunderbarer Zustand. Aber ich merke auch, wie weit weg ich von diesem wunderbaren Zustand oft bin und wie mein Leben viel zu häufig gekennzeichnet ist von der anderen Seite der Medaille.

© Der/die Autor(en), exklusiv lizenziert an Springer Fachmedien Wiesbaden GmbH, ein Teil von Springer Nature 2022
J. Schmeer, *Führungskräfte mit unternehmerischer Power*,
https://doi.org/10.1007/978-3-658-38623-8_8

Wenn wir die Medaille nämlich umdrehen, dann werfen wir den *zweiten Blick* auf den Einklang, und das sind die Konflikte. Wir können im Clinch liegen mit allen möglichen Menschen, die uns permanent umgeben. Wir können aber auch im Clinch liegen mit uns selbst. Mit welcher der beiden Möglichkeiten haben Sie mehr zu tun? Mit dem Streiten oder mit dem Hadern? Mit dem äußeren Konflikt oder mit dem inneren? Meine persönliche „Präferenz" sind die inneren Konflikte. So gut ich mit fast allen Menschen zurechtkomme, mit denen ich beruflich und privat zu tun habe, so viel Arbeit ist es für mich immer wieder, auch mit mir selbst im Einklang zu sein und nicht mit mir zu hadern. Und Sie? Wie ist das bei Ihnen?

Wie schon bei Kraft und Spaß, mag auch hier der *Blickwinkel 3* weiterhelfen. Er blickt ausdrücklich auf alle Seiten und auf alle Facetten, die das Leben uns bietet, und überwindet damit einmal mehr den „Gut *oder* Böse"-Blick, das „Harmonie *oder* Streit"-Denken. Einklang bedeutet dann, verbunden sein, ganz sein, zusammengehörig sein – und zwar mit allem, was da ist. Es ist also ein Einklang mit der Vielfalt des Lebens; nicht nur mit den angenehmen Teilen davon.

Beim Einklang ist wichtig, zwischen Innen und Außen zu unterscheiden. Beides sehen wir uns jetzt näher an. Wie gelingt es, Einklang mit sich selbst zu finden? Und wie schafft man es, in Einklang mit den Kollegen oder Mitarbeitern zu kommen? Auf der Suche nach den Antworten werden wir es immer wieder mit allen drei Blickwinkeln zu tun bekommen.

8.2   Führungsalltag: Dissonanzen und Misstöne

Der Alltag einer Führungskraft bietet reichlich Möglichkeiten, den inneren Einklang zu verlieren. Ständig funktionieren müssen, die eigenen Bedürfnisse hintenanstellen, Erwartungen erfüllen, sich zu etwas zwingen, selbstdiszipliniert und damit streng gegen sich sein, zu viele Bälle gleichzeitig in der Luft halten, zu hohe Erwartungen an sich und an das Team stellen, den eigenen Ansprüchen nicht genügen … Die Liste all dessen, was uns den inneren Einklang rauben kann, ließe sich noch lange fortsetzen.

Einklang bedeutet bei näherem Hinsehen, dass mindestens zwei „Dinge" gut zusammenpassen. Sie harmonieren miteinander, sie sind miteinander in Resonanz. Wenn wir also mit uns selbst nicht im Einklang sind, dann passen in diesem Augenblick zwei oder mehr Aspekte nicht zusammen, sie liegen nicht auf einer gemeinsamen Wellenlänge. Drei Beispiele dazu:

Wenn Sie als Führungskraft der mittleren Ebene einen Mitarbeiter entlassen müssen, weil Ihr eigener Vorgesetzter genau das von Ihnen erwartet: dann passen Ihr Denken („der Mann ist gut, den brauche ich!") und Ihr Handeln (die Kündigung auszusprechen) nicht zusammen. Wenn Sie merken, wie müde und erschöpft Sie sind, sich aber zwingen, das Protokoll der letzten Sitzung noch fertig zu machen: dann gibt es eine Dissonanz zwischen Ihren Ansprüchen an sich selbst („Liefern! Das weiß der Chef zu schätzen!") und Ihren Bedürfnissen („Eendlich Feierabend machen!"). Wenn Sie innerlich immer ungeduldiger werden, ja manchmal schon „rasend", weil Sie ein drängendes Problem nicht gelöst bekommen: Dann passt, ganz nüchtern festgestellt, Ihre Erwartungshaltung an das Leben („Diese Woche müssen wir den Durchbruch schaffen!") nicht mit dessen Realität überein (weil es dann noch einmal drei Wochen dauert, bis das Problem gelöst ist).

Wie ist das bei Ihnen? Zum einen: Bei welchen Tätigkeiten oder Themen sind Sie mit sich besonders gut im Einklang? Welche Aspekte Ihrer Persönlichkeit und Ihres Handelns passen gut zusammen? Zum anderen: Was raubt Ihnen den inneren Einklang? Wo sind Sie mit sich am Hadern, spüren die Dissonanzen förmlich in sich? Welche zwei oder mehr Aspekte stehen in diesen Fällen dann im Clinch und erzeugen in Ihnen die Misstöne?

Nicht im Einklang zu sein, das merken wir ganz unmittelbar an den klassischen Stresssymptomen. Körperlich bekommen wir zum Beispiel „Rücken", Kopfschmerzen oder Verdauungsprobleme. Emotional hadern wir mit uns, oder wir sind unzufrieden, dünnhäutig, wütend oder deprimiert. Und geistig herrscht im Kopf entweder Leere, oder aber die Gedanken kreisen immer wieder um dieselben Themen, Personen oder Fragestellungen. Es dürfte wohl keinen Menschen geben, der so etwas nicht von sich kennt. Schwierig wird es nur, wenn die Zeiten, in denen wir uns innerlich so zerrissen fühlen, länger als ein paar Tage andauern. Steckt man Wochen oder gar Monate in einer solchen Verfassung, dann ist man von seiner Lebendigkeit ganz weit entfernt. Und damit dummerweise auch vom Motor guter Führungsarbeit.

Praxisbeispiel

Vor einiger Zeit erzählte mir ein Bereichsleiter von zwei Berufsjahren, die er in permanenter innerer Zerrissenheit erlebt hatte, und von der einzigen Lösung, die er am Ende noch für sich gesehen hat.

Sein äußerst charismatischer, beliebter und nachhaltig erfolgreicher Vorstand bittet ihn eines Tages, zusätzlich noch einen zweiten Bereich dauerhaft zu übernehmen – den größten im Unternehmen. Nach vier Wochen Urlaub und Bedenkzeit ist dem Bereichsleiter allerdings klar: Das will er nicht. Das packt er nicht.

Erstes Treffen nach dem Urlaub. Vorstand: „Na, wie sieht es denn jetzt aus?" Bereichsleiter: „Tut mir leid, aber ich möchte das nicht machen." Pause. Vorstand: „Wir müssen überlegen, ob Sie schon im Dezember beginnen oder erst im neuen Jahr. Mit Ihrem Vorgänger habe ich darüber schon gesprochen, dem ist das egal. Und wo wollen Sie dann Ihr Büro beziehen? Was wäre da wohl das Klügste?"

Irre, nicht wahr? Der Vorstand ignoriert komplett das Nein seines Bereichsleiters. Und dieser ist zum einen darüber so perplex und zum anderen so sehr dem charismatischen Charme seines Chefs erlegen, dass er tatsächlich die zweite Bereichsleitung übernimmt – obwohl er im selben Augenblick weiß, dass es ein Fehler ist: dass sein Denken, seine Emotionen und sein Handeln gerade überhaupt nicht zusammenpassen. Er ahnt, dass Ja zu sagen und gleichzeitig Nein zu meinen ihn innerlich zerreißen wird.

Zwei Jahre lang geht das gut – dann ist der Bereichsleiter weg. Er hält sie nicht länger aus, die Doppelbelastung. Und noch einmal ein solches Gespräch zu führen, das will er sich auch nicht zumuten. Lieber von Bord gehen und woanders anheuern, als sich noch einmal über den Tisch ziehen zu lassen. Auf diese Weise stellt er seinen inneren Einklang wenigstens im Nachhinein wieder her. ◄

Was genau geschah in dem Bereichsleiter, als er Ja sagte, obwohl er Nein meinte? Wie konnte es sein, dass er wider besseres Wissen einer Lösung zustimmte, die sich im gleichen Augenblick völlig unattraktiv für ihn anfühlte? Um das zu verstehen ist das Modell des Inneren Teams eine großartige Hilfe. Sicher ahnen Sie bereits: Es geht hier nicht nur um einen Bereichsleiter; es geht um uns alle. Und dieses Modell erklärt sehr, sehr anschaulich, wie wir Menschen „ticken" und wie wir deshalb immer wieder zu Entscheidungen kommen, bei denen wir uns über uns selbst nur wundern können.

8.3   Mit sich in Einklang kommen

Schulz von Thun veröffentlichte sein Modell des Inneren Teams 1998, im 3. Band seiner Reihe „Miteinander reden" [1]. Mittlerweile gibt es das Buch in weit über 20 Auflagen, ein Zeichen dafür, wie hilfreich es ist, um sich in seiner Funktion als Führungskraft und auch die eigenen Mitarbeiter noch besser zu verstehen.

Das Modell knüpft an eine Erfahrung an, die wir alle jeden Tag aufs Neue machen. Wir sind mit uns selbst im Gespräch, rein gedanklich natürlich, und wägen verschiedene Optionen ab. Stellen Sie sich einmal die Bereichsleiterin Tina Koepcke vor. 18 Uhr ist längst vorbei, die Büros sind weitgehend leer, und Tina Koepcke steht neben ihrem Schreibtisch am offenen Fenster. Sie blickt nach draußen, aber sie nimmt nicht wirklich wahr, was dort vor sich geht. Vielmehr hängt sie ihren Gedanken nach, die ihr einer nach dem anderen durch den Kopf gehen. Schalten wir uns dort einmal zu und lauschen ihrem inneren Dialog …

„Nach so viel Vorarbeiten wird es jetzt höchste Zeit, dass ich endlich die Entscheidung treffe. Spätestens in 14 Tagen muss das Thema durch sein!", lautet ein Gedanke, dem jedoch gleich ein zweiter folgt: „Gut, aber in unserem Bereich haben wir seit Jahren keine so weitreichende Entscheidung mehr treffen müssen. Wenn uns da ein Fehler passiert, können wir den Laden gleich dicht machen!" „Aber die Mitarbeiter! Die wissen doch alle, dass da was in der Luft liegt. Die können wir unmöglich noch länger hinhalten!", lautet eine weitere Überlegung von Koepcke. Und weil sie merkt, wie ihr der letzte Gedanke noch mehr Druck macht, als sie ohnehin schon hat, schießt ihr durch den Kopf „Oh, wie mich das alles nervt! Es ist doch eh' so: Egal, wie ich entscheide. Am Ende haben es auf jeden Fall alle mal wieder besser gewusst." Da fällt ihr Blick auf die Kirchturmuhr, draußen, vor ihrem Bürofenster, und sie erschrickt. „Oh je, schon wieder halb acht! Ich muss sofort los, sonst gibt's zu Hause auch noch Ärger." Weil nun all ihre Überlegungen zu keinem Ergebnis geführt haben, schließt sie ihren inneren Dialog ab und denkt sich: „Morgen reicht es ja auch noch, das Ganze zu finalisieren. Rom wurde schließlich auch nicht an einem Tag erbaut."

Einerseits ist natürlich an jedem der Aspekte, die der Bereichsleiterin durch den Kopf gehen, etwas dran: Es ist richtig, dass Entscheidungen nicht unnötig herausgezögert und genauso richtig, dass weitreichende Entscheidungen gründlich geprüft werden sollten. Es stimmt, dass Mitarbeiter nicht unnötig im Unklaren gelassen werden dürfen. Es ist (leider) wahr, dass im Nachhinein alle schlauer sind als die Entscheiderin, gerade dann, wenn sich die Entscheidung später als falsch herausstellen sollte. Schließlich ist es auch eine gute Idee, die Belange der Familie zu Hause nicht zu vergessen. Und sich selbst gut zuzureden und zu beruhigen hat auch noch keinem geschadet. So weit so gut.

Problematisch würde es allerdings, wenn die Führungskraft, in deren Kopf wir hier einen Blick hineinwerfen konnten, einen Monat später immer noch mit den gleichen Gedanken herumlaufen würde und deshalb auch in ihrem Bereich nichts vorangegangen wäre. Genauso problematisch wäre es, wenn Tina Koepcke ihre Entscheidung träfe, bloß damit sie getroffen ist und ihre Mitarbeiter endlich informiert werden können. Einige Zeit später müsste sie vielleicht erkennen, dass sie eben doch zur Sicherheit noch einige Punkte hätte abklären müssen.

Doch wie gelingt es, bei widerstreitenden Gedanken im Kopf zu einer Lösung zu gelangen, bei der alles zusammenpasst? Anders formuliert: Wie gelangt man von inneren Misstönen und Dissonanzen zu Harmonie und Einklang? Denn genau das, der stimmige Einklang aller Argumente, ist die Voraussetzung, um überhaupt eine Entscheidung treffen zu können!

Um diese Frage zu beantworten, hat Schulz von Thun zu einer wundervollen Vorstellung gegriffen: Jeder Gedanke, der uns Menschen durch den Kopf geht, kommt von einem unserer inneren Teammitglieder, die wir uns wie eine real existierende Person vorstellen können. Hinter jedem Gedanken, hinter jeder inneren Stimme, steht gleichsam ein „Mensch", ein innerer natürlich, und der ist es, der seine Meinung kundtut. Damit sich später alle einigen können, ist es in einem ersten Schritt wichtig, ein klares Bild von allen Teammitgliedern zu bekommen. Dafür erhält jedes Teammitglied eine charakterisierende Bezeichnung und ein Motto, das seine Haltung auf den Punkt bringen soll. Mit welchen Teammitgliedern hat Tina Koepcke es bei ihrem Selbstgespräch zu tun?

„Nach so viel Vorarbeiten wird es jetzt aber höchste Zeit, endlich die Entscheidung zu treffen. Spätestens in den nächsten 14 Tagen muss das durch sein!", lautete der erste Gedanke, in den wir uns vorhin eingeblendet hatten. Dieses Teammitglied mag als charakterisierenden Namen *Die Ungeduldige* heißen. Ihre Haltung lautet: *„Los jetzt! Schaffen, nicht schwätzen!"* Die Antwort darauf kommt von *der Gründlichen*, wenn sie sagt: „Gut, aber wir haben seit Jahren keine so grundlegende Entscheidung mehr treffen müssen. Wenn uns ein Fehler passiert, dann können wir den Laden hier doch gleich zu machen!" *„Lieber einmal zu viel geprüft als einmal zu wenig"*, lautet die feste Überzeugung der Gründlichen. Doch gleich rührt sich auch die *Fürsorgliche* des inneren Teams von Tina Köpcke: „Aber die Mitarbeiter! Die wissen doch alle, dass da was in der Luft liegt. Die können wir unmöglich noch länger hinhalten!" sagt sie, und drückt damit aus: *„Ich muss ihnen helfen. Ohne mich sind sie verloren."* Der innere Aufschrei („Oh, wie mich das alles nervt! Es ist doch eh' so: Egal, wie ich entscheide. Am Ende haben es auf jeden Fall alle mal wieder besser gewusst.")" ist der Beitrag der *Wütenden,* die denkt: *„Alles Besserwisser. Ich bin die Einzige, die hier Verantwortung übernimmt!"* Dann, beim Blick auf die Uhr, rührt sich in Tina Koepcke noch die *Pflichtschuldige* mit dem inneren Vorwurf *„Du bist eine Rabenmutter, so spät, wie Du heute schon wieder nach Hause kommst!"* Und als sie sich klar macht, dass Rom ja auch nicht in einem Tag erbaut worden sei, ist es die *gute Seele* ihres inneren Teams, deren Grundhaltung *„Alles wird gut!"* lauten könnte.

Wie schafft Tina Koepcke es nun, bei so vielen verschiedenen Stimmen zu einem stimmigen Ergebnis zu kommen? Dafür benötigt Tina Koepcke – genauso, wie wir alle – ein Oberhaupt, hier: eine Chefin, die dem inneren Team vorsteht. Das Oberhaupt ist gleichsam der Moderator der inneren Diskussion, der all die Teammitglieder mit ihren vielfältigen Meinungen zu einem gemeinsamen Ergebnis zu führen versucht. Das Oberhaupt hört allen gut zu, um zwischen den verschiedenen Teammitgliedern gut vermitteln zu können. Seine Aufgabe ist es, allparteilich zu führen, also kein Teammitglied klein und dadurch andere groß zu machen. Es hat also eine integrierende Funktion, es will alle einen und keinesfalls spalten. Dafür muss das Oberhaupt Konflikte zwischen einzelnen Teammitgliedern zu lösen versuchen und – je heftiger diese ausfallen – stets darauf achten, dass es die Kontrolle über den gesamten Prozess behält. Das Oberhaupt weiß: „Wir müssen eine Lösung finden, die die Bedürfnisse aller Teammitglieder befriedigt, nur dann haben wir eine tragfähige Entscheidung. Nur dann kann ich verkünden, wo es als Nächstes lang geht."

Klasse, wenn das funktioniert. Schwierig allerdings, wenn das Oberhaupt zu schwach ist und einzelne Teammitglieder ihm und allen anderen auf der Nase herumtanzen. Wenn Tina Koepcke über Tage oder Wochen hinweg hin- und hergerissen ist, zwischen „endlich entscheiden" und „noch weiter prüfen", dann haben sich in ihrem inneren Team vermutlich die Ungeduldige und die Gründliche ineinander verhakt, keine der beiden kann sich durchsetzen – aber das Oberhaupt kann offensichtlich auch nicht schlichten.

Oft neigen wir in solchen Phasen dazu, eine unserer inneren Stimmen ausschalten zu wollen. „Wenn ich nicht meinen würde, alles tausendmal prüfen zu müssen, dann hätte ich schon längst entschieden", mag Koepcke vielleicht denken. Um im Bild des inneren Teams zu bleiben: am liebsten würde sie die Gründliche rauswerfen. Dann wäre – scheinbar – das Problem gelöst, und sie könnte endlich voranmachen. Doch Vorsicht! Jemanden aus dem inneren Team einfach vor die Türe zu setzen wäre ein großer Fehler. Jedes Teammitglied hat einen wichtigen Beitrag für ein gutes Gesamtergebnis zu leisten. Und nur, wenn alle gut zusammenspielen, kommt am Ende auch etwas Tragfähiges heraus.

Die beste Einstellung, die Sie Ihrem inneren Team gegenüber also haben können, lautet: „Ihr seid alle wichtig! Es ist gut, dass ihr alle da seid, und deshalb werde ich auch keinem von euch kündigen!" Fehlt diese Haltung – werten Sie also einzelne innere Stimmen und ihre Argumente ab und versuchen, sie wegzudrücken – dann ist das die beste Voraussetzung dafür, dass die Unerhörten anfangen, sich unerhört zu benehmen. Genau so, wie wir das am Beispiel von Barbara Senger unter der Überschrift „Schmerz erlauben" in Abschn. 7.1 (Dreierlei Wohlergehen) schon gesehen haben.

Umsetzen: Inneren Konflikt auflösen

Was können Sie nun tun, wenn Sie einen inneren Konflikt auflösen wollen, weil Sie merken, dass sich zwei oder mehr Ihrer inneren Stimmen und Teammitglieder ineinander verkeilt haben und Sie sich immer wieder in den gleichen Gedankenschleifen wiederfinden?

Ehrlicherweise sei gesagt, dass an dieser Stelle ein erfahrener Coach der optimale Partner ist, um Sie und Ihr inneres Team zu einer guten Entscheidung begleiten zu können. Aber ich will das Wissen, das dafür nötig ist, nicht als großes Geheimnis verstecken, sondern wenigstens einige Aspekte davon deutlich machen. Sicher sind darin Impulse enthalten, die Sie auf neue Gedanken und Einsichten bringen können. Selbst wenn Sie die Schritte nicht im Einzelnen durcharbeiten, kann es Ihnen ein neues und tieferes Verständnis von sich selbst verschaffen.

Nehmen Sie sich dafür eine Stunde Zeit und stellen Sie vor allen Dingen sicher, dass Sie absolut ungestört sind. Dieser innere Klärungsprozess gelingt umso besser, je entspannter und fokussierter Sie in dieser einen Stunde sind. Hektik ist absolut kontraproduktiv. Ein Flipchart ist hilfreich, aber einige Blatt Papier genügen auch.

1. Ihre Frage
   Schreiben Sie als Erstes oben auf das Blatt die genaue Frage auf, zu der Sie eine Antwort, Lösung oder Entscheidung benötigen.
2. Äußere Kontext und Emotionen
   Vergegenwärtigen Sie sich noch einmal konkret Ihre Situation, in der Sie sich wegen Ihres Themas befinden. Welche Gefühle machen sich da bei Ihnen bemerkbar? Hier geht es vor allen Dingen darum, die problematische Situation möglichst klar sehen und spüren zu können. Sie brauchen noch nichts zu notieren.
3. Innerer Kontext und Identifikation
   Wechseln Sie sodann den Fokus auf Ihren inneren Kontext: Welche Gedanken kommen Ihnen zu der Frage 1 in den Sinn, und welches Teammitglied steckt jeweils dahinter? Wer meldet sich da alles? Benennen Sie die Teammitglieder, die sich rühren. Geben Sie ihnen charakterisierende Namen, und vielleicht fällt Ihnen zu jedem auch dessen Motto ein, so wie wir das bei dem inneren Team von Tina Köpcke gesehen haben. Halten Sie das alles schriftlich fest.

   Wichtig ist: Vergeben Sie als Namen für Ihre Teammitglieder weder Pro noch Contra und auch keine Abwertungen, wie zum Beispiel Schlamper oder Schwächling. Wenn Sie Ihre Notizen nicht nur als Text notieren, sondern auch ganz einfache Figuren für jedes Teammitglied malen, ist das hilfreich. Und, ganz wichtig, malen Sie auch Ihr Oberhaupt mit aufs Blatt. Es hat eine wichtige Rolle auf dem Weg zum Einklang!

4. Überblick und Vertiefung

Folgende Fragen können Sie Ihren inneren Teammitgliedern stellen:

- Wofür stehst du, inneres Team-Mitglied?
- Was ist dir wichtig? Was ist deine positive Absicht?
- Was müsste geschehen, wenn es nur nach dir ginge?
- Wie bist du beim Oberhaupt angesehen?
- Was hast du noch zu sagen?

Letztlich erhalten Sie die Antworten meist sehr spontan „aus dem Bauch" oder als plötzlichen Gedanken. Achten Sie darauf, dass jedes Teammitglied auch wirklich unverfälscht und unzensiert zu Wort kommen kann. Der erste Gedanke oder Impuls ist hier meist der Beste. Je länger Sie darüber nachdenken, ob Ihnen die spontane Antwort des Teammitglieds gefällt oder nicht, umso mehr entfernen Sie sich in der Regel von Ihrer inneren Wahrheit und senken damit die Chance auf eine tragfähige Einigung.

5. Dialog und Wertschätzung

Damit die Teammitglieder nun miteinander ins Gespräch kommen, helfen folgende Fragen:

- Kannst du dir vorstellen, mit dem anderen Teil zu sprechen?
- Sag doch einmal aus deiner Sicht: wie siehst du ihn?
- Was hast du für ein Bild vom anderen? (Zum anderen: Was sagst du dazu?)
- Wenn es nur nach dir ginge, was sollte geschehen?!
- Unter welcher Voraussetzung bist du bereit, deinen jetzigen Standpunkt zu verändern?
- Passt das für dich?

Auch hier ist wichtig, dass beide Teammitglieder erkennen, dass jede Seite letztlich nur Gutes will – auch wenn sie das auf eine komplett andere Weise zu erreichen versucht als man selbst.

6. Lösungsfindung und Fazit

Sie, beziehungsweise Ihr inneres Oberhaupt, moderieren das Gespräch zwischen den Teammitgliedern. So kristallisiert sich aus dem Dialog Stück für Stück eine Lösung heraus. Sie ergibt sich mit der Zeit aus den Fragen, den Antworten des anderen Teils, dem gegenseitigen Zuhören der inneren Teammitglieder und dem gegenseitigen Würdigen. Wichtig ist, dass am Ende tatsächlich alle Seiten der besprochenen Lösung voll und ganz zustimmen können.

Notieren Sie sich diese Lösung nun auf Ihrem Blatt und lassen Sie zum Abschluss der Sitzung das Oberhaupt noch ein Fazit ziehen.

Außer mit dem Inneren Team gibt es natürlich Dutzende von Möglichkeiten, um wieder mit sich in Einklang zu kommen. Jede Stressbelastung, die wir auflösen können, macht uns „ent-spannter" und bringt uns wieder mehr ins Schwingen. Dem einen hilft dabei eine

Meditation, der anderen gelingt das am besten mithilfe von Yoga. Aber auch bewusst nichts *gegen* den Stress zu tun, sondern ihn vielmehr *zuzulassen* und sich einzugestehen, dass all die Spannungen einen gerade fertig machen, ist ein äußerst heilsamer und wohltuender Weg. Gerade weil Sie sich den Frust oder den Schmerz, der dann endlich einmal spürbar wird, erlauben und ihn aushalten, geben sie ihm die Möglichkeit, dann auch wieder davonzuziehen. Beim Umgang mit der eigenen Kraftlosigkeit war uns genau dieser Effekt schon einmal begegnet.

All das sind gute Strategien, um mit sich selbst wieder mehr in einen inneren Einklang und in ein Wohlgefühl zu kommen. Ich möchte Ihnen an dieser Stelle noch zwei Möglichkeiten vorstellen, die vielleicht weniger bekannt sind, aber ungeheuer wirksam.

Umsetzen: Entstressen und loslassen
Diese Methode hat ihren Ursprung in der sogenannten „Herzintegration" von Kurt Zyprian Hörmann. Was ich an ihr sehr schätze: Sie ist mit ein wenig Action verbunden, dauert nicht lange und ist trotzdem wirksam. Sie spüren sofort den wiedergewonnenen inneren Einklang. Die Schritte im Einzelnen:

1. Ihr Thema
   Was auch immer es ist, womit Sie hadern, unzufrieden oder unglücklich sind:
   Formulieren Sie Ihr Thema in einem kurzen Satz, der sich für Sie stimmig anfühlt, und schreiben Sie ihn auf. Der Satz sollte weniger Ihre gute Erziehung widerspiegeln als vielmehr Ihre Emotionen klar und unmissverständlich zum Ausdruck bringen. Diesen Satz setzen Sie dann bei den folgenden fünf Schritten immer hier (…) ein.
   Zur Anregung ein paar Beispiele, wie Ihr Satz lauten könnte: „Die Arbeit wächst mir über den Kopf." „Die Arroganz von Kollegen X widert mich an." „Ich habe Angst vor dem Meeting morgen." „Ich fühle mich klein/doof/schwach!" … und so weiter. Sie merken: Es darf zur Sache gehen!
2. Im Überblick
   Überkreuzen Sie Ihre Arme und klopfen Sie mit den Händen abwechselnd links und rechts auf Ihre Oberarme. Sie können auch auf zwei beliebige andere Körperstellen klopfen, gerade der obere Brustkorb bietet sich hier an. Wichtig ist nur, dass Sie immer abwechselnd klopfen.
   Sprechen Sie die folgenden fünf Sätze, in dieser Reihenfolge und immer klar und deutlich vor sich hin. Nur so entsteht der Turbo. Die Sätze nur im Kopf zu denken, bewirkt deutlich weniger. Wenn Sie mögen, können Sie einen einzelnen Satz auch mehrere Male wiederholen. Und wenn es nach einem Durchgang zwar besser, aber noch nicht so richtig gut ist, können Sie nach Satz 5 auch gleich nochmal bei der 1 beginnen. Viel hilft viel.

(1) Ich sehe (…)

(2) Ich segne (…)

(3) Ich nehme (…) dankbar an und vergebe mir.

(4) Ich gebe (…) einen Platz in meinem Herzen zur Heilung.

(5) Ich entlasse mich aus (…)

3. Anmerkungen zu den einzelnen Schritten

(1) Ich sehe (…)

Mit diesem Satz erkennen Sie an, dass Sie dieses Thema haben und dass es Sie plagt. Je nachdem, worum es bei Ihrem Thema konkret geht, können Sie auch sagen „Ich fühle/höre/schmecke/spüre". Das Thema kann eine Überzeugung sein, ein Glaubenssatz, eine Konditionierung, ein Gefühl (Wut, Ärger, Trauer, Scham, Unsicherheit, etc.), ein Verbot, eine Verletzung, ein Widerstand, ein Festhalten, was auch immer es ist, das Ihnen im Augenblick den Stress bereitet.

(2) Ich segne (…)

Das Wort hat nichts mit dem religiösen Verständnis von Segen zu tun. Vielmehr bekräftigen Sie mit diesem Satz Ihre Absicht, sich durch die Auseinandersetzung mit dem Thema wohltuend zu entwickeln.

(3) Ich nehme (…) dankbar an und vergebe mir

Mit diesem Satz machen Sie gleich drei große Schritte: Sie nehmen das Thema samt all dem Stress an und verzichten darauf, auf andere zu zeigen. Damit nehmen Sie die Verantwortung zu sich. Und schließlich vergeben Sie sich selbst, dass Sie das alles überhaupt so plagt und belastet.

(4) Ich gebe (…) einen Platz in meinem Herzen zur Heilung

Der Satz mag sich ein wenig blumig anhören, aber er ist der Wichtigste von allen. Denn mit diesem Satz legen Sie das Thema an den einzigen Platz, wo es transformiert werden und heilen kann: ihr Herz. Und das Herz ist nichts anderes als eine Metapher für die Liebe, die wir Menschen haben, zu uns selbst und zu den Menschen um uns herum.

(5) Ich entlasse mich aus (…)

Dieser abschließende Satz dient dazu, das Thema auch tatsächlich hinter sich zu lassen und mit einer positiven Verstärkung in die Zukunft gucken zu können. Sie können es auch ergänzen, indem Sie zum Beispiel sagen „Ich erlaube mir, der zu sein, der ich in Wahrheit bin, glücklich und angstfrei", „Ich freue mich" oder Ähnliches mehr.

Wenn Sie merken, dass Sie diesen positiven Verstärker noch nicht aussprechen können, beginnen Sie einfach von vorn, bei Bedarf bis zu siebenmal. Sollten dabei neue Themen, Widerstände oder Verbote auftreten, können Sie diese gleich mit einbauen und damit die Schritte 1 bis 5 durchgehen. Schließen Sie das Ganze mit einem tiefen Atemzug ab.

Umsetzen: Klang & Einklang

Für die folgende Methode lohnt es sich, wenn Sie 10 bis 15 Minuten einplanen, vor allem wenn Sie noch nicht so sehr damit vertraut sind.

Stellen Sie sicher, dass Sie absolut ungestört sind und für die nächsten Minuten Ihre Ruhe haben werden. Legen Sie sich eine Musik auf, die Sie mögen, tendenziell eher etwas Ruhiges, Leichtes, Langsames; auf keinen Fall die volle Dröhnung.

Platzieren Sie sich nun so im Raum, dass Sie etwas Platz um sich herum haben, und schließen Sie Ihre Augen. Nehmen Sie sich einige Momente Zeit, in Ihren Körper hineinzuspüren. Dabei geht es keinesfalls darum, irgendetwas Bestimmtes tun zu müssen, sondern allein darum wahrzunehmen, wie Ihr Körper sich jetzt gerade anfühlt. Es ist – einmal mehr – ein Bewusstwerden und eine „Bestandsaufnahme" Ihres Zustands vor der eigentlichen Übung.

Nun bleiben Ihre Augen geschlossen, im Hintergrund läuft die angenehme Musik, und Sie beginnen, Ihren Kopf und Ihren Nacken zu bewegen. Seien Sie mit Ihrer ganzen Aufmerksamkeit bei Kopf und Nacken. Spüren Sie Ihre Bewegungen und spüren Sie, wie sich diese Bewegungen für Sie anfühlen. Seien Sie also gleichzeitig der Akteur, indem Sie Kopf und Nacken bewegen. Und seien Sie der äußerst aufmerksame Beobachter Ihrer eigenen Bewegungen und deren Wirkung. Damit das gut gelingt, ist es wichtig, Kopf und Nacken möglichst langsam zu bewegen, dann fällt es Ihnen leichter, die unterschiedlichen Qualitäten bewusst wahrzunehmen.

„Ja, aber *wie* soll ich Kopf und Nacken denn bewegen? Wie mache ich es richtig?", mögen Sie sich fragen. Die Antwort lautet: Es gibt kein allgemeingültiges Richtig oder Falsch. Das ist gerade nicht die passende Kategorie für diese Methode. Es gibt nur ein Ziel: Bewegen Sie Ihren Hals und Nacken so, dass es Ihnen guttut, und Sie merken, wie es Sie in Ihren inneren Einklang zurückführt. Wenn Ihnen das gelingt – dann machen Sie es genau richtig. Was Sie dafür tun müssen? Da habe ich als Außenstehender keine Ahnung. Sie sind der Experte dafür, welche Bewegungen Ihnen guttun und welche weniger. Probieren Sie es einfach aus. Experimentieren Sie. Seien Sie neugierig!

Haben Sie eine bestimmte Art der Bewegung entdeckt, die Sie wieder in Ihren Einklang bringt? Dann bleiben Sie dort noch ein wenig und erforschen an dieser Stelle noch genauer, wie Sie Ihr Wohlgefühl möglicherweise noch ein wenig mehr steigern können – allein durch die Bewegung dieser beiden Körperteile.

Wenn Sie das Gefühl haben „Jetzt ist es gut!", dann lassen Sie die Bewegungen langsamer werden und zur Ruhe kommen. Achten Sie darauf, dass Sie wieder ganz aufrecht stehen, so wie zu Beginn der Übung. Spüren Sie nach, wie sich Ihr gesamter Körper jetzt anfühlt und was sich im Vergleich zu Beginn der Übung verändert hat.

Dann öffnen Sie Ihre Augen wieder. Nehmen gleichzeitig Ihr neues Körpergefühl und die Außenwelt wahr … und begeben sich zurück an Ihre Arbeit, oder was immer Sie als Nächstes tun wollen.

„Move your body in a way that makes you feel goooood", war die fortlaufend wiederholte Einladung des US-Amerikaners Otto Richter, von dem ich diese Methode kennenlernen durfte. Wenn Sie es ein-, zwei- oder dreimal mit Kopf und Nacken ausprobiert haben, dann entdecken Sie beim nächsten Mal gern Ihren rechten Arm und die rechte Hand. Später dann die linke Seite. Probieren Sie noch später einmal den Oberkörper und das Becken aus. Und so weiter. Noch später können Sie natürlich alle Teile Ihres Körpers gemeinsam bewegen. Wichtig bleibt dabei, dass Sie Ihre Bewegungen bewusst vornehmen: Bewusst wahrnehmen. Bewusst steuern. Immer in eine Ihnen wohltuende Richtung. Immer neu und immer wieder in Richtung Ihres inneren Einklangs.

Wer es maximal bequem und ganz ohne Bewegung haben will, für denjenigen eignet sich die folgende Praxis, die ihren Schwerpunkt bei den Gedanken hat.

Umsetzen: Körperreise statt Urlaubsreise

Setzen Sie sich aufrecht auf einen Stuhl, ohne dabei Ihr Kreuz durchzudrücken. Die Beine stehen nebeneinander, mit der ganzen Fläche des Fußes auf dem Boden. Ihre Hände liegen entspannt auf den Oberschenkeln oder hängen an der Seite herunter. Nehmen Sie zwei oder drei tiefe Atemzüge und achten Sie darauf, langsam und vollständig auszuatmen.

Lenken Sie Ihre Aufmerksamkeit nun in den Kopf. Eine nur scheinbar verrückte Frage: Woher wissen Sie eigentlich, dass Sie einen Kopf haben, wenn Sie ihn gerade nicht bewegen? Was macht Sie so sicher? Es ist letztlich Ihr Spüren des eigenen Kopfes. Sie nehmen ihn von innen heraus wahr. Und genau um diese bewusste innere Wahrnehmung, darum geht es in dieser Praxis. Wandern Sie nun mit Ihrem Fokus ein wenig im Kopf umher. Spüren Sie zum Beispiel Ihre Nasenspitze. Ihr rechtes und Ihr linkes Auge. Erst das eine, dann das andere Ohr.

Wenn Sie sich eine Weile aufmerksam in Ihrem Kopf „umgesehen" haben, dann gehen Sie mit Ihrer Aufmerksamkeit ein kleines Stück tiefer, in Ihren Nacken und Ihren Hals. Auch hier heißt es wieder: spüren, wahrnehmen, beobachten. Wenn Sie merken, Sie sind im Nacken verspannt, verurteilen Sie sich nicht dafür, und Sie müssen daran auch nichts ändern – nicht jetzt zumindest. Es geht eben nicht darum, zu bewerten und etwas tun zu müssen. Es gilt, in diesem Augenblick so sein zu dürfen, wie Sie sind. Gerade wenn Sie noch nicht so sehr geübt sind, ist es hilfreich, den Nacken ganz, ganz leicht und in einem minimalen Bereich auch zu bewegen. Das erleichtert meist die Wahrnehmung – und genau darum geht es hier ja.

Nach Kopf und Nacken wandert Ihre Aufmerksamkeit nun in den Bereich der Schultern, mit der gleichen Intention und der gleichen Vorgehensweise wie bisher. Von den Schultern in die Oberarme, von dort über den Ellenbogen in die Unterarme, und von dort wiederum in Ihre Hände. Idealerweise nehmen Sie zuerst die eine und dann die andere Seite wahr. Und weiter geht es auf Ihrer Körperreise: von den Händen durch den Arm wieder zurück bis in die Schultern und von dort in den Brustkorb, vorderer und hinterer oberer Rücken. Von dort weiter in den Bauch und den unteren Rücken. Weiter ins Becken. Und natürlich weiter in Oberschenkel, Knie, Unterschenkel bis zu den Füßen. Wo auch immer Sie mit Ihrer Aufmerksamkeit gerade in Ihrem Körper unterwegs sind: Sie spüren diese Körperteile von innen heraus. Sie spüren sich selbst. Sie sind damit in Kontakt, in Verbindung mit sich selbst, und das umso mehr, je besser Sie den Fokus in Ihrem Körper halten können.

Diese Methode kann fünf Minuten dauern oder mehr als 15. Je besser es Ihnen mit der Zeit gelingt, sich auf diese Weise durch Ihren Körper zu bewegen, umso mehr werden sie davon profitieren. Wenn Sie am Ende Ihrer Reise angekommen sind, achten Sie darauf, wieder dreimal bewusst tief ein- und wieder auszuatmen. Rekeln und strecken Sie sich ein wenig und öffnen dann wieder Ihre Augen.

8.4   Mit anderen in Einklang kommen

Hatten wir den Fokus bisher aufs Innen, die intrapersonalen Konflikte, sehen wir uns jetzt das Außen an, die interpersonellen Konflikte: den Stress und Streit mit unserem Umfeld.

Sie lösen es komplett allein

In diesem Abschn. wird es nun darum gehen, wie Sie interpersonelle Konflikte intrapersonal lösen können. Einfacher ausgedrückt: Wie gelingt es Ihnen zum Beispiel, Ihre Wut auf den Kollegen Faller zu überwinden und hinter sich zu lassen, ohne deswegen mit ihm in die Auseinandersetzung gehen zu müssen? Und natürlich auch: ohne Ihre Wut zu unterdrücken oder sie ständig mit einem Glas Wein hinunterzuspülen.

Die erste Möglichkeit, die ich Ihnen hier vorstellen möchte, ist bestens geeignet, wenn Sie einfach nur Druck ablassen wollen. Wenn sich Ihre Wut aufgestaut hat, Sie das Gefühl haben, gleich explodieren zu müssen, oder – das soll vorkommen – Sie Ihr Gegenüber am liebsten umbringen würden, und zwar jetzt sofort und auf der Stelle. Dann heißt es, den Druck möglichst schnell abzulassen. Später mögen Sie vielleicht noch weitere Maßnahmen ergreifen. Im Augenblick geht es um eine Soforthilfe für Sie persönlich.

Umsetzen: Die Anklage

Für diese Soforthilfe stellen Sie sich vor, Sie seien Ihr eigener Anwalt, der Sie vor Gericht vertritt und deutlich machen wird, wer an dieser Situation schuld ist: Die Gegenseite! Der andere! Faller also! Stellen Sie sich dafür gerne einen US-amerikanischen Staranwalt vor, wie Sie ihn vom Film kennen: Wortgewaltig mit kraftvoller Stimme. Ein Blick, dem keiner sich entziehen kann. Und, ganz wichtig, der Arm ist ausgestreckt und die Hand zeigt mit dem Finger auf denjenigen, der für all das die Verantwortung trägt, der an allem schuld ist. Ein solcher Ankläger wird nun für Sie und Ihr Wohlergehen ganze Arbeit leisten.

Nehmen Sie nun ein Blatt Papier und Stift (keinesfalls den PC benutzen) und verfassen Sie die Anklageschrift, in der Sie allen Ärger, allen Frust und alle Wut aufschreiben. An wen richten Sie Ihre Anklage? Das kann eine konkrete Person aus Ihrem Umfeld sein, die Ihnen seit einigen Wochen oder Monaten Ihre Kraft raubt oder Sie zur Weißglut bringt. Sie können die Anklage aber auch an etwas Abstraktes richten, zum Beispiel die viele Arbeit, den ständigen Zeitdruck oder die neue Software, die so unglaublich schlecht ist im Vergleich zur alten. Es gibt nur eine Einschränkung: Die Anklageschrift darf nicht an Sie selbst gerichtet sein. Es muss jemand oder etwas anderes sein, der diese Anklageschrift zu hören bekommt.

Machen Sie nun oben auf dem Blatt die Anrede in der Form, die für Sie passt – und dann schreiben Sie los. Keine Angst, Sie werden dieses Schriftstück niemals abschicken. Es geht nicht darum, sich mit dem realen Gegenüber auf vernünftige Art und Weise auseinanderzusetzen. Es geht vielmehr darum, sich selbst den Druck und die Belastung zu nehmen, indem Sie all die Vorwürfe, die Ihnen üblicherweise nur durch den Kopf schwirren, endlich einmal verschriftlichen und damit eben auch loswerden zu können. Werfen Sie Ihrem Gegenüber alles an den Kopf, was Sie ihm schon immer an den Kopf werfen wollten. Hauen Sie drauf. Seien Sie unhöflich. Machen Sie Vorwürfe. Klagen Sie an. Verwenden Sie alle Worte, die Ihre Eltern Ihnen verboten haben, jemals in den Mund zu nehmen. Genau die haben hier alle ihren Platz. Je heftiger und deftiger Sie sich ausdrücken, umso größer ist danach die Wirkung.

Wichtig: Stellen Sie dabei keine Fragen – das würde dem Angeklagten ja nur die Gelegenheit geben, sich zu erklären und zu rechtfertigen. Seien Sie auch bitte keinesfalls selbstreflektiert oder gar selbstkritisch. Da könnte man ja auf die Idee kommen, Sie hätten auch einen Teil der Verantwortung zu tragen. Nein, das haben Sie bei dieser Methode nicht. Und selbst, wenn es in der Realität so sein sollte, hier und jetzt spielt das keine Rolle. Es geht hier nicht darum, vernünftig abzuwägen. Es geht ausschließlich darum, draufzuhauen und alles rauszulassen, was gesagt werden muss.

Wichtig ist, dass Sie ohne Unterbrechung schreiben. Fünf Minuten am Stück, schreiben, schreiben, schreiben. Wenn Ihnen nichts mehr einfällt, machen Sie eben keine große Denkpause, sondern Sie beginnen einfach wieder von vorne und wiederholen immer wieder das, was Sie weiter oben schon einmal geschrieben haben. Wie gesagt: die Anklageschrift ist nur für Ihre Augen bestimmt, und es geht ausschließlich darum Dampf abzulassen, je mehr, desto besser.

Wenn die fünf Minuten um sind, halten Sie kurz inne und spüren nach, was das Aufschreiben in Ihnen ausgelöst hat. Welche kleinen oder größeren Veränderungen nehmen Sie in sich wahr?

Aber eine Anklage gehört natürlich auch verlesen, und zwar klar und deutlich. Jetzt hilft das Bild des US-amerikanischen Staranklägers erst recht: Laut, gnadenlos, frontal, emotional, anklagend. Stehen Sie dazu auf und stellen sich Ihr Gegenüber vor, wie es vor Ihnen sitzt und wie Sie nun Ihren großen Auftritt haben. Lesen Sie die Anklage genau so vor, wie Sie es notiert haben. Und wenn Sie am Ende der Anklage angekommen sind, dann beginnen Sie einfach wieder von vorne. Das können Sie gerne drei- bis fünfmal wiederholen. Wenn Sie sich beim Lesen vom Text lösen wollen und Ihrer Wut freien Lauf lassen – perfekt. Sie stellen sich den Angeklagten vor und lassen alles raus, was höchste Zeit wurde, rausgelassen zu werden. Wenn Sie laut sind, ist es gut. Wenn Sie sehr laut sein können, ist es noch besser.

Nach einigen Wiederholungen spüren Sie nach. Was hat sich in Ihnen verändert? Wie fühlt sich jetzt der Körper an, insbesondere die Atmung ? Was machen die Gefühle? Was die Gedanken? Die Wahrscheinlichkeit ist groß, dass Sie merken, wie sich alles in Ihnen beruhigt hat, der Druck deutlich nachgelassen hat und Sie wieder ein Stück mehr mit sich im Einklang sein können.

Wie gesagt: *Die Anklage* ist eine sehr wirksame Technik, wenn es darum geht, akuten Druck abzulassen und kurzfristig für Erleichterung zu sorgen. Aber ist das nicht wieder „nur" eine Technik, den inneren Konflikt zu befrieden? Schließlich haben Sie mit Ihrem Gegenüber doch kein einziges Wort zur Konfliktklärung gewechselt! Eben nicht. Weil je besser Sie ihren inneren Druck ablassen können, umso freier fühlen Sie sich emotional – und umso besser können Sie jetzt im wahren Leben Ihrem Konfliktpartner begegnen. Wann entstehen schließlich die besten und tragfähigsten Lösungen? Wenn beide Seiten sich ihre aufgestaute Wut an den Kopf knallen, oder wenn sie zur Ruhe gekommen sind und gemeinsam über vernünftige Lösungen diskutieren können? Klar, was die Antwort ist. Und deshalb wird sich Ihr externer Konflikt umso leichter lösen lassen, je gelöster zumindest schon einmal Sie innerlich an die ganze Sache herangehen. Dieser Zusammenhang wird auch aus dem folgenden Beispiel sehr eindrücklich deutlich. Eine völlig andere Möglichkeit, trotz Streit, Missgunst, Machtkampf oder Intrigen seinen inneren Frieden zurückzugewinnen, habe ich nämlich durch ein Interview von Eva Mozes Kor in der FAZ kennengelernt [2]. Ihr Umgang mit ihren furchtbaren Lebenserfahrungen machen deutlich, welch unglaubliche Macht in uns Menschen steckt, wenn wir das tun, was die meisten von uns sich nicht einmal vorstellen können: denjenigen, die uns schweren Schaden zugefügt haben, zu verzeihen.

Eva Mozes Kor war zehn Jahre alt, als sie ins Konzentrationslager Auschwitz eingeliefert wurde. Fast ihre gesamte Familie wurde dort ermordet – mit Ausnahme von Kor und ihrer Schwester, die als Zwillinge von Josef Mengele für dessen Menschenexperimente gebraucht wurden.

Viele Jahrzehnte ging es Kor so wie den meisten Juden nach der Zeit des sogenannten Dritten Reiches: „Ich war ein gutes Opfer. Ich war wütend auf die Welt. Auch auf die Welt, in der ich damals lebte. Und sogar auf meine Eltern, die es nicht geschafft hatten, mich vor Auschwitz zu bewahren! Ich habe mich in meine Rolle gefügt. Irgendwann wird die Wut ein Teil der eigenen Identität." Mitte der Neunzigerjahre, rund um die 50-Jahr-Feier zur Befreiung des KZ Auschwitz, wurde ihr plötzlich klar, dass sie tatsächlich kein Opfer mehr zu sein brauchte, weil sie Macht hatte. „Ich, das kleine Opfer, das seit Jahrzehnten dachte, es hätte gar keine Macht. Ich hatte die Macht zu vergeben. Alle Opfer auf der Welt fühlen sich verletzt, hilflos, machtlos. Und ich habe gemerkt: Das ist die Macht, die nur ich habe."

Besonders eindrücklich bringt sie es auf den Punkt, als sie von Mengele selbst spricht: „Die Vorstellung, selbst Dr. Mengele zu vergeben und die Oberhand über ihn zu gewinnen, war wie berauschend. So konnte ich endlich frei von ihm werden. Wissen Sie, ich war vorher mein ganzes Leben wütend und habe alles Böse, was mir geschah, auf Auschwitz geschoben. Sogar als ich mir mit 50 Jahren den Knöchel brach, habe ich mir gedacht, das kommt sicher von den medizinischen Versuchen. Opfer fokussieren sich auf ihre Schicksalsschläge und sagen, sie können nichts dagegen tun. Aber das ist falsch. Die Vorstellung des Opfers, keine Macht über sein Leben zu haben, ist das Fundament dafür, ein Opfer zu bleiben."

Wie geht es Ihnen, wenn Sie das hören? Welche Gedanken und welche Gefühle löst es in Ihnen aus? Wenn Eva Mozes Kor ihren KZ-Ärzten und den Mördern ihrer Familie verzeihen kann – was bedeutet das für Sie und Ihren Umgang mit Ihren ärgsten Gegnern? Einerseits, klar, mag das Leid von Kor nicht vergleichbar sein mit dem Schmerz, der uns vielleicht zugefügt wurde, als wir von einem Vorgesetzten wiederholt bloßgestellt wurden, wo ein Kunde meinte, uns wie ein Stück Dreck behandeln zu können, oder wo wir eine Stelle, die uns fest versprochen worden war, am Ende dann doch nicht bekommen haben. Auch bei solchen Erlebnissen im Arbeitsalltag haben wir gute Gründe, wütend auf jemanden zu sein und uns als Opfer von dessen Handeln zu empfinden. Ja, wir haben das Recht, uns bei solchen Dingen verletzt, wütend, traurig, ohnmächtig oder was auch immer zu fühlen.

Die folgende Frage ist deshalb für jeden Menschen dieselbe: Wie gehe ich mit der Verletzung um, die mir zugefügt wurde? Was mache ich daraus? Genau hier haben wir alle dieselbe Wahlfreiheit wie Eva Kor. Wir können wählen, ob wir weiterhin den anderen als Täter und uns selbst als dessen Opfer sehen wollen – was in der Vergangenheit natürlich objektiv der Fall gewesen sein mag. Aber jetzt? Hier und heute? Was machen wir daraus? Wie wollen wir damit umgehen? Welche innere Haltung wollen wir dazu einnehmen? Genau in der Beantwortung dieser Frage liegt unsere Wahlfreiheit begründet.

Mir geht es so: Ich kann jeden Menschen verstehen, der in seinem Opfer-Denken gefangen bleibt und der es nicht schafft, sich daraus zu befreien und wieder in die Rolle des Handelnden zu kommen. Aber ich beglückwünsche auch jeden Menschen, dem genau das gelingt. Denn was für eine großartige und machtvolle Antwort auf das Geschehene ist das, wenn wir sagen können: Ich verzeihe dem Täter, was er oder sie mir angetan hat. Das ist der größte „Liebesdienst", den wir uns selbst erweisen können. Oder, ganz nüchtern ausgedrückt: Dem ärgsten Feind zu verzeihen ist die größte Serviceleistung uns selbst gegenüber. Das zu verstehen ist der entscheidende Punkt: Ich mache das nicht für den anderen. Ich mache es für mich! Wenn das Gegenüber in seiner Aggression oder Wut bleiben will – gerne, seine Entscheidung. Aber Sie selbst – Sie sehen zu, dass Sie das alles hinter sich lassen können, sich selbst zuliebe.

Gibt es Themen, bei denen Sie nicht mit sich reden lassen und wo Sie gerne grundsätzlich werden? Kennen Sie den Effekt, dass bestimmte Menschen Sie regelmäßig auf die Palme bringen? Gibt es Mitarbeiter oder Kolleginnen, die Sie nicht leiden können? Etwas vorsichtiger formuliert: Mit welchem „Menschenschlag" tun Sie sich schwer, weil die so sind, wie sie sind?

Es wäre ein Wunder, wenn Sie nicht wenigstens bei einer dieser Fragen fündig geworden wären. Willkommen im Club, kann ich da nur sagen, denn genau das ist zutiefst menschlich: dass andere uns ärgern und aufregen mit dem, was sie sagen, tun oder unterlassen. Die klassische Denke ist dann meist, dass natürlich der andere der Böse ist, man selbst aber der Gute. Die Gegenseite, das ist dann zum Beispiel der Rücksichtslose, die Mega-Toughe, der Egozentriker, die Hach-so-Verständnisvolle, der skrupellose Machtmensch, oder welches Etikett auch immer Sie dieser Person aufkleben mögen. Sie selbst dagegen sind natürlich im Recht, bei Ihnen passt alles, Sie sind in Ordnung. „Ich bin ok. Du bist es nicht", so definieren wir in solchen Momenten unsere Beziehung zu diesen Menschen.

Je nachdem, wie wichtig die andere Person für Sie ist, werden Sie vielleicht ein klärendes Gespräch mit ihr führen wollen, versuchen, ihr aus dem Weg zu gehen, oder nach Möglichkeiten suchen, dieser Person eines auszuwischen. Völlig alltäglich, ganz normal das alles. Doch es gibt noch eine andere Möglichkeit, mit Menschen, die einen auf die Palme bringen, umzugehen. Und in der liegt eine gewaltige Chance, mit diesem Menschen wieder in inneren Einklang zu kommen. Das Einzige, was Sie dafür benötigen, ist die Bereitschaft zu einer Frage: „Wenn du, Gegenüber, nun einmal so bist, wie du bist … Was kann ich denn über mich selbst lernen, wenn ich feststellen muss, dass ich mich immer wieder über dich aufrege?"

Wenn Sie darauf Antworten finden, können Sie Dinge bei sich entdecken, die Ihnen bisher vermutlich nicht bewusst waren. Dieser „schwierige Mensch" liefert Ihnen kostenfrei Selbsterkenntnisse ins Haus. Und je mehr Selbsterkenntnisse Sie gewinnen, umso mehr werden Sie merken, wie Ihr Ärger über diese „schwierigen Menschen" immer weniger wird – und Ihre Entspannung und innerer Einklang immer mehr.

Hintergrund zu dieser Sichtweise ist das Schattenkonzept von Carl Gustav Jung, das dieser bereits vor etwa 100 Jahren entwickelt hat. Der Schatten bezeichnet diejenigen Persönlichkeitsanteile eines Menschen, die er zwar hat, aber nichts davon weiß. Wie wirksam alles Unbewusste im Gegensatz zum Bewussten ist, haben wir unter der Überschrift „Der Zentralschlüssel jeder Veränderung" im Abschn. 4.2 (Aller Anfang liegt hier) schon klar erkennen können. Das heißt: Wir alle haben Verhaltensweisen, Einstellungen oder Gefühle, die wir nicht sehen können und erst recht nicht wahrhaben wollen.

Welche Persönlichkeitsanteile sind das nun? Was verdrängen wir gerne und gucken lieber weg? Es sind, vereinfacht gesagt, alle Aspekte, die in der Gesellschaft klassischerweise unerwünscht sind und die uns unsere Eltern schon nach besten Kräften aberzogen haben. Wut und Hass gehören beispielsweise dazu. Neid und Gier. Egoismus und Geiz. Wehleidigkeit und Angst. All das, was „man" nicht sein oder haben sollte, das findet sich später in unserem Schatten wieder. Ein Beispiel:

Kleine Kinder haben zu Beginn noch die Freiheit, dem Geschwisterchen nichts von der Schokolade abgeben zu wollen, die sie selbst zum Geburtstag geschenkt bekommen haben. Doch sie lernen sehr schnell, dass sich das nicht gehört. Dass sie doch gefälligst nicht so gierig und egoistisch sein sollen und stattdessen brav mit ihrem Geschwisterchen teilen mögen. Was denkt sich da das Kind? Einerseits vermutlich zu Recht „Das ist meine Schokolade! Die habe ich allein geschenkt bekommen! Dann kann ich auch damit machen, was ich will!" Andererseits merkt es, dass es für diese Einstellung einen sozialen Preis zahlen muss. Mama guckt traurig, Geschwisterchen weint, und Papa ist böse. So gut die Schokolade auch sein mag: Dieser Preis ist dem Kind dann doch zu hoch. Es will schließlich dazugehören, zur Familie. Und um das zu erreichen, gibt es am Ende eben doch etwas von der Schokolade ab und nimmt als Erkenntnis mit, dass seine Haltung „Was mir geschenkt wurde, gehört auch mir" offenbar falsch und schlecht ist. „So wie ich bin, bin ich nicht ok", merkt sich das Kind. Und damit es keine bösen Blicke und Ärger mehr ernten muss, spaltet es seine Bedürfnisse ab, verbannt sie in den inneren Keller. Auf das Eigene zu bestehen und an sich selbst zu denken, das empfindet es mit der Zeit als nicht mehr zu sich gehörig. Später, als Erwachsener, wird es „So bin ich nicht" sagen und mit „Egoismus lehne ich ab" vielleicht ergänzen.

Haben Sie sich wiedererkannt in der Geschichte? Haben Sie eine Ahnung, welche Anteile Ihrer Persönlichkeit Sie verdrängt haben könnten? Das Entscheidende ist, dass alle Aspekte, die uns ausmachen, die wir irgendwann aber einmal verdrängt haben, nicht verschwunden sind, sondern aus dem Unbewussten heraus weiterhin wirken. Solange sie im Unbewussten bleiben, können wir sie natürlich nicht wahrnehmen. Wie machen sie sich also bemerkbar? Indem wir sie auf andere Leute projizieren: Die Aggression, der Neid, der Hass, die Eifersucht … all das, was wir bei uns selbst nicht mehr sehen können, sehen wir bei anderen Menschen – und lehnen es dort vehement ab.

Und damit haben wir die Wahl: Wollen wir uns weiterhin über den anderen aufregen? Oder wollen wir den anderen nutzen, weil er uns offenbar etwas über uns selbst verrät? Weil er uns – kostenlos und unfreiwillig – zeigt, welche Anteile wir in uns verdrängt haben – und die zu akzeptieren für innere Entspannung und Einklang sorgen würde.

Noch einmal zurück zu dem eindrücklichen Interview mit Eva Mozes Kor. Oft wurde Kor von anderen überlebenden Juden dafür kritisiert, dass diese ihren ärgsten Feinden verziehen hat. „Manche sagten zu mir: ‚Du hast uns wehgetan'", berichtet Kor, doch wenn sie nachfragte, „Wie genau habe ich Euch wehgetan? Darauf hatten sie nie eine Antwort." Und an anderer Stelle: „Es ist eine interessante Frage, warum die anderen Überlebenden wütend auf mich sind. Sie sagen: Weil ich öffentlich gemacht habe, dass ich vergebe. Aber ich habe immer nur für mich selbst gesprochen."

Meine Vermutung ist, dass hinter dieser Erfahrung von Eva Mozes Kor der zweite Grund dafür stecken könnte, weshalb wir Menschen uns über das Verhalten anderer so ärgern oder

aufregen können: weil sie uns die eigenen Grenzen aufzeigen und wir diese nicht wahrhaben wollen. Kor konnte offensichtlich etwas, von dem die anderen Überlebenden das Gefühl hatten, es nicht zu können. Sie schafften es einfach nicht, ihren Peinigern zu vergeben.
Wie verständlich und wie nachvollziehbar! Wenn aber eine von ihnen es vorgemacht hat,
dass es tatsächlich möglich ist, den Nazi-Verbrechern zu vergeben, dann mag sich bei vielen anderen ein Schrecken gerührt haben. Etwa in dem Sinne: „Du bist ja nur selbst schuld,
wenn du nicht vergibst. Du bist nur deswegen weiterhin ein Opfer, weil du dich dafür ent-
scheidest, eines zu sein." Und wer als Kind im KZ traumatisiert wurde und – objektive
Tatsache – dort Opfer war, der mag sich ganz heftig dagegen wehren, wenn er die Gefahr
sieht, ein weiteres Mal zum Opfer gemacht zu werden. Die Angst genau davor lässt die
Menschen das Naheliegende tun: abzuwehren, was sie bedrohen könnte: dem eigenen Un-
vermögen, nicht vergeben zu können, in die Augen blicken zu müssen. Ich maße mir dazu
kein Urteil an. Ich verstehe jeden, der nicht verzeihen kann, weil der Schmerz dafür einfach
zu groß ist. Aber ich freue mich auch mit jedem, der genau dazu in der Lage ist, weil er sich
damit eine ungeheure Last von der Seele hat nehmen können.

Lassen Sie uns abschließend einen großen Sprung machen, weg von der Judenvernich-
tung und wieder hin zum „ganz normalen Alltag" einer Führungskraft – und ihrem täglichen Weg zur Arbeit.

Praxisbeispiel

Juri Petrovic ist Inhaber und Geschäftsführer eines 80-köpfigen Unternehmens im Rei-
nigungsgewerbe. Ein echter Vollblutunternehmer, kräftig gebaut, immer unter Strom,
24/7 im Einsatz, gefühlt zumindest. In einem seiner Coachings erzählt er mir, wie rasend es ihn jeden Morgen macht, wenn er die 12 Kilometer von der Wohnung zur Arbeit fährt. „Sorry, aber da sind doch nur Idioten unterwegs!", beschwert er sich. „Spur
wechseln, ohne zu blinken. Abbiegen, ohne zu gucken. Lenken mit einer Hand, weil die
andere das Handy hält. Und dann noch was am Navi drehen. Die machen mich wahn-
sinnig, diese Ignoranten!", lautet sein emotionales Fazit.

Klar, wie das Selbstbild von Petrovic aussieht: „Ich?", guckt er mich fragend an, als
ich von ihm wissen will, ob er nicht auch selbst vielleicht ein wenig ignorant sein
könnte? „Im Gegenteil!", lautet seine entrüstete Antwort. „Wenn ich ignorant wäre,
dann wäre ich schließlich nicht so weit gekommen mit meiner Firma. Die Bedürfnisse
meiner Kunden, die habe ich immer im Blick! Von denen leben wir schließlich! Die
Bedürfnisse meiner Leute genauso! Ohne die wäre ich ja verloren!" Sein Statement
macht mehr als deutlich, wie Juri Petrovic sich sieht: als umsichtig und aufmerksam,
allen und jedem gegenüber.

Schatten? Könnte man fragen. Offenbar Fehlanzeige. Tatsächlich kommen wir in
dieser Coachingsitzung auch nicht weiter und lassen das Thema erst einmal auf sich
beruhen. Eher zufällig ergibt sich einige Wochen später die Auflösung des Rätsels.
Da erzählt Petrovic mir vom Stress, den er zu Hause andauernd hat, mit Frau und drei
heftig pubertierenden Kindern. „Ich komme fix und foxi von der Arbeit nach Hause.
Und jeden Tag erwartet mich nur Chaos", erzählte er. „Ich bräuchte meine Ruhe, aber

stattdessen liegen bei allen nur die Nerven blank. Auch bei mir. Meistens bin ich dann so stinkig, dass ich mich an meine Werkbank in den Keller zurückziehe, bloß um endlich allein sein zu können und keinen mehr sehen, geschweige denn hören zu müssen."

Es bedarf nur weniger Nachfragen von mir, denn Petrovic unternimmt kaum Versuche, der unangenehmen Wahrheit auszuweichen. Genau hier macht er nämlich sich selbst die Vorwürfe und hat ein schlechtes Gewissen. Und genau hier liegt sein Schatten: dass er fast jeden Tag beim Nach-Hause-Kommen erst einmal seine Frau im Stich lässt, die ihn dringend bräuchte, um wenigstens mal für eine oder zwei Stunden einen Gang herunterschalten zu können. In diesen Situationen erlebte Juri Petrovic sich selbst als Ignoranten. „Ganz ehrlich ...", sagt er dann auch betreten, „... manchmal hasse ich mich regelrecht dafür."

Den Ignorantengegenüber den Bedürfnissen von Frau und Familie verdrängt er, um seinen Hass auf sich selbst nicht fühlen zu müssen. Und schließlich braucht er doch auch mal eine Auszeit! Wie soll er sonst das Ganze schaffen, was ihn jeden Tag in der Arbeit fordert? Klar, das ist der eine Teil der inneren Wahrheit. Der andere Teil aber ist, dass Juri Petrovic sich genau dafür Vorwürfe macht, sich schuldig fühlt, weil er so ignorant ist und seine Frau jedes Mal aufs Neue mit den Kindern im Stich lässt. Seine eigene verdrängte Ignoranz projiziert er nun auf die anderen Autofahrer. Der Schatten: Was wir bei uns selbst nicht sehen wollen oder können, sehen wir in den anderen umso deutlicher. Und lehnen es bei diesen ab.

Das zu erkennen ist für meinen Coachee äußerst hilfreich, und es hat gleich drei positive Auswirkungen: 1. Er kann sein schlechtes Gewissen hinter sich lassen und sich selbst verzeihen, dass er sich so verhält. Das ist ein Effekt, den man oft beobachten kann: Wenn wir unserem Schattenanteil mitten ins Gesicht sehen, dann können wir ihn auch annehmen: Ja, so bin ich! 2. Weil Juri Petrovic erkennt, dass letztlich die „ignoranten" Autofahrer nicht das Problem sind, kann er in der Folge auch wesentlich entspannter mit dem Fehlverhalten der anderen Verkehrsteilnehmer umgehen. 3. Und auch den Konflikt mit seiner Frau schafft er dann noch zu lösen, auch wenn das eine Weile länger dauert. Eine Vereinbarung zu finden, die die Bedürfnisse aller Beteiligten berücksichtigt, ist ein gutes Stück Arbeit für die beiden. Allerdings eine, die sich gelohnt hat. ◄

Sie sehen: Konflikte mit anderen Menschen können unter Umständen gelöst werden, ohne in die direkte Auseinandersetzung mit ihnen gehen zu müssen. Doch manchmal braucht es natürlich die Konfrontation ...

Sie lösen es gemeinsam und selbstständig

Mit anderen Menschen in Einklang zu kommen, darum geht es uns täglich – auch wenn wir das vermutlich nicht so bezeichnen. Doch tatsächlich haben die meisten Gespräche ja das Ziel, eine Frage beantworten oder ein Problem lösen zu wollen. Und zwar nach Möglichkeit so, dass am Ende alle Beteiligten damit zufrieden sind und sie sich deshalb entsprechend für die Umsetzung engagieren. „Kaufen wir die neue Vertriebs-Software von Hersteller A, B oder C?", „Was können wir tun, um den Deckungsbeitrag um zwei Prozentpunkte zu erhöhen?", „Wer von uns sollte mal mit Hinteregger reden, damit der sich seine Entscheidung noch einmal überlegt?" – immer sind wir mit Personen im Gespräch, um am Ende nach Möglichkeit deren Nicken zu bekommen. „Ja, jeder ist dabei! So geht es. So machen wir's." Und genau dieser Zustand ist es, den ich als Einklang bezeichne. Vom gemeinsamen Verständnis der aktuellen Problemsituation bis hin zum Konsens, wie die Lösung aussehen soll – wenn alle nicken, dann ist es geschafft! Dann herrscht genau der Einklang, ohne den eine Umsetzung nur schleppend oder gar nicht gelingt.

Doch es ist verrückt, denn meine These lautet: Obwohl wir alle seit Jahrzehnten täglich Dutzende von Gesprächen führen, machen wir doch immer wieder dieselben Fehler. Nur fallen die uns dummerweise nicht auf, wir halten den Verlauf der Gespräche für normal. Uns fehlt ein Maßstab, wie es besser hätte gehen können. Und deshalb enden Gespräche auch so oft mit Misstönen, im Streit, oder wir gehen ratlos auseinander, mit einem großen Fragezeichen im Kopf: „Was war das denn jetzt wieder?".

Deshalb will ich Ihnen hier eine Struktur mit an die Hand geben, die Ihnen eine gute Hilfe sein kann, damit Ihre Gespräche in echtem Einklang und nicht in Pseudo-Harmonie oder einem großen Krach enden. Für diese Struktur helfen die vier Phasen der systemischen Organisationsberatung. Sie gelten für ein großes Projekt genauso wie für jedes einzelne Gespräch: Orientierung, Klärung, Veränderung, Abschluss. Denn zu Beginn heißt es, sich *Orientierung* zu verschaffen, worum es überhaupt gehen soll. Dann gilt es, bei allen für die *Klärung* der verschiedenen Positionen zu sorgen. Ist das geschafft, kommt die *Veränderung*, wo beide Seiten ihre Argumente bewerten und gewichten und sie bereit sein müssen, sich einander anzunähern. Und wenn auch diese Hürde genommen ist, dann gilt es, zum *Abschluss* das Vereinbarte festzuhalten und in einer guten Atmosphäre auseinanderzugehen.

Noch anschaulicher und einprägsamer ist es jedoch, jedes Gespräch mit einem kleinen Hausbau zu vergleichen, wie es Abb. 8.1 darstellt. Ohne ein gutes Fundament (Orientierung) braucht man gar nicht anzufangen. Damit es keinen Streit unter den verschiedenen Parteien gibt, sollten die Zimmer, die einzelnen Beiträge, eine ähnliche Größe haben (Klärung). Das gemeinsame Dach ist dann gut gemacht, wenn sich alle darunter versammeln können, weil sie sich im Vereinbarten wiederfinden (Veränderung). Und steigt am Ende dann noch weißer Rauch aus dem Kamin, dann hat man alles richtig gemacht und eine saubere Vereinbarung getroffen (Abschluss). Der Hausbau also als Bauplan für Ihre Gespräche, die im Einklang, mit der Zustimmung aller, enden sollen. Zu allen vier Phasen nun einige Hinweise, was es dort zu beachten gibt.

(1) Das Fundament
Drei Dinge sind wichtig, um ein sauberes (Gesprächs-)Fundament legen zu können: ein gutes Klima, der Konsens, was Inhalt und Ziel des Gespräches sein soll, sowie ein transparenter Rahmen.

Abb. 8.1 Gespräche zu
führen bedeutet, Häuser
zu bauen

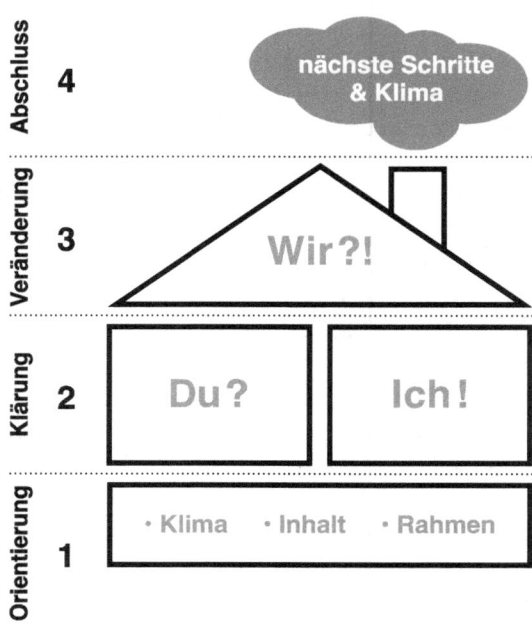

Gutes Klima

Eine Beobachtung mache ich seit den Anfängen meiner Trainertätigkeit: Sehr sachorientierte Menschen, oft sind es Programmierer, Kreditexperten oder Techniker aus der Automobilindustrie, tun sich oft recht schwer mit dieser Phase, in der es scheinbar doch um gar nichts geht. Nichts Sachliches, das stimmt natürlich. Denn zu Gesprächsbeginn geht es ausschließlich darum, eine emotionale Beziehung zum Gegenüber herzustellen und miteinander „warm" zu werden. Diejenigen, die viel mit Menschen zu tun haben, erlebe ich hier meist sehr souverän. Sie wissen genau, wozu sie als Erstes übers Wetter plaudern, das unerwartete Ausscheiden des Favoritenteams aus dem Pokalwettbewerb oder über den Stau in der Innenstadt, dessentwegen man sich leider verspätet hat. Gemeinsamkeiten suchen und das Gegenüber direkt ansprechen, darum geht es hier. Manchmal genügen drei oder vier Sätze, und schon können die Gesprächspartner zur Sache kommen.

Manchmal braucht es aber auch fünf bis sieben Minuten, bis tatsächlich alles passt. Letztlich ist das – einmal mehr – eine Frage des Bauch-Gefühls. Generell gilt: Gerade wenn Sie mit Ihrem Gegenüber mehr oder weniger zerstritten sind, Sie aber auf jeden Fall zu einer gemeinsamen Lösung kommen müssen, ist jede Minute, die Sie sich dafür Zeit nehmen, gut investiert. Eine Ausnahme, wo gutes Klima und Plaudern übers Wetter völlig deplatziert wären, sind Kündigungsgespräche. Hier noch zu fragen „Wie geht es Ihnen heute Morgen, Herr Meier?", wird als reiner Zynismus erlebt, wenn der Angesprochene fünf Minuten später zu hören bekommt, dass er seine Sachen packen und das Unternehmen verlassen muss. Bei Kündigungsgesprächen ist die Faustregel, dass spätestens im dritten Satz die Kündigung ausgesprochen sein muss. Ganz ohne gutes Klima.

Thema und Ziel

Viele meiner Kunden beginnen gerne mit dem Thema, zu dem sie gerade am meisten Lust haben. Dort kommen sie dann vom Hölzchen auf's Stöckchen und gehen, ohne etwas festgehalten zu haben, nahtlos zum nächsten Thema über. Am Ende des Meetings wundern sie sich regelmäßig, wie schnell doch wieder die Zeit vergangen ist und wie viele Punkte dabei leider mal wieder liegengeblieben sind.

Zu Beginn gilt es deshalb für Transparenz zu sorgen: Welche Themen sollen in welcher Reihenfolge besprochen und welche notfalls auf das nächste Meeting verschoben werden? Und jedes Thema benötigt auch ein klares Ziel, das am Ende erreicht sein soll. Ein reiner Gedankenaustausch zur Meinungsbildung? Eine Übersicht der Pro- und Contra-Argumente, vielleicht sogar noch gewichtet? Eine Entscheidung, welche Option ergriffen werden soll? Personen, die zu benennen sind, um die Umsetzung voranzutreiben? Alles gut, das macht alles Sinn. Es muss nur zu Beginn allen Anwesenden klar sein, worauf es am Ende hinauslaufen soll.

Transparenter Rahmen

Schließlich sind es auch die klassischen Rahmenbedingungen, die zu klären sind, damit das Fundament des Hauses tragfähig ist: Wie viel Zeit haben wir? Wer führt Protokoll? Wer ist in der Runde dabei – und was ist seine Aufgabe hier?

Immer wieder berichten mir Führungskräfte aus der zweiten oder auch mal dritten Ebene, dass sie an Meetings teilnehmen, in denen Personen sitzen, die sie nie zuvor gesehen haben. Ist das ein neuer Kollege? Ist das ein externer Berater? Ein Rechtsanwalt? Oder vielleicht einfach nur ein Bekannter vom Chef, der ihm mal seine Führungstruppe zeigen möchte? Alle Personen und ihre Funktion im Meeting *müssen* allen Anwesenden zu Gesprächsbeginn bekannt sein. Wenn das nicht ohnehin der Fall ist, dann ist es in der Verantwortung des Einladenden, das gleich zu Beginn nachzuholen. Sollte er seiner Aufgabe allerdings nicht nachkommen, so ist es wiederum die Verantwortung eines jeden Einzelnen, nachzufragen und dafür zu sorgen, dass alle wissen, mit wem sie es in den nächsten 90 Minuten zu tun haben.

(2) Unsere Zimmer

Jetzt, wo das Fundament gelegt und die Orientierungsphase abgeschlossen ist, gilt es, die Zimmerwände hochzuziehen, also in die Klärung einzusteigen. In dieser Phase geht es genau um das nicht, was ich so oft beobachten kann, nämlich ums Diskutieren. Manche legen sofort nach der Eröffnung des Gespräches mit der Diskussion los. Sie bringen neue oder längst bekannte Argumente, oder sie gehen auf irgendein Detail ein, das ihnen besonders wichtig ist. Noch schlimmer ist es jedoch, wenn der Gesprächspartner diese Gedanken sofort aufgreift und sich die beiden eine Minute nach Gesprächsstart bereits in Detail Nummer 654 vertieft haben, um dort für die nächste Stunde auch hängen zu bleiben.

In dieser Phase geht es jedoch genau um das Gegenteil, nämlich den Überblick. Wo stehen wir: Wo du? Und wo ich?

Du?

Drei Dinge helfen gewaltig, wenn Sie sich „im Zimmer Ihres Gegenübers umsehen", also seinen Standpunkt, seine Sichtweise erfahren wollen: Fragen stellen, aktiv zuhören und das gegenseitige Verständnis sicherstellen.

Fragen stellen

Teilnehmer von Führungskräftetrainings haben mir schon von Büchern erzählt, in denen mehr als einhundert verschiedene Fragetypen aufgeführt sein sollen. Was für ein Wahnsinn – wer soll sich das merken? Fünf Stück sollen hier genügen.

(1) Offene/aufschließende Fragen

   Diese Fragen beginnen mit einem W-Fragewort, also was, wann, wozu, wie lange, woher .... Weil das Gegenüber nahezu unbegrenzte Möglichkeiten hat, wie er auf eine solche Frage antwortet, deshalb heißen sie offen. Und weil Ihr Gegenüber damit auch eingeladen ist, gerne etwas ausführlicher zu antworten, deshalb heißen sie aufschließend. Die Frage „Wie war Dein Urlaub?" lädt Ihr Gegenüber ein, vielleicht auch ein oder zwei besondere Erlebnisse zum Besten zu geben. Die Frage: „Welche Vorabinformationen hast Du schon von Kundenseite bekommen" beschränkt ihn nicht auf zwei oder drei Aspekte.

(2) Alternativ-/Auswahlfragen

   Fragetyp 2 stellt bestimmte Aspekte zur Wahl. „Warst du in den Bergen oder am Meer im Urlaub?" bietet genau diese zwei Möglichkeiten an. Genauso wie „Hat der Kunde sich für Angebot A oder B entschieden?".

(3) Geschlossene/Kontrollfragen

   Bei diesem Fragetyp wird als Antwort nur noch ein Ja oder ein Nein erwartet. „Warst Du auch dieses Jahr wieder am Meer?" oder „Hat der Kunde bei Angebot B zugeschlagen?".

(4) Suggestivfragen

   Diesen Fragetyp würde man in Bayern als „falschen Fuchzger", also als verlogen bezeichnen. Suggestivfragen kommen im Gewand einer Frage daher, so, als ob man an der Meinung des Gegenübers interessiert wäre. Tatsächlich aber ist ihr einziges Ziel, vom Gegenüber die Bestätigung für die eigene Meinung zu bekommen. Zu erkennen sind solche Fragen meist an Schlüsselwörtern wie: etwa, nicht, wohl, doch, sicher. „Warst Du sicher wieder am Meer im Urlaub, nicht wahr?" ist genauso suggestiv wie „Du warst doch nicht etwa dieses Jahr in den Bergen ?" oder „Findest Du etwa nicht, wir haben mit Variante B dem Kunden ein unwiderstehliches Angebot gemacht?".

(5) Rhetorische Fragen

Diesen Fragetyp erkennt man daran, dass auf die Frage keine Antwort erwartet wird. Trotzdem sind es echte Fragen, deren Ziel es allerdings ist, das Gegenüber zum Nachdenken anzuregen und sich damit selbst die Frage zu beantworten. Im Vier-Augen-Gespräch kommen sie eher selten zum Einsatz. In der Rhetorik, also zum Beispiel bei Vorträgen vor Publikum, machen sie dagegen sehr viel Sinn.

Die Reihenfolge, in der ich die fünf Fragetypen angeordnet habe, wird bestimmt von den Möglichkeiten bei deren Beantwortung. Sie ist bei Typ 1 maximal groß und bei Typ 5 quasi nicht mehr vorhanden. Wenn Sie an der Meinung Ihres Gegenübers wirklich interessiert sind, dann sollten Sie Typ 4, die Suggestivfragen, aus Ihrem Repertoire streichen. Das perfekte Pärchen bilden die Fragetypen 1 und 3, also die offenen und die geschlossenen Fragen. Stellen Sie viele, viele offene Fragen, um möglichst viel von Ihrem Gesprächspartner und seiner Sicht auf das Thema zu erfahren. Und fragen Sie zwischendurch immer wieder auf den Punkt geschlossen nach, um zu kontrollieren, ob Sie das Gehörte auch richtig verstanden haben.

Aktives Zuhören

Aktives Zuhören bedeutet vor allen Dingen, verstehen zu wollen und dafür auch mitzudenken, was der Gesprächspartner wohl meint und worauf er hinaus möchte. Eine Selbstverständlichkeit? Leider nein. Viele Menschen nutzen die Zeit, in denen das Gegenüber spricht, um sich selbst bereits die nächsten Argumente zurechtzulegen – traurigerweise unabhängig davon, was man ihnen gerade sagt. Zuhören und vor allen Dingen verstehen wollen sind da Fehlanzeige. Sobald der Sprecher dann mal zwischen zwei Sätzen Luft holt, legen diese Menschen los. Ein solches Gesprächsverhalten artet schnell zum Schlagabtausch aus. Das ist zwar üblich. Hilfreich wäre es aber nur, wenn es Ihnen um Sieg und Niederlage geht. Nicht, wenn Sie eine Lösung wollen, von der Ihr Gesprächspartner genauso überzeugt ist wie Sie selbst.

Aktives Zuhören bedeutet jedoch auch, dem Gegenüber zu signalisieren, dass Sie ihm überhaupt zuhören. Passive Gesprächsverstärker nennt man das, wenn Sie Blickkontakt halten, immer wieder mal durch ein Kopfnicken signalisieren, dass Sie noch dabei sind oder auch mal ein „Mmh" von sich hören lassen. Meiner Erfahrung nach ist das für die meisten Frauen eine Selbstverständlichkeit, während viele Männer eher ein Pokerface beim Zuhören aufsetzen – und sich dann wundern, wenn ihr Gegenüber sie plötzlich fragt, ob sie denn überhaupt noch zuhören würden.

Verständnis sicherstellen

Verständnis ist nicht dasselbe, wie Einverständnis. Hier in der Klärungsphase geht es ausschließlich darum, dass Sie Ihr Gegenüber und seine Position richtig verstehen: Was genau meint er? Worauf kommt es ihm an? Was ist ihm wichtig? Worauf will er hinaus? Darum geht es! Es kann sein, dass Sie merken, Ihr Gesprächspartner ist von Ihrer Position meilenweit entfernt. Widerstehen Sie der Versuchung, jetzt schon zu widersprechen und damit in die Diskussion einzusteigen. Wenn Sie beide am Ende der Klärungsphase erkannt haben, dass Sie in Ihren Positionen noch sehr weit auseinanderliegen, aber beide exakt wissen, wo der jeweils andere steht, dann haben Sie eine perfekte Klärungsarbeit geleistet. Damit das gelingt, ist es hilfreich, zwischendurch immer wieder einmal zu prüfen, ob man sich gegenseitig verstanden hat. Der Fachbegriff dafür heißt Paraphrasieren, und er bedeutet, das Gehörte mit eigenen Worten zu wiederholen, damit die andere Seite prüfen kann, ob sie sich von Ihnen verstanden fühlt. Fragen Sie am besten standardmäßig mit immer derselben Frage an: „Habe ich dich richtig verstanden, dass …?"

Natürlich gehört zum gegenseitigen Verständnis auch zu wissen, wo Ihr Gesprächspartner gerade emotional unterwegs ist. Wenn Sie zum Beispiel merken, Ihr Gegenüber wird beim Sprechen immer lauter, spricht immer schneller und fängt an, immer mehr mit Händen und Armen zu reden, dann könnten Sie ihm das widerspiegeln: „Und das regt Dich gewaltig auf." oder „Das macht Dich wütend, nicht wahr?". Verbalisieren heißt diese Technik. Ihr Gesprächspartner wird Ihnen dann entweder zustimmen oder Sie korrigieren. Beides ist gut, weil Sie danach beide sicher sein können, einander verstanden zu haben.

Umfassendes gegenseitiges Verständnis zweier Gesprächspartner beruht also darauf, dass Sie einander genau verstanden haben, worum es dem Gegenüber sachlich geht und wie er das emotional bewertet. Das sachliche Verständnis stellen Sie durchs Paraphrasieren sicher, das emotionale durchs Verbalisieren.

Ich!
Doch jetzt sind Sie dran, jetzt dürfen und müssen Sie Ihre Position offenlegen! Wenn Ihre anschließende Diskussion eine saubere Grundlage haben soll, dann benötigt Ihr Gegenüber ebenfalls volle Transparenz, wie Sie die Sache sehen und was Sie dazu denken.

Sehr wichtig ist, dass Sie jetzt noch nicht auf das Gesagte Ihres Gegenübers eingehen. Das fällt vielen schwer, möchte man doch unbedingt gleich mal das eine oder andere Missverständnis ausräumen oder irgendetwas richtigstellen. Keine Sorge, gleich in der nächsten Phase, beim Bau des Daches, dürfen Sie das in aller Ausführlichkeit tun! Damit Sie jetzt aber, in der Phase der Klärung, ganz neutral Ihre eigenen Gedanken mitteilen können, ist es hilfreich sich vorzustellen, Sie wären der Erste, der jetzt spricht, und Ihr Gegenüber käme erst als Zweites dran.

Achten Sie darauf, dass Sie sich in Ihrer Sprechweise auf Ihr Gegenüber einstellen. Gerade Fachleuten, die tief in der Materie stecken, fällt das oft schwer, und durch ihr Fachchinesisch versteht der andere nur Bahnhof. Sagen Sie klar und auf den Punkt, was Sache ist; vermeiden Sie Umwege und Schleifen. Das ermüdet nur und es ist auch schade um die Zeit, die Ihnen für die spätere Diskussion fehlen wird.

Sprechen Sie maximal zwei Minuten am Stück – denn das ist schon sehr lange! Weshalb? Ganz einfach, weil Sie in zwei Minuten derart viele Informationen und Argumente bringen können, dass Sie mit jeder weiteren Sekunde Ihr Gegenüber verlieren könnten. Gedanklich ist der vielleicht noch bei Ihrer Einstiegsüberlegung, Sie selbst aber sind längst fünf Schritte weiter. Glauben Sie, dass er Ihren fünf Schritten gedanklich gefolgt ist? Sicher nicht.

Sie müssen nicht alles sagen, was Sie denken. Aber denken Sie alles, was Sie sagen. Was auch immer Sie sagen und wann auch immer Sie es sagen: Ihr Gegenüber muss sich darauf verlassen können, dass es auch tatsächlich Ihre Überzeugung ist. Der Fachbegriff hierzu lautet *Selektive Authentizität.* Authentisch, also echt sein. Und eine bewusste Auswahl dessen treffen, was genau Sie preisgeben möchten, also selektieren. Nichts preiszugeben, wäre genauso dumm und hinderlich wie alles.

Ich persönlich habe sehr gute Erfahrungen damit gemacht, hier lieber etwas mehr zu sagen als zu wenig. Je mehr sich die eine Seite öffnet, umso leichter fasst die andere Seite Vertrauen und ist bereit, ebenfalls ihre Karten auf den Tisch zu legen. So entsteht die perfekte Voraussetzung für die dritte Phase gleichsam von selbst.

(3) Das gemeinsame Dach

Egal, ob Sie nun im Vergleich der beiden Zimmer feststellen müssen, dass Sie noch meilenweit auseinander liegen, oder ob sie erleichtert feststellen können, dass es nur einige wenige Dinge zu klären gibt: Jetzt treten Sie in die entscheidende Phase ein. Hier gilt es, aus dem „Du?" und dem „Ich!" ein „Wir?!" zu formen. Das Fragezeichen beim Wir symbolisiert, dass zu Beginn der Diskussion das gemeinsame Suchen beginnt, und das Ausrufezeichen, dass am Ende die gemeinsame Lösung gefunden ist.

Leider beobachte ich in der Praxis oft das Gegenteil eines gemeinsamen Suchens. Es sind eher Schlagabtausche. Jede Seite haut der anderen ihre Argumente förmlich um die Ohren. Viel reden, laut reden, ja keine Pausen machen und im Zweifelsfall ein Argument einfach zum dritten Mal wiederholen, darum scheint es vielen zu gehen. Ganz wichtig ist ihnen dann auch, das Gegenüber bloß nicht zum Reden kommen lassen. Das wäre schließlich äußerst unangenehm, wenn der doch tatsächlich mal ein gutes Argument bringen würde, mit dem man sich – welch' Zumutung! – dann auch noch inhaltlich auseinandersetzen müsste. Es mag übertrieben erscheinen, wie ich es hier ausdrücke, aber das ist es leider kaum. In der Reflexion solcher Gespräche sind die Akteure dann häufig sogar noch stolz darauf, wie es verlief. Schließlich haben sie es meist genau so auch gelernt. Hauptsache, man geht als Sieger vom Platz! „Ist mir doch egal, was der andere denkt. Er muss am Ende nur tun, was ich will!"

Gespräche, die mit einem Sieger und einem Verlierer enden? Das mag üblich sein. Und im sportlichen Wettkampf sind Kategorien wie Sieg und Niederlage auch angemessen. Schließlich geht es dort genau darum, sich mit anderen zu messen und nach Möglichkeit zu beweisen, dass man der Bessere von beiden ist. Aber in einem Gespräch, in dem es um die Lösung gemeinsamer Probleme geht? In Diskussionen, in denen die Qualität des Ergebnisses über Erfolg oder Misserfolg eines Produktes entscheidet? Sicher nicht.

In diesen Fällen erweisen alle Gesprächspartner sich gegenseitig einen großen Gefallen, wenn sie nur Lösungsmöglichkeiten anbieten, denen am Ende auch alle Seiten zustimmen könnten. Nicht, weil sie genervt aufgeben und nicht, weil sie k.o. am Boden liegen, sondern allein deshalb, weil sie in der Vereinbarung die bestmögliche Lösung für das Unternehmen erkennen.

Wie das gelingt?

- Kämpfen Sie für die eigene Sache, nicht gegen die andere.
- Legen Sie Ihre Bedürfnisse und Interessen offen und versteifen Sie sich nicht auf Positionen.
- Eigenen Sie sich eine Haltung an, die da lautet: „Keiner von uns hat per se recht. Aber jeder von uns hat das Recht auf eine eigene Meinung. Und von dort aus können wir uns auf die Suche nach gemeinsamen Standpunkten machen."
- Schätzen Sie die Argumente Ihres Gegenübers genauso hoch ein wie die eigenen, selbst wenn diese Ihrer eigenen Position klar widersprechen.
- Eröffnen Sie im Laufe der Diskussion Spielräume, in denen Sie sich Lösungen vorstellen könnten.
- Und achten Sie darauf, keine Nullsummenspiele zu spielen, in denen die eine Seite immer nur auf Kosten der anderen Seite gewinnen kann. Tragfähige Abschlüsse berücksichtigen stets die Bedürfnisse aller beteiligten Seiten.

(4) Der weiße Rauch

Ganz großen Glückwunsch, wenn Ihnen das gelungen ist: eine gemeinsame, von allen Seiten getragene Lösung zu finden. Das ist die beste Voraussetzung für eine erfolgreiche Umsetzung. Ist das geschafft, dann heißt es nur noch, den Sack zuzumachen.

- Wiederholen Sie dafür in voller Länge das Ergebnis und halten Sie es bei Bedarf auch schriftlich fest.
- Lesen Sie es vor und holen Sie sich von jedem Anwesenden die Zustimmung.
- Vereinbaren Sie, wer bis wann was zu tun hat.
- Und sorgen Sie zum Abschluss noch einmal für gutes Klima, indem Sie sich noch ein wenig gegenseitig auf die Schulter klopfen (mit Worten natürlich …).

Sie sehen: Miteinander zu reden, das machen wir zwar jeden Tag. Es aber so hinzubekommen, dass am Ende beide Seiten voll zufrieden sind, das ist eine Kunst, die immer wieder geübt werden will. Am Ende einer schwierigen Diskussion Einklang geschaffen zu haben, ist eine echte Leistung. Letztlich ist dafür das Wollen das Entscheidende. Nur wenn alle Beteiligten wirklich eine gemeinsame Lösung wollen, hat ein Gespräch die Chance, zu einer tragfähigen Einigung zu führen. Genau dazu ein Praxisbeispiel, das mir vor vielen Jahren einer meiner Kunden erzählt hat, hier als „der Jüngere" bezeichnet.

Praxisbeispiel

Der Dreier-Vorstand eines großen Finanzdienstleisters führt mit sichtbarem Erfolg das Haus. Es wurde durch mehrere Fusionen binnen weniger Jahre zu einem der Größten seiner Sparte. Im Vorstandsteam herrscht jedoch – unter dem Deckmantel freundlicher Zusammenarbeit – in aller Regel Hochspannung.

Die zwei Vorstandsmitglieder, die für die Marktseite zuständig sind, Privatkunden der eine, Firmenkunden der andere, geraten regelmäßig aneinander. Auslöser dafür sind vor allen Dingen der große Altersunterschied, die völlig unterschiedlichen Persönlichkeiten der beiden sowie inkompatible Vorstellungen zu strategischen Fragen. Der damit verbundene Machtkampf der beiden wird im ganzen Haus das eine Mal amüsiert, das andere Mal frustriert beobachtet und kommentiert.

Ausgelöst durch besondere Umstände muss sich dann der Vorsitzende des Vorstandes für zwölf Monate von seiner Position zurückziehen, um in einem anderen, führungslos gewordenen Haus Interimsmanagement zu leisten. Damit sind die beiden Streithähne plötzlich sich selbst überlassen. Ab sofort müssen sie alle Entscheidungen zu zweit treffen und verantworten. Alle warten auf die offene Feldschlacht. Doch die bleibt aus.

Dem Jüngeren der beiden Vorstände waren zwei Dinge klar geworden: Wenn sich nicht einer von uns bewegt und wir beide in unseren Verhaltensmustern bleiben, dann werden wir dem Haus einen immensen, nicht zu verantwortenden Schaden zufügen. Und: Der Vorstandskollege wird diesen Schritt aufeinander zu nicht machen. So kommt es zuerst zu einer offenen Aussprache der beiden unter vier Augen und im Anschluss daran zu einer klaren Vereinbarung: Gerade weil es alle anders erwarteten, würden sie das Haus gemeinsam als Team durch diese besondere Zeit steuern.

In der Folge stellen die Beiden verblüfft fest, wie gut es sich doch mit dem Kollegen zusammenarbeiten lässt und wie nahezu reibungslos es funktioniert, wenn beide es nur wollen. Dann und wann meint der ältere Vorstand noch, gemeinsame Beschlüsse als die eigenen Ideen ausgeben zu müssen – was der Jüngere ihm aber entspannt nachsehen kann.

Nach 12 Monaten gibt's allseits großes Lob. Nur der zurückgekehrte Vorstandsvorsitzende wird unruhig, muss er doch erkennen, dass die beiden zur Not auch ohne ihm gut auskommen können. In der Folge organisiert er das Haus um und nimmt beiden die Ressorts weg, die ihnen wichtig waren. Weitere 18 Monate später sind dann allerdings auch beide Vorstände weg. Im Ruhestand der ältere, beim Wettbewerber der jüngere. Und der Vorsitzende kann wieder so herrschen, wie er es schon immer gewohnt war. ◄

Gut miteinander zu reden ist der einzige Weg, gut miteinander zu arbeiten. Was aber, wenn genau das nicht funktioniert?

Sie lösen es gemeinsam und unterstützt

Sie haben mit dem Kollegen X alles probiert, um zu einer gemeinsamen Lösung zu gelangen? Sie sind trotz bester Absicht und Anwendung aller hier genannten Hinweise in Ihren

Positionen immer noch meilenweit voneinander entfernt? Sie merken, dass die seit Jahren immer wieder hochbrechenden Konflikte und Meinungsverschiedenheiten längst auch emotionale Gräben zwischen Ihnen geschaffen haben? Aber Sie sind nun einfach mal darauf angewiesen, mit ihm auszukommen und immer wieder gemeinsam Entscheidungen zu treffen und zu verantworten?

Wenn Sie all diese Fragen mit Ja beantwortet haben, dann mag es tatsächlich hilfreich sein, sich punktuell einen externen, neutralen Profi an die Seite zu holen. Dieser wird Ihnen das Problem zwar auch nicht lösen können, sehr wohl aber kann er dafür sorgen, dass Sie und Ihr Kollege noch einmal ganz neu an die Streitfragen herangehen. Mithilfe eines Profis wieder zu einem neuen Einklang zu kommen ist zumindest wesentlich wahrscheinlicher, als wenn Sie zu zweit weitermachen wie bisher.

Vermutlich fällt Ihnen hier sofort der Begriff *Mediation* ein. Und tatsächlich: Ein erfahrener Mediator kann ein guter Vermittler zwischen zwei Parteien sein, mit dessen Hilfe die beiden Streithähne auf der sachlichen Ebene zügig zu einer von jedem akzeptierten Lösung gelangen. Der erzielte Einklang ist jedoch unvollständig. Denn auch wenn die Sachfragen geklärt sein mögen, die negativen Gefühle, die mit dem Streit verbunden waren, existieren weiter. Die Wut, die sich auf das Gegenüber angestaut hat, der Frust, die Verzweiflung, die Ohnmacht … all das ist auch nach der besten Mediation nach wie vor vorhanden. Diese Emotionen mögen für einige Zeit nicht mehr so offensichtlich im Vordergrund stehen. Aber sie gären in den Konfliktparteien weiter vor sich hin, und kaum ist der nächste Streitpunkt auf dem Tisch, schon brechen all diese Emotionen wieder hoch und die beiden befinden sich in denselben Mustern, wie sie es in den Jahren zuvor auch schon immer waren. Sie sehen, es ist der alte Klassiker vom Zusammenspiel der Sach- und der Beziehungsebene. Wie soll die Beziehungsebene (also die Emotionen) schließlich in Einklang kommen, wenn in der Mediation nur die Sachebene bearbeitet wurde? Auf der Beziehungsebene gärt das Unbearbeitete weiter vor sich hin. Und das ist ein Problem, wenn nach der Mediation die Zusammenarbeit weitergehen soll, denn: *Die Beziehungsebene dominiert die Sachebene*. Nicht umgekehrt.

Genau an diesem Punkt setzt deshalb die *Klärungshilfe* an. Sie weiß: Wenn zwei Konfliktparteien auch in Zukunft gut zusammenarbeiten wollen, dann haben sie nur eine Chance, wenn sie sowohl die Sachfragen als auch die emotionalen Themen bearbeiten. Alles andere wäre niemals tragfähig. Klar, solche emotionalen Klärungsprozesse sind keine Spaziergänge. Dreiviertel der Zeit widmen die Konfliktparteien in der Regel den zwischenmenschlichen Themen, die zwischen ihnen stehen. Mühsam, definitiv. Aber lohnenswert! Deutlich sichtbar wird das immer dann, wenn die Streithähne gegen Ende der Klärungshilfe zu ihrer „ursprünglichen Sachfrage" zurückkommen. Es ist jedes Mal verblüffend zu erleben, wie Streitpunkte, die vor Kurzem noch unverrückbare, geradezu festbetonierte Positionen darstellten, sich jetzt plötzlich in Wohlgefallen auflösen.

Es ist so einfach, zu einer gemeinsamen Lösung zu gelangen – wenn es beide Seiten nur wollen. Und dieses Wollen wird zu neuem Leben erweckt, wenn zuvor der emotionale Ballast beseitigt wurde. *Der Weg hinaus führt hindurch*, lautet deshalb auch einer der Leitsätze der Klärungshilfe: Der Weg hinaus aus dem Konflikt führt genau hindurch durch den Konflikt. Und das auf allen Ebenen, der sachlichen und der emotionalen.

Ist solch ein „Happy End" garantiert? Leider nein. Denn ein anderer Leitsatz lautet *Klarheit durch Wahrheit*. Ziel der Klärungshilfe ist es nicht, „schöne Lösungen" zu produzieren. Ziel der Klärungshilfe ist es, dass beide Seiten sich wirklich verstehen, mit allen negativen Emotionen, die da beteiligt sein mögen. Diese wechselseitige Klarheit ist die Basis, auf der die beiden dann sehen können, wie es weitergehen kann.

Im Einklang mit sich selbst und mit dem anderen zu sein. Das ist ein wunderbarer Zustand und ein wunderbares Ziel. Sind die zwei Konfliktparteien jedoch seit langer Zeit zerstritten, ist der Weg dorthin ähnlich dem auf einer Bergtour: anstrengend, schweißtreibend – und am Ende jede Mühe wert!

Damit Sie eine Idee davon bekommen, wie ein solcher Klärungsprozess aussieht, beschreibe in Stichworten eine Leiter, die beide Konfliktparteien in der Klärungshilfe zuerst hinab- und dann auch wieder hinaufsteigen. Die Leiter ist ein großartiges Instrument, das ich bei Tilman Metzger kennenlernen durfte. Metzger war zwar einer der ersten Mediatoren Deutschlands, ist jedoch seit vielen Jahren aus guten Gründen ausschließlich als Klärungshelfer unterwegs. Um es möglichst einfach zu halten, stellen wir uns im Folgenden ein Paar vor, das zusammen in einer Wohnung lebt und das miteinander die immer gleichen Muster durchmacht. Natürlich ist es in der echten Klärungshilfe ein ständiges Hin und Her zwischen den beiden Parteien. Ich verkürze hier auf eine der beiden Seiten und deren Erleben.

Stufe 1

- Hier geht es um die *Sache*, um die äußere Situation, wie sie sich aus der Sicht von A darstellt.
- A zu B: „Du hast, während ich weg war, mein Zimmer aufgeräumt!"
- Das ist der beobachtbare Anlass, der im Vordergrund steht.

Stufe 2

- Mit diesem Anlass verbindet A einen *Vorwurf*, womit wir auf der Beziehungsebene gelandet sind.
- A zu B: „Du bist übergriffig! Immer mischst du dich in meine Sachen ein!"
- So hat A sich von B behandelt gefühlt: übergriffig.

Stufe 3

- Hinter dem Vorwurf an B stecken bei A natürlich entsprechende *Emotionen*.
- A zu B: „Ich bin stinksauer! Dein Verhalten widert mich an!"
- Abwehrende Gefühle nennt man das. Sehr verständlich, dass A sie hat.

Stufe 4

- Noch eine Stufe tiefer wird deutlich, dass hinter den abwehrenden Gefühlen bei A auch eine *innere Not* steckt.
- A zu B: „Ich fühle mich immer so ausgeliefert! Das macht mich fertig!"
- Das ist – ein anderer Begriff würde es nur verwässern – der Schmerz, den A spürt, wann immer B mal wieder das Zimmer aufgeräumt hat.

Bevor wir zu den Stufen 5 bis 7 kommen, lassen Sie uns kurz innehalten. Wie gesagt: Das einfache Schema hier beschränkt sich auf die Sichtweise von A. In einer tatsächlichen Klärungshilfe würde B genauso zu Wort kommen und auch aus seiner Sicht das Erlebte schildern: den Vorwurf gegen A, den er hat, die abwehrenden Gefühle und schließlich auch den eigenen Schmerz. Dieser Weg, die innere Leiter hinunterzusteigen, braucht seine Zeit, manchmal Stunden. Denn in den Konfliktparteien sträubt sich zu Beginn natürlich alles dagegen, sich einer inneren Not überhaupt nur anzunähern.

Denn diesen Schmerz zu spüren ist unangenehm und tut weh. Deshalb ist auch klar, wie wir üblicherweise darauf reagieren: wir versuchen ihn zu vermeiden, indem wir ihn mit Gefühlen abwehren (wütend sind) und der anderen Seite Vorwürfe machen („Du hast mal wieder …!"). Das macht zwar auch nicht gerade Spaß. Aber es ist leichter, den anderen zu beschuldigen und wütend auf ihn zu sein, als den eigenen Schmerz (Traurigkeit, Ohnmacht, Verzweiflung) spüren zu müssen. Wir hatten ja bereits oben (Abschn. 8.4, Mit anderen in Einklang kommen beim Schattenkonzept von C. G. Jung) gesehen, wie machtvoll unsere Schutzmechanismen sind, damit wir das eigene innere „Aua" nicht spüren müssen.

Bevor wir uns gleich ansehen, wie die Schritte zur Lösung aussehen, bitte ich Sie, genau das noch einmal festzuhalten: *Hinter der härtesten Fassade zweier Beteiligter, hinter den größten Vorwürfen, hinter dem lautesten Streit steckt in aller Regel auf beiden Seiten eine innere Not. Häufig eine große.* Man kann sich das oft nicht vorstellen, denn diese Menschen wirken gerade besonders stark, hartnäckig, abgrenzend, selbstbewusst und dominant. Doch der Schein trügt.

Wenn Sie nun an Ihre „ärgsten Feinde" denken: Bekommen Sie eine Ahnung, dass hinter deren „unmöglichem" Verhalten eine innere Not, ein Schmerz, eine Schwäche stehen könnte? Wenn Ja: Wie verändert das Ihren Blick auf diesen Menschen und auf die Situation insgesamt? Wollen Sie eine neue Haltung ihm Gegenüber einnehmen? Gibt es vielleicht sogar eine sichtbare Konsequenz, die Sie daraus ziehen wollen?

Doch kommen wir zurück zur „Leiter", die die beiden Konfliktparteien hinabgestiegen sind. Wenn beide erkennen, dass das scheinbar böse Gegenüber genauso wie man selbst seine innere Not hat, dann hat das oft eine unglaubliche Wirkung. Nämlich die ehrliche Bereitschaft, wieder einen Schritt aufeinander zuzugehen und einen neuen Anfang wagen zu wollen. Jetzt – erst jetzt! – ist ein tragfähiger Grund erreicht, auf dem Neues entstehen kann und wo die ehemaligen Konfliktparteien sich fragen können, wie es nun weitergehen soll.

Stufe 5

- Hier gilt es nun, auf die Zukunft gerichtet, die Interessen und *Bedürfnisse* transparent zu machen.
- A zu B: „Gerade, weil in der ganzen Wohnung die Ordnung herrscht, wie du sie liebst, ist mir wichtig, dass hier in meinem Zimmer auch meine Regeln gelten und deshalb die Ordnung oder Unordnung herrschen darf, wie ich sie haben will."
- Das ist also das Bedürfnis von A: In seinem eigenen Zimmer seine eigene Ordnung zu haben.

Stufe 6

- Aus As Bedürfnis leitet sich sein *Wunsch* an B ab.
- A zu B: „Ich wünsche mir von dir, dass Du das so akzeptierst und nichts in meinem Zimmer veränderst, wenn ich geschäftlich auf Reise bin."
- Das Bedürfnis von A adressiert er nun als Wunsch nach außen, an B. Das hätte er gerne von ihm.

Stufe 7

- Nachdem B auch seine Bedürfnisse offengelegt und seine Wünsche an A adressiert hat, kann nun die Verhandlung erfolgen und an deren Ende eine *Vereinbarung* getroffen werden.
- A und B: „Ok, wir machen das so: Wenn A auf Reise ist, darf B in das Zimmer. Aber nur zum Staubsaugen oder um die Dreckwäsche herauszuholen. Aber alles, was herumliegt, bleibt genau so liegen, wie A es dorthin gelegt hat."
- Es ist geschafft! Weil A und B erkannt haben, was sie sich mit ihrem Verhalten gegenseitig zumuten, und weil beide gesehen haben, welchen Frust das beim Gegenüber auslöst, deshalb waren sie bereit, eine Lösung zu vereinbaren, die die Bedürfnisse beider Seiten berücksichtigt.

Ich lade Sie herzlich ein, jetzt noch einen Ihrer eigenen aktuellen Konflikte anhand der Leiter zu beleuchten. Das wird Ihnen die eine oder andere neue Erkenntnis verschaffen!

Gelegentlich kommt ein potenzieller Kunde auf mich zu und bittet mich um Unterstützung bei der Schlichtung eines Streits. „Müller und Meier müssen endlich mal miteinander klarkommen. Deren Streit lähmt den ganzen Bereich. Aber es darf auf keinen Fall am Ende einer von den beiden hinschmeißen und das Unternehmen verlassen. Das wäre die Katastrophe!" Kann ich als Klärungshelfer im Vorhinein garantieren, was Müller und Meier am Ende tun werden? Natürlich nicht. Deshalb lehne ich solche Anfragen ab. Sich klar zu sein, dass Trennung *eine* Möglichkeit ist, wenn auch die letzte, mit der ein Konflikt beendet werden kann, ist deshalb die beste Voraussetzung dafür, den Konflikt schlichten und eine Trennung vermeiden zu können.

Klärungshilfe ist übrigens *Unternehmertum* in Reinkultur. Denn beide Konfliktparteien übernehmen Verantwortung für ihre bisherigen Beiträge zum Streit und zu dessen Klärung. Wovon sie überzeugt sind, dafür treffen sie eine Entscheidung und setzten diese später auch um. Und weil am Ende meist auch eine große Erleichterung herrscht, sogar Spaß und Einklang ganz langsam wieder zurückkehren können, deshalb ist Klärungshilfe auch nichts anderes als eine *Befreiung in die Lebendigkeit*. Dieser Weg zur Befreiung kann mühsam und anstrengend sein. Doch er ist zugleich äußerst lebendig.

8.5   Teams in Einklang bringen

Stellen Sie sich vor, Sie hätten vor 30 Jahren ein Einzelunternehmen gegründet und sich dafür Ihren ersten PC angeschafft. Sie mussten niemanden fragen, hatten das nötige Geld auf dem Konto – und spätestens eine Woche später das gute Stück auf dem Schreibtisch stehen. Drei Jahre später war Ihre Firma auf 15 Personen angewachsen, und es galt, in eine neue IT zu investieren. Ein paar kurze Gespräche mit dem Buchhalter, Ihrer Vertrieblerin und der Büroleitung, schon war klar, welche Anforderungen an die neue Technik gestellt werden. Sie konnten sich in alle Positionen Ihrer Gesprächspartner bestens hineindenken, schließlich haben Sie bis vor Kurzem alles noch selbst machen müssen.

Doch jetzt? Mittlerweile führen Sie ein globales Unternehmen mit 30.000 Mitarbeitenden, das in allen Teilen der Erde vertreten ist – und benötigen einmal mehr eine grundlegend neue IT-Infrastruktur, die den immer komplexeren Anforderungen gerecht werden soll. Jeder Erdteil hat seine eigenen Wünsche und Restriktionen, und was früher einfach nur Buchhaltung hieß, ist längst zu einer internationalen Rechnungslegung mit einem gewaltigen Regelungswerk geworden. Vom weltweiten Vertrieb mal ganz zu schweigen. Lange ist's her, dass Sie mit ein paar Gesprächen sicher beurteilen konnten, wie die richtige (IT-)Lösung aussehen muss. Dutzende von Mitarbeitern in den Fachabteilungen und Regionen haben dafür eine umso klarere Meinung. Nur passen die leider so wenig zusammen. Jeder hat seinen eigenen Blickwinkel! Einklang? Fehlanzeige. Spannung liegt an. Und sie ist erwünscht.

Denn Spannungen, die auf unterschiedlichen Sichtweisen beruhen, sind existenziell wichtig. Gerade in ihnen steckt das entscheidende Potenzial für die Entwicklung eines Unternehmens, weil nur alle Sichtweisen zusammen in der Summe eine Chance haben, die komplexe Realität abzubilden. Keine Seite hat allein Recht. Aber alle miteinander können sowohl die Situation umfassend beschreiben als auch, darauf aufbauend, tragfähige Lösungen entwickeln, die alle verschiedenen Blickwinkel berücksichtigen.

Drei Dinge sind bei komplexen Fragestellungen deshalb der Tod jeder Entwicklung: Grabenkriege, Friedhöflichkeit und Opportunismus. Grabenkriege: Es ist tödlich, wenn keine Seite bereit ist, ihre Sichtweisen zu überdenken und bei guten Argumenten der Gegenseite die eigene Position auch tatsächlich aufzugeben. Friedhöflichkeit: Das ist reiner Pseudo-Einklang. Man macht seinen Mund nicht auf, weil man sich dann ja erklären oder sogar rechtfertigen müsste – viel zu mühsam. Da sind abwarten, nur hintenrum reden und Konflikte aussitzen doch viel einfacher. Oliver Schmitt (Kap. 1, Täglich grüßt das Murmeltier) hatte in seinem Team mit diesem Phänomen zu kämpfen. Opportunismus: Am besten geht es einem, wenn man dem Chef das Gefühl gibt, man wäre natürlich seiner Meinung, weil dessen Blickwinkel auf die Ist-Situation und seine Lösungsideen selbstredend einzigartig sind! So fühlt sich der Chef geschmeichelt, und man selbst erspart sich die Mühe eigener Gedanken. Grabenkriege, Friedhöflichkeit und Opportunismus: Alle drei führen zu einer großen Lethargie bei den Beteiligten und damit zu einer Lähmung in der Entwicklung des Unternehmens.

Ein Team braucht Vielfalt zu Beginn der Diskussion – und Einklang an deren Ende. Wie ist es in Ihrem Team um Vielfalt und Einklang bestellt? Vergeben Sie bei jedem der folgenden Aspekte einen Wert zwischen 0 (trifft nicht zu) und 10 (optimal).

Es gibt eine von allen Führungskräften gemeinsam getragene Überzeugung,

- wo die Stärken und Schwächen des Unternehmens liegen (Standort),
- wo es mit dem Unternehmen hingehen soll (Ziel, Vision),
- und wie man dorthin kommt (Strategie, Führungsverständnis).

Und um das zu erreichen,

- wissen alle Führungskräfte die Vielfalt der Persönlichkeiten, Expertisen und Blickwinkel zu schätzen
- und führen Diskussionen mit
  - Transparenz und Klarheit in der eigenen Position,
  - Offenheit für die Blickwinkel und Meinungen der anderen,
  - dem unbedingten Willen, zu einer von allen gemeinsam getragenen Sichtweise zu kommen, entweder durch Konsens oder durch einen echten Kompromiss.

Wenn Sie einen Durchschnittswert bilden, sollte dieser mindestens 8 Punkte betragen. Doch leider wäre dieser Durchschnitt wenig aussagekräftig. Hat nur einer der hier genannten Aspekte 7 oder weniger Punkte bekommen, kann allein das schon ausreichen, Ihr Team in eine Blockade und den Bereich bei wichtigen Entscheidungen zum Stillstand zu bringen.

Damit haben wir nun die Lebendigkeit mit ihren drei Facetten, der Kraft, dem Spaß und dem Einklang beleuchtet: für Sie selbst, beziehungsweise einen einzelnen Menschen. Und für das Team, beziehungsweise das gesamte Unternehmen. Wozu nochmal das Ganze? Weil die Lebendigkeit die Basis ist, die Voraussetzung, damit Unternehmertum nicht nur eine schöne Worthülse bleibt. Denn nur aus der Lebendigkeit der Menschen bezieht Unternehmertum seine Qualität und seine Dauerhaftigkeit. Los geht's also!

Literatur

1. Friedemann Schulz von Thun, Miteinander reden, Das „innere Team" und situationsgerechte Kommunikation, rororo, 8. Auflage, 2001
2. Alexander Haneke, Ich bin nicht mehr passives Opfer, Frankfurter Allgemeine, 18.12.2016

Teil III

Unternehmertum ist Haltung und Handeln

Denken und Strukturen neu ausrichten

Kleine Betriebe wachsen in den ersten Jahren oft nach dem Motto der Drei Musketiere, „Einer für alle. Alle für einen." Egal, wo es gerade brennt und wie viel man selbst zu tun hat: Wenn der Kollege Hilfe benötigt, sind alle da und stellen gemeinsam sicher, dass das Problem gelöst wird. Eine großartige Einstellung! Doch leider … je größer diese Unternehmen werden, umso weniger funktioniert solch ein Miteinander, und der Gemeinsinn artet in Chaos aus. Die Menschen sind immer unzufriedener und genervter, weil immer weniger klar ist, wer genau wofür verantwortlich ist und wofür nicht. Damit gerät die Entwicklung ins Stocken, oder sie wird mit dem Preis immer angestrengteren Einsatzes bezahlt.

Häufig ist in diesen Unternehmen auch völlig unklar, was es überhaupt heißt, Führungskraft zu sein. Oder ob es denn nun drei oder vier Führungsebenen im Haus gibt. Völlig intransparent ist dann auch, welche Aufgaben, Rechte und Pflichten eine Führungskraft in diesem Unternehmen nun genau hat. Kaum jemand hat einmal in Ruhe über diese Fragen nachgedacht, und darüber gesprochen wird auch nur selten oder gar nicht. Man hat schließlich Wichtigeres zu tun: Der nächste Kundenauftrag steht vor der Tür und einige Reklamationen müssen bearbeitet werden.

So viel Unklarheit hat Auswirkungen auf die Mitarbeiter und deren Kommunikation nach oben. Besonders in Erinnerung geblieben ist mir ein Sozialunternehmen, in dem Harmonie das oberste Ziel des Geschäftsführers war. Aus diesem Grund stand seine Türe zu jeder Zeit für jeden offen – und diese Möglichkeit wurde reichlich genutzt. Mitarbeiter, die von ihrem Teamleiter nicht bekamen, was sie wollten, übersprangen zwei Hierarchiestufen und gingen schnurstracks „zum Chef", um sich dort über den Teamleiter zu beschweren. Der Geschäftsführer traf seine Entscheidung meist spontan zugunsten des Mitarbeiters, der natürlich hochzufrieden und mit triumphaler Körperhaltung an seinen Arbeitsplatz zurückkehrte. Sollte der Geschäftsführer sein Urteil einmal nicht wie gewünscht gefällt haben,

© Der/die Autor(en), exklusiv lizenziert an Springer Fachmedien Wiesbaden
GmbH, ein Teil von Springer Nature 2022
J. Schmeer, *Führungskräfte mit unternehmerischer Power*,
https://doi.org/10.1007/978-3-658-38623-8_9

dann gab es ja noch die Möglichkeit, gemeinsam mit dem Betriebsrat noch einmal vorzu-
sprechen. Führung in diesem Unternehmen? Fehlanzeige.

Als in diesem Haus nach 25 Jahren Dauerherrschaft ein neuer Geschäftsführer kam,
war der Aufschrei groß. Entrüstung bei den Mitarbeitern und Verwirrung bei den Führungskräften – galt es doch zum ersten Mal überhaupt, klare Strukturen aufzustellen und
zu definieren, welche Aufgaben eine Führungskraft hat und welche Leitlinien für alle gelten sollten. Der neue Geschäftsführer wollte nämlich keinesfalls der Herrscher über alle
Reußen sein und sich um jede Kleinigkeit kümmern müssen. Sein Ziel war ein unternehmerisches Führungsteam, in dem jeder für seinen Bereich Verantwortung trägt und ihn
selbstständig weiterentwickelt. Das konnte nur funktionieren, wenn jede Führungskraft
auch selbst entscheiden kann und nicht an ihr vorbei kommuniziert sowie über sie hinweg
entschieden wird. Stück für Stück erlebten deshalb die Führungskräfte, dass sie in ihrem
Bereich tatsächlich selbst etwas bewegen und verändern konnten, und die Lust auf die
Führung ihrer Teams kehrte langsam zurück.

In seinem Buch „Neu erfinden" [1] beschreibt der Unternehmer Gunther Wobser anhand seiner eigenen Geschichte genau das, worum es hier geht. 2015 erhielt er von seinem
Team ein grottenschlechtes Feedback zu seinem Führungsverhalten. Erst einmal war das
für ihn natürlich ein Dämpfer, dann aber auch die große Möglichkeit, etwas Neues zu
lernen. Denn damals verstand er zum ersten Mal, was Leadership im Unterschied zu Management bedeutet. Wer sich in seinem Aufgabengebiet als Fachmann bewährt, wird über
kurz oder lang zum Manager erklärt. Dessen Fokus liegt dann nahliegenderweise auf den
Inhalten, vielleicht auch noch auf den Abläufen. Hauptsache, die Ergebnisse stimmen!
Doch mit diesem Fokus ist kein nachhaltiges Wachstum möglich. Denn damit Wachstum
möglich wird, muss die Führungskraft ihre Rolle verändern: vom sach- und ergebnisorientierten Manager hin zum menschen- und ergebnisorientierten Leader. Denn Leadership, so
Wobser, bedeutet zu befähigen und andere Perspektiven zuzulassen. Wenn ich nun in die-
sem Buch von Führung schreibe, dann meine ich das stets im Sinne von Leadership: Die
Menschen im Blick zu haben, um durch sie und mit ihnen die gesteckten Ziele zu erreichen.

Doch wie gelingt ein solcher Transfer, von einem alten, unklaren, manchmal chaoti-
schen Führungsverständnis hin zu einem neuen, das nicht nur „zeitgemäß" ist, sondern das
genau die Haltung und das Handeln bewirkt, die ein Unternehmen benötigt, um den großen Schritt nach vorne machen zu können? Die Basis, ohne die nach meiner Erfahrung
kaum Veränderung gelingt, ist erst einmal ein gemeinsames und von allen getragenes *Führungsverständnis*. Egal, ob es Führungsgrundsätze oder Führungsleitlinien genannt wird:
Ohne 8 bis 12 Aussagen dazu, welche Aufgaben eine Führungskraft genau hat und worauf
es besonders ankommt, würden die Führungskräfte im Ungefähren bleiben und jeder nach
seinem Verständnis führen.

Genau an dieser Stelle setzt jedoch bei vielen Führungskräften eine leichte Panik ein.
Sollen nicht mit diesen Leitsätzen alle Vorgesetzten über einen Kamm geschert werden?
„Wir sind doch alle verschiedene Charaktere! Es hat doch jeder seinen eigenen Stil, wie er
führt!", lauten die klassischen Einwände. Doch Führungsleitlinien sind ähnlich den Leit-
planken bei einer Autobahn. Sie gelten für alle und begrenzen auch alle gleichermaßen,

und doch steht es jedem Autofahrer frei, mit welchem Fahrstil und Tempo er seinen Wagen von A nach B fährt. Das eine schließt das andere nicht aus.

Um Führungsleitlinien zu erarbeiten, benötigt ein Geschäftsführer gemeinsam mit seiner ersten Führungsebene in der Regel zwei Tage, in Einzelfällen auch bis zu vier. Geht das nicht schneller und billiger? Gibt es nicht auch im Internet gute Führungsgrundsätze, die als Vorlage dienen können und aus denen der Geschäftsführer einfach die besten heraussucht und verkündet? So paradox es sich anhören mag: Es gibt wohl in keinem Unternehmen Führungsgrundsätze, denen nicht jeder Außenstehende zustimmen könnte. Alle hören sich vernünftig und plausibel an. Aber das Unternehmen voranbringen können Führungsgrundsätze ausschließlich dann, wenn sie von dessen Führungskräften selbst erarbeitet wurden; alle anderen sind wertlos. Weshalb? Ganz einfach: Es geht nicht um den einzelnen Satz, der am Ende auf dem Blatt steht. Das Entscheidende ist die Diskussion, die zu diesem Satz führt, die gemeinsame Meinungsbildung. Nur wenn alle Führungskräfte der ersten und zweiten Ebene zu 100 % hinter den Leitlinien stehen, haben sie auch eine Chance, später ihre Kraft entfalten und das Unternehmen voranbringen zu können. Das wird an dem folgenden Negativ-Beispiel besonders deutlich:

Praxisbeispiel

Ein Finanzdienstleister mit 3500 Mitarbeitenden wollte die neuen Leitlinien nicht „top down", sondern „bottom up" angehen. Das heißt, bei den Mitarbeitern beginnend, sollten erstmals Führungs- und allgemeine Verhaltensleitlinien erarbeitet werden, die durch ein mehrstufiges Verfahren über die verschiedenen Führungsebenen hinweg immer weiter verdichtet und konkretisiert würden, bis einschließlich der Ebene der Bereichsleiter unterhalb des Vorstandes. Zur Einführung der Leitlinien kommt einige Monate nach dem Startschuss fast die Hälft der Belegschaft zu einem großen Event zusammen, und der Höhepunkt des Tages ist, dass einer der Vorstände mit dem Fallschirm von einem Flieger abspringt, vor den staunenden und begeisterten Mitarbeitenden landet und die Grundsätze in einer edlen Rolle verpackt übergibt. „Ab kommenden Montag, den 1. Juli, gelten diese Leitlinien für uns alle", verkündet er bedeutungsvoll.

Aber das ist dann auch alles. Vier Wochen später sind die Leitsätze mausetot, die Stimmung im Keller und die Demotivation in der Mitarbeiterschaft maximal. Wie kann das sein? Der Vorstand, also die ersten und obersten Führungskräfte des Hauses, haben sich mit den Führungsgrundsätzen keine fünf Minuten persönlich befasst. Im Rahmen einer Regelsitzung wurden die Leitlinien unter Tagesordnungspunkt 18 aufgerufen und, nachdem alle sie zur Kenntnis genommen hatten, ohne weitere Diskussion abgenickt. Inhaltliche Auseinandersetzung mit den Leitlinien? Null. Identifikation damit? Null. Erkenntnis, dass diese Sätze etwas mit ihnen selbst zu tun haben würden, dass sie neues Denken und Führen nötig machen würden? Null.

„Wir gehen wertschätzend miteinander um", lautet zum Beispiel einer der Sätze zum allgemeinen Verhalten. „Wir grüßen einander, wenn wir uns begegnen" ein anderer. Doch kein einziger Vorstand grüßte am Montag, dem 1. Juli, irgendjemanden, an dem

er vorbeilief. Keiner. Und in den nächsten Tagen wird es trotz Hinweisen der Bereichsleiter nicht besser. Mit den anderen Sätzen, die sich auf konkretes Führungsverhalten
beziehen, ist es genauso. Der Absturz in Sachen Glaubwürdigkeit der Vorstände ist gi-
gantisch. Und der Absturz der Identifikation mit den Leitlinien genauso. Schade um das
Geld, schade um die Zeit, schade vor allem aber um die Motivation der Mitarbeiter und
die verpasste Chance! ◄

Jedes Unternehmen, egal welche Branche, hat seine eigenen Stärken und Schwächen, wie
alle miteinander umgehen und wie Menschen geführt werden. Erarbeitet nun ein Unternehmen seine eigenen Leitlinien, so haben diese in aller Regel vor allem ein Ziel: die
vorhandenen Schwächen zu überwinden. Das macht die Diskussionen dazu so anstrengend und so intensiv. Geschäftsführung und Bereichsleiter wollen jetzt ja genau bei den
Punkten zu einem neuen und gemeinsamen Verständnis kommen, die bisher immer besonders schlecht funktionierten. Nur wenn so lange gerungen wird, bis tatsächlich alle Anwesenden den fertig formulierten Satz mittragen können, ist eine echte Verbesserung möglich. Dazu nun ein positives Beispiel:

Praxisbeispiel

Bei einem Unternehmen mit etwa 300 Mitarbeitern hält sich zäh die Tradition, dass
Kennzeichen einer guten Führungskraft sei, auf alle fachlichen Detailfragen eine Antwort geben zu können. Die Folge ist, dass die Führungskräfte förmlich in Arbeit ertrin-
ken, sind sie doch letzter Ansprechpartner für alle und alles und müssen sich deshalb
über die gesamte fachliche Bandbreite stets auf dem Laufenden halten. Mit dem folgenden, mühsam erarbeiteten Leitsatz gelingt ihnen der Befreiungsschlag: „Die Spezialis-
ten fürs fachliche Detail sind unsere Mitarbeiter, nicht wir Führungskräfte. Unsere Aufgabe ist es, dafür die nötigen Voraussetzungen zu schaffen."

Um diese zwei Sätze genau so formulieren zu können, benötigt die Gruppe gute
zwei Stunden. Jede Minute davon ist gut investierte Zeit. Denn alle Führungskräfte
ringen um dieses neue, gemeinsame Verständnis. Schließlich sind sie alle extrem hin-
und hergerissen. Es ist ja nun mal auch ihr Anspruch, auf alle Fragen eine Antwort geben zu können. Was Jahrzehnte gegolten hat, sollte also ab sofort nicht mehr gelten?
Das bedarf eines gewaltigen Umdenkens bei allen Beteiligten, und das wiederum
braucht seine Zeit. Weil am Ende auch alle diesem Satz zustimmen, ist er dort heute,
fünf Jahre später, gelebte Praxis. Zumindest meistens. ◄

Literatur

1. Gunther Wobser, Neu erfinden, Was der Mittelstand vom Silicon Valley lernen kann, Beshu
   Books, 2020

Menschen führen und Leistung fördern 10

Unternehmertum heißt Verantwortung zu übernehmen (Haltung), und es heißt, Entscheidungen zu treffen und diese durchzuziehen (Handeln). Damit ist Unternehmertum natürlich das Must-have eines jeden Funktionsträgers – des CEO genauso wie aller Führungskräfte und Mitarbeiter.

Wie Führung aussehen muss, damit unternehmerisches Denken und Handeln im gesamten Betrieb gelebt wird, das sehen wir uns gleich in den Kap. 11, 12 und 13 an. Vorneweg geht es um sehr konkrete Hebel, mit deren Hilfe Sie Einfluss auf das unternehmerische Mindset und Handeln Ihres Teams nehmen können.

10.1 Ziele mit eingebautem Booster

Booster-Ziele sind die Nahtstelle von Lebendigkeit und Unternehmertum. Das *Ziel* fokussiert vor allen Dingen auf die Bedürfnisse des Unternehmens, damit dessen Entwicklung möglichst planvoll und kontrolliert ablaufen kann. Der *Booster* hat Führungskräfte und Mitarbeiter im Blick: Die Ziele müssen nicht nur zu ihren Kompetenzen passen, die Menschen sollen vor allem Spaß haben, sich dafür ins Zeug zu legen. Auf beide Bestandteile gilt es also zu achten, wenn Sie durch die Leistung anderer (der Führungskräfte und Mitarbeiter) den Erfolg des Unternehmens maximieren wollen.

Damit das bestmöglich gelingt, werden wir uns in diesem Kapitel ansehen, weshalb es so wichtig ist, schon für sein Denken, und nicht erst fürs Handeln, Verantwortung zu übernehmen. Es geht um anziehende Attraktionen genauso wie um abstoßende Anti-Ziele. Und wir befassen uns mit sinnvollen Visionen und den Zutaten für perfekte Ziele.

Zum Einstieg aber noch einmal eine ganz kurze Wiederholung. Denn bei Booster-Zielen kommen drei Faktoren zusammen, die wir uns bereits näher angesehen haben: das

J. Schmeer, *Führungskräfte mit unternehmerischer Power*,
https://doi.org/10.1007/978-3-658-38623-8_10

Vorstellungsvermögen, smarte Zielkriterien und unsere Erwartungshaltung. Kurz und knackig noch einmal die wichtigsten Stichworte dazu.

Zum einen konnten wir erkennen, wie wichtig unsere *Vorstellungsfähigkeit* ist, wenn wir eine starke Veränderung anpacken wollen. Ziele bauen auf genau dieser Vorstellungsfähigkeit auf. Je kleiner sie ist, umso kleiner werden auch die Ziele ausfallen, die wir uns setzen. Und je größer unsere Fantasie ist, je besser wir uns vorstellen können, wie gewaltig sich alles verändern und entwickeln kann, umso größer können wir dann auch unsere Ziele setzen.

Auch haben wir gesehen, dass die allgemein anerkannten *SMART*-Kriterien vor allem technokratischer Natur sind und nahezu keine emotionalen Aspekte beinhalten. Menschen mit einem hohem Egodrive verschafft es zwar generell Befriedigung, wenn sie ihr gesetztes Ziel erreicht haben. Für solche Menschen sind Ziele schon per se attraktiv. Bei vielen Mitarbeitern und auch Führungskräften im mittleren Management ist das Wort „Ziel" jedoch eher negativ besetzt, da es gerade im beruflichen Bereich für sie vor allem mit Fremdbestimmtheit und Erfolgsdruck verbunden ist.

Hinzu kommt, dass jeder schon die Erfahrung gemacht hat, ein gesetztes Ziel eben nicht erreicht zu haben. Das kann den Mut, sich immer wieder neue Ziele zu setzen, sinken lassen, während die Angst, es wieder nicht zu schaffen, steigt. Das hatten wir uns bei der *Erwartungshaltung* näher angesehen.

Vorstellungsfähigkeit, smarte Kriterien, Erwartungshaltung … Ziele zu setzen bedeutet also erst einmal Denk-Arbeit. Warum gerade dieses vorausschauende Denken so unglaublich wichtig ist, dazu eine sehr anschauliche Geschichte.

Verantwortung fürs Denken

„Du sollst nicht begehren deines Nächsten Weib!" sagte – nein, nicht der Pfarrer in seiner Predigt – der Trainerkollege im Führungsseminar. Er unterschlug damit nicht nur die Fortsetzung des Gebotes, wonach man auch das Haus und die Sklaven des Nachbarn nicht begehren solle. Er sorgte vor allem für ein Schmunzeln bei den Teilnehmern, die nun gespannt darauf warteten, worauf er mit dieser Einleitung wohl hinauswollte. „Heißt es hier, Du sollst mit der Nachbarin nicht ins Bett gehen?", fragte er denn auch im dramatischen Tonfall in die Runde, um dann gleich selbst die Antwort zu geben: „Nein! Es heißt lediglich, du sollst sie nicht begehren! *Das* ist verboten: das Darandenken. Nicht der Spaß mit ihr."

Eine steile These war das auf jeden Fall, und Sie sehen, sie ist mir bis heute im Gedächtnis geblieben. Seine Begründung dazu, die hatte es allerdings in sich. Und sie war äußerst plausibel. Die Frage ist nämlich: Wie kommt es zu einer Tat? Egal, ob es das Stelldichein mit der Nachbarin ist, die nachhaltige Verbesserung des Unternehmens, das neue Auto, das man sich anschafft, die Geburtstagstorte, die gebacken wird, der Karriereschritt, den man gehen möchte, oder das neue Produkt, das man erfinden und entwickeln will? Wie kommt es zu all dem? Was hat bei allen Ereignissen oder Objekten, die zu einem späteren Zeitpunkt einmal realisiert worden sind, ganz an deren Anfang gestanden? Es ist eben genau der Gedanke daran, das Bild davon, die Idee. Es ist die Vorstellung dessen, was am Ende einmal herauskommen soll. Eine entscheidende Vorstellung, weil es ohne sie dieses Ende niemals würde geben können.

In der Konsequenz heißt das: Wir sind nicht nur für unsere Taten verantwortlich. Wir sind es bereits für unsere Gedanken. Denn unsere Erwartungshaltung und unsere Vorstellungsfähigkeit prägen unsere Zukunft: die Beziehungen im Privaten, die Entwicklung der Abteilung, die Zukunft des Unternehmens, das ganze Leben.

Es gibt unendlich viele Beispiele, wo Menschen sich weltweit als Erste etwas ausgedacht haben und später daraus die entsprechende Tat, ein Kunstwerk, ein Produkt oder eine nachgefragte Dienstleistung entstanden sind. Für mich besonders eindrücklich ist jedoch eine Erfahrung, die alle Menschen auf der Welt verbindet und von der die allermeisten von uns sich gewünscht hätten, sie niemals erleben zu müssen. Ich meine den 11. September 2001. Es mag vorher bereits Videospiele gegeben haben, in denen Flugzeuge auf Häuser zufliegen und diese zerstören konnten. Auf dem Computermonitor und zu Beginn der Jahrtausendwende war die Darstellung vermutlich noch reichlich ruckelig und verpixelt. Aber das *tatsächlich* zu tun? Voll besetzte, echte Flugzeuge in echte Wolkenkratzer zu steuern, in denen echte Menschen leben, arbeiten und damit auch sterben würden? Ich bin sicher, dieses Szenario konnten sich damals nur ganz, ganz wenige Menschen vorstellen. Ein oder zwei Dutzend solcher Menschen haben allerdings genügt, diese Vorstellung auch in die Tat umzusetzen. Bei diesen Menschen lagen die Grenzen ihrer Vorstellung sehr weit draußen, brutal weit. Aber, und darum geht es mir hier, sie konnten es denken. Sie hatten ein klares Bild von ihrem Ziel. Und sie haben es getan. Wie machtvoll sie doch sind, unsere Gedanken als Vorstufe zur Tat! Wie viel Verantwortung wir bereits für unsere Gedanken tragen – ohne die es nie zur Tat kommen kann.

Wenn Sie sich die immense Kraft der inneren Bilder und Gedanken klar gemacht haben … und mindestens einmal tief ein- und wieder ausgeatmet haben, um 9/11 wieder aus dem Kopf zu kriegen … Dann stellt sich ja, beim Blick auf Ihren eigenen Verantwortungsbereich heute, durchaus eine Frage …

Nämlich: Um dort *positive, lebendige und unternehmerische Ziele* erreichen zu können: An welchen Punkten wollen Sie denn Ihre eigenen Denk-Grenzen weiter nach außen verschieben? Was wollen Sie denkbar werden lassen, das bisher noch undenkbar erscheint? Und wie soll das bisher Undenkbare künftig einmal ganz konkret und im Detail aussehen? Auf diese Fragen Antworten zu suchen heißt, Verantwortung zu übernehmen. Nicht erst für das, was Sie im Unternehmen morgen einmal sagen oder tun werden. Sondern bereits für das, was Sie heute darüber denken.

Anziehend: Attraktionen

Von Muhammed Ali, dem großen Boxer, stammt der Satz: „Wenn mein Kopf es sich ausdenken und mein Herz daran glauben kann – dann kann ich es auch erreichen." Auch für Ali sind also Vorstellungsfähigkeit, eine positive Erwartungshaltung und der Glaube an sich selbst essenzielle Voraussetzungen für seinen Erfolg. Und doch will ich die Aufzählung um einen wichtigen Aspekt ergänzen, die Emotionen. Lebendigkeit, um die es hier geht, ist schließlich Bauch- und nicht Kopfsache. Wie gelingt es aber, richtigen, echten Spaß an all den Aufgaben zu haben, die vor einem liegen und die alle angepackt werden wollen?

Als Einzelunternehmer habe ich es in vielerlei Hinsicht leichter als jemand, der in eine große Organisation eingebunden ist. Vor allen Dingen mich völlig frei entscheiden zu können, was ich tun oder lassen will, genieße ich jeden Tag aufs Neue. Das Thema „Selbstmotivation" trifft mich jedoch genauso wie jeden anderen Leistungsträger auch. Das nimmt mir keiner ab. Mich selbst zu motivieren ist nicht delegierbar, wie ja fast alle Themen, die uns Menschen persönlich betreffen auch nur von uns selbst bearbeitet und gelöst werden können. Damit das aber möglichst effektiv und leicht gelingt, ist es verdammt wichtig zu wissen, wie wir ticken, was genau uns motiviert und wie wir uns deshalb gut organisieren können. Lange Zeit war ich in diesem Punkt nicht gut unterwegs. Die Arbeit mit den Kunden vor Ort war immer fantastisch; die Tage oder Wochen im Büro dagegen fühlten sich für mich meist lustlos und kraftlos an. Doch seit einigen Jahren habe ich das hinter mir gelassen und verbringe wohl 90 Prozent meiner Bürotage in bester Energie. Wie kam's? Wo lag der Schlüssel? Und an welchen Punkten können Sie meine Erfahrungen auch auf sich selbst übertragen?

Mein erster Anlauf, um aus dem immer gleichen Bürotrott herauszukommen, waren To-do-Listen. Ich liebe es, Häkchen zu machen! In der Früh eine lange Liste mit zu erledigenden Jobs aufstellen und am Abend auf eine lange Liste erledigter Jobs blicken zu können. Häkchen setzen zu können, machte mich für lange Zeit ziemlich zufrieden. Nur nachhaltig war es nicht, vor allem dann nicht, wenn auf der Liste zu viele Dinge standen, an denen ich keinen Spaß hatte, die ich aber auch nicht an eine meiner Assistentinnen delegieren konnte. Auf Dauer war sie ausgesprochen unlustig, diese Vorgehensweise.

Mein zweiter Anlauf waren Ziele. Ich setzte mir Ziele für das Jahr, für den Monat, für die beginnende Woche. Meine Feststellung: An ein erreichtes Ziel ein Häkchen machen zu können, vermittelt tatsächlich mehr das Gefühl, etwas geschafft zu haben als bei der bloßen Aufgabe. Aber, wenn ich ehrlich zu mir war: Glücklich hat es mich auch nicht gemacht. Ich hatte mein Ziel erreicht. Ok, Haken dran. Mehr aber auch nicht. Es hat dann nochmal eine Weile gedauert, bis ich mir auch hier auf die Schliche gekommen war. Und daraus entstand dann mein dritter Anlauf: Attraktionen!

Sind Sie gerade eben über das Wort „glücklich" gestolpert? Was hat es in Ihnen ausgelöst? Ist es Ihr Anspruch, dass Ihre Ziele und die Arbeit auf dem Weg dorthin Sie glücklich machen sollen? Meiner ist es. Ganz einfach, weil ich feststellen musste, wie freudlos es ist, Ziele abzuarbeiten, daraus aber keinen emotionalen Kick zu bekommen. Im Extremfall: mich mit Selbstdisziplin zur Leistung zu zwingen, bloß damit ich am Ende das Ziel erreicht und alles geschafft habe.

Es ist tatsächlich einmal mehr die Frage nach der Erwartungshaltung, die wir Menschen an unsere ganz normale, alltägliche Arbeit haben. Mein persönlicher Anspruch ist: Sie soll mir Spaß und mich als Mensch glücklich machen. Zum einen, weil es sich einfach gut anfühlt. Zum anderen, weil das ein fantastischer Motor ist um dranzubleiben, gerade in den Phasen, wo es mal schwierig und mühsam wird. Aber wie kommt man da hin? Was tun?

Für mich hieß es tatsächlich, mich auf die Suche zu begeben nach Aufgaben und vor allem nach Zielen, die mich richtig emotionalisieren, die mir einen Kick geben, ein Leuchten in die Augen bringen und die mir Lust machen, sodass ich mit vollem Engagement und Leidenschaft darauf hinarbeite. Und was ich da gefunden habe, das waren für mich mehr als nur Ziele. Ich nenne das bis heute Attraktionen.

Das Wort Attraktion hat ja eine doppelt schöne Bedeutung. Zum einen ist das Ziel schlichtweg attraktiv im Sinne von „schön anzusehen"; es macht Laune, dieses Ziel sich vorzustellen. Zum anderen bedeutet attraktiv aber auch „anziehend". Wie ein großer Magnet, der uns mit seiner Kraft zu sich heranzieht. Wir müssen uns dann nicht mehr selbst von hinten einen Tritt geben („Mach' endlich!"), sondern laufen förmlich von selbst los, so magisch zieht die Attraktion uns an. Attraktionen befeuern uns also emotional viel stärker als reine Ziele. Sie lösen in uns ein intensives Angezogensein und Dorthinkommenwollen aus. Attraktionen bewirken eine spürbare, kribbelige Lust. Sie schaffen eine Vorfreude, wie bei einem Kind.

Wenn Sie sich nicht sicher sind, ob eines Ihrer Ziele bereits die Qualität einer Attraktion besitzt, finden Sie die Antwort also einmal mehr nicht in Ihrem Kopf, sondern indem Sie auf Ihr Bauch-Gefühl achten. Je mehr dieses Bauch-Gefühl Sie an früher erinnert, an die Zeit vor der Geburtstagsfeier oder vor Weihnachten oder was auch immer bei Ihnen kribbelige Vorfreude ausgelöst hat, umso näher sind Sie dran an Ihrer heutigen Attraktion. Dieser Maßstab ist das gleiche Erfolgsprinzip, das schon bei der Erwartungshaltung kennengelernt hatten: das energetisierende Bauch-Gefühl als Maßstab für die Qualität unserer Erwartungshaltung. Nur wenden wir diese Idee jetzt bei den Zielen an, die wir uns setzen. Werfen Sie doch einmal einen Blick auf diejenigen Ziele, auf die Sie aktuell hinarbeiten. Wie viele Ihrer Ziele geben Ihnen innerlich einen solchen Energieschub?

Stelle ich diese Frage meinen Kunden, blicke ich meist in ziemlich ratlose Gesichter. Die Antwort lautet in der Regel: keine. Arbeit oder die Ziele in der Arbeit mit Gefühlen von Lust zu verbinden (geschweige denn Leidenschaft, richtigem Spaß oder wie auch immer Sie es nennen mögen) – bei den meisten Menschen ist das Fehlanzeige. Doch was tun, wenn bisher vor allem Anstrengung und Selbstdisziplin den Alltag prägen und der Spaß an der Arbeit dabei viel zu kurz kommt? Jeder von uns, der nicht an einem getakteten Fließband steht, hat größere oder kleinere Freiräume zur Verfügung, die er dafür nutzen kann. Zwei Optionen stehen zur Verfügung.

Die eine ist: Sie suchen sich selbst Aufgaben, die diesen „Wow!"-Effekt in Ihnen auslösen. Die Ihnen spürbar einen Kick geben, den Schub, den Sog, das „Haben will!". Mögen Sie die meiste Zeit in der Woche weiterhin für klassisch smarte Ziel arbeiten (und daraus mehr oder weniger Befriedigung erfahren), nehmen Sie sich zusätzlich die Freiheit, on top eine Attraktion in den Blick zu fassen, die anzusehen und darauf hinzuarbeiten Ihnen Energie gibt, anstatt sie Ihnen zu rauben. Ich vermute, je mehr Sie sich mit Ihrem Verantwortungsbereich identifizieren, umso leichter wird dieser Schritt Ihnen fallen.

Die zweite Option ist dann tatsächlich etwas anspruchsvoller. Knöpfen Sie sich eines Ihrer bestehenden smarten Ziele vor und machen Sie für sich eine echte Attraktion daraus. Versuchen Sie, dieses Ziel aus einem anderen Blickwinkel zu sehen, mit anderen Augen, in einem besseren Licht. Machen Sie es sich selbst attraktiv. Das Entscheidende dabei ist, dass dieser Prozess sich nicht nur in Ihrem Kopf abspielt, sondern dass Sie dabei auch auf Ihre Emotionen achten.

Stellen Sie sich zum Beispiel vor, Sie erreichen Ihr Ziel anstatt in sechs schon in drei Wochen. Zieht es Ihnen den Bauch zusammen („Oh Gott, noch mehr Stress!")? Oder ist es eine fantastische Vorstellung („Super! Dann habe ich es endlich geschafft und kriege meinen Kopf wieder frei!")? Spielen Sie in Ihren Gedanken alle Parameter des Ziels durch. Das kann die Zeitschiene sein, die konkreten Inhalte und Schwerpunkte, der Grad der Perfektion, den Sie anstreben, oder was auch immer. Und mit jeder Vorstellung in Ihrem Kopf achten Sie auf die Reaktion in Ihrem Körper. Der sagt Ihnen sehr genau, was er jeweils davon hält. Und Sie erlauben sich, genau daraus die Attraktion zu formen, die Ihnen den ersehnten Energy-Boost verschafft. Probieren Sie's aus. Es lohnt sich!

Abschließend noch eine Möglichkeit, die auch immer mitzudenken ist. Was sagt es Ihnen nämlich, wenn Sie in Ihrem eigenen Aufgabenbereich nichts finden sollten, was bei Ihnen eine solche Sogwirkung auslöst? Wollen Sie dann einfach weitermachen wie bisher? Getreu dem Motto: Wir sind hier nicht bei Wünsch-dir-was, sondern bei So-ist-es-halt?! Ist das der Anspruch, mit dem Sie Monate oder Jahre Ihrer Lebenszeit verbringen wollen? Es mag in einem solchen Fall eine äußerst hilfreiche Idee sein, einmal darüber nachzudenken, ob Mensch und Funktion hier überhaupt zusammenpassen. Sollte die ehrliche Antwort dann Nein lauten, dann könnte es wiederum eine sehr wohltuende Idee sein, daraus die einzig richtige Konsequenz zu ziehen und sich nach einem neuen Aufgabengebiet umzusehen. Eines zum Beispiel, wo Sie jeden Tag aufs Neue zwischen lauter wunderbaren Attraktionen die Qual der Wahl haben. Können Sie sich das vorstellen? Wollen Sie es?

Aufbauend: Visionen mit Sinn

„Nachdem wir das Ziel aus den Augen verloren hatten, verdoppelten wir die Anstrengung." Oder: „Gestern standen wir noch am Abgrund. Heute sind wir einen Schritt weiter." Kennen Sie auch solche Sprüche? Sie sind reiner Zynismus. Der kommt allerdings nicht aus dem Nichts, sondern hat stets einen Auslöser. Die Menschen haben aus den Augen verloren, wozu sie tun, was sie tun. Was das lohnende, längerfristige Ziel hinter dem kurzfristigen und smarten ist. Die Frage „Wozu mache ich den ganzen Quatsch eigentlich?" ist nicht nur Ausdruck maximalen Frusts und Zeichen völliger Perspektiv- und Sinnlosigkeit. Sie ist zugleich eine äußerst berechtigte Frage, auf die dringend eine Antwort gegeben werden sollte.

Wer in einem Unternehmen arbeitet, egal in welcher Funktion, braucht eine klare, glaubwürdige und überzeugende Vision. Eine, die Sinn für ihn macht, nicht nur für die Führungskräfte der ersten und zweiten Ebene. Und damit eben auch eine, für die es sich lohnt, täglich zur Arbeit zu gehen und all die Herausforderungen dort zu bewältigen. Ein schönes Beispiel dazu lieferte mir einmal Dr. Michael Peterson, heute Vorstand Personenfernverkehr der Deutschen Bahn. In einem Interview [1] erzählte er, wie frustriert die meisten Bahn-Mitarbeiter in den letzten zwanzig Jahren waren, weil sie das Gefühl hatten, nur noch Kosten sparen und Mangel verwalten zu müssen. Bei jeder privaten Feier, auf der sie eingeladen waren, mussten sie sich dann entsprechend für alle möglichen Missstände rechtfertigen. Frust ist Lustverlust – und der war im ganzen Haus gewaltig. Kosten einzusparen kann nun selbstverständlich ein wichtiges und sinnvolles Ziel sein. Und darauf hinzuarbeiten macht tatsächlich selten Spaß, im Gegenteil. Aber: wozu das Ganze? Wozu soll ich mir dauernd den Ärger der Kunden anhören? Wozu machen wir das überhaupt?

Für die vielen zehntausend Mitarbeitenden der Bahn war es deshalb ein extrem wichtiger und äußerst motivierender Schritt, als im Unternehmen die Vision „Starke Schiene" beschlossen wurde: Auf einem deutlich ausgebauten Wegenetz verkehren im Halbstundentakt Schnellzüge zwischen allen größeren Städten des Landes. Zeithorizont: mehr als 20 Jahre. Eine echte Vision! Und genau dahinter haben sich die Menschen jetzt versammelt. „Für eine solche Idee, ein solches Konzept bin ich früher überhaupt mal zur Bahn gekommen!", war sinngemäß eine Rückmeldung an den Vorstand. Ein attraktiver Fernverkehr als Beitrag zu Mobilität und Umweltschutz. Da macht das Arbeiten wortwörtlich wieder Sinn.

Sinn ist die Antwort auf die Frage, wozu ich etwas tue, verbunden mit einer positiven Bewertung. Wenn Sie nun Ihren eigenen Verantwortungsbereich ansehen: Was ist dessen Sinn? Und was ist der Sinn Ihrer täglichen Arbeit? Und wann haben Sie zuletzt Ihren Mitarbeitern auf deren Fragen nach dem Sinn ihrer Aufgaben positive Antworten gegeben – vor allem solche, von denen Sie selbst zu 100 Prozent überzeugt sind?

Abstoßend: Anti-Ziele

Eine zweite, sehr intensive Erfahrung aus meinem Büroalltag will ich Ihnen auch noch verraten. Sie hat mich nämlich gelehrt, dass Klarheit, Entschiedenheit und Kraft auch aus einer völlig unerwarteten Quelle kommen können.

Ist Ihnen schon einmal aufgefallen, dass es zum Wort „Ziel" kein Gegenteil gibt? Ich meine hier nicht einfach den Start, sondern das, was Sie ausdrücklich *nicht* erreichen möchten. „Ich will am Ende nicht schuld sein an der falschen strategischen Entscheidung.", „Ich will nicht zusehen müssen, wie der Bereich meines Kollegen langsam, aber sicher vor die Hunde geht.", „Ich will nicht jedes Jahr mir neue Hosen mit schon wieder einer größeren Bundweite kaufen müssen." All das sind klare Aussagen, was nicht das Ziel ist. Und genau dafür gibt es im deutschen Sprachgebrauch kein eigenes Wort. Ich nenne es deshalb Anti-Ziele. Alles – bloß das nicht! Wie bin ich darauf gekommen? Und was hat das in mir bewirkt?

Dass der Büroalltag für mich lange Zeit eine Herausforderung war, habe ich oben bereits beschrieben. Vor einigen Jahren, es war in der ersten Märzwoche, guckte ich zuversichtlich auf das bevorstehende Geschäftsjahr, denn der Umsatz war bereits zu rund 60

Prozent in (fast) trockenen Tüchern. Eine gute Quote für das erste Quartal. Kunde A hatte einen großen Auftrag verbindlich gebucht. Ein weiterer Großauftrag bei Kunde B war kurz vor der Unterzeichnung. So dachte ich zumindest. Am Montag besagter Woche rief dann Kunde A an, um mir mitzuteilen, dass er in seiner Firma die Kündigung eingereicht hätte und aus unserer Zusammenarbeit leider nichts mehr werden würde. Sein Nachfolger hatte vollkommen andere Vorstellungen für diesen Bereich, und so blieb mir, außer ein wenig Ausfallhonorar zu berechnen, nicht viel davon übrig. Am Freitag derselben Woche rief dann noch Kunde B an. Es täte ihm sehr, sehr leid, aber er hätte vom schwedischen Investor wider Erwarten nicht das ok für die große Maßnahme bekommen. Er solle sehen, wie er das ohne externe Begleitung hinbekäme. Damit war auch der zweite große Auftrag weg, und aus Erfahrung wusste ich, dass ich diesen Umsatzausfall nicht mehr würde reinholen können. Dafür sind die Vorlaufzeiten bei größeren Projekten einfach zu lang.

Als ich nach dem Telefongespräch an diesem Freitag den Hörer aufgelegt hatte, tat sich vor mir ein Abgrund auf. Denn damals hatte ich noch nicht gelernt, meine Bürotage so gut und erfüllt zu gestalten, wie ich es heute kann. Ich sah ein gruseliges Jahr vor mir liegen: voller langer, langweiliger, eintöniger, frustrierender und deprimierender Wochen und Monate. Ich sah mich selbst vor meinem inneren Auge in gebeugter Haltung vor dem Rechner sitzen, im halbdunkeln Büro vor mich hinstarren, bewegungslos und kraftlos. Gruselig, diese Vorstellung, nicht wahr? Reines Kopfkino war das, das ist klar. Aber dieses Bild vor meinen Augen war definitiv meine absolute Horrorvorstellung.

Ich glaube, dieser Blick in den gefühlten Abgrund dauerte keine 20 Sekunden, eher 10. Aber er hatte eine fantastische Auswirkung: Diese für mich albtraumhafte Vorstellung der kommenden Monate – in ihrem Extrem sicher völlig unrealistisch und übertrieben – setzte nämlich Kräfte frei, von denen ich kurz zuvor noch nicht wusste, dass ich sie überhaupt besitze. „Moment mal!", sagte nämlich plötzlich eine innere Stimme zu mir. „Ob dieses Jahr ein Sch***-Jahr wird oder eben nicht, das bestimmst ausschließlich du selbst!" Und postwendend kam von mir die Antwort an diese innere Stimme: „So will ich das nicht. So wird es nicht kommen. Niemals." Und aus diesem Gedanken heraus folgte dann sogar noch die Krönung: „Ich entscheide mich hier und jetzt, gerade weil ich so viel Zeit habe, dieses Jahr zu einem absoluten Superjahr für mich werden zu lassen."

Wow, das fühlte sich an wie Achterbahn fahren. War alles gerade noch brutal nach unten gerast, war ich nur wenige Augenblicke später ganz, ganz oben angekommen. Das Ab und wieder Auf noch in den Knochen, aber jetzt mit einem klaren und weiten Blick in alle Himmelsrichtungen. Ich *wusste* in diesem Augenblick, dass ich ein großartiges Jahr vor mir haben würde. Ich hatte nicht den geringsten Zweifel daran. Und tatsächlich, so war es dann auch. Ein sehr, sehr zufriedenes Resümee konnte ich vor Antritt der Weihnachtsferien ziehen. Ziel erreicht! Attraktion wahr werden lassen!

In dieser Intensität war das Erlebnis bisher einmalig in meinem Leben. Aber es hat mich eines gelehrt: Entschiedenheit und die Kraft, etwas anzupacken, können nicht nur aus tollen Attraktionen entstehen. Sie entstehen genauso aus echten Anti-Zielen, aus einer Horrorvorstellung, wo wir nie im Leben hinkommen wollen. Im Idealfall verfügen wir vermutlich über beides. Ein „eiskaltes Bild" (Albtraum! Nein!) und daneben ein „heißes Bild" (Attraktion! Ja!). Aus beiden kann eine große Kraft und glasklarer Wille entstehen.

Heiß oder kalt, also. Sog oder Druck. Beides setzt in Bewegung. Innere Bilder, die weder heiß noch kalt sind, sind lauwarm. Lauwarm? Wer setzt sich dafür in Bewegung? Wer bekommt dafür seinen Allerwertesten hoch? Lauwarme Ziele oder lauwarme Anti-Ziele haben nur wenig oder gar keine Wirkung.

Wie ist es bei Ihnen? Haben Sie Anti-Ziele in Ihrem Leben? Wie klar und wie intensiv stehen Ihnen diese vor Augen, und wie stark wirken sie in Ihr Leben hinein?

Perfekte Ziele

Sind eine Umsatzsteigerung von 20 Prozent oder eine Gewichtsabnahme um 20 Kilogramm perfekte Ziele? Das können nur diejenigen sagen, die sich eines davon zum Ziel gesetzt haben. Bewusst oder unbewusst haben sie dabei hoffentlich an alle Kriterien gedacht, die ein perfektes Ziel ausmachen. Diese *Kriterien* sind es nämlich, die ein Ziel perfekt macht, nicht das, was dadurch erreicht werden soll. Je besser die Kriterien erfüllt werden, umso höher die Wahrscheinlichkeit, dass das Ziel auch tatsächlich erreicht wird. Abb. 10.1 gibt dazu einen Überblick.

Die smarten Kriterien haben wir schon in Abschn. 2.2 beschrieben. Was bedeuten aber die einzelnen Punkte bei Lebendigkeit und Stimmigkeit? Nehmen wir als praktisches Beispiel etwas Privates, die angestrebte Gewichtsabnahme.

Positiv formulierte Ziele beinhalten, was Sie erreichen wollen, nicht, was Sie nicht erreichen wollen. „Ich will nicht mehr so dick sein. Ich will nicht mehr 100 Kilo wiegen." – das hört sich zwar gut an, funktioniert aber nicht. Das hat etwas mit unseren beiden Gehirnarealen zu tun. Unser Neokortex kann logisch denken, er kennt den Unterschied zwischen dick und nicht dick. Das limbische System, das für die Emotionen zuständig ist und wesentlich schneller funktioniert als der Neokortex, kann genau das nicht. Dieser Teil unseres Gehirns hört immer nur „dick" und verschaltet jedes Mal aufs Neue die dazu passenden Synapsen. Die Wirkung ist fatal: Dicksein, das Gegenteil dessen, was Sie wollen, wird in Ihrem Hirn immer fester verankert. Aber was Sie erreichen wollen, das Schlanksein, dafür hat Ihr Hirn

Smart	Lebendig	Stimmig
Spezifisch	Positiv	Nutzen des Alten
Messbar	Prägnant	Reaktion des Umfelds
Angemessen	In der Gegenwart	Auswirkung aufs Leben
Realistisch	Ohne Vergleich	In der eigenen Kontrolle
Terminiert	Attraktiv	Ausgewogen

Funktionsträger > Leistung	Mensch > Motivation

Abb. 10.1 Anforderungen an ein perfektes Ziel

keine Information bekommen und ist folglich nicht in der Lage, Bilder davon zu entwickeln. Geschweige denn, sich etwas vorzunehmen, damit Sie Ihr Wunschgewicht auch tatsächlich erreichen. Schlank sein – das ginge zumindest mal in die richtige Richtung. Lautet Ihr Ziel sogar: 85 Kilo, und das bis in 12 Monaten, dann ist es positiv formuliert und nebenher auch smarter geworden, weil es spezifisch und terminiert ist.

Prägnant sind Ziele, die kein Wollen und kein Möchten enthalten und idealerweise auch gleich *in der Gegenwart* anstatt in der Zukunftsform formuliert sind. Super, wenn sie auch noch *ohne Vergleich* auskommen. Anstatt „Ich möchte bis in 12 Monaten geschafft haben, 15 Kilo weniger zu wiegen." ist es viel wirksamer zu sagen: „Ich wiege am 1. Juli 2023 85 Kilogramm." Weshalb es so wichtig ist, Ziele auch als wirklich a*ttraktiv* zu empfinden, haben wir oben bereits gesehen.

Selbst wenn Ziele sowohl smart als auch lebendig formuliert sind, kann ihre Umsetzung trotzdem gefährdet sein, weil sie noch nicht stimmig sind. Sehr leicht übersehen Menschen, dass das, was sie aktuell als Problem empfinden (Übergewicht) und was sie deshalb hinter sich lassen wollen, tatsächlich auch ein klares Zeichen dafür ist, dass das zu viele Essen ihnen in all den Jahren ja auch immer einen *Nutzen* gebracht hat. Essen macht schließlich auch Spaß! Es ist gesellig. Es ist lecker. Es hat vielleicht auch geholfen, den Frust über irgendetwas zu bewältigen. Die Schokolade war ein jederzeit verfügbarer Seelentröster. Das Gläschen Rotwein – neben dem Genuss – auch die Abschalthilfe vom Alltag. All diese Aspekte werden oft vorschnell ignoriert, wenn man sich jetzt, aus lauter Frust über die starken Kurven, vornimmt, abends weniger zu essen oder keine Schokolade mehr zu futtern. Deshalb ist wichtig, sich zu fragen, worin der Nutzen des Alten denn bestand und wie er im Neuen berücksichtigt werden kann. Oder natürlich, ob man wirklich, wirklich bereit ist, darauf zu verzichten. Statt „Ich esse nichts Süßes mehr" mag es dann besser sein „Ich esse pro Tag nur einmal etwas Süßes. Und bei Schokolade höchstens einen Riegel."

Garantiert jede Veränderung, die Sie sich zum Ziel setzen, bewirkt eine *Reaktion des Umfelds*. Beim Abnehmen mag diese – vermutlich zumindest – positiv ausfallen. Aber nehmen wir an, dass Sie beschließen, künftig besser mit Ihren Kräften zu haushalten, um später nicht zum Ausgleich so viel futtern zu müssen. Deshalb, so beschließen Sie weiter, werden Sie öfter mal Nein sagen, wenn schon wieder jemand etwas von Ihnen will. In diesem Fall werden Sie zumindest eine zwiespältige, wenn nicht sogar negative Reaktion ernten. Wenn Ihnen das im Vorhinein bewusst ist und Sie bereit sind, das in Kauf zu nehmen, alles bestens. Ansonsten ist Ihre Kreativität gefragt, wie eine Lösung aussehen kann, mit der Sie Ihre Gewichtsziele erreichen und zugleich das Gegenüber nicht allzu sehr verärgern werden. Oder, das Idealziel, ihr Gegenüber nach dessen anfänglichem Unmut dann sogar als Unterstützer für Ihr Ziel gewinnen können.

Ziele setzen wir meist für einen bestimmten Kontext, aber sie haben ganz oft *Auswirkung auch auf andere Lebensbereiche*. Gefühlte 100 Prozent meiner Kunden sind hier nicht in Balance, und ich meine hier nicht deren Gewichtsprobleme. Ich spreche von ihrem oft übergroßen Engagement für die Firma, das über 10, 20 oder 30 Jahre hinweg auf Kosten von Familie und Privatleben geht. Klar, das funktioniert. Aber zu welchem Preis? Den zahlen die meisten meiner Kunden in ihrem Privatleben, bei der Familie, den Freunden und ihrer Freizeit. Ein Ziel ist niemals perfekt, wenn es diese Auswirkungen nicht von vornherein berücksichtigt und zu einer Lösung kommt, die sich stimmig für sie anfühlt.

Ziele wiederum, deren Umsetzung wir nicht *in der eigenen Kontrolle* haben, erreichen wir höchstens zufällig, letztlich sind sie zum Scheitern verurteilt. Meine Eltern waren über 50 Jahre verheiratet gewesen, und etwa 40 Jahre davon war das Ziel meiner Mutter, ihren Mann zu ändern! Dass er sich mehr bewegt, dass er von sich aus Vorschläge für das Wochenendprogramm macht, dass er mehr redet, sich auch für klassische und nicht nur für Jazzmusik interessiert … Vermutlich kennen einige diese Dynamik ziemlich gut. Klar, wie mein Vater reagiert hat. 40 Jahre lang bewies er meiner Mutter, dass gefälligst er selbst der Herr in seinem Leben ist und deshalb auch selbst bestimmt, was er tut und was er sein lässt. Das war auch der Grund, weshalb meine Mutter nach vier Jahrzehnten ein Einsehen hatte und ihr Ziel, den eigenen Ehemann ändern zu wollen, aufgegeben hat. Ihr neues Ziel lautete: eine bessere innere Einstellung zu finden, dass ihr Mann nunmal so ist, wie er ist. Ein sehr gutes Ziel. Denn genau das lag dann in ihrer Kontrolle.

Das Kriterium der *Ausgewogenheit* bezieht sich auf die beiden Kriterien „realistisch" und „attraktiv". Natürlich wäre es attraktiv, binnen drei Monaten 20 Kilo abnehmen zu können, und zwar nachhaltig. Aber ist das realistisch? Andersherum: Bis in 12 Monaten nur 2 Kilo abnehmen, das ist äußerst realistisch. Aber ist das auch attraktiv? Entsteht da der geringste Sog? An welcher Stelle der Ausgewogenheit das für Sie richtige Maß liegt, das kann kein Außenstehender beurteilen. Es ist eine Frage der Stimmigkeit. Diese kann nur die betreffende Person beurteilen – und ihr Maßstab dafür ist einmal mehr ihr Gefühl. Egal, wie viele Kilo in wie vielen Monaten: Was sich für Sie ausgewogen anfühlt, hat beste Chancen, von Ihnen auch tatsächlich realisiert zu werden!

Ganz schön komplex, was ein perfektes Ziel ausmacht, nicht wahr? Vielleicht wollen Sie in der Abbildung diejenigen Kriterien mit einem Häkchen kennzeichnen, von denen Sie wissen, dass Sie diese ohnehin immer im Blick behalten. Und dann umkringeln Sie diejenigen, die Sie in der Vergangenheit schon öfters übersehen und in der Folge vermutlich einen hohen Preis dafür gezahlt haben. Diese zwei oder drei Kriterien, auf die achten Sie in den nächsten Monaten einmal besonders. Egal, ob das Ziel Sie selbst oder die Mitarbeitenden Ihres Teams betrifft.

10.2   Boosts für das Team

Im Abschn. 5.2 (Die Grenzen unserer Vorstellung) haben wir uns bereits Methoden angesehen, wie Sie Ihre eigenen Denk-Grenzen verschieben können. Das betrifft inhaltliche Fragen, ob Sie sich zum Beispiel vorstellen können, vom regionalen Marktführer zum nationalen, und von dort aus weiter, vom europäischen zum Weltmarktführer zu werden. Es betrifft jedoch genauso zeitliche Fragen und damit einen Aspekt, der sich in den vergangenen gut 20 Jahren deutlich verkompliziert hat. Viele meiner mittelständischen Kunden können sich zwar die Entwicklung ihres Unternehmens in den kommenden 5 Jahren noch recht gut vorstellen. Aber sie stoßen bei allem, was über 10 Jahre hinausgeht, wortwörtlich an die

Grenzen ihres Vorstellungsvermögens. Zu „vuca" ist unsere Welt dafür geworden, als dass 10 oder mehr Jahre noch vorhersehbar, geschweige denn planbar wären: volatil, ungewiss, komplex und vieldeutig (englisch: „ambiguous").

Doch gerade wegen all der Unsicherheit braucht es eine *Vision*. Nur anhand dieses langfristigen Zielbildes für das Unternehmen kann ein Geschäftsführer entscheiden, ob er in ein neues Fertigungsverfahren oder den Kauf eines Mitbewerbers investiert. Manche Geschäftsführer können ihre Vision für das Unternehmen klar benennen, sie wissen genau, wo die Reise hingehen soll. Für andere ist das nahezu eine Unmöglichkeit. Einer meiner Kunden hat ein äußerst gutes Gespür für hoch rentable Investitionen, die sich bei ihm in Krisenzeiten auch schon mehrfach bezahlt gemacht haben. Aber was ist die Vision hinter der Investition? Wo sieht er sein Unternehmen oder die Unternehmensgruppe in 10 Jahren, wenn jetzt auch noch Mitbewerber X gekauft werden soll? Darauf eine Antwort zu geben, fällt diesem Kunden äußerst schwer. Doch genau das ist die Frage, die sich die 1500 Mitarbeiter in seiner Unternehmensgruppe stellen. Sie alle brauchen eine Vorstellung davon, wozu das Investment dienen soll: was die Idee dahinter ist, die Vision, auf die alle hinarbeiten sollen. Denn damit geht es auch um den Sinn der vielen Zusatzarbeit, die anfällt, wenn einmal mehr die Integration eines gekauften Unternehmens angesagt ist.

Wir haben schon gesehen: Wenn wir etwas nicht benennen können, heißt das nicht, dass es nicht existieren würde. Es ist uns nur eben nicht bewusst. *Noch* nicht bewusst. Und genau dieses unbewusst Vorhandene gilt es, ans Tageslicht zu befördern: die Idee sichtbar zu machen, die hinter einer Investitionsentscheidung steht. Wäre mein Kunde Einzelunternehmer und nur für sich selbst verantwortlich, er könnte gut auf diese Mühe verzichten. Er folgt dann einfach seinem unternehmerischen Instinkt, und das mit Erfolg. Als oberste Führungskraft an der Spitze aber, da ist er gut beraten, all seinen Mitarbeiterinnen und Mitarbeitern klar und verständlich vermitteln zu können, wie seine Vision aussieht und wozu er auf das Engagement seiner Leute angewiesen ist.

Wenn Sie nun für Ihr Unternehmen oder Ihren Verantwortungsbereich eine klare Vision vor Augen haben, dann kann es natürlich sein, dass der eine oder die andere in Ihrem Team am Ende nicht zu 100 Prozent dafür zu gewinnen ist. (Was Sie tun können, um genau das doch zu schaffen, dazu kommen wir am Ende dieses Kapitels.) Unerlässlich ist jedoch, dass Sie selbst zu 100 Prozent von Ihrer Vision überzeugt sind, dass Sie felsenfest davon ausgehen, dass sie „ins Fliegen" kommen wird und dass Sie alles daran setzen werden, genau das auch zu erreichen. Wo auch immer Sie kleine Zweifel oder Unsicherheiten haben, die Sie nicht durch entsprechende Vorsorgemaßnahmen beseitigen können: Nehmen Sie lieber eine etwas kleinere Vision voller Gewissheit als eine zu große, die bei Ihnen persönlich bereits mit Restzweifeln behaftet wäre.

Was jedoch tun, wenn beim Team der „Glaube" an die Vision fehlt? Wenn das Team sich nicht vorstellen kann, es könnte jemals gravierend anders sein als heute? Hier dürfen Sie einen neuen, vorübergehenden Hauptberuf für sich entdecken: den des Predigers.

Weshalb sind unsere Kirchen heute so leer, aber viele Freikirchen haben mehrmals die Woche volles Haus? Einer der Gründe scheint mir zu sein, dass die meisten Würdenträger in den Amtskirchen zu viel Wissen haben, aber zu wenig Leidenschaft. Zu viel intellektuelle Kompetenz, zu wenig rhetorische. Zu viele Argumente zu Moralfragen, zu wenig, ja, Liebe zu den Menschen. Gute Argumente sind wichtig. Sie in eine gute Geschichte verpacken zu können, ist besser. Sie aber mit Emotionen den Menschen nahezubringen, das ist das Wichtigste. Mit Leidenschaft. Mit Begeisterung. Mit Lust. Mit Vorfreude. Mit Spaß. Und mit einem tiefen „Glauben" an das Machbare. Menschen werden über Emotionen gewonnen, nicht über Fakten. Eine letzte Analogie, und zwar aus dem Alten Testament: Als Moses das israelische Volk aus der Gefangenschaft in Ägypten herausführen wollte, wie hat er dieses Volk für den 40-jährigen Marsch gewonnen? Er hat eine äußerst kraftvolle Vision gemalt, indem er den Menschen versprochen hat, sie in ein Land zu führen, in dem Milch und Honig fließen würden. Milch und Honig – das waren damals zwei absolute Luxusgüter. Äußerst attraktiv war diese Vision für die Menschen, äußerst schön anzusehen und äußerst anziehend zugleich. Kurz: Jede Mühe wert.

Natürlich ist bei all dem wichtig, dass Sie authentisch bleiben und keine Show veranstalten, bei der Ihr Team innerlich nur den Kopf schüttelt. Aber, wie gesagt: Wenn Sie von der Vision begeistert sind, Ihre Begeisterung aber nicht vermitteln können, wie soll dann der Funke überspringen? Wie wollen Sie dann Ihr Team gewinnen?

Neben attraktiven Visionen sind natürlich auch *Anti-Ziele* ein wirksames Mittel, um die gesamte Mitarbeiterschaft in Bewegung zu versetzen. Ich konnte das in den vergangenen Jahren im Bereich der öffentlich-rechtlichen Kreditinstitute beobachten. Gab es vor 25 Jahren noch über 1000 Sparkassen in Deutschland, sind es heute (September 2022) gerade einmal noch 361, Tendenz weiter fallend. Doch trotz immer größerer, fusionierter Häuser gibt es immer noch kleine „gallische Dörfer", die ihre Selbstständigkeit nachhaltig behaupten können. Wie gelingt ihnen das? Indem die Mitarbeiterschaft oft mit Lösungen einverstanden ist, die mit der ehemals komfortablen Situation für sie als Arbeitnehmer nur noch wenig zu tun haben. Weshalb sind sie dazu bereit? Weil ihnen der Vorstand die Alternative zum Verzicht aufzeigt, und die lautet: Fusion mit dem großen Institut gleich nebenan. Was würde das für die Belegschaft bedeuten? Die Aufgabe alles Vertrauten und der relativen Sicherheit: einen neuen Vorstand, Stellenabbau, nicht mehr im kleinen Kreis entscheiden können, abhängig sein, Unsicherheit und Ähnliches mehr. Für die Menschen, die wissen, was sie an ihren Chefs und den Kollegen haben und die bisher immer erfahren haben: Gemeinsam kommen wir durch und schaffen das – für diese Menschen ist eine Fusion ein absolutes Anti-Ziel. Alles, nur das nicht! Und genau dafür sind sie bereit, sich über die Maßen zu engagieren beziehungsweise auch Verzicht zu leisten.

Ein toller Booster gelang auch dem Vorstand einer genossenschaftlichen Bank, indem er seinen Teams Erfolgserlebnisse ermöglichte, die diese sich niemals hätten vorstellen können. Seine Erzählung ist mir gut in Erinnerung geblieben: „Als ich im zweiten Jahr meiner Amtszeit die Ziele einzelner Bereiche verdoppelt, zum Teil verdreifacht habe, war das Geschrei groß. ‚Unmöglich! Das schaffen wir nie!', war durchgängig die Reaktion bei den betroffenen Führungskräften und Mitarbeitern. Und, was war? Ein Jahr später hatten es die meisten Bereiche eben doch geschafft, oder sie waren nur knapp darunter geblieben. Großes Erstaunen allerseits, dass es tatsächlich möglich war, diese angeblich viel zu hohen Ziele zu erreichen."

Keine Frage, dieser Erfolg war kein Selbstläufer gewesen. Während des Geschäftsjahres hatte der Vorstand sich regelmäßig den Stand der Zielerreichung berichten lassen. Er hat Tipps gegeben, was die Verantwortlichen noch tun könnten, und er hat 12 Monate lang den Druck aufrechterhalten. Zu keinem Zeitpunkt hat er Zweifel daran aufkommen lassen, dass er zum Jahresende die volle Zielerreichung erwartet. Mit diesem Mix gelang es ihm, die Potenziale, die ja offensichtlich in den Menschen brachlagen, zu heben. Ein klares Fordern war das. Und wo immer sinnvoll, auch ein Fördern. Im Kern war sein Ziel jedoch, den Menschen ein Erfolgserlebnis zu verschaffen, das diese im Vorhinein für unmöglich gehalten hatten. Er hat seine Teams also durch Fakten überzeugt. Oder genauer: Die Teams, mit ihren Führungskräften und Mitarbeitern, haben sich selbst durch Fakten davon überzeugt, was tatsächlich in ihnen steckt.

Perfekte Ziele für Ihre Teams sprechen die Funktionsträger und Menschen in diesem Team gleichermaßen an. In den meisten Unternehmen dreht sich jedoch fast alles um die smarten Kriterien. Deshalb gilt: Wenn es bereits bei der Vereinbarung der Ziele Probleme gibt, oder wenn die Ziele vom Team wiederholt nicht erreicht werden, dann lohnt sich ein Blick auf die Kriterien der Lebendigkeit und der Stimmigkeit. Liegt vielleicht hier, im Ziel selbst, bereits der Grund dafür, dass so viele Teammitglieder ihre Ziele nicht schaffen?

Wann haben Sie zum letzten Mal bei einem Zielvereinbarungsgespräch mit Ihren Mitarbeitern ein lebendiges Leuchten in deren Augen gesehen? Ein Strahlen, eine Vorfreude darauf, sich für dieses Ziel engagieren zu dürfen? Haben Sie das überhaupt schon einmal beobachten können? Tatsache ist, dass dieses Leuchten in den Augen vermutlich ein Hinweis dafür ist, dass das vereinbarte Ziel für diese Mitarbeiter eine Attraktion darstellt, ein echtes Highlight in ihrem Zielkatalog. Perfekt, wenn Sie so ein Leuchten gleich bei mehreren Zielen beobachten können. Dann wissen Sie: Ihr Team steht auf dem richtigen Gleis und wartet nur darauf, endlich loslegen zu können.

Ein Warnzeichen wäre es dagegen, wenn das nie der Fall ist. Dann ist für jedes einzelne Teammitglied zu fragen: Ist es tatsächlich an der passenden Stelle im Einsatz? Entsprechen die Aufgaben auch den Talenten, Interessen und Leidenschaften? Wenn nicht, dann mag ein Gespräch hilfreich sein, an welcher Stelle im Unternehmen dieses Teammitglied seine Fähigkeiten denn besser und lieber zum Einsatz bringen könnte. Sie als Führungskraft, die Mitarbeiterin und das Unternehmen selbst – alle drei könnten von einer solchen Veränderung nur profitieren.

Ist das Teammitglied jedoch offensichtlich an der passenden Stelle im Einsatz, dann lohnt ein Blick auf die Kriterien der Stimmigkeit. Vor allen Dingen durch Nachfragen und ruhiges Zuhören bekommen Sie möglicherweise wichtige Einwände oder Befürchtungen zu hören. In aller Kürze einige Beispiele dazu: Der *Nutzen des Alten* ist bei einer Erhöhung der Ziele natürlich immer gefährdet. Weniger erreichen zu müssen macht schlichtweg weniger Druck, und diese Komfortzone ist durch eine Erhöhung der Ziele gefährdet. Die *Reaktion des Umfeldes*, das kann zu Hause der Ehepartner sein, der mit Vorwürfen kommt, weshalb der Mitarbeiter sich schon wieder hat breitschlagen lassen, noch höhere Ziele zu vereinbaren. Die *Auswirkung auf das Leben* mag sein, dass die sehr disziplinierte und engagierte Mitarbeiterin befürchtet, künftig noch schlechter schlafen zu können und deshalb sich zunehmend Sorgen um ihre Gesundheit macht. Doch vielleicht kommt auch kein Leuchten in die Augen, weil die Teammitglieder alle wissen, wie sehr sie bei der Erreichung ihrer Ziele von der reibungslosen Zusammenarbeit mit Abteilung X abhängig sind und den Erfolg deshalb so wenig *in der eigenen Kontrolle* haben. Denn mit dieser Abteilung, da knirscht es schon lange, anfangs nur inhaltlich wegen irgendwelcher Zuständigkeiten. Mittlerweile auch zwischenmenschlich, und man versucht zunehmend, per E-Mail der direkten Auseinandersetzung aus dem Weg zu gehen.

Also: Der Fokus allein auf smarte Ziele kann durchaus genügen, solange die Ziele erreicht werden. In diesem Fall sind die Kriterien „lebendig" und „stimmig" offenbar ausreichend berücksichtigt, auch ohne dass ausdrücklich hätte darüber gesprochen werden müssen. Spätestens aber, wenn Ziele nachhaltig nicht erreicht wurden, ist es ein Muss, die Menschen hinter den Funktionsträgern mehr zu Wort kommen zu lassen und gemeinsam mit ihnen zu prüfen, wie lebendig und stimmig die Ziele für sie überhaupt noch sind.

Wenn alles nichts hilft

Durch die eigene Begeisterung ein begeistertes Team geschaffen zu haben – das ist die Königsklasse der Mitarbeitermotivation. Und Ziele vereinbart zu haben, die die Mitarbeiter kraft ihrer Begeisterung und Kompetenz regelmäßig erreichen, ist der Beweis, dass Sie als Führungskraft einen verdammt guten Job machen. Schließlich ist so ein Erfolg kein Selbstläufer. Hier noch sehr kompakt die vier Stufen, die dorthin führen – inklusive derjenigen, die am Ende weh tun kann.

Stufe 1 ist natürlich das „Predigen", wie ich es vorhin beschrieben habe. Ihr folgt Stufe 2, die inhaltliche Auseinandersetzung mit Ihrem Team, also der Dialog: Ihr Team kann und soll Fragen stellen und seine Einwände loswerden können. Sie alle diskutieren miteinander, wägen ab und vor allen Dingen: lassen sich auch gegenseitig überzeugen. Nach meiner Erfahrung kommt diese Phase, die Stufe 2, oft zu kurz. Bei vielen Führungskräften ist die Angst zu groß, die Skeptiker könnten überhandnehmen. Für notorische Zweifler mag das gelten, die meisten Menschen jedoch werden Sie gerade auf dieser zweiten Stufe überhaupt erst gewinnen können. Stufe 3 ist dann das Aushalten. Nein, nicht alle sind begeistert an Bord – aber alle sind mit an Bord gekommen. Jetzt heißt es losarbeiten und alles unternehmen, die gesetzten Ziele zu erreichen. Aufs Tun kommt es jetzt an. Nicht auf schöne Worte. Und Stufe 4? Die betrifft diejenigen Teammitglieder, die auch in dieser Phase noch permanent ihre Zweifel äußern. Diejenigen, die sich auch jetzt noch ständig als Weltuntergangspropheten und Besserwisser profilieren und die damit dem Team immer wieder den Strom abzudrehen versuchen. Klare Ansage: Wer sich so verhält, der hat im Team nichts mehr verloren und soll an anderer Stelle im Unternehmen oder außerhalb sein Glück versuchen. Hier gilt es für Sie, eine klare Entscheidung zu treffen und diese dann auch durchzuziehen.

10.3   Mitarbeiter zur Selbstständigkeit erziehen

Leistung fördern … Im Abschn. 6.7 (Teams mit Saft und Kraft) haben wir bereits gesehen, dass die Leistung eines Teams nicht nur von dessen Können abhängt, sondern im gleichen Maß auch vom Wollen und Dürfen der Teammitglieder. Mit welchen der drei Faktoren sind Sie bei Ihrem Team zufrieden? Und wo hakt es?

Schätzen Sie sich glücklich, wenn es nur am *Dürfen* liegen sollte, weshalb die Leistung nicht stimmt. Denn das bedeutet, dass Ihr Team bereits alle erforderlichen Fähigkeiten (Können) und die nötige Motivation (Wollen) mitbringt. Das Einzige, was Sie dann noch tun müssen, ist, ihnen auch die entsprechenden Befugnisse zu geben (Dürfen), damit alle Mitarbeiter ihre „PS auf die Straße bringen" können. Das Schöne ist: Das haben zu 100 Prozent Sie selbst in der Hand, denn Sie bestimmen die Ziele, legen die Kompetenzen fest, treffen Entscheidungen und sorgen für eine gute Ablauf- und Aufbauorganisation.

Liegt es am *Können*, so sind dafür sowohl Sie als auch jeder Einzelne im Team gleichermaßen verantwortlich. Die Kompetenzen Ihres Teams beeinflussen Sie durch Ihren Führungsstil genauso wie durch das Delegieren von Aufgaben, deren Kontrolle und Feedback sowie natürlich durch gezielte Trainingsmaßnahmen. Beim *Wollen* haben wir bereits erkannt, wo Ihre Verantwortung liegt und wo nicht: Ja, Sie sind zu 100 Prozent verantwortlich für die Schaffung eines guten Rahmens und auch dafür, der Motivation Ihrer Leute möglichst viel Freiraum zu geben. Nein, Sie sind zu 0 Prozent dafür verantwortlich, dass Ihnen jedes Teammitglied ein begeistertes „Ja, ich will!" zuruft. Denn genau das haben Sie nicht in der Hand und können deshalb auch nicht dafür verantwortlich gemacht werden.

Doch ist es nur das, worum es bei der Führung von Menschen geht: ihre Leistung zu maximieren? „Bei guter Führung geht es nicht um Sie", schreibt Frances Frei in einem Artikel des HBM [2]. „Es geht darum, anderen durch Ihre Anwesenheit Stärke zu verleihen und dafür zu sorgen, dass Ihre Führung diese Menschen auch dann inspiriert, wenn Sie nicht anwesend sind." Mit anderen Worten: *Gute Führung ist die Kunst, sich überflüssig zu machen.* Eine Führungskraft, ohne die „der Laden nicht läuft", ist bestenfalls oberster Sachbearbeiter, aber keine Führungskraft. Denn Sie machen genau dann einen großartigen Job als Führungskraft, wenn Ihr Team auch ohne Sie läuft. Wenn es auch ohne Sie Verantwortung für anstehende Aufgaben und Probleme übernimmt, die entsprechenden Entscheidungen selbstständig trifft und diese dann auch konsequent umsetzt.

Für einen Unternehmer ist das zumindest theoretisch der Idealzustand, hieße es doch, sich auf die Malediven zurückziehen und dank eines selbstständigen Teams Einkünfte erzielen zu können. „Theoretisch" ist das nur deshalb, weil die meisten Unternehmer auf den Malediven wenig mit sich anzufangen wüssten. Zu sehr brennen sie für ihr Unternehmen und die tausend Aufgaben, die dort ständig auf sie warten.

Doch angestellte Führungskräfte verfallen oft in Schreckstarre, wenn sie diesen Satz hören. Überflüssig? Ich? Ja wofür hätte ich dann noch eine Existenzberechtigung im Unternehmen? Wenn ich hier nicht mehr gebraucht werde, dann bin ich ganz schnell weg vom Fenster! Wer so denkt, versucht logischerweise, sich unentbehrlich zu machen. Je abhängiger alle von der Führungskraft sind, umso besser. Tatsächlich aber geht es um etwas ganz anderes. Vollständig lautet die Aussage nämlich: *Führen ist die Kunst, sich überflüssig zu machen. Und zwar im Tagesgeschäft.* Denn je weniger eine Führungskraft im Tagesgeschäft gebraucht wird, desto mehr Zeit hat sie, sich um die übergeordneten Themen zu kümmern: Qualität sicherstellen, Abläufe optimieren, neue Ideen, Strategie und Personal entwickeln und Ähnliches mehr. All das sind Aufgaben, die häufig nach hinten geschoben und erst dann erledigt werden sollen, wenn man dafür „mal Zeit hat". Doch diese Zeit kommt dummerweise nie. Nachhaltige Unternehmensentwicklung sieht anders aus!

Doch wollen Sie das überhaupt, sich im Tagesgeschäft überflüssig machen? Das ist keine rhetorische Frage! Bei vielen Führungskräften sagt zwar ein Teil von ihnen Ja, weil sie wissen, dass sich ihr Bereich nur auf diese Weise entwickeln kann. Ein anderer Teil sagt jedoch Nein, weil der etwas zu verlieren hat, nämlich das über die Jahre so liebgewonnene Tagesgeschäft. Es hat schließlich gute Gründe, weshalb man hier Fachfrau geworden ist: Es macht so Spaß! Man kann es so gut! Es ist so schön, gebraucht und gefragt zu werden! Es ist eine sichere Bank, viel mehr als diese eher abstrakten und übergeordneten Themen! Und so weiter. Es gibt viele, letztlich emotionale Gründe, am Tagesgeschäft festzuhalten.

Für echte *Selbstständigkeit* bedarf es einiger Voraussetzungen – und die folgende Aufzählung ist weit mehr als nur ein schönes Wortspiel. *Selbstständige Mitarbeiter benötigen Selbstverantwortung, Selbstmotivation, Selbstverpflichtung, Selbststeuerung, Selbstkontrolle, Selbstreflexion, Selbstlob, Selbstkritik, Selbstannahme, Selbstliebe, Selbstwertgefühl und schließlich Selbstsicherheit.* Auf alle diese Faktoren kommt es an. Was steckt also jeweils dahinter?

Selbstverantwortung: Wer Verantwortung trägt, muss Antworten liefern können. Und diese Antworten geben wir erst an zweiter Stelle einer anderen, meist vorgesetzten Person. Wir geben sie als Erstes immer uns selbst. Selbst-Verantwortung eben. Reinhard Sprenger definiert es so [3]. „Das Wort ‚Selbstverantwortung' zeigt: (…) Wir ver-antworten unsere Antwort vor unserem Selbst. *Das* ist die Instanz, vor der Verantwortung faktisch ist." Ein Mitarbeiter, der keine Selbstverantwortung übernehmen kann oder will, wird niemals ein selbstständig arbeitendes Teammitglied sein können. Er wird Ihnen immer mit Ausreden, Ausflüchten und Entschuldigungen begegnen.

Wenn Sie eine Aufgabe an ein Teammitglied delegieren, ist wichtig, dass dieses Mitglied ein klares inneres „Ja!" zu dieser Aufgabe sagt. Auf Neudeutsch: Es committet sich. Das ist seine *Selbstverpflichtung* dazu, die Aufgabe unter Einsatz all ihres Könnens zu einem erfolgreichen Abschluss führen zu wollen.

Die *Selbstmotivation* des Teammitgliedes ist der Grund, weshalb es überhaupt Ja zur Aufgabe gesagt hat. Von hier kommt der Antrieb, das Ganze zu bearbeiten. Zwischendurch werden Probleme und Hindernisse auftauchen. Um diese rechtzeitig zu erkennen benötigt das Teammitglied die Fähigkeit zur *Selbstkontrolle,* und damit es dann nicht immer Sie fragen muss, was es tun soll, die Fähigkeit zur *Selbststeuerung.*

Selbstständige Mitarbeiter können gleichzeitig arbeiten und prüfen, ob sie noch auf Kurs sind und sich dafür auch selbst in den Spiegel gucken. *Selbstreflexion* nennt man das. Diese sollte außer *Selbstkritik* auch *Selbstlob* umfassen. Erkennen, wo man etwas gut gemacht hat und das auch anerkennen können. Das ist nämlich die positive emotionale Basis, auf der dann auch das Erkennen und Benennen von Fehlern erfolgen kann.

Dies alles gelingt umso leichter, je weniger ein Mitarbeiter mit sich selbst hadert. Ja, wer arbeitet, macht Fehler. Damit das einen Menschen aber nicht in eine ängstliche Blockade bringt („Bloß nichts falsch machen!"), sind *Selbstannahme* und *Selbstwertgefühl* eine wichtige Voraussetzung. Im Kern geht es dabei um nicht weniger als *Selbstliebe*. Ja, da ist ein Fehler passiert, das ist ärgerlich. Aber ich kann es mir eingestehen und auch offen kommunizieren, weil es nicht an meinem Ego kratzt.

Wer möglichst viele dieser „Selbsts" in sich trägt, wird merken, wie er immer sicherer wird im Umgang mit allen Problemen, die auftauchen: Wie er immer besser umgehen kann mit allem Ärger, den es zwischendurch einmal gibt, und auch mit allem Erfolg, der sich auf Dauer einstellt. So entsteht *Selbstsicherheit*, ein wertvolles Fundament. Bitte verwechseln Sie Selbstsicherheit nicht mit Selbstherrlichkeit. Donald Trump, um ein prominentes Beispiel zu nennen, gab sich immer überaus selbstsicher, war es aber gerade nicht. Er war sich seiner selbst zutiefst unsicher und hat aus diesem Mangel heraus seine narzisstische Fähigkeit entwickelt, andere Menschen für sich einzunehmen, um sich an ihrer Bewunderung zu wärmen. Selbstherrlichkeit ist das – im gewissen Sinn das Gegenteil von Selbstsicherheit.

Doch was braucht Ihr Team, um in diese Selbstständigkeit zu kommen? Was können Sie als Führungskraft tun, um Ihr Team dorthin zu führen? Nehmen wir einmal an, in Ihrem Team läuft immer wieder etwas schief. Ihre Leute kommen, berichten von Problemen und wollen wissen, was aus Ihrer Sicht als Führungskraft jetzt das Beste wäre zu tun. Sie sagen, was Sie denken, sprechen eine klare Empfehlung aus, wie die nächsten Schritte aussehen müssten, und ermutigen die Mitarbeitenden, gerne wiederzukommen, falls es doch wider Erwarten nicht klappen sollte. In diesem Augenblick sind meist alle glücklich: das Team, weil ihm geholfen wurde, und die Führungskraft, weil sie helfen konnte.

Das ist zwar alles gut gemeint. Aber eben nicht gut gemacht. Zumindest dann nicht, wenn Ihr Team selbstständig werden, und das heißt nun einmal, seine Probleme selbst lösen können soll. Viele meiner Kunden stecken in dieser Falle, ohne sie aber wirklich als solche zu erkennen. Denn mit jedem Mal, wo die Führungskraft ihr Expertenwissen nutzt, um daraus dann die Lösung des Problems zu präsentieren, vertut sie die Chance, ihre Leute selbst lernen zu lassen. Sie hält sie damit dumm, beweist sich selbst als schlau und schafft damit die besten Voraussetzungen, dass sich dieses Spiel immer aufs Neue wiederholt.

Denn wer kennt ihn nicht, diesen riesigen Unterschied, ob uns als Kind die Lehrerin erklärt hat, wie etwas funktioniert – oder ob wir selbst darauf gekommen sind? Bei der Lehrerin haben wir es vermutlich schulterzuckend zur Kenntnis genommen, aha. Sind wir dagegen selbst auf die Lösung gekommen, gab's einen inneren Schub, und eine dauerhafte Erkenntnis, wie etwas funktioniert: Aha!

Führungskräfte aber, die wie oben beschrieben mit ihren Mitarbeiterinnen umgehen, entmündigen sie, nehmen sie nicht ernst, glauben nicht an ihre Kompetenz und verschlimmern die Situation, anstatt sie zu verbessern. Was ist zu tun? Drei Dinge.

Als erstes wollen Sie sich vielleicht mit dem – durchaus unangenehmen – Gedanken vertraut machen, dass nicht Ihre Leute per se dumm wären, sondern dass sie so dumm sind, weil Sie sie dafür halten. Pygmalioneffekt nennt man dieses Phänomen. Es ist sehr schwer, das bei sich selbst zu erkennen. Schließlich will keiner selbst der Auslöser dafür sein, dass das Team so inkompetent ist. Genau deshalb ein kleines Beispiel aus der Praxis.

Praxisbeispiel

Zwei Ingenieure gründen gemeinsam eine Firma, machen sie groß und erfolgreich. Einer der beiden beklagt sich regelmäßig über die Hochschulabgänger, die zu ihnen kommen und Jahr für Jahr dümmer würden: „Früher war das alles besser, bei uns hätte es das nicht gegeben!" Weil er nun – wie er natürlich meint: zu Recht! – bei den Berufseinsteigern misstrauisch ist, stellt er sich gerne hinter die jungen Mitarbeiter. Er will ihnen, wie er es nennt, ein wenig über die Schulter gucken, wenn diese an ihren Rechnern sitzen und mit Hilfe der CAD-Software Konstruktionen anfertigen. Lange warten muss der Ingenieur nie, bis ein Fehler passiert und er sich einmal mehr in seiner Meinung bestätigt sieht: Die werden alle immer dümmer! Also hat er doch recht, nicht wahr?

Man braucht wohl nicht viel Empathie, um auf die Lösung zu kommen. Versetzen Sie sich einmal in den jungen Mitarbeiter hinein. Was macht es mit ihm, wenn er weiß, dass der Chef hinter ihm steht und bei der Arbeit zuguckt? Stress natürlich! Jetzt bloß keinen Fehler machen! Und … klar … genau der passiert dann. Je mehr Stress wir haben, umso weniger können wir klar denken – und schon ist es passiert. Perspektive des Ingenieurs: Die *sind* alle zu blöd. Perspektive von außen: Du *denkst,* sie sind zu blöd, deshalb kontrollierst du sie, damit machst du ihnen Stress, und deshalb machen sie Fehler. Genau die Fehler, die du ihnen unterstellst. Es liegt an dir – nicht an den Berufseinsteigern. ◄

Sofort einleuchtend, das Beispiel, nicht wahr? Nehmen Sie sich ein paar Augenblicke Zeit und fragen sich: „Wo in meinem Team leiste ich ganz persönlich einen – leider – destruktiven Beitrag zur Unselbstständigkeit meiner Leute?" Diese Antwort zu finden mag schwierig sein, aber äußerst lohnend. Denn sie ist einer der Türöffner zu wirklich selbstständigen Mitarbeitern.

„Unternehmertum" ist nichts anderes als selbstständiges Arbeiten, mit dem besonderen Fokus aufs Verantworten, Entscheiden und Umsetzen. Doch genau damit tun sich manche Mitarbeiter eben schwer und versuchen immer wieder, sich darum zu drücken. Für den Umgang mit solchen Kandidaten gibt es ein tolles Mittel: die Provokation. Stellen Sie sich auch hierfür vor, eine Ihrer Führungskräfte käme zum wiederholten Mal zu Ihnen, weil sie ein Problem nicht gelöst bekommt. Sie haben beide schon oft miteinander gesprochen, vieles ausprobiert, bisher erfolglos – und jetzt sitzt diese Person Ihnen schon wieder gegenüber und erklärt, weshalb auch der letzte Anlauf nicht das gebracht hat, was Sie beide sich erhofft haben. Weil Sie es nun – hoffentlich! – leid sind und nicht noch eine weitere Runde auf dem Karussell fahren wollen, stellen Sie genau eine Frage: *„Lösen Sie mir jetzt das Problem? Oder sind Sie Teil des Problems?"*

Nach dieser Frage heißt es die Pause, die entsteht, auszuhalten. Sprechen Sie keinesfalls weiter. Lassen Sie Ihre Frage wirken. In den meisten Fällen kommt die Botschaft an, und der Angesprochene denkt sich sinngemäß: „Warte nur! Dir zeig' ich's!" Das lässt er nicht auf sich sitzen, Teil des Problems sein zu sollen! Das Geniale an dieser Frage ist, dass sie objektiv ihre Berechtigung hat und zugleich subjektiv eine große Wirkung entfaltet. Selbstmotivation, ausgelöst durch eine einzige gute Frage. Und Selbstständigkeit beim Lösen des Problems. Vorausgesetzt, Sie haben tatsächlich jemanden gegenübersitzen, der das Potenzial zur Führungskraft hat. Wenn nicht, dann sehen Sie sich besser nach Alternativen um.

Auch das zwischenmenschliche Klima, der Umgang zwischen Ihnen und Ihrem Team, spielt eine wichtige Rolle bei der Entwicklung zur Selbstständigkeit. Je mehr Ihr Team Angst hat, Fehler zu machen, je lauter geschimpft wird, wenn mal wieder etwas nicht geklappt hat, je mehr Sie sich mit Ihrer Macht und Ihrem Wissen groß machen und Ihre Teammitglieder klein halten, umso weniger wird das Team bereit sein, Verantwortung zu übernehmen. Selbstständiges Arbeiten? Das braucht ein Gefordert-Werden auf Augenhöhe. Es braucht Fragen, die zum selbstständigen Weiterdenken anregen. Also bitte nicht „Was kann ich noch für Dich tun?" sondern „Was kannst Du noch tun, um die Sache in den Griff zu bekommen?" Dafür braucht es bei Ihnen Mut, gerade wenn es schwierig wird, nicht in die alten Muster zurückzufallen. Es auszuhalten, dass Fehler passieren und diese auch einmal Zeit und Geld kosten werden. Es braucht gegenseitiges Vertrauen, auch solches, das erst einmal gewagt wird, nicht nur das, was auf wechselseitig guten Erfahrungen beruht. Und es braucht klare Vereinbarungen, damit Ihr Mitarbeiter weiß, wo seine Aufgabe liegt und wo deren Grenzen.

Welche Ursachen können Fehler haben? Und welche Reaktion ist darauf angemessen? Noch einmal Reinhard Sprenger, der die verschiedenen Möglichkeiten im bereits erwähnten Buch zur Selbstverantwortung gut aufgelistet hat [2]. Im Extremfall resultieren Fehler aus Sabotage. Die Folge kann hier nur eine Kündigung sein. Fehler können auf der Dummheit eines Mitarbeiters beruhen. Dann heißt es, sich einzugestehen, dass er offenbar eine Fehlbesetzung an dieser Stelle ist und eine besser passende Alternative für ihn gesucht werden muss. Beruhen Fehler auf Nachlässigkeit, dann gilt es, Lernprozesse anzustoßen und gegebenenfalls die Motivation des Mitarbeiters zu klären. War es aber fehlendes Wissen, das den Fehler bewirkt hat, dann wird dem Mitarbeiter genau durch diesen Fehler etwas klar. Das heißt, er lernt. *Fehler überwinden fehlende Erfahrung.* Und in dieser Form sind sie lebensnotwendig und hilfreich. James Dyson soll bei der Entwicklung seines beutellosen Staubsaugers etwa 5000 Fehler gemacht haben. Jeder einzelne davon hat ihn schlauer werden lassen.

Wie geht man also mit Fehlern um, die geschehen sind, weil es an Erfahrung gefehlt hat?

Natürlich könnten Sie versuchen, Fehler künftig zu vermeiden, indem Sie Ihrem Mitarbeiter Schritt für Schritt vorschreiben, was er zu tun hat. Aber was wäre das Ergebnis davon? Je weniger er bei der Aufgabe selbst entscheiden und gestalten kann, umso weniger wird er sich verantwortlich fühlen, mitzudenken und das Beste herauszuholen. Er arbeitet ab. Und was auf Ihrer Checkliste nicht draufsteht, wird auch nicht gemacht. Selbstständigkeit ade!

Wenn Sie also einen selbstständig arbeitenden Mitarbeiter haben wollen, dann stellen Sie Fragen, um dem Mitarbeiter einen Lernprozess zu ermöglichen. Achten Sie dabei auf Ihren Tonfall, damit er sich nicht wie im Verhör vorkommt. Was ist ihm aus dem Fehler klar geworden? Inwiefern ist er jetzt klüger als vorher? Welche Konsequenz zieht er fürs nächste Mal aus seiner Erfahrung? So, und nur so lernen Menschen, Verantwortung für ihre Fehler zu übernehmen und es beim nächsten Mal noch besser zu machen.

Zum Abschluss noch einmal die zentralen Punkte im Überblick:

Was benötigen Ihre Mitarbeiter, um selbstständig arbeiten zu können?

- klare Zielvorgaben,
- Informationen und Wissen, lieber etwas mehr als weniger,
- das Recht, selbst entscheiden zu dürfen,
- die Pflicht, sich für das eigene Handeln verantworten zu müssen.

Und was ist deshalb Ihre Aufgabe?

- Die oben genannten Voraussetzungen schaffen,
- andere als Ihre Lieblingslösungen zulassen,
- Geduld, denn in die Selbstständigkeit zu kommen, das dauert,

10.4 Delegieren – die meistverpasste Chance

Hand aufs Herz, welche Führungskraft kennt das nicht: Sie haben eine Aufgabe delegiert, die Zeit verstreicht, und später als erhofft landet das Ergebnis endlich auf Ihrem Tisch – doch Sie trauen Ihren Augen nicht. Der Mitarbeiter hat zwar alles bearbeitet. Aber *so* hatten Sie sich das Ergebnis dann doch nicht vorgestellt. „Willkommen im Club!", kann ich da nur wieder sagen, solche Überraschungen kennen vermutlich die meisten. Schließlich ist das Delegieren von Aufgaben das Alltäglichste, was es in einem Unternehmen gibt. Doch trotzdem werden genau hier immer wieder dieselben Fehler gemacht und damit die Chance vertan, Mitarbeitende die Selbstständigkeit zu führen. Das Thema ist es also wert, näher angesehen zu werden!

Stellen Sie sich dafür vor, Sie hätten einen Vorgang auf den Tisch bekommen, den Sie nicht selbst bearbeiten wollen und deshalb an jemanden aus Ihrem Team delegieren müssen. Fünf Schritte braucht es, damit Sie sicher ans Ziel gelangen.

Schritt 1: Den passenden Mitarbeiter auswählen

Klar, der perfekt passende Mitarbeiter ist natürlich derjenige, der die Aufgabe bearbeiten kann, will und darf – und außerdem noch Zeit dafür hat. Das dürfte es in der Praxis wohl äußerst selten geben. Was also tun? Sehen wir uns jeden Faktor näher an.

Der Mitarbeiter kann es nicht, zum Beispiel, weil er ein solches Thema zuvor noch nie bearbeitet hat. Die Falle, die direkt vor Ihnen in den Boden eingelassen ist, ist groß. Sie lautet: „Bevor ich das Herrn Müller jetzt erst erklärt habe und dann noch zig Schleifen drehen muss, da habe ich das schon dreimal selbst erledigt!" Dieser Gedanke ist so naheliegend! Und leider auch so wahr! Denn es ist klar, dass Sie, wenn Sie es zum ersten Mal an Herrn Müller delegieren, auf jeden Fall länger brauchen werden, als wenn Sie es selbst bearbeiten würden. Weshalb ist der Gedanke dann eine Falle? Weil die eigenen Leute schlau zu machen immer eine Investition ist: Sie geben erst einmal mehr Zeit in die Angelegenheit hinein, als Sie dadurch zurückbekommen. Beim zweiten Mal wird es nur noch etwas mehr Zeit sein, als wenn Sie es selbst gemacht hätten. Spätestens ab dem dritten oder vierten Mal aber, wenn Sie eine solche Aufgabe wieder an Herr Müller delegieren, zahlt sich ihre Investition aus, und Sie sparen Zeit. Und zwar dauerhaft. Herrn Müller in die Selbstständigkeit führen? Schritt 1 wäre schon mal geschafft, Sie hätten die Falle übersprungen!

Der Mitarbeiter will es nicht und kontert deshalb ganz offen mit der Frage „Wieso soll ausgerechnet ich das machen?" Bei einem kleinen Trainingsinstitut, für das ich einige Jahre tätig war, hatte keine der Auszubildenden Lust, im Winter Schnee zu schaufeln, damit die Seminarteilnehmer sicher zum Eingang des Hauses gelangen konnten. Doch keine von ihnen murrte, wenn sie mit dem Job an der Reihe war. Weshalb? Weil alle wussten: An den Sonntagen, wo ebenfalls Trainings stattfanden, ist sich der Chef des Hauses nicht zu schade, den Schnee um sieben Uhr morgens selbst wegzuschieben. Muss ein Chef solche „Drecksarbeiten" machen? Sicher nicht. Aber wenn er sie nie macht, weil er schließlich der Chef ist, dann werden diese Arbeiten als minderwertig betrachtet, und wer sie dann erledigen muss, bekommt das Gefühl, ganz unten zu stehen in der Hierarchie der Wichtigkeit. Wer will das schon?

Der Mitarbeiter darf nicht, zum Beispiel, weil er keine Zugangsberechtigung zu bestimmten Inhalten auf dem Server hat. Im Rahmen der unternehmensinternen Richtlinien und Gesetze heißt es dann, entweder diese Berechtigung zu besorgen – oder tatsächlich eine andere Person, die über die nötigen Berechtigungen verfügt, ausfindig zu machen.

Schritt 2: Umfassend informieren

Hat ein Mitarbeiter das Gefühl, einfach eine Arbeit „auf den Tisch geknallt" zu bekommen, wo die einzige Aufforderung aus einem „Mach' mal!" besteht, wird er vermutlich weder Lust haben, die Aufgabe zu bearbeiten noch sich dafür verantwortlich fühlen. Entwicklung zur Selbstständigkeit – ade! Drei Aspekte sind wichtig, diesem Mitarbeiter mitzugeben: Warum? Wozu? Wie?

Das *Warum* ist die Vorgeschichte, was wo passiert ist, weshalb diese Aufgabe nun überhaupt zu erledigen ist, also der Blick in die Vergangenheit. Das *Wozu* ist der Sinn und Zweck, dem die Aufgabe dient, was also damit erreicht werden soll, gleichsam der Blick in die Zukunft. Aus einem „blöden Job", wie der Addition langer Zahlenkolonnen, wird dann vielleicht die Datenbasis für eine wichtige strategische Entscheidung über neue Märkte. Das *Wie* beschreibt den Rahmen, wie Sie sich das Ergebnis vorstellen, was beachtet werden muss und wo es Freiheiten gibt. Das betrachten wir ausführlich in Abschn. 12.4 (Freiheit und Sicherheit im Rahmen).

Schritt 3: Umfassend delegieren
Delegieren umfasst zwingend drei Bestandteile: Die Übertragung 1. der eigentlichen Aufgabe, 2. der Verantwortung für die richtige und rechtzeitige Erledigung, und 3. der Entscheidungskompetenzen, um diese Aufgabe selbstständig bearbeiten zu können.

Der offensichtlichste Teil ist natürlich die Aufgabe selbst. Die Erledigung der Aufgabe sind Sie dank Ihrer Delegation losgeworden und müssen sie nicht mehr persönlich leisten. Aber wie sieht es mit der Verantwortung aus, dass am Ende das Ergebnis stimmt? Sind Sie diese Verantwortung ebenfalls los? Ganz sicher nicht! Wenn bei einem Mittelständler der Geschäftsführer einen Vorgang an seinen Bereichsleiter delegiert, der an seinen Abteilungsleiter, der wiederum an den Teamleiter und dieser an einen Mitarbeiter – dann hat am Ende einer die Arbeit und insgesamt fünf Personen die Verantwortung. Bis zu diesem Punkt sind sich meist noch alle einig. Die Diskussionen beginnen bei Aspekt Nummer 3, den Kompetenzen.

Bei jeder Aufgabe sind schließlich immer wieder Entscheidungen zu treffen, welcher Schritt als Nächstes zu tun ist, wie das Ganze am besten bearbeitet werden muss oder welcher Kollege zwischendurch einmal zu Rate gezogen werden sollte. Sind Sie als delegierende Führungskraft nun Ihre Entscheidungsbefugnisse bezüglich der Durchführung dieser Aufgabe los, so wie Sie die Aufgabe selbst ja auch losgeworden sind? Oder behalten Sie Ihre Kompetenzen genau so, wie Sie auch die Verantwortung behalten? Hm …?

Wenn Sie Ihre Mitarbeiter zur Selbstständigkeit führen wollen, dann kann es nur eine Antwort geben, und die ist entscheidend für den Erfolg: Sie sind Ihre Entscheidungsbefugnisse los. Sie haben, während Ihr Mitarbeiter den Vorgang bearbeitet, nichts mehr zu melden. Genau deshalb ist es so extrem wichtig, in Schritt 2 den passenden Rahmen gesetzt zu haben. Aber innerhalb dieses Rahmens, da darf Ihr Mitarbeiter nun schalten und walten, wie er es mag, und nicht, wie Sie es im Einzelfall vielleicht anders gemacht hätten. Chefs, die zwischendurch ihren Leuten immer wieder reinreden, bewirken damit nur zwei Dinge: Frust und Unselbstständigkeit. „Am Ende muss es doch wiedermal genau so laufen, wie Chef es will. Soll er halt gleich sagen, wie er's gerne hätte und mir nicht dauernd reinreden", mag der Mitarbeiter dann denken, und er hätte völlig Recht damit.

Mir gegenüber sitzt ein „Unternehmerpärchen". Ihre Firma ist in den letzten Jahren stark gewachsen – gleichzeitig allerdings auch die Nörgelei und die Unselbstständigkeit der Mitarbeiter. Dabei hört sich alles ausgesprochen vernünftig an, was die beiden bisher für ihr Team getan haben. Doch zwischen den Zeilen ihrer Berichte rieche ich zunehmend die Leiche im Keller und konfrontiere meine beiden sehr verdutzten Coachees mit meiner Vermutung: Dass es nämlich sie selbst sind, die auf einer tieferen Ebene das Team sabotierten und es daran hindern, selbstständiger zu werden.

Stille im Saal. Knisternde Atmosphäre. Es ist spürbar, wie es in beiden arbeitet. Dann sie: „Stimmt. Ich bin und bleibe ein absolutes Alphatier!" Und er: „Wenn ich ehrlich bin, finde ich meine eigenen Lösungen immer besser als die der anderen." Diese Selbsterkenntnis ist der Wendepunkt. Den Beiden dämmert: „Unsere Mitarbeiter werden nie selbstständig arbeiten, wenn wir einerseits schön von einem Team reden, andererseits aber in der Art und Weise, wie wir Aufträge erteilen und Arbeitsergebnisse kontrollieren, die Mitarbeiter konsequent in ihrer Abhängigkeit halten!"

Es dauert eine Weile, bis die beiden die Zwickmühle aufgelöst bekommen. Denn ihnen ist klar, dass sie diejenigen sind, die sich zuerst würden verändern müssen, wenn sie in der Folge beim Team eine Veränderung erleben wollen. Beide lernen in den nächsten Monaten Stück für Stück loszulassen. Die Unternehmerin vom Zwang, alles bestimmen zu müssen. Der Unternehmer von der Selbstverliebtheit in die eigenen Lösungen. Das Team dankt ihnen die Mühe. Es wird Stück für Stück selbstständiger und gibt den beiden Geschäftsführern neue Freiheit für die weitere Entwicklung ihres Unternehmens. ◄

Schritt 4: Rechtzeitig kontrollieren

Sie wollen Ihr Team zur Selbstständigkeit führen und haben erkannt, dass es dafür Freiräume benötigt, wo es lernen und sich entwickeln kann. Das heißt nichts anderes, als dass es Fehler machen wird. Auf der anderen Seite tragen Sie die Verantwortung dafür, dass das Ergebnis bei der delegierten Aufgabe stimmt, vielleicht auch ein bestimmter Zeit- und Kostenrahmen eingehalten wird. Damit haben Sie eindeutig ein Spannungsverhältnis zwischen zwei Zielen, das Sie nur auflösen können, indem Sie rechtzeitig Zwischenergebnisse kontrollieren. Doch wann ist rechtzeitig?

Stellen Sie sich einmal vor, Sie bekämen Montagmorgen eine Aufgabe auf den Tisch, die Sie an Frau Schinck delegieren wollen. Frau Schinck will die Aufgabe gerne übernehmen, und sie hat auch alle nötigen Befugnisse, die sie für die Erledigung benötigt. Allerdings hat sie so etwas noch nie gemacht. Außer ihrem Wissen und ihrer Erfahrung kann sie erstmal nichts einbringen. Der Knackpunkt in diesem fiktiven Beispiel ist, dass Sie bei Frau Schinck für Einarbeitung, Durchführung und Abschluss der Aufgabe mit einer Woche Zeitbedarf rechnen – und dass die Aufgabe Freitagnachmittag abgeschlossen sein muss, weil dann eine Frist abläuft, die zwingend eingehalten werden muss. Anspruchsvolle Rahmenbedingungen sind das. Denn Sie haben zwar eine gute, aber eine in der Sache unerfahrene Mitarbeiterin. Und zugleich verfügen Sie über keinerlei Zeitpuffer nach hinten, falls etwas schiefgehen sollte. Jetzt haben Sie Frau Schinck die Erlaubnis erteilt, sämtliche Aufgaben, die in ihrem Kalender standen, für diesen Job um eine Woche nach hinten zu schieben. Um 9 Uhr am Montagmorgen sitzt sie vor Ihnen, und Sie erklären ihr, worum es geht.

Nun die Frage: Wann wollen Sie Frau Schinck wiedersehen, um zu kontrollieren, ob sie auch tatsächlich auf Kurs ist? Mittwochmittag, also etwa zur Halbzeit? Dienstag? Oder nur dann, wenn Frau Schinck Fragen haben und von sich aus auf Sie zukommen sollte? Die richtige Antwort kann nur lauten: Montagmittag. Also einen halben Tag nach Ihrem Delegationsgespräch. Kann Schinck da schon erste Ergebnisse haben? Sicher nicht! Auf jeden Fall aber muss sie sich Gedanken gemacht und ein tieferes Verständnis zu den Inhalten und der Vorgehensweise entwickelt haben. Genau das müssen Sie jetzt hinterfragen, dafür kommt sie Montagmittag zu Ihnen. Zwei Vorteile hat diese frühe Kontrolle: Zum einen kann jeder Denkfehler frühzeitig korrigiert werden – bevor er zu einem späteren Zeitpunkt in einem Zwischenergebnis sichtbar wird. Zum anderen gibt das Feedback, unabhängig davon, wie es ausfällt, Frau Schinck auf jeden Fall Sicherheit, weiß sie doch genau, woran sie ist. Die nächsten Kontrollgespräche könnten dann folgen: Montagabend, da sollten erste Resultate sichtbar sein. Dienstagabend, wo sie einen Tag voll gearbeitet hat. Und dann noch einmal für Feinabstimmungen im Laufe des Donnerstags, wo sie bereits auf die Zielgerade zum Abschluss ihrer Arbeit eingebogen ist. Die Abstände zwischen den Terminen werden also immer länger. Frau Schinck soll so selbstständig arbeiten wie möglich, und die Zwischenergebnisse müssen – wegen der fehlenden Pufferzeit – so eng kontrolliert werden wie nötig.

Schritt 5: Reflexion
„Was klappte im Rückblick gut und kann beibehalten werden? Worauf muss beim nächsten Mal mehr geachtet werden?" Ein kurzer Austausch zu diesen Fragen schließt das kleine Projekt ab. Das Ziel ist, dass Frau Schinck beim nächsten Mal, wenn sie diesen Vorgang wieder von Ihnen delegiert bekommt, noch sicherer und damit auch noch selbstständiger arbeiten kann. Dass Sie als Führungskraft einen guten Job gemacht haben, merken Sie in den Monaten und Jahren danach. Wenn es genügt, den Vorgang mit der Aussage „Wie immer, bitte!" zu delegieren und das Ergebnis exakt Ihren Vorstellungen entspricht, dann haben Sie eine weitere selbstständige Mitarbeiterin. Nicht "gewonnen", sondern sich erarbeitet.

10.5   Der optimale Führungsstil

Drei Qualitäten benötigt ein Team, um eine Aufgabe selbstständig bearbeiten zu können, also ohne dass es von Ihnen als Führungskraft irgendeiner Unterstützung bedürfte. Qualität Nummer 1 sind die *Macher* in Ihrem Team, die Leistungsführer. Das sind diejenigen, die eine Idee im Kopf haben, wie es funktionieren könnte, und die als Erste die Initiative ergreifen, das Problem anzupacken. Ohne sie geht nichts.

Qualität Nummer 2 sind die *Skeptiker*. Sie hinterfragen die Ideen der Macher, ob sie denn tatsächlich zum Ziel führen, oder was sich ändern müsste, damit sie noch besser funktionieren. Ohne sie geht genauso wenig. Denn Macher, die an ihre Ideen glauben, verrennen sich gerne. Haben sie sich mit ihrem Jeep im Sand festgefahren, ist die Gefahr groß, dass sie noch mehr Gas geben, um da endlich rauszukommen. Kommt jetzt der Skeptiker, hinterfragt das Gasgeben und schlägt vor, langsam rückwärts zu fahren und Matten unter die Reifen zu legen, dann herrscht dicke Luft zwischen den beiden! „Bedenkenträger" ist ein typisches Etikett, das sich die Skeptiker oft anhören müssen. Das ist nicht nur nicht nett, es ist vor allem unklug. Denn oft haben sie halt recht, die Skeptiker, so wenig wertgeschätzt ihr Rat auch sein mag.

Gerade deshalb braucht es auch Qualität Nummer 3, die Leute fürs Klima. Für sie ist weniger wichtig, auf welchem Weg das Ziel erreicht wird. Sie wissen genau: Wenn wir uns jetzt nicht einigen, dann kommen wir nie ans Ziel. Also gilt es, für Beruhigung und ein gutes Klima zwischen den Beteiligten zu sorgen! Nur im konstruktiven Dialog zwischen den Machern und den Skeptikern gelingen die besten Lösungen. Folglich gilt auch für die Klimaführer: Ohne sie geht gar nichts!

Voranmachen, Hinterfragen, bei Laune bleiben: Das sind die drei Qualitäten, ohne die Ihr Team nicht selbstständig wird arbeiten können. Wie sind Sie mit den Ergebnissen Ihres Teams zufrieden? Gehen die Lösungen schnell, haben aber Mängel? Dann gibt es offenbar zu viel Macher-Qualität im Team. Bleibt das Team in Analysen und Grundsatzdiskussionen stecken? Dann gibt es möglicherweise zu viele Skeptiker. Verstehen sich alle prächtig, es herrscht ein toller Teamgeist, aber die Ergebnisse sind mäßig? Dann könnten die Klimaführer zu sehr die Oberhand haben. Also: Was vermissen Sie bei Ihrem Team? Was benötigt es, um selbstständig arbeiten zu können?

Das genau erkennen zu können ist wichtig, um das Team im nächsten Schritt zur Selbstständigkeit führen zu können. Wie gelingt Ihnen das? Die eine Möglichkeit ist, bei den nächsten Neueinstellungen weniger auf Zeugnisse und Lebensläufe der Kandidaten und Kandidatinnen zu achten, als vielmehr auf deren Persönlichkeiten und ihre Eigenschaften. Holen Sie sich von außen genau die Qualität ins Team, die es am meisten braucht. Je mehr Ihr Team selbst um seine Schwächen weiß, umso dankbarer wird es sein, endlich „so jemanden" als neues Mitglied begrüßen zu können. Genauso ist jedoch möglich, dass es erst einmal Stress gibt, mit dem neuen Kollegen. Denn je weniger das Team bisher schon über diese Qualität verfügt, umso fremder wird sie ihm sein. Dann wird es eine Weile dauern, bis das Fremdeln nachlässt und die Zusammenarbeit so funktioniert, wie Sie sich das wünschen.

Die andere Möglichkeit ist die langfristige Entwicklung des Teams, allerdings nicht durch Seminare oder Schulungen, sondern durch Sie und den gezielten Einsatz Ihrer Führungsstile. Sie haben richtig gelesen: Ihre Flexibilität wird gebraucht, welchen Führungsstil auch immer Sie im Allgemeinen bevorzugen. Ein einziger Stil wird nicht ausreichen, wenn Sie Ihr Team selbstständiger machen wollen.

Worum geht es? Schätzen Sie bitte die Selbstständigkeit Ihres Teams einmal mehr auf einer Skala zwischen Null (überhaupt nicht selbstständig) und 10 (absolut) ein. Nehmen wir nun an, sie läge bei 7. Das hieße, Ihr Team ist schon gut unterwegs, kann die ihm gestellten Aufgaben weitgehend selbstständig bearbeiten, aber eben nicht ausreichend. Bei diesem Beispiel-Team fehlen noch 30 Prozent. Um kurzfristig sicherstellen zu können, dass die Aufgabe korrekt abgeschlossen wird, muss das fehlende knappe Drittel tatsächlich von Ihnen kommen. Das heißt, Sie geben dem Team ergänzend genau die Qualität, die es aus sich heraus noch nicht leisten kann: Mehr Voranmachen, mehr Analyse oder mehr gute Laune. Wenn Sie das Maß gut treffen, also weder zu viel noch zu wenig Impulse geben, dann wird das typischerweise als *kooperativer Führungsstil* bezeichnet.

Sind Sie eher jemand, der gerne genau sagt, wie es zu laufen hat, und dafür klare Vorgaben macht, durchaus auch einmal mehr, als es das Team in dieser Phase tatsächlich bräuchte? Dann zeugt das von einem *autoritären Führungsstil*. Gut und angemessen ist das, wenn eine akute Krise herrscht und schnell reagiert werden muss. Als genereller Führungsstil hat er aber eine fatale Wirkung, denn auf diese Weise nimmt die Selbstständigkeit des Teams immer weiter ab. Denn wenn Menschen immer vorgeschrieben wird, was sie zu tun und zu lassen haben, verlieren sie schlichtweg die Lust daran, die Arbeit allein zu bewältigen. Autoritärer Führungsstil und selbstständig arbeitende Teams, das schließt sich auf Dauer gegenseitig aus.

So bleibt natürlich noch Führungsstil Nummer 3, *Laissez-faire*. Bei dem beschriebenen Team mit einer Selbstständigkeit von 70 Prozent könnte dessen Führungskraft zum Beispiel denken: „Bin ich hier im Kindergarten? Muss ich mich um alles kümmern? Das sind doch durchwegs hochbezahlte Fachleute! Sollen die das Problem doch selbst lösen!" Vielleicht gibt diese Führungskraft noch einen kleinen Impuls von 10 Prozent, lässt das Team ansonsten aber allein. Ist das schlecht? Ja, wenn das Ergebnis fehlerfrei sein muss. Nein, wenn das Ziel der Führungskraft ist, ihr Team zur Selbstständigkeit zu führen! Denn nur dann, wenn ein Team gezielt und bewusst allein gelassen wird, bekommt es die Chance, aus sich selbst heraus zu wachsen. Wie soll es schließlich sonst entdecken, dass Frau Nießen geniale Fragen stellen kann, die die Gruppe in eine noch bessere Richtung lenken. Oder dass in Herrn Maschke der feinfühlige Kollege steckt, der – wenn man ihn denn endlich einmal lässt – es mit wenigen Worten schafft, die Gemüter zu beruhigen und alle wieder an einen Tisch zusammen zu bringen?

Das ist große Führungskunst, immer wieder neu die richtige Balance zu finden zwischen der Sicherstellung des richtigen Ergebnisses und der langfristigen Entwicklung des Teams, hin zu dessen voller Selbstständigkeit.

Literatur

1. Lebendiges Unternehmertum: Abschied von alten Führungsmustern, DUP Business Talk, 22.02.2021, Video: https://vimeo.com/518183028 Abstract: https://dup-magazin.de/management/new-work/zufriedene-mitarbeiter-verantwortung-delegieren/
2. Anne Morriss und Frances X. Frei, Vertrauensfrage, Harvard Business Manager, 30.06.2020
3. Reinhard K. Sprenger, Das Prinzip Selbstverantwortung, Wege zur Motivation, Campus 2005, Seite 106

Verantwortung leben

Ohne dass Menschen Verantwortung übernehmen, und Führungskräfte an vorderster Stelle, passiert gar nichts. Kein Produkt kann entwickelt, kein Problem gelöst und kein Kunde zufriedengestellt werden, wenn es nicht Funktionsträger gibt, die die Verantwortung dafür übernehmen, dass das gelingt.

Je mehr Mitarbeiter oder Führungskräfte aber nur Dienst nach Vorschrift machen, keine Eigeninitiative ergreifen und sich für nichts verantwortlich fühlen, umso größer ist der Frust bei den Wenigen, die noch Verantwortung tragen. Mit der Zeit ducken sich bei neuen Aufgaben alle weg, Dinge werden nicht zu Ende gebracht oder bei Fehlern nur auf andere gezeigt. Es gibt viele Möglichkeiten, wie Verantwortungslosigkeit sichtbar wird. Doch gibt es nicht auch Symptome, die viel früher auf das Vermeiden von Verantwortung hinweisen, lange bevor das Kind in den Brunnen gefallen ist? Symptome, die gleichsam als Indikatoren dienen können, wie es um die Verantwortungsbereitschaft beim Einzelnen und dem Team bestellt ist?

11.1 Das Frühwarnsystem für Verantwortungslosigkeit

Dieses Frühwarnsystem gibt es tatsächlich. Und das Verrückte ist: Obwohl es für jeden offensichtlich ist, wird es fast immer übersehen. Besser sollte ich sagen: überhört. Denn es geht um die Sprache, also darum, wie ein Mensch etwas formuliert – und wie er damit, meist unbewusst und unbeabsichtigt, viel über sich selbst und seine Bereitschaft, Verantwortung zu übernehmen, verrät.

Wie muss ein Mensch reden, um möglichst wenig Verantwortung zu übernehmen? Ganz einfach: Er muss viel von *man* oder *wir* sprechen, keinesfalls aber von ich. Er sollte reichlich *Weichmacher* in seine Sätze einbauen: eigentlich, vielleicht, irgendwie, gelegentlich, im Wesentlichen, nahezu, meist, und Ähnliche mehr. Idealerweise ergänzt er das noch

J. Schmeer, *Führungskräfte mit unternehmerischer Power*, https://doi.org/10.1007/978-3-658-38623-8_11

durch alle möglichen *Konjunktive*: könnte, müsste, sollte, hätte, würde … Die maximale Form fehlender Verantwortungsübernahme ist das *Passiv*: auf keinen Fall Akteure beim Namen nennen, die für irgendetwas zur Verantwortung gezogen werden könnten!

Werden alle sprachlichen Register gezogen, hören sich Diskussionsbeiträge dann zum Beispiel so an: „Man hatte ja in der Vergangenheit an der einen oder anderen Stelle schon darüber nachgedacht, wie man das Problem angehen könnte. Manches ist vielleicht sogar ausprobiert worden. Anderes hat man wieder verworfen. Fest steht doch, wir alle wollten hier eine Lösung haben, die aber nie ins Laufen gebracht werden konnte. Vielleicht sollten wir bei nächster Gelegenheit irgendwie mal gucken, ob in Zukunft solche Erfahrungen unter Umständen doch vermieden werden könnten. Oder? Was meint ihr?"

Einer solchen Leer-Aussage kann natürlich jeder in der Runde zustimmen. So allgemein, wie sie gehalten ist, muss sich niemand angesprochen fühlen und die Diskussion läuft munter weiter. Zwei Stunden später stellen dann alle fest, wie schnell doch wieder die Zeit vergangen ist und dass das Thema beim nächsten Meeting noch einmal auf die Tagesordnung gesetzt werden sollte. Zu viele Themen sind schließlich noch ungeklärt.

Bei einem Redner, dem Verantwortung wichtig ist, hätte der Beitrag ganz anders geklungen, zum Beispiel so: „Unter meiner Moderation hatte ich mit Frau Schmitt, Herrn Neudorf und Herrn Meyer bereits darüber gesprochen, wie wir das Problem in den Griff bekommen können. Wir waren uns einig, die Ideen A und B ausprobieren zu wollen, weil wir alle drei uns davon eine ordentliche Lösung mit überschaubarem Aufwand erwartet hatten. Möglichkeit C und D haben wir verworfen, sie schienen uns zu teuer, wobei Frau Schmitt und ich es trotzdem gerne gewagt hätten, wir mit unseren Argumenten aber nicht haben überzeugen können. Jetzt müssen wir uns eingestehen, immer noch keine Lösung zu haben. Ich bin nach wie vor der Meinung, dass wir das Thema bis spätestens Ende des dritten Quartals vom Tisch kriegen müssen. Ich bin nur ratlos, wie uns das gelingen soll. Was denken Sie dazu?"

Das nenne ich Klartext: Der Redner hier nennt Ross und Reiter. Es gibt „Täter" in den Sätzen, wodurch Verantwortung transparent wird. Und die Frage zum Schluss ist keine rhetorische, sondern eine, die wirklich auf Antworten wartet. Auf solchen Aussagen und Fragen lässt sich eine konstruktive Diskussion aufbauend. *Nur* auf solchen Aussagen.

Auf eine konkrete und verbindliche Ausdrucksweise zu achten ist deshalb ein äußerst wirksames Instrument. So erhalten Sie Klarheit bezüglich der einzelnen Positionen. Und so erhalten Sie am Ende eine Lösung, für die die Beteiligten auch wirklich bereit sind Verantwortung zu übernehmen. Doch bevor das erreicht ist, kommt es üblicherweise zu Konflikten. Als Leitlinie gilt: Je größer die Klarheit, umso früher werden die Konflikte sichtbar. Je weniger „man", Konjunktive, Weichmacher und Passivkonstruktionen verwendet werden, umso schneller zeigen sich die Sollbruchstellen möglicher Lösungen. Das ist natürlich ausgesprochen sinnvoll und hilfreich, doch genau das ist der Grund, weshalb in vielen Unternehmen lieber so unverbindlich wie im ersten Beispiel gesprochen wird: Es ist gemütlicher, sicherer und friedlicher. Kurzfristig zumindest. Denn langfristig ist es für alle Seiten nur noch frustrierend. Die Konflikte, die dann oft Wochen später aufbrechen, sind nämlich die hässlichen. Denn da haben sich bei allen Beteiligten ordentlich Wut und Frust angesammelt, die jetzt endlich raus müssen.

Sprache kann also hervorragend der Diagnose dienen – und genauso der Selbstdiagnose. Denn auf die Ausdrucksweise des Teams zu achten ist das eine. Sich selbst zuhören zu können und zu lernen, auf all die Verantwortungsvermeider zu verzichten, das andere. Achten Sie einmal darauf: Wenn Sie selbst nicht 100 Prozent klar in Ihrer Meinung sind – Sie werden es spätestens an Ihrer unverbindlichen Sprache merken. Sie ist ein unbestechlicher Indikator. Führungskräfte, denen klare und verbindliche Führung wichtig ist, kommen um eine klare und verbindliche Sprache nicht herum.

Doch es lohnt sich, nicht nur auf die genannten Worte zu achten, sondern auch auf die Aussagen als Ganzes. Sie gleichen oft Warnschildern, auf denen in großen Lettern steht: „Ich will keine Verantwortung übernehmen!" Eine populäre Aussage der letzten Jahren lautet: „Die Entscheidung war alternativlos." Solche Aussagen mögen zwar durchaus die „gefühlte Wahrheit" des Redners widerspiegeln, doch genau genommen sind sie eine bequeme Verkürzung der Realität. Denn egal, um welchen Kontext es geht: Wir haben immer Alternativen zur Verfügung – nur eben häufig zu einem Preis, der uns schlichtweg zu hoch ist. Alternative Nummer 2 und 3 hätten zum Beispiel zu viel Kapital benötigt, sie hätten die Schließung anderer Standorte zur Folge gehabt, die Zustimmung des Betriebsrates wäre nie gekommen, das Risiko des Scheiterns wäre zu hoch gewesen … Was auch immer den Ausschlag gegeben haben mag, weshalb wir Alternative 1 gewählt haben: Wir hatten eine Wahl. Und wir haben uns so entschieden. Genau dazu gilt es dann aber auch zu stehen und deutlich zu machen, weshalb wir am Ende so und nicht anders entschieden haben. Wer behauptet, diesen Weg gehen zu *müssen,* weil es *keine Alternativen* gegeben hätte, der behauptet, einer Zwangslage ausgesetzt gewesen zu sein, die es tatsächlich in dieser Form nie gegeben hat. Er macht sich zum Opfer der Situation, anstatt als Täter die Verantwortung für alle Schritte der Entscheidungsfindung zu übernehmen.

Ein weiterer Klassiker der Vermeidung von Verantwortung ist natürlich, auf andere zu zeigen, gerade wenn eine unangenehme Aufgabe ansteht. Ist eine solche Aufgabe zu verteilen, wird diese oft mit Begründungen abgelehnt, die mehr Vorwände darstellen als reale Einwände: Keine Zeit, kurz vor dem Urlaub, das Kind ist krank, das Projekt frisst alle Kapazitäten oder, das zieht immer, ein Großkunde hat Sonderwünsche geäußert, die natürlich dringend erledigt werden müssen. Um erkennen zu können, ob das Argument ein echter, sachlich begründeter Einwand ist, oder ob es sich dabei um einen vor allem emotional erklärbaren Vorwand handelt, helfen hypothetische Fragen, zum Beispiel: „Wenn Dein Kind erstmal wieder gesund ist, wirst Du es dann erledigen können?" Bekommen Sie jetzt ein spontanes „Ja, klar!" zu hören, dann lag tatsächlich in der privaten Situation die reale Begründung. Kommt als nächstes aber der Großkunde mit seinen Wünschen auf den Tisch, spricht vieles für einen Vorwand. Erleben Sie so etwas öfters, sollten Sie das einmal in einem ruhigen Gespräch zu klären versuchen. Irgendwo scheint es ein Problem zu geben – und dem gilt es auf den Grund zu gehen. Gehen Sie dabei mit Bedacht vor, denn wenn Mitarbeiter viel mit Vorwänden argumentieren, trauen sie sich offenbar nicht, ihre wahren Beweggründe darzustellen. Es bedarf also ausreichend Zeit, einer gute Gesprächsatmosphäre und viel Vertrauen, um an des Pudels Kern zu gelangen.

Schuldige zu suchen, das ist dann oft die Strategie im Nachhinein, wenn das Vorhaben nicht wie erwartet zum Ziel geführt hat, weil irgendetwas schiefgelaufen ist. Schiebt jemand die „Schuld" auf andere ab, ist es wichtig zu sehen, dass dieses Verhalten häufig eine angstbedingte Abwehrreaktion darstellt. Derjenige sieht zwar ein, dass er es verbockt hat. Er macht sich das auch selbst zum Vorwurf und leidet darunter. Es jetzt aber auch noch offen zugeben zu müssen, würde ihn ganz einfach überfordern. Die Verantwortung bei anderen zu suchen, bewahrt ihn vor der Scham, selbst der „Schuldige" zu sein. Gespräche über Fehler, deren Ursachen und ihre Behebung benötigen deshalb bei allen Beteiligten wechselseitigen Respekt, Kommunikation auf Augenhöhe und den konsequenten Fokus auf Lösungen.

Ist es nicht nur ein Einzelner, der regelmäßig auf andere zeigt, aber nie auf sich selbst, sondern ist das der übliche Umgang untereinander im Team, dann empfiehlt sich auch hier, das Problem an der Wurzel zu packen. Mit ein paar Appellen zur Lösungsorientierung wird es nicht getan sein. Die Gruppe muss neu lernen, dass Fehler passieren, so ärgerlich sie auch sein mögen. Dass keine Fehler gemacht zu haben eine Person nicht zu einem besseren Menschen macht. Und dass dem Team und dem Unternehmen am meisten gedient ist, wenn es um die Sache geht: die Ursache des Problems und dessen Lösung.

11.2 Das Team in die Verantwortung führen

Auf Dauer hat jede Führungskraft das Team, das sie verdient. Das mag sich hart anhören, es ist aber nur logisch. Denn je länger eine Führungskraft ihr Team führt, umso mehr Möglichkeiten hatte sie, es zu beeinflussen und ihm seinen Stempel aufzudrücken. Auch wenn zwischen Führungskraft und Team natürlich immer eine Wechselwirkung besteht, so richten sich auf lange Sicht doch die Mitarbeiter auf ihren Vorgesetzten aus und passen sich ihm an – und zwar so, wie *sie* es für richtig halten. Wenn einer Führungskraft diese Anpassung nicht gefällt, die Mitarbeiter sich also nicht so verhalten, wie sie es gerne hätte, heißt es, in den Spiegel zu gucken: erkennen, mit welchem Führungsverhalten man selbst die Mitarbeiter zu ihrem Verhalten veranlasst und sich dann auf die Suche nach Alternativen begeben. Allerdings nicht nach neuen Mitarbeitern, sondern eben nach neuem Verhalten bei sich selbst. Das geht nicht nur schneller, sondern ist auch wesentlich billiger.

Was also kann eine Führungskraft tun, in deren Augen das Team zu wenig bereit ist Verantwortung zu übernehmen? Das Erste ist das Grundsätzliche: Es gilt, flexibler zu werden und es anders zu machen als bisher. *Widerstand ist ein Zeichen mangelnder Flexibilität der Führungskraft.* Weiterhin so zu führen wie bisher, gleichzeitig aber mehr Verantwortung bei den Mitarbeitern zu erwarten, das kann nicht funktionieren. Wir haben zum Beispiel schon gesehen, dass ein andauernder autoritärer Führungsstil tödlich ist für die Selbstständigkeit der Mitarbeiter, und das heißt auch, für deren Bereitschaft, Verantwortung zu übernehmen. Dasselbe gilt für Laissez-faire: Wenn es der Gruppe nachhaltig nicht gelingt, sich selbst zu führen, dann entsteht Chaos, das zu beseitigen sich höchstens zufällig jemand verantwortlich fühlen wird. Das heißt: Egal, welcher Führungsstil Ihnen „im

Blut liegt": Wenn Sie zu den autoritären Führungskräften zählen, dann heißt es, sich in Richtung Laissez-faire bewegen zu müssen. Wenn Sie es dagegen gerne laufen lassen, gilt es nun, die Zügel anzuziehen und autoritärer zu führen.

Verantwortung vorleben

Jede Führungskraft ist immer ein Vorbild. Ob im Guten oder im Schlechten. Und ob sie es will oder nicht. Es geht nicht anders. Eine Führungskraft, die ihren Mitarbeitern Vorbild sein will, hat dieses Ziel also bereits erreicht. Der Grund dafür ist einfach: Jede Führungskraft steht permanent unter Beobachtung, mit allem, was sie tut und was sie sein lässt. Ob sie vor Ort anwesend ist oder unterwegs. Ob sie mit ihrem Team spricht oder lieber E-Mails schreibt. Alles wird beobachtet, und damit gibt die Führungskraft auch permanent ein Vor-Bild ab. Sie dient als Modell für ihr Team – mit all ihren Licht- und Schattenseiten.

Wollen Sie ein Team, in dem alle mehr Verantwortung übernehmen, als bisher? Sind Sie bereit, von liebgewonnenen Gewohnheiten Abschied zu nehmen, auch wenn diese noch so gut begründet sein mögen? Nur wenn Sie auf beide Fragen mit einem klaren Ja antworten, wird der erste Schritt funktionieren: den Blick in den Spiegel zu wagen, um die eigenen Anteile zu erkennen, weshalb bisher so wenige Teammitglieder Verantwortung übernehmen wollen. Suchen Sie sich dafür eine Vertrauensperson, die Sie in einem ruhigen Gespräch einmal um ihr Feedback bitten (siehe Abschn. 4.2 Aller Anfang liegt hier). Widerstehen Sie der Versuchung, bei den Feedbacks sich erklären zu wollen, weshalb Sie das damals so und nicht anders gemacht haben. Hören Sie stattdessen einfach zu, machen sich Notizen, und fragen Sie nach, wenn Sie etwas nicht genau verstanden haben. Im Anschluss lassen Sie das alles erst einmal sacken, was Sie gehört haben. Nehmen Sie sich dann in den nächsten Tagen einen oder zwei Punkte heraus, bei denen Sie bereit sind, Ihr (Führungs-)Verhalten zu ändern, und auch wissen, dass Sie das nicht zwei Wochen später schon wieder „vergessen" haben. Sie machen den Anfang, Sie setzen neue Impulse – Ihr Team wird Ihnen folgen, wenn Sie ihm Zeit lassen und konsequent dranbleiben. Es kann gar nicht anders sein.

Drei Beispiele

- In Ihren Teammeetings wird zu viel heiße Luft geredet, zu wenig Klartext? Fangen Sie selbst an, kurz, knackig und konkret zu sprechen. Fragen Sie nach, wenn ein Mitarbeiter mit seinen Antworten Nebelkerzen wirft, und lassen Sie nicht locker, bevor er auf den Punkt gekommen ist.
- In Ihrem Team gibt keiner Fehler zu, und alle flüchten sich in Ausreden? Fangen Sie bei sich an und geben unumwunden zu, wenn Sie selbst mal etwas falsch gemacht haben und Sie Ihren eigenen Ansprüchen nicht gerecht geworden sind. Fragen Sie nach, wenn ein Mitarbeiter mal wieder erklärt, weshalb etwas angeblich nicht hat klappen können, und lassen Sie nicht locker, bevor er seinen eigenen Anteil an der Situation erkannt und benannt hat.

- In Ihrem Team sind alle schnell im Zeigen auf andere, aber nie auf sich selbst? Fangen
  Sie bei sich an und haben Sie den Mut, einmal laut nachzudenken, Ihr eigenes Verhalten
  zu hinterfragen und, wo angemessen, auch zu kritisieren. Fragen Sie nach, wenn Ihre
  Mitarbeiter das nicht auch selbst von sich aus tun, und ermutigen Sie auch diese zu
  Selbstreflexion und Selbstkritik, selbst wenn Sie zu Beginn auf große Widerstände sto-
  ßen mögen.

Gehören Sie zu denjenigen Führungskräften, die anspruchsvolle Aufgaben lieber selbst
bearbeiten, um sicher sein zu können, dass am Ende alles seine Richtigkeit hat? Dann
werden Sie zwar Ihrer Verantwortung für die Sache gerecht; das Ergebnis stimmt am Ende
schließlich. Ihrer Verantwortung für die Entwicklung des Bereiches allerdings, der werden
Sie nicht gerecht. Denn Menschen zu führen heißt, sie ermächtigen, ihre Aufgaben selb-
ständig bearbeiten zu können. Und Verantwortung als Führungskraft leben Sie nur, wenn
Sie genau das sicherstellen: dass Ihre Leute Fehler machen dürfen, daraus lernen, dadurch
immer besser werden und Sie als Führungskraft neue Freiräume für die weitere Entwicklung Ihres Bereiches bekommen. Bei dem Praxisbeispiel des „Unternehmerpärchens" hatten wir in Abschn. 10.4 (Delegieren – die meistverpasste Chance) ein schönes Praxisbeispiel, worum es hier geht.

Die gelebte Verantwortung einer Führungskraft zeigt sich ganz anders als die gelebte
Verantwortung ihrer Mitarbeiter. Denn Sie und Ihre Mitarbeiter haben schlichtweg unterschiedliche Aufgaben, für die Sie Verantwortung tragen. Das Beste, was Sie als Führungskraft tun können, um Ihrer Verantwortung, den Bereich zu entwickeln, gerecht zu werden,
ist, Ihre Mitarbeiter so zu führen, wie wir das in Abschn. 7.2 (Teams mit Spaß am Arbeiten) unter der Überschrift „Von Gewächshäusern und Blumensamen" aus der Gallup-
Studie haben ableiten können.

Druck machen

Wenn alles Vorleben nichts hilft und Ihr Team nicht bereit ist, Ihnen zu folgen, dann gilt es,
den Druck zu erhöhen. „Aber Druck erzeugt doch nur Gegendruck", höre ich an dieser
Stelle oft – und das stimmt natürlich. „Deshalb bringt es auch nichts, wenn ich hier jetzt den
Druck erhöhe", kommt dann meist als Schlussfolgerung – und das stimmt eben nicht. Es ist
nämlich schlichtweg eine Frage der Stärke des Drucks. Stellen Sie sich dafür einen Stuhl
vor, der auf einem Parkettboden steht und den Sie ein Stück verschieben wollen. Dafür legen Sie Ihre Hand zum Beispiel an die Rückenlehne und üben Druck aus. Aber: Der Stuhl
bewegt sich nicht. Physikalisch gesehen hält er tatsächlich dagegen. Sie drücken, und der
Stuhl erzeugt Gegendruck in genau demselben Maß, wie Sie drücken. Das ist exakt die
Erfahrung, die viele Führungskräfte machen, die bei einem ihrer Mitarbeiter zwar Druck
aufbauen, derjenige sich aber keinen Millimeter bewegt, sondern vielmehr stur auf seinem
Standpunkt beharrt. Was tun, damit sich der Stuhl – beziehungsweise der Mitarbeiter –
doch noch bewegt und einen neuen Standpunkt einnimmt? Klar, den Druck erhöhen! Druck

erzeugt außer Gegendruck nämlich auch Bewegung, das ist genauso wahr. Bei Stühlen und bei Menschen. Der Druck muss nur stark genug, also deutlich spürbar sein.

Doch für eine oder zwei Wochen Druck aufzubauen und, wenn sich dann nichts tut, wieder aufzugeben – so funktioniert Veränderung nicht. Dranbleiben ist wichtig, das haben wir schon bei der Lebendigkeit gesehen. Und ums Durchziehen, das konsequente Umsetzen, getroffener Entscheidungen im Unternehmen, darum geht es ausführlich in Kap. 13.

Motivation klären

Wenn weder das Vorleben von Verantwortung noch das Ausüben von Druck etwas hilft, spätestens dann sollten Sie die Situation des Mitarbeiters noch einmal grundsätzlich hinterfragen. Kann er keine Verantwortung übernehmen, weil es irgendwelche inneren oder äußeren Hindernisse dafür gibt? Oder will er keine Verantwortung übernehmen, weil er grundsätzliche Zweifel an der Richtigkeit des Vorgehens hat?

Wir wissen jetzt: Es ist nicht Ihre Aufgabe, den Mitarbeiter zur Übernahme von Verantwortung zu motivieren. Ihre Aufgabe ist es, ihm seine Ziele deutlich zu machen samt dem Rahmen, der ihm dafür zur Verfügung steht. Dazu dann Ja zu sagen oder Nein – das ist die Aufgabe Ihres Gegenübers. Für seine Zu- oder Absage muss er Verantwortung übernehmen, und damit auch die Konsequenzen tragen, wenn er Ihren Ziel- und Rahmenvorgaben nicht gerecht werden sollte.

Entscheidungen treffen

Von „Nehme ich besser den Regenschirm mit?" bis „Unterschreibe ich heute den Vertrag über den Neubau der Produktionshalle?" – unser Alltag ist voller Entscheidungen. Was macht das Entscheiden oft so schwierig? Und was können wir tun, um es uns zu erleichtern? Je besser wir verstehen, wie Entscheidungsprozesse in uns zustande kommen, umso besser können wir uns das Leben erleichtern.

12.1 Weder Kopf noch Bauch entscheiden

Im Abschn. 8.3 (Mit sich in Einklang kommen) hatten wir bei Bereichsleiterin Tina Koepcke bereits ein ganz praktisches Beispiel für solche inneren Entscheidungsprozesse beobachten können. Je größer das innere Team ist, das bei einer anstehenden Entscheidung beteiligt ist, umso länger kann es dauern, bis sie tatsächlich fällt. Manchmal zu lange …

Sich zu entscheiden kann so schwer sein! Am Ende der A8 trifft die Autobahn, von Salzburg kommend, in München auf den Mittleren Ring. Dort hat man die Wahl: Die linken Spuren führen Richtung Westen, die rechten gen Osten. Dazwischen: Eine Verkehrsinsel mit riesigen rot-weißen Pfeilen nach links und nach rechts. Ohne dass man es hinschreiben müsste, schreien diese Pfeile einen förmlich an: „Entscheide Dich! Links *oder* rechts!" Tja – und alle paar Monate sind die rot-weißen Pfeile schwer verbeult. Immer in der Breite einer Motorhaube. Sich zu entscheiden, das will also gelernt sein!

Es gibt Entscheidungen, die können wir spontan, im Bruchteil einer Sekunde treffen. Gerade beim Autofahren ist das äußerst praktisch, wie man sieht. Für andere Entscheidungen benötigen wir Wochen oder gar Monate. Doch unabhängig davon, wie lange sie dauern, bestehen Entscheidungsprozesse immer aus einem Zusammenspiel vieler Faktoren. Kopf und Bauch spielen eine Rolle, also alle sachlichen und emotionalen Aspekte.

J. Schmeer, *Führungskräfte mit unternehmerischer Power*, https://doi.org/10.1007/978-3-658-38623-8_12

Manches ist uns bewusst, vieles jedoch unbewusst. Und außer Aspekten zur aktuellen Entscheidung spielen auch Erfahrungen aus der Vergangenheit und Erwartungen an die Zukunft eine Rolle. Ein komplexer Mix! Sehen wir uns zuerst einmal die beiden bekanntesten Akteure an: Kopf und Bauch.

„Wenn der Bauch etwas will, dann setzt auch bald der Verstand ein und sorgt für die nötigen Argumente", sagte es ein Kollege sehr schön. Er wusste genau: Wenn er einen neuen Wagen für die Familie kaufen möchte, dann treiben ihn vor allen Dingen die Lust auf neue Technik, viele PS und ein tolles Design zur Kaufentscheidung. Gleichzeitig plagt ihn ein schlechtes Gewissen, sich schon wieder ein neues Auto anschaffen zu wollen, und er versucht, zuerst sich selbst und im Anschluss daran seine Frau mit guten Argumenten zu überzeugen: Beim Überholen schneller vorbeizukommen, bedeutet schließlich ein Plus an Sicherheit für die ganze Familie. Und auch die Abgaswerte sind deutlich besser geworden als beim jetzigen Wagen und belasten damit weniger die Umwelt … und Ähnliches mehr. Wer mag bei derart vernünftigen Argumenten dann noch Nein sagen?

Wenn es dagegen darum geht, zu Beginn eines Arbeitstages alle Aufgaben zu priorisieren, kommt es zwischen Kopf und Bauch oft zu einem Machtkampf. Zwanzig Aufgaben liegen auf Ihrem Tisch, aber Sie wissen, mehr als fünf davon sind ohnehin nicht zu schaffen. Da heißt es natürlich Prioritäten zu setzen: die wichtigsten und dringendsten Dinge nach oben und dann systematisch abarbeiten. Was die fünf Aufgaben angeht, die Sie an diesem Tag bearbeiten können, ist das auch kein Problem. Nach oben zu priorisieren, das ist der einfache Teil der Übung. Schwierig wird es bei Aufgabe Nummer 6: Nein. Nummer 7: Nein … Nummer 20: Nein! Warum ist das so schwer? Weil *Entscheiden heißt Verzichten.* Genau hier liegt der Punkt, an dem die Menschen so häufig scheitern, weil es sie an dieser Stelle förmlich zerreißt. „Das kann ich unmöglich liegenlassen! Das muss einfach zu schaffen sein! Wenn ich mich beeile und anstrenge, dann schaffe ich es wenigstens noch bis zu Aufgabe 7!" Zu toppen ist dieser Ansatz nur noch damit, am nächsten Tag die blöden Priorisierungstechniken wieder sein zu lassen. „Die dauern eh viel zu lange! Was könnte ich in dieser Zeit schon alles weggeschafft haben!" Kennen Sie das so oder ähnlich von sich selbst? Zu Ihrer Beruhigung: Das ist ein Klassiker. Sie sind nicht allein. Aber es macht auch deutlich, wie schwierig es sein kann, zu einer wirklich guten Lösung zu kommen. Einer Lösung, bei der Sie am Ende des Arbeitstages zufrieden sind mit den fünf Aufgaben, die Sie geschafft haben, und gleichzeitig komplett mit sich im Reinen mit den fünfzehn, die noch unbearbeitet auf dem Tisch liegen.

Alles, was wir im Kopf denken, wird unmittelbar durch den Bauch bewertet. Er kommentiert alles und sagt uns, ob er den Gedanken gerade stimmig findet oder nicht. Manche Menschen haben es allerdings verlernt, diese Signale wahrzunehmen. Sie blenden sie aus, ohne sich bewusst zu sein, dass es da eine Information gäbe, die für sie relevant sein könnte. Schade, denn es ist erwiesen, dass unsere Entscheidungen umso besser sind, je mehr es uns gelingt, nicht nur die harten Fakten, sondern auch die emotionalen Aspekte mit einzubeziehen.

Der Bauch kann seine Meinung in Form eines Gefühls lediglich an den Kopf melden, mehr nicht. Die These „Letztlich trifft der Bauch die Entscheidung" greift deshalb zu kurz und ist falsch. Nicht selten kommt schließlich zu dem, was der Bauch meldet, dann Widerspruch aus dem Kopf. Der mag nämlich oft nicht wahrhaben, was ihm da signalisiert wird. Abends um 18 Uhr keine Lust mehr haben, die zehn letzten Mails noch zu beantworten? Dem Kopf passt das häufig nicht. „Jetzt lass Dich mal nicht hängen", mag so ein Kommentar sein, „das ziehst Du jetzt auch noch durch!" Solche Bemerkungen aus dem Kopf werden natürlich gleich wieder vom Bauch bewertet, und es beginnt spätestens jetzt ein innerer Dialog zwischen den beiden, besser gesagt: ein Machtkampf. Das innere Team ist voll im Einsatz. Manche der Teammitglieder sprechen bevorzugt aus dem Bauch, andere kommentieren aus dem Kopf heraus.

Oft ist uns nicht bewusst, weshalb ein Mitglied des inneren Teams die Entscheidung blockiert. Stellen Sie sich vor, dass bei einer anstehenden Investition längst alle Zahlen auf dem Tisch liegen. Sowohl Kosten und Nutzen als auch Chancen und Risiken sind sauber in Tabellen dokumentiert. Drei Angebote liegen vor. Und trotzdem gelingt es Ihnen nicht, sich zu einer Entscheidung durchzuringen, Sie verstehen selbst nicht so recht weshalb.

Möglicherweise fühlt sich eines Ihrer inneren Teammitglieder an eine Situation von früher erinnert, eine, wo die bestüberlegte Entscheidung am Ende dann doch nicht geklappt hatte und es gewaltig Ärger gab. Auch wenn Sie diese alte Geschichte längst vergessen haben – so ganz weg ist sie eben nicht. Ihr unbewusstes Erinnerungsvermögen hat die Situation von damals noch klar vor Augen. Und das ist es, was sich jetzt meldet und die schlechte Erfahrung von damals in die Zukunft projiziert. Das blockierende Mitglied Ihres inneren Teams sitzt eindeutig im Bauch und hat schlichtweg Angst, heute noch einmal dasselbe wie damals erleben zu müssen.

Doch wer oder was beendet dann die innere Diskussion? Woher kommt letzten Endes die Entscheidung für Investition A, B oder C? Der Bauch ist es nicht, das haben wir gesehen, er gibt nur zuverlässig seine Meinung kund. Der Kopf ist es aber auch nicht, der die fällige Entscheidung treffen könnte. Er kann sie lediglich in Worte fassen. Letztlich ist es tatsächlich unser Unbewusstes, das die Entscheidung trifft und sie in der nächsten Sekunde an Ihr Bewusstsein, den Kopf, meldet. Der Psychologe Ap Dijksterhuis belegt das ausführlich in seinem anschaulichen Buch „Das kluge Unbewusste" [1].

Die Gedanken sind frei? Leider eindeutig nein. Die Erfahrung zeigt, dass bei Entscheidungen oft die Gewohnheit und die kurzfristige Sicherheit siegen. Doch gerade wenn Ihre Gedanken von allen möglichen Aspekten beeinflusst werden, ist es ein guter Trick, sich vorzustellen, dass Sie eben doch vollkommen frei wären! Das schafft in Ihrem Denken Freiräume, die Sie nicht hätten, wenn Sie diese Annahme nicht treffen würden. Dadurch werden Ihre Gedanken zwar nicht absolut frei, ganz sicher aber freier, als sie es ohne diese Annahme wären. Auch hier spielen die Grenzen Ihrer Vorstellungsfähigkeit eine große Rolle. Je radikaler Sie sich vorstellen können, Sie wären komplett frei in Ihrer Entscheidung – umso mehr werden Sie es auch tatsächlich sein und sich für Dinge entscheiden können, die bisher außerhalb Ihrer Denk-Schranken lagen.

12.2   Hürden überwinden

Hin- und hergerissen sein

Sehen wir uns noch einmal die wohl bekannteste Hürde beim Entscheiden an, den Ambivalenzkonflikt. Das Hin-und-hergerissensein also. Einerseits wollen Sie Erfolg in Ihrem Beruf haben, vielleicht auch Ihre Karriere noch weiter ausbauen. Andererseits haben Sie eine Familie zu Hause, und die Reklamationen, wie wenig Sie sich dort blicken lassen, nehmen schon länger zu. Wofür entscheiden Sie sich? Einerseits lieben Sie feines Essen und wissen auch einen guten Wein sehr zu schätzen. Andererseits geht die Waage schon länger nach oben, und der Hosenbund wird schon wieder zu eng. Wofür entscheiden Sie sich? Einerseits wollen Sie später einmal gesund alt werden. Andererseits lassen all die Verpflichtungen kaum noch Zeit für Sport, vom jährlichen Check-up beim Hausarzt ganz zu schweigen. Wofür entscheiden Sie sich? Einerseits ist bei Mitarbeiterin Honsel längst eine Abmahnung fällig, so penetrant, wie sie immer ihre Grenzen ausreizt und Sie testet. Andererseits hängt an Honsel die gesamte Abteilung, und wenn sie geht, dann gibt es dort ein Riesenproblem. Wofür entscheiden Sie sich?

Die Antwort, die wir auf solche Entweder-oder-Fragen am liebsten geben würden, lautet deshalb auch: „Ich will beides! Irgendwie wird das doch gehen!" Und so lavieren wir uns durch und geben, zwischen allen Stühlen sitzend, unser Bestes. Doch trotz aller Anstrengung machen wir es auf Dauer keinem recht und sind deshalb auch nie wirklich zufrieden. Denn wir merken, dass wir eben nicht beide Ziele erreichen, sondern letztlich keines. Resigniert müssen wir anerkennen: Immer ein „Sowohl-als-auch" haben zu wollen, das funktioniert einfach nicht. Häufig braucht es ein klares „Entweder-oder". Aber genau das fällt so unendlich schwer.

Denn noch einmal: Eine Entscheidung zwischen A und B treffen zu wollen, heißt, sich ent-*scheiden* zu müssen, und das gleich auf mehreren Ebenen, und zwar für und gegen ein ganzes Bündel von Aspekten: „Ich entscheide mich für Option A und gegen B. Ich entscheide mich also für die Vorteile und den Nutzen von A und für den Preis, den ich dafür zahle. Ich entscheide mich zugleich gegen die Vorteile und den Nutzen von Option B und gegen den Preis, den ich für diese Option hätte zahlen müssen." Leicht fällt es natürlich, sich *für den Nutzen* von A und *gegen den Preis* von B zu entscheiden. Ungleich schwerer fällt es, sich *gegen den Nutzen von B* und *für den Preis von A* zu entscheiden.

Sich gegen einen Nutzen zu entscheiden, bedeutet für viele Menschen nämlich „nicht mehr zu dürfen" und stattdessen „ab sofort zu müssen": „Ich darf nicht mehr so nachlässig mit meinen Mitarbeitergesprächen sein. Deshalb muss ich jede Woche mindestens zwei Gespräche führen." Solche Gedanken tragen das Scheitern bereits in sich: *Ich bin gegen etwas … ich darf nicht mehr … ich muss folglich …* – alle drei sind Aspekte, die von Pflicht und Last getrieben sind. *Wer muss, will nicht. Und* „nicht zu dürfen" *unterdrückt* die immer noch vorhandene Motivation für das Bisherige: Man verbietet sich etwas, das ja durchaus auch seine schönen und bequemen Seiten hat! Ein anderes Denken, das von Wahlfreiheit zeugt und von der Lust, dorthin kommen zu wollen, könnte dann lauten: „Ich will nicht mehr so nachlässig mit meinen Mitarbeitergesprächen sein, sondern stolz auf mich – und dafür zwei Gespräche pro Woche mit meinen Leuten führen. Ich darf unser Miteinander stärken." *Für etwas sein … dürfen … wollen* – das sind drei Aspekte, die deutlich wahrscheinlicher werden lassen, dass das Vorhaben gelingt. Und auch das „Nichtwollen" zu Beginn des Satzes ist bereits der hörbare Ausdruck einer innerlich getroffenen Entscheidung. Denn Wollen und Nichtwollen sind vom eigenen, freien Willen getragen. Auch etwas nicht zu wollen, heißt, sich frei entschieden zu haben.

Weder heiß noch kalt

Ob es um Sie persönlich geht oder um Ihre Abteilung: Eine anstehende Entscheidung zu treffen fällt meist leichter, wenn es einem mit dem aktuellen Status entweder besonders gut oder besonders schlecht geht. Im ersten Fall geht es meist nur darum, sich für ein Schneller-Höher-Weiter zu entscheiden – und das fällt ohnehin recht leicht. Außerdem steht man selbst (oder die ganze Firma) in Saft und Kraft, und das ist immer eine gute Voraussetzung, um Entscheidungen treffen zu können. Aber Achtung: Die Gefahr ist groß, dass Sie sich lediglich für die Fortsetzung des Bisherigen zu entscheiden. Nokia lässt grüßen. Einst Weltmarktführer beim guten alten Handy, hat das Unternehmen bei Smartphones nie mehr den Fuß auf die Matte bekommen.

Geht es besonders schlecht, ist es ebenfalls leicht, eine Entscheidung zu treffen. Man selbst, die Abteilung oder das ganze Unternehmen liegt am Boden, und alles ist elend. Hier sind der Frust und die körperlichen, organisatorischen oder finanziellen Schmerzen derart groß geworden, dass jeder das bestehende Elend möglichst sofort beheben möchte und dafür fast jeden Preis zu zahlen bereit ist. Positives, auf das man verzichten müsste, sieht hier keiner mehr. Die negativen Aspekte überstrahlen alles.

Wo spielt sich nun aber fast unser gesamter Alltag ab, und zwar der einer einzelnen Person genauso wie einer Abteilung oder Firma? Der Alltag ist nur selten zum Jubeln und genauso selten zum Heulen. Die meiste Zeit leben wir zwischendrin: Das Glas ist ebenso halbvoll, wie es halbleer ist. Uns geht es zwar nicht richtig gut, aber es war auch schon mal schlechter. Es ist nicht heiß, aber auch nicht kalt: Es ist lau. Zwischendrin. Zwischen dem Guten und dem Schlechten, dem Angenehmen und dem Unangenehmen, dem Großartigen und dem Miesen – das ist der Alltag! Weil ein lauer Alltag sowohl sein Gutes als auch sein Schlechtes hat, kann unser Blick dann ewig hin und her schweifen. Und jetzt sich für etwas Neues oder Anderes entscheiden? Eine große Herausforderung!

Nach meiner Erfahrung gibt es zwei relevante Faktoren, damit Menschen eine Entscheidung treffen können, die sie später auch tatsächlich umgesetzt kriegen: wie sehr sie die Entscheidung emotional betrifft und wie viel Zeit sie sich nehmen, die Entscheidung zu treffen.

Wird eine Entscheidung aus einer starken inneren Emotion gefällt („Jetzt reicht's! Das Maß ist voll! So kann es nicht weitergehen!"), dann steckt genau die Kraft dahinter, die wir benötigen, um ins Handeln zu kommen. Zugleich ist es aber genauso gut, wenn eine

Entscheidung mit Zeit, Ruhe und Abstand getroffen wird, damit alle Aspekte erkannt und angemessen berücksichtigt werden können: Nichts überstürzen und vorschnell entscheiden – nur um es bald darauf zu bereuen und sich alles wieder anders zu überlegen.

Optimal ist deshalb die Kombination aus den beiden Faktoren. Um im Bild zu bleiben: Ein kühler Kopf wägt in Ruhe alle Argumente ab, und ein starkes und eindeutiges Bauchgefühl gibt spontan seine klare Antwort und liefert damit auch die nötige Energie.

Doch nicht nur eine aktuelle Situation kann lau sein und eine Entscheidung schwer machen. Manchmal ist es auch die Entscheidung selbst. Ist Ihnen schon einmal aufgefallen, was passiert, wenn ein Mensch sich „etwas vornimmt"? Meist ist eine solche Pseudo-Entscheidung nicht mehr wert als der berühmte Vorsatz zum Jahreswechsel. Die Halbwertszeit liegt bei einer bis vier Wochen, höchstens. Das liegt ganz einfach daran, dass sich etwas vorzunehmen nichts zu tun hat mit einer echten Entscheidung, die man getroffen hat. Wer sich etwas vornimmt, hat höchstens zur Hälfte über Kosten und Nutzen nachgedacht (Kopf) – und Kraft steckt ebenfalls keine dahinter (Bauch). So etwas führt nur zurück in die altbekannten Muster.

Wie können Sie sicher sein, keine laue Entscheidung zu treffen? Nutzen Sie dafür als Gradmesser Ihre Sicherheit, dass Sie Ihre Entscheidung auch tatsächlich durchziehen werden. Je größer Ihre Skepsis, dass Sie sie tatsächlich umsetzen, umso lauer ist Ihre Entschiedenheit. Im Abschn. 5.1 (Fluch und Segen unserer Erwartungshaltung) hatten wir uns diesen Effekt bereits näher angesehen.

Und kurz zur Erinnerung: Heiß, kalt oder lau … Was für Ihren aktuellen Zustand und Ihre Entscheidungen gilt, gilt analog natürlich auch für Ihre Ziele. Ein besonders gruseliges Anti-Ziel oder ein großartiges Zielbild: Beide können Ihnen ungeheuer Kraft geben. Im Abschn. 10.1 (Ziele mit eingebautem Booster) hatte ich unter der Überschrift „Abstoßend: Anti-Ziele" von einer solchen Situation bei mir berichtet.

12.3 Entscheidungstrichter

Eine Abteilungsleiterin, Frau Lorenz, hat das Problem, dass es bei einem ihrer Teamleiter, Herrn Sommer, immer wieder Ärger mit dessen Team gibt, der für Lorenz auch durchaus nachvollziehbar ist. In ihrem Kopf schwirren nun gleichzeitig etliche Wunschvorstellungen herum, gepaart mit allerlei Möglichkeiten, was sie tun könnte.

Ihre Wunschliste: Sommer kommt doch noch von selbst zur Einsicht und ändert seinen Führungsstil. Das Team akzeptiert Sommer endlich so, wie er ist. Sommer bekommt sein Team selbst in den Griff, und sie muss nicht persönlich eingreifen. Die Stimmung möge endlich wieder besser werden. Wenn es schon eine Eskalation braucht, sollte es keine Kollateralschäden geben. Sie will am Ende nicht als Buhfrau dastehen. Und Ähnliches mehr.

Lorenz' Handlungsalternativen: Sie spricht ein letztes Mal mit Sommer unter vier Augen und macht ihm klar, dass sie am Ende ihrer Geduld angekommen ist. Sie engagiert einen externen Mediator, der den Konflikt lösen soll. Sie prüft, ob Sommer nicht andere Aufgaben übernehmen mag, wo er mehr für sich allein arbeiten kann. Sie spricht mit einem Abteilungskollegen, dass der doch bitte Sommer in sein Team nehmen soll. Und so weiter.

Ein typischer Mix aus mindestens einem Dutzend „Schön wäre es doch, wenn …" und „Ich könnte ja mal versuchen, dass …". Manche Führungskräfte tragen so eine Mischung über Monate mit sich herum, ohne in dieser Zeit auch nur einen einzigen Schritt voranzukommen. Und das, obwohl sie doch täglich darüber nachdenken!

Wünschen heißt: abwarten, was kommt. Ein Ziel bedeutet dagegen: etwas tun. Das ist der Unterschied zwischen Wunsch und Ziel. Egal, für welche Alternative Lorenz sich entscheidet: Ab dem Moment, in dem sie ihre Entscheidung getroffen hat, kann sie aktiv werden und etwas unternehmen. An ihrem Handeln wird für alle sichtbar, dass die Abteilungsleiterin sich entschieden hat. Wird sie am Ende Erfolg haben, und ihr Problem mit Sommer ist endlich gelöst? Kann sein. Es kann aber auch ganz anders laufen. Vielleicht ist am Ende der Ärger noch größer, als er es bisher schon war. Misserfolg nennt man das. Genau das also, was man gefürchtet hat und auf keinen Fall erleben wollte.

Was aber haben Erfolg und Misserfolg gemeinsam? Es gibt in beiden Fällen eine Folge, eine Konsequenz. Das Handeln bringt ein Ergebnis mit sich. Dieses Ergebnis stellt eine Erfahrung dar, positiv oder negativ, und damit ist sie auf jeden Fall immer eine Lernchance. Aha, so funktioniert es! Oder: Ok, so geht es offensichtlich nicht! Beides ist möglich – und in beidem liegt die Chance zu lernen, schlauer und damit auch besser zu werden. Abb. 12.1 macht das anschaulich.

Keine Entscheidung ist bekanntlich auch eine Entscheidung, nämlich die, das Bestehende beizubehalten. Wer das auf keinen Fall will, aber auch nicht weiß, für was er sich entscheiden soll, den will ich an dieser Stelle ermutigen, sich lieber per Münzwurf für irgendeine Option zu entscheiden als für gar keine. Denn aus seiner Entscheidung wird sich ein Handeln ergeben. Aus dem Handeln eine Folge. Und aus der Folge ein Lerneffekt für den nächsten Schritt. Voranzukommen ist allemal besser, als auf der Stelle stehenzubleiben und zunehmend gelähmt im Status quo zu erstarren.

Abb. 12.1 Der Entscheidungstrichter

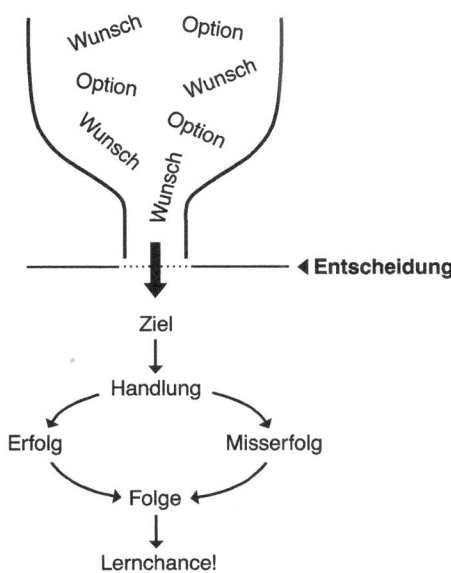

12.4   Freiheit und Sicherheit im Rahmen

„Wir sind hier doch nicht in einer Demokratie!", rief mir ein Unternehmer empört zu, „Wo kommen wir denn hin, wenn jeder meint, bei allem mitreden und mitentscheiden zu müssen!" Die Entrüstung über diese Vorstellung war ihm deutlich anzumerken. Letztlich hatte er Angst, dass seine Führungskräfte Entscheidungen treffen würden, von denen er nichts wüsste und die er vielleicht so auch nie getroffen hätte. Da hat seine Frage „Wo kommen wir da hin?" durchaus ihre Berechtigung. Auf der anderen Seite gilt auch: Wenn ein Chef nicht loslassen kann, dann ist er für alles verantwortlich, auch dafür, dass ausreichend Klopapier vorhanden ist, wie viele Lagen es hat und in welcher Farbe! Und das würde der besagte Unternehmer sicher ebenfalls entrüstet von sich weisen: „Ich kann mich hier doch nicht um alles kümmern!"

Es geht also um die Frage, wo eine gute Lösung zwischen den beiden Extremen liegen könnte, zwischen „Alle entscheiden mit" und „Ich entscheide allein". Sie als Führungskraft und Ihr selbstständig arbeitendes Team benötigen beide sowohl Freiheit als auch Sicherheit. Beides ist unerlässlich. Doch wie kann das gelingen? Sind Freiheit und Sicherheit nicht zwei gegensätzliche Pole, die sich gegenseitig ausschließen?

Die beruhigende Antwort an den Unternehmer, aber auch an jeden Bereichs- oder Teamleiter lautet: „Niemand führt den Bereich irgendwo hin, wo Du ihn nicht haben möchtest." Und die beruhigende Antwort an die Geführten lautet: „Ihr bekommt zwar keine Freiheit – sehr wohl aber einen Freiraum. Und in dem könnt ihr euch bewegen, wie es euch gefällt. Dort könnt ihr immer genau so entscheiden, wie ihr es für richtig haltet."

Die Zauberformel dafür lautet: *Führen heißt Rahmen setzen.* Mit diesem Verständnis bekommen beide, Führungskraft und Mitarbeiter, sowohl die erhoffte Freiheit als auch die nötige Sicherheit. Die Führungskraft wird damit frei von Aufgaben, die nur Tagesgeschäft, nicht aber strategische Entwicklung bedeuten. Und sie hat die Sicherheit, dass alles, was ohne sie entschieden wird, im gesetzten Rahmen verbleibt. Gleichzeitig wird der Mitarbeiter frei, Entscheidungen ohne Rücksprache treffen zu können, und er hat die Sicherheit, für diese Entscheidungen das Einverständnis seiner Führungskraft zu haben.

Wie funktioniert das nun? Um einen funktionierenden Rahmen setzen zu können, braucht eine Führungskraft erst einmal eine Vorstellung davon, wie das Ergebnis aussehen soll. Meist fehlt es allein schon daran: Viele Führungskräfte übertragen Aufgaben und haben im Hinterkopf höchstens eine vage Idee, was am Ende herauskommen soll. Natürlich müssen sie nicht jedes Detail vorhersehen und vorgeben können, aber die Eckpunkte, die ihnen wichtig sind, die sind entscheidend. Nehmen wir als Beispiel Frau Molitor, die zu ihrem Mitarbeiter, Herrn Niedeck, geht und an ihn zum ersten Mal folgende Aufgabe delegiert: „Ich benötige für das Meeting mit der Geschäftsleitung bitte eine PowerPoint-Präsentation. Darin muss die Entwicklung unserer fünf Geschäftsbereiche in den vergangenen drei Jahren abgebildet sein und eine Prognose für die kommenden drei Jahre getroffen werden. Die Präsentation darf nicht mehr als 15 Folien umfassen. Freitag kommender Woche senden Sie mir die Datei bitte zu. Dann kann ich sie mir am Wochenende in Ruhe ansehen."

Die Pflöcke, die sie gesetzt hat, lauten also: PowerPoint, bis 15 Seiten, drei Jahre Rückblick und Vorausschau, alle Geschäftsbereiche, fertig bis Freitag. Wozu sie nichts gesagt hat: Ob ihr die nackten Zahlen genügen, oder ob sie diese auch grafisch aufbereitet haben möchte. Ob die Präsentation nur Fakten oder auch deren Interpretation enthalten soll. Ob sie bestimmte Wünsche zum Erscheinungsbild (Farben, Schrifttypen und -größen) hat oder Niedeck freie Hand lässt. All dieses Nicht-Gesagte ist nun der Knackpunkt: Sind Molitor diese Aspekte gleichgültig, dann wird sie mit jedem Ergebnis, das Niedeck abliefert, zufrieden sein. Hat sie aber – bewusst oder unbewusst – bestimmte Vorstellungen dazu, sagt darüber aber nichts, dann wird es später vermutlich Unmut auf beiden Seiten geben. Denn dass Niedeck zufällig genau die Vorstellungen erfüllt, die Molitor nie geäußert hat, das wäre schon ein großer Glücksfall. „Ja so habe ich mir das nicht vorgestellt", wird Molitor dann vermutlich sagen. Und Niedeck wird antworten: „Dazu haben Sie aber nichts gesagt!" Das Arbeitsergebnis ist also mäßig und die Enttäuschung auf beiden Seiten groß. Um das zu vermeiden ist es so wichtig, dass eine Führungskraft sich im Vorfeld genau überlegt, welche Punkte für sie unverzichtbar sind und welche nicht – und dass sie beides dann so auch genau kommuniziert.

Die von der Führungskraft vorgegebenen Eckpunkte spannen also einen Rahmen auf, innerhalb dessen Grenzen sich der Mitarbeiter frei bewegen kann. Abb. 12.2 macht deutlich, dass der Mitarbeiter keine Freiheit hat, denn diese wäre grenzenlos. Sehr wohl aber hat er den Freiraum, den ihm seine Führungskraft gegeben hat. Und genau damit profitieren beide von der Unabhängigkeit und Selbstständigkeit beim Arbeiten sowie der Sicherheit, was das richtige Ergebnis anbetrifft.

Sollte der Rahmen, den Sie Ihrem Mitarbeiter vorgeben, nun lieber möglichst groß oder möglichst klein sein? Das hängt zum einen von der Reife Ihres Mitarbeiters ab, und zum anderen davon, wie wichtig Ihnen ein ganz spezifisches Ergebnis ist. Diesen Zusammenhang hatten wir bereits in Abschn. 10.5 (Der optimale Führungsstil) gesehen: Je enger Sie den Rahmen setzen, je genauer sie also vorschreiben, wie das Ergebnis sein soll, umso sicherer können Sie sein, genau das zu bekommen, was Sie haben wollen. Umso geringer sind aber auch die Freiräume Ihrer Mitarbeiter und umso geringer ist die Wahrscheinlichkeit, dass sie sich zu einem selbstständig arbeitenden Team entwickeln werden. Erinnern Sie sich an die drei Leistungsfaktoren Können, Wollen und Dürfen? Die von Ihnen gesetzten Eckpunkte beschreiben den Rahmen für das Dürfen. Innerhalb der Eckpunkte darf der Mitarbeiter selbstständig entscheiden. Doch nicht jeder will das. Und nicht jeder kann das – mag aber durchaus bereit sein, es zu lernen. Für diese Mitarbeiter gilt es, Stück für Stück den Rahmen weiter zu setzen.

Abb. 12.2 Führen heißt
Rahmen setzen: das Idealbild

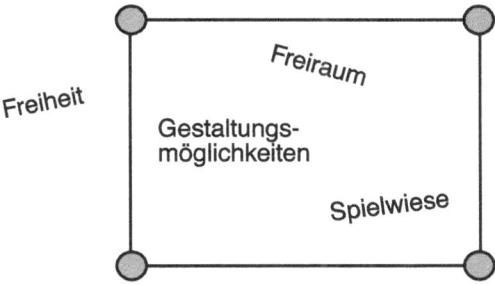

Doch so anschaulich und hilfreich das Bild des Rahmens sein mag – es weicht in einem wesentlichen Punkt von der Realität ab, und das ist die hier eingezeichnete Grenzlinie zwischen den gesetzten Pflöcken. Ein Rahmen wird durch seine Eckpunkte zwar gesetzt, aber wo genau die Grenze des Erlaubten zwischen diesen Pflöcken verläuft, bleibt ungeklärt. Erinnern Sie sich an das Beispiel von Reinhold Hemper im Abschn. 2.3 (Die Killer von Unternehmertum), der in Jahrzehnten der Vorstandstätigkeit 20 Leitzordner voll interner Richtlinien produzieren hatte lassen? Hemper hatte erkannt, wie viele Grenzen nicht eindeutig gezogen waren. Sein Lösungsversuch bestand aus immer neuen Pflöcken, mit denen er jede Regelungslücke schließen wollte. Die Konsequenz solcher Versuche zeigt Abb. 12.3.

Furchtbar, nicht wahr? Wer blickt da noch durch? Wir hatten gesehen, dass in Hempers Bemühen um mehr Sicherheit für alle Seiten nicht die Klarheit zugenommen hatte, sondern die Angst: die Angst gegen irgendeinen Pflock zu laufen, den man im dichten Wald der Regelungen mal wieder übersehen hatte.

Führen heißt am Ende deshalb nicht nur, einen passenden Rahmen zu setzen. Es heißt im gleichen Maß, sich immer wieder im persönlichen Gespräch darüber zu verständigen, was unklar ist und wie das angegangen werden soll. Es geht darum, Gespräche zu führen, zuzuhören, Fragen zu stellen, Erwartungen abzuklären, Feedback zu geben, Lob und Kritik zu äußern, Konflikte zu klären – kurz die gesamte Palette täglicher Führungsarbeit. Abb. 12.4 macht deutlich: Unklarheiten wollen persönlichbesprochen, nicht per Schriftsatz geregelt

Abb. 12.3 Führen heißt
Rahmen setzen: Zu viel
ist zu viel

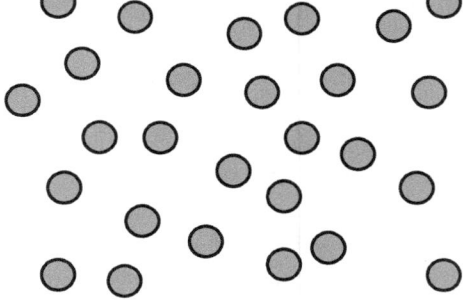

Abb. 12.4 Führen heißt
Rahmen setzen und
darüber reden

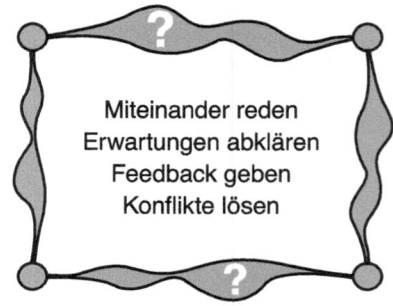

Miteinander reden
Erwartungen abklären
Feedback geben
Konflikte lösen

werden. Je konsequenter Sie das betreiben und je transparenter Sie offenlegen, was Sie denken, umso mehr werden Sie im Laufe der Zeit davon profitieren können. Wie wir es beim Thema Delegation schon gesehen hatten: Am langen Ende genügt dann ein einziger Pflock, den Molitor gegenüber Niedeck setzen muss: „Wie immer bitte!" Wenn am Ende das Ergebnis stimmt, dann haben die beiden alles richtig gemacht.

Zusammengefasst: Je klarer Ihre Entscheidung ausfällt, je sicherer Sie sind, die richtige Entscheidung getroffen zu haben, je größer Ihre Zuversicht ist, das Ziel auch tatsächlich zu erreichen, umso besser sind die Voraussetzungen, dass Ihnen die Umsetzung gelingt – dass Sie es durchziehen und nicht aufgeben, bevor Sie am Ziel angelangt sind. Kurz gesagt: dass Sie konsequent dranbleiben.

Literatur

1. Ap Dijksterhuis, Das kluge Unbewusste, Denken mit Gefühl und Intuition, Klett-Cotta, 2010

Konsequent dranbleiben

13

„Es gibt nichts Gutes, außer man tut es", hat Erich Kästner so schön gesagt. Konkret für eine Führungskraft formuliert heißt der Satz „In meinem Verantwortungsbereich gibt es nichts Gutes, außer das Team tut es." Wenn Sie aber mit dem, was Ihr Team tut, nicht zufrieden sein sollten, dann sind wir – einmal mehr – wieder bei Ihnen selbst angekommen. Wie sollte es auch anders sein? „Es gibt nichts Gutes, außer ich tue es", sprich: „Ich selbst bin als Führungskraft diejenige Person, die als Erste etwas Neues, etwas Anderes tun muss. Das Team wird folgen. Ich agiere. Das Team reagiert."

Doch wieso ist es oft so schwer, Ideen und Vorhaben in die Tat umzusetzen? Nicht nur anzufangen, sondern auch dranzubleiben? Und was kann man tun, damit man am Ende nicht frustriert „Ich hab's halt versucht" sagen muss. Sondern sagen kann: „Ich habe es durchgezogen – und am Ende geschafft!" Genau das sehen wir uns jetzt näher an. Zuerst für Sie persönlich, und wie wir Menschen generell so ticken, und im Anschluss für Sie als Führungskraft: Was Sie tun können, wenn es beim Team an der Umsetzungskraft fehlt, Themen auf halber Strecke liegenbleiben und Projekte einzuschlafen drohen.

13.1 Wenn der Alltag Sie einholt

„Der Geist war willig, aber das Fleisch war schwach!". Es gibt wohl keinen Menschen auf der Welt, der diese Erfahrung nicht schon gemacht hätte. Die meisten von uns wahrscheinlich dutzend- wenn nicht hundertfach. Wir haben uns etwas vorgenommen, ganz ernsthaft sogar und auch nicht restverkatert an Neujahr – und trotzdem finden wir uns drei Wochen später in unseren altvertrauten Mustern wieder. Warum ist das so?

Zum einen hat dieser Effekt tatsächlich etwas mit unseren Neuronenverschaltungen im Gehirn zu tun. Jedes Mal, wenn wir eine bestimmte Tätigkeit ausführen, werden dafür in

© Der/die Autor(en), exklusiv lizenziert an Springer Fachmedien Wiesbaden GmbH, ein Teil von Springer Nature 2022
J. Schmeer, *Führungskräfte mit unternehmerischer Power*,
https://doi.org/10.1007/978-3-658-38623-8_13

unserer Steuerungszentrale bestimmte Neuronen, also Nervenzellen, vernetzt. „Joggen gehen" aktiviert andere Gehirnregionen als „Die Präsentation fertigmachen". Und „Im Internet surfen" andere als „Einen gemütlichen Abend mit Freunden verbringen". Je öfter Sie
sich nun zum Beispiel für „Die Präsentation fertigmachen" entscheiden, umso zahlreicher
und stabiler werden in der zuständigen Gehirnregion die Synapsen, durch die unsere Nervenzellen im Gehirn verknüpft sind. Weil der Tag nun einmal nicht mehr als 24 Stunden
hat, geht Ihre Entscheidung zugunsten der Präsentation deshalb wohl meist zulasten Ihrer
Sportambitionen. Die Folge ist, dass der fürs Joggen zuständige Teil Ihres Gehirns auf
niedrigem Niveau verharrt, der andere Teil aber jedes Mal aufs Neue gestärkt wird. Was
bewirken Sie also auf lange Sicht mit Ihrem Handeln? Sie haben eine achtspurig ausge-
baute Autobahn für „Arbeiten" im Hirn. Und einen klitzekleinen Trampelpfad, für „Joggen gehen". Wenn Sie nun zum x-ten Mal in Ihrem Leben um 18 Uhr vor der Entscheidung
stehen, was Sie tun wollen ... so schnell können Sie gar nicht gucken, wie Sie schon auf
dem Highway zur Präsentation unterwegs sind.

Ein weiterer Grund auf halber Strecke mit der Umsetzung stehen zu bleiben ist, dass es
dafür eine übliche und zumeist auch akzeptierte Ausrede gibt: „Der Alltag hat mich eingeholt." Diese Behauptung ist wohl die häufigste Begründung, wenn Menschen nicht konsequent an ihren Vorhaben drangeblieben sind und sich und ihrer Umwelt nun zu erklären
versuchen, weshalb sie ihre gesetzten Ziele nicht wie geplant erreicht haben. Warum soll
das eine Ausrede sein, werden Sie sich fragen. Nun, ich halte es für ein Gerücht, dass der
Alltag in der Lage sei zu laufen, und zwar sogar so schnell, dass er uns einholen und unser
Handeln beeinflussen könnte. Wenn ich ehrlich bin: Ich war lange Jahre Weltmeister in
Sachen Inkonsequenz, das nicht zu tun, was ich mir doch so fest vorgenommen hatte! Aber
ein Alltag, der mich in dieser Zeit eingeholt hätte – der ist mir tatsächlich nie dabei begegnet. Praktisch ist diese Denke allerdings schon. Denn nach dieser Logik ist er, der Alltag,
schuld daran, dass ich nicht das tue, was ich mir vorgenommen habe. Sehr praktisch! Zumindest wenn man nach Ausreden sucht, die einen aus der Verantwortung entlassen.

Denn so kann man sich auch selbst belügen. Alltag ist nämlich, im Beruf genauso wie
im Privaten, nichts anderes, als jeden Tag mit eintausend Wünschen und Erwartungen
konfrontiert zu sein, die von außen an uns herangetragen werden, per E-Mail, per Telefon
oder persönlich. Immer möchte jemand etwas von uns, und permanent sind wir mit anderer Leute Forderungen konfrontiert. Dann müssen wir jedes Mal aufs Neue die Entscheidung treffen, wie wir damit umgehen: Ja sagen – oder eben Nein. Genau *das* ist nämlich
in Wahrheit der Alltag: Dass wir uns permanent entscheiden müssen. Und dass wir für
diese Entscheidung auch selbst die Verantwortung übernehmen müssen, ganz ohne
Ausflüchte.

Alltag ist zugleich ein Synonym für Gewohnheiten. Es sind die immer gleichen Routinen, mit denen wir in den Tag starten, zur Arbeit fahren, morgens unseren Arbeitstag ein-
richten, wie wir in Meetings hineingehen, wie wir uns dort verhalten und so weiter. Bis wir
viele Stunden später den Kopf ins Kissen sinken lassen und uns auf die gewohnte Lieb-
lingsseite drehen, um bald einschlafen zu können: Den ganzen Tag lang ist eine Gewohn-

heit der anderen gefolgt. Auch das macht unseren Alltag aus. Einerseits ist das eine äußerst praktische Sache, erspart sie uns doch die Mühe, bei jedem Schritt neu nachdenken zu müssen, ob und wie wir ihn ausführen wollen. Gewohnheiten haben den Vorteil, extrem ökonomisch zu sein. Tatsächlich zahlen wir für unsere ach so praktischen Gewohnheiten aber auch einen beachtlichen Preis: Unsere Gewohnheiten entscheiden nämlich nicht nur darüber, was wir jeden Tag tun, sondern tatsächlich auch: wer wir sind. Mit anderen Worten: *Wir sind unsere Gewohnheiten.*

Ein Beispiel: Regt es Sie immer auf und Sie werden laut, wenn Leute in Ihrem Team sich nicht an getroffene Vereinbarungen halten? Wenn ja, dann ist Ihr Aufregen eine solche Gewohnheit, wie ich sie hier meine. Und zwar eine, die Sie nicht von jetzt auf gleich werden ablegen können. „So bin ich halt. Und ich habe schließlich gute Gründe, weshalb ich mich da ärgere!", mögen Sie nun einwenden. Ja, genau, so sind Sie. Ja, Sie haben gute Gründe. Aber Tatsache ist auch: Sie könnten auf nicht eingehaltene Vereinbarungen auch ganz anders reagieren. Sie könnten sie ignorieren. Sie könnten sie schulterzuckend hinnehmen. Sie könnten die unzuverlässige Person auflaufen lassen. Sie könnten ein freundliches Gespräch mit ihr suchen. Sie könnten ein klares Gespräch führen. Sie könnten – wenn's schon lange so geht – eine Abmahnung schreiben. Sie könnten ... tausend andere Dinge tun, als sich aufzuregen und herumzupoltern. Aber so sind Sie halt. Nicht durch ein Naturgesetz oder weil der liebe Gott Sie so in Stein gemeißelt hätte. Sondern Sie sind so, weil Sie es so gewohnt sind.

Ein einziges Beispiel habe ich hier näher ausgeführt. Welche Verhaltensmuster fallen Ihnen bei sich persönlich ein? Sind Sie es gewohnt, spätestens um 6 Uhr aus den Federn zu steigen? Dann sind Sie wohl Frühaufsteher. Sind Sie gewohnt, kein Fleisch zu essen? Dann sind Sie vermutlich Vegetarier. Versuchen Sie gewöhnlich, bei Sachfragen unnötige Emotionen zu vermeiden? Dann sind Sie offenbar ein nüchterner Analytiker. Sie merken schon: Die Liste ließe sich beliebig verlängern. Noch einmal meine Frage: Welche Verhaltensmuster fallen Ihnen bei sich selbst ein? Vor allem aber: Welche Ihrer Gewohnheiten mögen Sie, weil Sie mit dem Resultat aus diesen Gewohnheiten zufrieden sind? Und welche Ihrer Gewohnheiten würden Sie gerne einmal ablegen, weil Sie nicht leiden können, was diese Gewohnheiten aus Ihnen machen – so dick, so dünn, so besserwisserisch, so zurückhaltend, so dominant, so angepasst, so beredt, so schweigsam, so überdreht, so lahm, so ...? Sie sehen: Wenn Sie anders sein wollen, dann ändern Sie einfach Ihre Gewohnheiten. Machen Sie etwas anderes als bisher. Und bleiben Sie dran. Mit der Zeit entstehen dadurch neue Gewohnheiten, in deren Folge Sie dann so sind, wie Sie es vielleicht schon ganz lange sein wollten.

13.2   Lernen aus nicht umgesetzten Entscheidungen

Im Rückblick sind wir alle schlauer – und diesen Effekt gilt es zu nutzen: Was können Sie aus einer Entscheidung, die Sie am Ende nicht umgesetzt haben, lernen?

Umsetzen: Erst gescheitert, dann gescheiter

Denken Sie einmal an eine Entscheidung, die Sie später nicht umgesetzt haben, eine Inkonsequenz, über die Sie sich vielleicht heute noch gelegentlich ärgern. Rufen Sie sich, so gut es geht, jetzt noch einmal die Situation in Erinnerung, in der Sie diese Entscheidung getroffen haben.

Fragen Sie sich als Erstes bezogen auf Sie persönlich:

- Wie konkret hatten Sie damals Ihr **Ziel** vor Augen? War es vor allen Dingen abstrakt, mit den üblichen Business-Schlagworten formuliert, oder hatten Sie ein sehr konkretes, anschauliches Bild dazu im Kopf? Wie viel oder wie wenig hat Ihnen das Ziel Energie gegeben, unbedingt dorthin kommen zu wollen? Kurz: Wie kraftvoll war das Zielbild? Oder hatten Sie alternativ ein klares **Anti-Ziel** vor Augen, den Albtraum, den Sie niemals würden erleben wollen? (Mehr dazu in Abschn. 10.1 Ziele mit eingebautem Booster.) Bewerten Sie die Konkretheit Ihres Zielbildes oder Anti-Zielbildes insgesamt zwischen 1 (sehr schwach) und 10 Punkten (sehr stark).
- Welche bewusste oder unbewusste **Erwartungshaltung** hatten Sie damals hinsichtlich der Frage, ob es Ihnen gelingen würde, dieses Ziel auch wirklich zu erreichen? Waren Sie geradezu siegesgewiss? Oder nagten im Hinterkopf bereits leise Zweifel, ob diese Idee nicht eigentlich schon zum Scheitern verurteilt ist, weil ein halbes Dutzend negativer Erfahrungen gezeigt haben, wo etwas schiefgehen kann? (Mehr dazu im Abschn. 5.1 Fluch und Segen unserer Erwartungshaltung.) Bewerten Sie Ihre Erwartungshaltung, dass es gelingen würde, zwischen 1 (sehr gering) und 10 Punkten (maximal).
- Und wie sehr oder wie wenig waren Sie von sich selbst im Augenblick der Entscheidung überzeugt? Wie **selbstsicher** waren Sie, dass Sie bei allen Problemen und Widerständen, die auftreten, diese auch meistern würden? Wie sehr nagten irgendwo im Hinterkopf Selbstzweifel, ob dieses Ziel nicht doch eine Nummer zu groß für Sie sein könnte? (Mehr dazu in Abschn. 5.3 Selbstbild: Daumen rauf oder runter.) Bewerten Sie Ihre Selbstsicherheit zwischen 1 (sehr niedrig) und 10 Punkten (ideal).
- Wie **bewusst** waren Sie sich aller Faktoren, die zum Gelingen oder zum Scheitern der Umsetzung einen Beitrag leisten würden? Anders gefragt: Wie sehr haben Sie die Augen zugemacht („Wird schon gutgehen!") oder wie vollständig und transparent waren diese Faktoren für Sie? (Mehr dazu im Abschn. 4.3 Bewusst werden, entscheiden, dranbleiben.) Bewerten Sie Ihre Bewusstheit über die Erfolgs- und Misserfolgsfaktoren insgesamt zwischen 1 (sehr niedrig) und 10 Punkten (sehr hoch).
- Bezüglich aller Faktoren, auf deren Basis Sie sich entschieden haben: Wie **stimmig** war Ihre Entscheidung für Sie persönlich, wie stimmig hat sie sich in dem Augenblick für Sie angefühlt? (Mehr dazu im Abschn. 8.3 Mit sich in Einklang kommen und im Abschn. 10.1 Ziele mit eingebautem Booster.). Bewerten Sie das Gefühl Ihrer inneren Stimmigkeit zwischen 1 (sehr niedrig) und 10 Punkten (ideal).

Fragen Sie sich nun bezüglich Ihres Teams:

- Wie klar war Ihrem Team das Ziel plastisch vor Augen gestanden, wie sehr hat das Ziel oder das Anti-Ziel Ihre Leute emotional berührt und bewegt? (1 bis 10 Punkte.)
- War die Erwartungshaltung Ihres Teams eher ein „Super, das wird was!" oder ein „Ich weiß jetzt schon: Das wird eh' wieder nichts."? (1 bis 10 Punkte.)
- Wie groß war beim Team dessen Selbstvertrauen, die Selbstsicherheit, dass jeder einzelne seinen Beitrag würde leisten können? (1 bis 10 Punkte.)
- Wie klar hatte das Team alle relevanten Faktoren bewusst im Blick? (1 bis 10 Punkte.)
- Wie stimmig war die Entscheidung für all diejenigen, die von der Umsetzung direkt oder indirekt betroffen waren? (1 bis 10 Punkte.)

Zehn Fragen mit zehn Bewertungen. Klar, je höher die Punktwerte, umso besser. Und ebenso klar: Ein einziger niedriger Punktwert kann die gesamte Umsetzung zum Scheitern bringen. Was wird Ihnen bewusst, wenn Sie die Bewertungen miteinander vergleichen? Wo waren Sie selbst gut unterwegs, aber was hat Sie am Ende den Erfolg gekostet? Wo war Ihr Team gut unterwegs, aber was hat es am Ende den Erfolg gekostet? Und generell: Kann es sein, dass Sie die Faktoren, an denen es (in dem Beispiel, an das Sie gerade gedacht haben), letztlich gescheitert ist, auch bei anderen Entscheidungen nicht so berücksichtigen, wie es nötig wäre?

Solche Bewertungen auf einer 10er-Skala sind ein sehr hilfreiches Tool, wenn Sie Ihre Einschätzungen auf den Punkt bringen und Übersicht gewinnen wollen. Denn hier verdichten sich in einer einzigen Zahl alle Pro- und Contra-Argumente, alle Chancen und Risiken, alle Hoffnungen und Befürchtungen. Was denken Sie: Mit welcher Punktebewertung kann man eigentlich zufrieden sein? Wie viele Punkte braucht ein Faktor, damit man sagen kann „Läuft! Haken dran"?

10 Punkte sind natürlich hervorragend, geradezu perfekt, und 9 Punkte ebenfalls ein Traum. 8 Punkte sind erfahrungsgemäß noch sehr gut, auch wenn es manche Aspekte geben mag, wo etwas noch besser sein kann. Aber das fällt nicht ausschlaggebend ins Gewicht. Bei 7 Punkten wird es jedoch kritisch. Hier stellen sich erfahrungsgemäß Störungen ein, an denen die Umsetzung scheitern kann.

Eine Punktbewertung beruht letztlich auf subjektiven, spontanen und oft unbewussten Einschätzungen. Das ist gerade ihre Stärke, dieses intuitive Wissen zu nutzen. Doch wer es lieber logisch mag, der kann anhand eines ganz einfachen Rechenbeispiels sehen, weshalb die 7 mindestens einen Punkt zu wenig bedeutet. Zwar haben Sie bei 7 Punkten, die Sie einer bestimmten Idee gegeben haben, 70 Prozent an positiver Energie, die Sie zum

Ziel tragen kann. Aber die zur 10 fehlenden drei Punkte, die sind nicht einfach nicht da, da ist keine Leerstelle. Sondern 30 % arbeiten gegen Ihre Idee und wirken auch entsprechend. $7 - 3 = 4$. Letztlich stellt diese 4 dar, mit wie viel Kraft Sie in der Summe auf Ihre Idee zusteuern könnten. Dass 4 niemals ausreichen kann, leuchtet vermutlich sofort ein, nicht wahr? Bei der 8 landet man am Ende wenigstens noch bei mehr als der Hälfte, $8 - 2 = 6$. Auch nicht perfekt, aber die Erfahrung zeigt eben, es ist ausreichend. Alles mit 6 Punkten oder weniger ist garantiert zum Scheitern verurteilt.

Eine Ergänzung noch zur Stimmigkeit Ihrer Entscheidung. Was vor einem halben Jahr vielleicht noch extrem stimmig für Sie war, kann heute wieder ganz anders aussehen. Wenn Sie bei einem Projekt zum Beispiel feststellen müssen, dass Ihr Ziel überambitioniert war und der Weg dorthin Sie aktuell deutlich mehr fordert, als Sie es erwartet haben – dann mag es klug sein, die Stimmigkeit neu zu bewerten und die Deadline des Projektes rechtzeitig nach hinten zu schieben. Die Stimmigkeit will immer wieder neu überprüft werden, sie ist jeden Tag aufs Neue der perfekte Kompass für unser Handeln. Wenn wir das nicht tun, laufen wir Gefahr, gegen die Wand zu fahren – und im Nachhinein uns eingestehen müssen, dass wir es „eigentlich" schon viel früher geahnt haben.

Was lässt Sie eine getroffene Entscheidung also durchziehen? Ganz einfach: Sie erfüllen alle Voraussetzungen für das Gelingen einer Entscheidung, sprich: Sie haben in Ihrer Checkliste oben möglichst oft 9 oder 10 Punkte – und nie weniger als 8.

Aber darüber hinaus spielen natürlich immer auch Ihre Motivation und Ihre Selbstdisziplin eine Rolle. Sie erinnern sich: Motivation, das ist im Idealfall das Feuer, das in einem Menschen brennt, und zwar sein ganzes Leben lang. Selbstdisziplin, das ist der Muskel im Hirn. Sein Einsatz kostet Kraft, die zwar auch trainiert werden kann – auf Dauer aber in die Erschöpfung treibt. Lust oder Disziplin, Feuer oder Muskel: Beide Wege funktionieren und führen zum Ziel. Lust und Spaß mögen der attraktivere und tendenziell leichtere Weg zum Ziel sein. Doch in einzelnen Momenten benötigt jeder mal seinen Willens-Muskel, und dann ist sein Einsatz auch gerechtfertigt und hilfreich. Lediglich wenn Ihre Selbstdisziplin und Ihr Wille der permanente Antrieb für das Durchziehen Ihrer Entscheidung sind, dann sollten Sie vorsichtig sein. Denn das ist ein starkes Indiz dafür, dass das Ziel, auf das Sie hinarbeiten, nicht wirklich stimmig für Sie ist und irgendetwas im Argen liegt.

Praxisbeispiel

Diese Geschichte ist extrem, und gerade deshalb besonders anschaulich. In einem Workshop für Führungskräfte eines großen Handwerksbetriebes komme ich ins Gespräch mit einem Teamleiter, der zwar erst Mitte 50 Jahre alt ist, jedoch aussieht, als wäre er Ende 60. Er schimpft über seine Kollegen und hat keinerlei Verständnis, wie diese sich bei der geplanten, großen Reorganisation alle „anstellen" würden. Was den Kollegen Angst und Stress bereitet, sind für ihn alles Kleinigkeiten und nicht der Rede wert. Kein Wunder bei seiner Geschichte!

Dieser Mann war nämlich lange Jahre seines Lebens kokain- und heroinsüchtig. So lange, bis bei ihm „aus allen Öffnungen, die der Körper hat, Flüssigkeiten rausgelaufen kamen". Als er derart am Boden liegt, trifft er seine Ent-Scheidung: fürs Weiterleben. Er hört von heute auf morgen mit den Drogen auf und zieht 600 km von seinem bisherigen Zuhause weg, ohne bei irgendjemand seine Kontaktdaten zu hinterlassen. Aufhören, alle Kontakte abbrechen, weit wegziehen: Dieser Mann entzieht sich selbst, nachhaltig erfolgreich und ganz ohne Klinik. Da ist der Alkohol-Entzug, den er zehn Jahre später dann auch noch macht (seine alte Denke war: Ein Wochenende mit 3,8 Promille ist ein gutes Wochenende!), ein „Kinderspiel" für ihn. Und die Veränderungen, die jetzt in der Firma anstehen, natürlich „pillepalle". Zweimal erfolgreicher Entzug, ohne fremde Hilfe. Das nenne ich Durchziehen. Das ist pure Konsequenz. Beeindruckend, nicht wahr? ◄

13.3 Veränderungsimmunität überwinden

Im Abschn. 13.1 (Wenn der Alltag Sie einholt) konnten Sie sehen: Sie *sind* Ihre Gewohnheiten. Und eine Gewohnheit, die wohl die meisten von uns kennen, die sehen wir uns jetzt einmal näher an. Ist es zufällig Ihre Gewohnheit, viel und lange zu arbeiten, und auch wenn Sie längst über dem Limit sind, trotzdem weiterzumachen? Wenn Ja: Wollen Sie daran etwas ändern? Auch Ja? Dann richten wir den Fokus noch einmal auf Ihre Lebendigkeit! Wie gelingt das, endlich wieder Spaß beim Arbeiten zu erleben? Wie kommen Sie raus aus dem Sich-unlebendig-und-getrieben-Fühlen und rein in die neue Lebendigkeit?

Sehr erfreulich: Sich lebendig zu fühlen, das ist genau so einfach, wie es einfach ist, einen Fuß vor den anderen zu setzen. Ich persönlich finde es zwar immer hilfreich zu verstehen, wie wir Menschen funktionieren, weil ich dadurch erkennen kann, an welchen Hebeln ich ansetzen kann, wenn ich etwas ändern möchte. Aber am berühmten Ende des Tages ist das Entscheidende nicht die Komplexität der Zusammenhänge auf den Ebenen Körper, Emotionen und Denken. Entscheidend für unseren Erfolg ist einzig und allein, dass wir 100.000-mal das Gleiche machen, dadurch unsere Gewohnheit ändern und damit wiederum uns selbst.

Dieses Immer-Gleiche sind ja meist vollkommen banale, einfache und eben alltägliche Dinge. Es ist wie Gehen: ein Schritt vor den anderen setzen. Mehr brauchen wir nicht, um ans Ziel zu gelangen. Wenn Sie zum Beispiel mit gepacktem Rucksack am Marienplatz in München stehen und sich fragen, wie Sie jetzt an den Markusplatz nach Venedig kommen ... ganz einfach: Es ist nichts anderes, als immer wieder einen Schritt nach dem anderen zu tun. Sie werden ankommen. Garantiert. So, wie schon viele tausend andere vor Ihnen, die diesen Weg bereits gegangen sind.

Also: Ändern Sie Ihre Gewohnheiten – und Sie ändern sich. Doch wie gelingt das nun?

Umsetzen: Neue Mini-Gewohnheiten etablieren

Damit sind wir bei der versprochenen Lösung. Diese kostet Sie pro Tag eine Minute Zeit und in der gesamten Woche garantiert nicht mehr als zehn Minuten. Sie etablieren also eine neue Mini-Gewohnheit in Ihrem Leben. Und so geht's: Nehmen Sie sich jeden Sonntag (oder Montagmorgen) drei Gewohnheiten vor, die Sie in der kommenden Woche jeden Tag einmal tun wollen. Ein paar Beispiele dazu: Das Smartphone erst nach dem Frühstück in die Hand nehmen. Auf dem Nachhauseweg im Auto die letzten fünf Kilometer keine Telefonate mehr. Ein kleines Lob an jemanden in der Firma. Pünktlich kommen zu Beginn einer Sitzung. Pünktliches enden. Ein einziges Mal am Tag für drei Minuten ans offene Fenster stellen und frische Luft tanken. Mindestens eine einzige Mail, die nicht zwingend von Ihnen selbst bearbeitet werden muss, weiterleiten ... Ich bin sicher, Ihnen werden einige Dinge einfallen!

Drei solche Gewohnheiten notieren Sie nun am Sonntag in Ihre Tabelle, und jeden Abend in der Woche ziehen Sie kurz Bilanz und setzen ein Häkchen bei der Gewohnheit, die Sie an diesem Tag auch tatsächlich durchgeführt haben. Am besten machen Sie das immer zur gleichen Zeit, z. B. bevor Sie das Büro verlassen oder bevor Sie abends ins Bett gehen. Wichtig ist, dass Sie kleine und sehr konkrete Punkte nehmen. Abstrakte und unrealistische Überziele wie „Ich arbeite ab sofort nur noch an Dingen, die mir Spaß machen" sind zum Scheitern verurteilt. Knackig und konkret, das hat die besten Chancen, dass Sie es auch tatsächlich tun. Am Ende der Woche ziehen Sie Bilanz, übernehmen vielleicht die eine oder andere Gewohnheit noch einmal für die kommende Woche oder nehmen stattdessen eine neue. Haben Sie Lust, es auszuprobieren? Klar, das ist kein Sprint, das ist eine Wanderung. Aber ich verspreche Ihnen: Schritt für Schritt werden Sie vorankommen. Ganz einfach. Und garantiert.

Was aber tun, wenn Sie zwar genau wissen, dass Sie nur einen Schritt vor den anderen setzen müssten, Sie es aber trotzdem nicht schaffen, den ersten Schritt zu gehen? Was können Sie tun, wenn irgendetwas Sie festzuhalten scheint?

Wir haben ganz am Ende von Abschn. 12.2 (Hürden überwinden) gesehen, dass es einen großen Unterschied macht, ob man sich lediglich etwas „vorgenommen" oder tatsächlich sich für etwas entschieden hat. Auch die Vorstufe davon, die Wünsche, haben wir gerade in Abschn. 12.3 (Entscheidungstrichter) näher betrachtet. Warum nur bleiben wir immer wieder in diesen Vorstufen hängen und kommen im Leben oft monate- oder jahrelang nicht einen Schritt weiter?

So, wie wir über ein körperliches Immunsystem gegen alle möglichen Krankheitserreger verfügen, so verfügen wir auch über ein psychisches Immunsystem gegenüber allen möglichen Veränderungen. Das ist zumindest die These der beiden Immunity-to-Change-„Entdecker" [1]. Eine solche Immunität mag natürlich nützlich sein für Veränderungen, die uns schaden oder sogar bedrohen könnten. Aber sie ist ausgesprochen hinderlich bei allen Veränderungen, die uns guttäten. Wer kennt das nicht, genau zu wissen was gut für einen wäre, es aber einfach nicht zu schaffen, das auch in die Tat umzusetzen? Wer diese Blockade überwinden möchte, für den ist dieser Ansatz perfekt geeignet. Denn im Kern geht es darum, Veränderungen im Einklang mit sich selbst gestalten zu können. Nur dann haben sie eine Chance dauerhaft realisiert zu werden.

An mir selbst ausprobiert habe ich diesen Ansatz beim Bücherlesen. Über Jahre hinweg hätte ich es schön gefunden, mehr Bücher zu lesen. Aus den Urlauben, wo ich die Zeit und Ruhe dafür hatte, wusste ich, wie gut mir das tut. Aber im Alltag? Ich habe es einfach nicht geschafft, das Buchlesen zu einem normalen Bestandteil meines Tages werden zu lassen. Vordergründig hatte ich einfach keine Zeit, meine Tage waren mit Arbeit und Familie bereits zu gut gefüllt. Aber je länger das ging, ahnte ich, dass das eine Ausrede war und die Blockade woanders liegen müsste. Nur wo? Genau um so etwas herauszubekommen ist dieses Tool geeignet. Der Erfolg war durchschlagend. Von ganzen 2 Büchern im Vorjahr kam ich auf 12 Bücher in dem Jahr nach dem Immunity-to-Change-Prozess. Es war herrlich! Und vor allen Dingen: Es funktionierte mit einer solchen Selbstverständlichkeit, als wäre es in meinem Leben noch nie anders gewesen. Probieren Sie es aus!

Umsetzen: Die Immunität gegen eine Veränderung überwinden
Der Ablauf im Überblick

1. Was genau ist Ihr Vorhaben?
2. Was tun Sie üblicherweise stattdessen?
3. Was sind Ihre Befürchtungen, was passieren würde, wenn Sie das nicht täten?
4. Welche Ihrer Überzeugungen und Glaubenssätze kommen hier zum Vorschein?
5. Was hält Sie am Alten, was zieht Sie zum Neuen?
6. Wie hoch sind Ihre Zuversicht, die Relevanz des Ziels, sein Nutzen und seine Anziehungskraft?
7. Welches Motto geben Sie Ihrem Ziel?
8. Wann und wie geht's los?

Die einzelnen Schritte

1. Ihr Vorhaben: Das wollen Sie künftig tun
   Selbst immer pünktlich beim Meeting erscheinen (um so die Verbindlichkeit bei den eigenen Leuten zu erhöhen). Abends nie mehr nach 19 Uhr Feierabend machen (um am nächsten Tag wieder fit, wach und lebendig zu sein). Einmal pro Woche gegenseitiges Feedback mit einem Teammitglied austauschen (um die Erwartungen abzugleichen und den Einklang miteinander sicherzustellen) ... Was auch immer Ihr Vorhaben ist: Formulieren Sie es kurz und konkret auf einem Blatt Papier.

2. Ihr derzeitiges Verhalten: Das tun Sie bisher stattdessen
   Beim Vorhaben Pünktlichkeit könnte das sein, dass Sie immer noch schnell ein
   Telefonat erledigen wollen, eine Mail unbedingt noch gesendet werden soll, jemand vermeintlich Wichtiges Sie in ein Gespräch verwickelt hat ... oder was
   auch immer es ist, das Sie bislang noch daran hindert, zuverlässig pünktlich zu
   kommen: Schreiben Sie all diese Punkte auf.
3. Ihre Befürchtungen: Weshalb Sie tun, was Sie tun
   Hier könnten Ihre Gründe zum Beispiel darin liegen, dass Sie bei Ihrem Telefon-
   partner nicht als desinteressiert wahrgenommen werden wollen, Ihr Mailadres-
   sat Sie als lahme Ente abstempeln könnte, wenn Sie nicht jetzt antworten, oder
   Ihr Gesprächspartner Sie für unhöflich halten könnte, wenn Sie ihn unterbrechen
   müssten. Aufschreiben!
4. Ihre Überzeugungen: Was Sie in der Tiefe antreibt zu Ihrem bisherigen Verhalten
   Hier sind wir einmal mehr (vgl. Abschn. 5.3 Selbstbild: Daumen rauf oder runter) bei Ihren Glaubenssätzen angekommen. Diese benötigen ein wenig Innehalten, um identifiziert werden zu können. Sie wissen bereits, Sätze dieser Art tragen wir alle in uns spazieren. Und bei dem hier beschriebenem Verhalten
   könnten diese vielleicht so lauten: „Ich werde in der Firma nicht gesehen", „Ich
   bin unwichtig, die anderen wichtig", „Ich schaffe es nicht". Aber auch ein oder
   zwei Antreiber können hier vielleicht auftauchen; siehe hierzu Abschn. 6.2
   (Wenn Anstrengung mit Kraft verwechselt wird).
5. Ihre Ambivalenz: Weshalb Sie gleichzeitig wollen und nicht wollen
   Bezüglich Ihres Vorhabens: Wie viele positive und wie viele negative Gefühle
   haben Sie, wenn Sie an Ihr Vorhaben denken? Und bezüglich Ihres bisherigen
   Verhaltens: Wie viele positive und wie viele negative Gefühle haben Sie? Nutzen Sie dafür die bekannte Skala von 1 bis 10.
   Sie werden garantiert sowohl positive wie auch negative Gefühle haben. Das
   ist erwartbar. Nehmen Sie sich einen Augenblick Zeit, was die Zahlen für Sie
   bedeuten. Zu wenig Positives und zu viel Negatives kann Ihren Erfolg natürlich
   gefährden. Vielleicht wollen Sie dann über Ihr Vorhaben neu nachdenken und
   erst einmal mit einem anderen Vorhaben starten, um sich eine gute Erfahrung zu
   verschaffen?
6. Ihre Bewertungen: Wie hoch ist (wieder von 1 bis 10) ...
   a. Ihre Zuversicht, dass Sie Ihr Vorhaben schaffen können?
   b. für Sie die Relevanz, dass Sie sich tatsächlich verändern?
   c. Ihr Nutzen, wenn Sie sich verändern?
   d. die Anziehungskraft Ihres Vorhabens?
   Auch hier gilt natürlich, dass eine geringe Punktzahl ein klares Signal ist,
   dass im Augenblick etwas noch nicht stimmt. Unter Umständen müssen Sie
   Ihr neues, gewünschtes Verhalten noch einmal umformulieren und „kleinere

Brötchen backen". Anstatt „bei allen Meetings pünktlich erscheinen", lautet Ihr Vorhaben vielleicht erst einmal „immer pünktlich bei den Meetings mit meinem eigenen Team erscheinen". Oder, wenn auch das für den ersten Schritt zu hoch gesetzt wäre: Bei den Montagmorgenmeetings mit dem Team pünktlich erscheinen. Weil Sie das Ziel bewusst klein halten, steigt dadurch vermutlich Ihre Zuversicht auf 8 bis 10 Punkte. Und obwohl es um ein einziges Meeting pro Woche geht, bei dem Sie künftig pünktlich erscheinen wollen, vergeben Sie für Relevanz, Nutzen und Anziehungskraft jeweils volle Punktzahl, weil Sie wissen, dass das dann die entscheidende erste Hürde sein wird, der entscheidende erste Schritt, den Sie gegangen sind, der die gewünschte Veränderung ins Laufen bringt.

7. Ihr Motto: Spielerischer Schwung für Ihr Vorhaben
   Welche Sprüche, Bilder oder Metaphern fallen Ihnen ein, wenn Sie an Ihr Vorhaben denken? Sammeln Sie dazu möglichst viele Begriffe und formulieren Sie daraus Ihr Motto: Wie wirst Du Dich fühlen, wenn Deine Veränderung gelungen ist?
   „Pünktlichkeit ist die Höflichkeit der Könige", könnten Sie sich Ihr Vorhaben versüßen, sich selbst gleich einmal augenzwinkernd zum König erklären und sich bildhaft vorstellen, wie Sie gesetzten Schrittes in den Besprechungsraum kommen ... innerlich leise triumphierend oder einfach nur still genießend.

8. Der Start: Butter bei die Fische
   Am Ende des Immunity-to-Change-Prozesses steht der Anfang der Umsetzung: Wann fangen Sie an? Was sind Ihre ersten konkreten Schritte? Wo und wie nutzen Sie Ihr Motto? Suchen Sie sich Verbündete oder weihen Sie bewusst jemanden ein, um sich selbst gegenüber die Verbindlichkeit für Ihr tolles Vorhaben zu erhöhen.

Zwei Methoden haben Sie nun kennengelernt, wie Sie persönlich ins konsequente Umsetzen kommen können. Doch was ist, wenn es nicht Sie selbst betrifft, sondern Ihr Team? Wenn es Ihre Leute sind, die zu oft auf der halben Strecke stehen bleiben: Was können Sie dann als Führungskraft unternehmen?

13.4 Überall Konflikte

„Leben ist nur ein anderes Wort für Konflikt", soll ausgerechnet Charly Chaplin einmal gesagt haben. Sobald mehrere Menschen zusammenleben oder zusammenarbeiten, stoßen verschiedene Charaktere, Meinungen, Interessen, Wünsche und Ziele aufeinander. Garantiert und unvermeidlich kommt es zu Konflikten. Wobei ich unter Konflikt nicht verstehe, dass es zwingend Streit, Ärger, Wutanfälle oder Ähnliches geben müsste. Aus der Führungsperspektive bedeutet ein Konflikt nichts anderes, als dass Sie und Ihre Mitarbeiter verschiedene Meinungen, Interessen oder Ziele haben. Und weil genau das der Alltag ist, mal im Kleinen, mal ganz grundsätzlich, deshalb ist ein gutes Konfliktmanagement auch eine der wichtigsten Aufgaben einer Führungskraft.

Ihre Führungsfähigkeit entscheidet sich deshalb auch wesentlich an Ihrer Konfliktfähigkeit. Wie gut gelingt es Ihnen, frühzeitig zu erkennen, wo Konflikte drohen? Wie gut gelingt es Ihnen, diese zeitnah zu klären, und zwar so, dass die Streitfragen nicht vier Wochen später schon wieder auf dem Tisch liegen? Wenn ein Konflikt tatsächlich einmal eskaliert ist, wie kompetent sind Sie, das wieder einfangen zu können?

Alle arbeiten, nichts geht voran

Konflikte zeigen sich zum Beispiel daran, dass in einem Team zwar alle engagiert arbeiten, aber trotzdem nicht wirklich etwas vorangeht. Wie kann das sein? Sehr anschaulich wird dieses Phänomen an einem einfachen Modell. Letztlich kann man das tägliche Arbeiten der Teammitglieder nämlich in Vektoren abbilden, wie wir das noch aus dem Physikunterricht kennen. Je länger ein Vektor, umso größer die Kraft, die dahintersteckt. Und ausgehend von einem bestimmten Startpunkt wird ein Ziel oder Ergebnis erreicht. Im Idealfall starten alle Vektoren am gleichen Punkt und laufen in dieselbe Richtung. Genau dadurch entfalten sie ihre Kraft, und es geht voran. Wie sieht es aber im Alltag häufig aus? Den Extremfall sehen wir in Abb. 13.1.

Am Ende des Tages ist dieses Team kaum vom Fleck gekommen, im „worst case" sogar gar nicht! Und das, obwohl alle den ganzen Tag fleißig gearbeitet haben! Aber ihre Kräfte heben sich gegenseitig auf. Das Team hat sich erfolgreich einmal im Kreis gedreht. Sich immer wieder im Kreis zu drehen kann ein deutlicher Hinweis sein, dass die Ziele entweder nicht sauber geklärt wurden oder dass sie für die Beteiligten nicht stimmig genug sind. Auf jeden Fall aber gab es dazu keinen Konsens. Die Folge daraus: Jeder im Team tut, was er für richtig hält. „Nachdem wir das Ziel aus den Augen verloren hatten, verdoppelten wir

Abb. 13.1 Alle arbeiten,
nichts geht voran

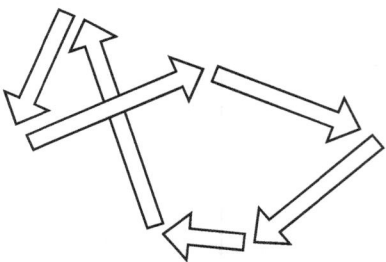

unsere Anstrengung", lautet ein zynischer Satz zu diesem Effekt. Schade drum. Und letztlich verantwortungslos. Denn auf diese Weise geht die komplette Kraft eines Teams für
das Unternehmen wirkungslos verloren.

Wo in Ihrem Bereich erleben Sie so etwas: dass zwar alle mit Volldampf arbeiten, der
Fortschritt aber im Verhältnis dazu marginal ist? Was haben Sie bisher unternommen, um
daran etwas zu ändern? Was wollen Sie jetzt Neues und Anderes unternehmen, damit die
Kräfte endlich wieder gebündelt werden und alle das Unternehmen in die gleiche Richtung voranbringen?

Konfliktmanagement beginnt im Innen und endet im Außen. Erinnern Sie sich an das
innere Team aus Abschn. 8.3 (Mit sich in Einklang kommen)? Wenn schon Ihr inneres
Team sich nicht einigen konnte, wie Sie den Konflikt angehen wollen, dann werden Sie als
Führungskraft entsprechend unklar sprechen und inkonsequent handeln. Hier liegt, wie
wir gesehen haben, häufig die „Wurzel allen Übels". Weniger bei den anderen Akteuren.
Und auch nicht in den äußeren Umständen. Sondern – leider und zum Glück zugleich – bei
einem selbst. Doch hier blicken wir nun ins Außen, also zu den Konflikten zwischen den
verschiedenen Teammitgliedern!

Auf der einen Seite hat jeder Mitarbeiter persönliche Ziele, bewusste und unbewusste,
offizielle und verborgene. Um diese zu erreichen, kommt er jeden Tag zur Arbeit. Hinter
den Zielen liegen seine Bedürfnisse, wie wir sie bei Maslow und seiner Bedürfnispyramide in Abschn. 7.2 (Teams mit Spaß am Arbeiten) kennengelernt haben. Dem einen Mitarbeiter mag es genügen, wenn er seinen Arbeitsplatz haben und diesen auch behalten
kann. Ein anderer hat vielleicht zum Ziel, möglichst viel mit Kunden im Gespräch
zu sein. Und wieder ein anderer will Karriere machen und möglichst viel Geld verdienen.

Auf der anderen Seite stehen die Ziele des Unternehmens, die es hoffentlich auch möglichst transparent und verständlich kommuniziert hat: Den Deckungsbeitrag um X Prozent
steigern, die Reklamationen bei Produktgruppe Y um 90 Prozent zu senken oder in einen
neuen Markt einzusteigen.

Letztlich gibt es nun genau drei Möglichkeiten, wie sich die Ziele eines Mitarbeiters in
Bezug auf die Ziele des Unternehmens verhalten können. Möglichkeit 1 ist der Idealfall:
Sie gehen identisch in dieselbe Richtung. Die persönlichen Ziele, die der Mitarbeiter jeden
Tag verfolgt, passen perfekt zu den Zielen des Unternehmens. Das könnte der Fall sein,
wenn der Mitarbeiter, der möglichst viel mit Kunden sprechen will, seine Chance erkennt,
mit dabei zu sein, wenn der neue Markt erobert wird.

Möglichkeit 2 ist der „worst case": Die Ziele von Mitarbeiter und Unternehmen laufen
diametral in die entgegengesetzte Richtung. Dieser Zustand ist spätestens bei Diebstahl,
Betrug oder Sabotage erreicht.

Beide Möglichkeiten kommen vor, sind in Reinkultur aber selten anzutreffen. Der Nor-
malfall zeigt sich in Möglichkeit 3: Die Ziele des Unternehmens und die Ziele des Mitarbeiters gehen mehr oder weniger in die gleiche Richtung. Wenig Abweichung: kleiner
Konflikt. Viel Abweichung: großer Konflikt. Abb. 13.2 macht das noch einmal anschaulich: Möglichkeit 3, die bestimmt den Führungsalltag.

Abb. 13.2 Das Verhältnis von
Mitarbeiterzielen zu
Unternehmenszielen

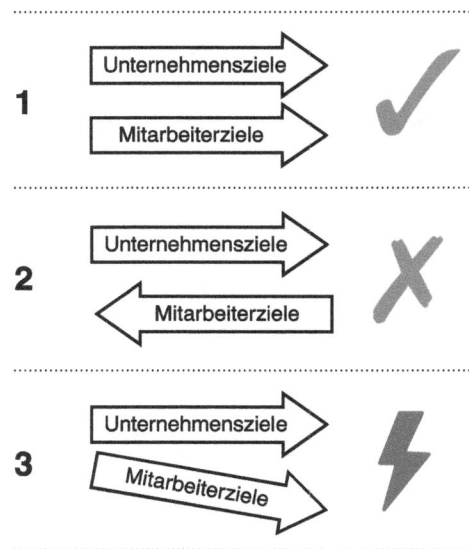

Anstelle von „Konflikt" könnte man den Winkel zwischen dem Unternehmens- und dem Mitarbeiterziel auch als Widerstand bezeichnen. Der Unterschied zwischen Konflikt und Widerstand ist gewaltig. Bezeichnet Konflikt nämlich die offene Auseinandersetzung zwischen zwei Parteien, läuft Widerstand verdeckt ab. Mindestens eine der beiden Seiten gibt sich nicht zu erkennen und sabotiert aus dem Verborgenen heraus: Gerüchte streuen. Ja sagen, aber Nein denken. Dinge bewusst nicht erledigen, dann aber mit Ausreden kommen, weshalb das leider nicht gemacht werden konnte. Den Ahnungslosen geben … All das sind typische Zeichen von Widerstand. Wenn Konflikte nun mal zum Leben und Arbeiten dazugehören, haben Sie es dann lieber mit offenen Konflikten oder mit verdecktem Widerstand zu tun? Ich ahne Ihre Antwort. Denn Widerstand ist das Übelste, was einer Führungskraft passieren kann. Es liegt ganz offensichtlich etwas im Argen. Aber es lässt sich nicht lösen, weil keiner sich zu erkennen gibt. Damit Konflikte offen ausgetragen werden, braucht es einen guten Nährboden, nämlich das Vertrauen der Mitarbeiter in ihre Führungskraft, dass diese konstruktiv und verantwortungsvoll mit anderen Meinungen, Fehlern und eben Konflikten umgeht. Je weniger dieses Vertrauen gegeben ist und je mehr die Mitarbeiter deshalb Angst haben, sich mit ihrer Meinung offen zu zeigen, umso öfter werden sie die Variante „Widerstand" wählen. Eine sehr unbefriedigende Wahl für alle Beteiligten ist das – und besonders für das Unternehmen.

Neun Stufen einer Konflikteskalation hat Friedrich Glasl vor vielen Jahren definiert [2]. Der Anfang der Eskalation, die erste Stufe also, beginnt damit, dass die Konfliktparteien ihre Bereitschaft verloren haben, auf die Argumente des Gegenübers einzugehen, und sie beginnen, in ihren Meinungsäußerungen fundamental zu werden. Ab diesem Moment ist eine Verhärtung in der Auseinandersetzung spürbar, und die für eine konstruktive Konfliktklärung erforderliche Flexibilität nimmt ab. In der neunten Stufe gibt es nur noch Verlierer. Beide Konfliktparteien sind bereit, selbst in den Abgrund zu stürzen, Hauptsache, es gelingt, den Gegner zu vernichten.

Gute Konfliktklärung hat deshalb als Ziel, stets noch vor der ersten Eskalationsstufe zu bleiben. Genau das ist Ihre Aufgabe als Führungskraft: dafür zu sorgen, dass Sie selbst und Ihr Gegenüber um die Sache streiten, aber nicht persönlich werden. Dass alle nach Lösungen suchen, nicht nach Problemen. Dass beide Seiten Einwände bringen, keine Vorwände. Dass jeder bereit ist, zugunsten einer besseren Idee auf die eigene Lieblingslösung zu verzichten. All das gelingt nicht immer und auch nicht perfekt. Aber je weiter sich die Konfliktparteien von dieser Haltung und Gesprächskultur entfernen, umso mehr Energie geht im Kampf zwischen den Beteiligten verloren. Das ist das Gegenteil von Haltung und Handeln, die echtes Unternehmertum bedeuten würde.

Raus aus dem Stillstand: 4 Optionen

Für die Lösung eines Konflikts gibt es exakt vier Möglichkeiten: 1. Eine Seite setzt sich voll durch. 2. Beide Parteien finden einen Kompromiss zwischen ihren Positionen. 3. Die Lösung wird auf einem anderen Feld als dem Ursprungskonflikt gefunden, oder natürlich 4. Die beiden trennen sich.

Eine Seite setzt sich voll durch

„Na klar", mögen Sie jetzt denken, „da gibt es einen Sieger und einen Verlierer. Einer geht erhobenen Hauptes aus dem Meeting, der andere wie ein geschlagener Hund." Keine Frage, das mag ganz oft ganz genau so der Fall sein. Schade drum, weil derjenige, der als Verlierer aus dem Gespräch heraus geht, auf seine Niederlage reagieren wird. Entweder indem er sein Engagement in der Sache herunterfährt, indem er schlechte Stimmung verbreitet oder indem er anfängt, Pläne zu schmieden, wie er es dem scheinbaren Sieger beim nächsten Mal heimzahlen kann. Was bleibt bei solchen Pseudo-Lösungen auf der Strecke? Natürlich der Spaß und der Einklang zwischen den Personen. Und ganz klar auch die Entwicklung des Unternehmens. Die leidet, weil der Frust in schlechteren Arbeitsergebnissen sichtbar werden wird.

Muss das so sein? Definitiv nicht. Denn wenn eine der beiden Seiten sehr gute Argumente für ihre Position hat und es ihr auch gelingt, diese Argumente der anderen Seite verständlich zu vermitteln, sodass derjenige ins Nachdenken kommt, die Situation neu bewertet und dann auch bereit ist, kraft guter Argumente seine bisherige Position aufzugeben – wenn all das dazu führt, dass eine Seite sich voll durchsetzt, dann ist den beiden Parteien ein Meisterstück der Konfliktklärung gelungen. Beide gehen hochzufrieden aus dem Gespräch. Egal übrigens, ob es die Führungskraft oder der Mitarbeiter ist, der sich durchgesetzt hat.

Kompromiss

Bei dem Wort Kompromiss fällt den meisten Menschen sofort das Eigenschaftswörtchen
faul mit ein. „Ach, mal wieder so ein fauler Kompromiss, den ihr da geschlossen habt!",
wird dann oft geurteilt. Aber was macht einen Kompromiss eigentlich faul? Wenn A und
B von einer Konfliktklärung zurückkommen, und es wäre messbar, ob der erzielte Kompromiss ein tragfähiger oder ein fauler war – wo müsste man sein Messinstrument ansetzen? Am Bauch natürlich. Denn bei einem faulen Kompromiss ist mindestens eine der
beiden Seiten mit dem Ergebnis nicht wirklich zufrieden. Sie hat Ja gesagt, ohne von der
Vereinbarung wirklich überzeugt zu sein. Faule Kompromisse sind das Gegenteil von
Stimmigkeit. Deshalb ist der Kompromiss faul: Er gärt in einem.

Ja gesagt zu haben, ohne von der Vereinbarung wirklich überzeugt zu sein – das ist voll
und ganz die Verantwortung dieser Person; nicht des Gegenübers. „Was hätte man da machen sollen?" oder „Ich hatte keine andere Wahl!", lauten oft die Begründungen für den
faulen Kompromiss. Und so wird versucht, die Verantwortung für das Ergebnis abzuge-
ben, obwohl man selbst doch zu exakt der Hälfte an diesem Ergebnis beteiligt war. Wenn
die Person ehrlich zu sich sein könnte, dann hätte sie vielleicht gesagt „Der hat so lange
geredet, bis ich einfach nur noch raus wollte." oder „Ich hatte einfach die schwächeren
Argumente von uns beiden." oder „Um das zu kontern hätte ich ihm sagen müssen ... aber
das wollte ich uns dann doch nicht zumuten". Tja – ein fauler Kompromiss heißt auch
deshalb so, weil mindestens eine Partei zu faul war, so lange miteinander zu sprechen, bis
tatsächlich beide Seiten von dem Kompromiss absolut überzeugt waren.

Sachlich gesehen liegen Kompromisse übrigens immer zwischen den Positionen der
beiden Parteien. Fordert ein Mitarbeiter zu Beginn des Gespräches 500 Euro netto mehr
pro Monat, und sein Vorgesetzter antwortet, dass er leider keinerlei Erhöhung mittragen
könne – dann kann der Kompromiss am Ende natürlich genau in der Mitte bei 250 Euro
liegen. Aber genauso bei 1 oder 499 Euro, einfach irgendwo auf der Skala zwischendrin.
Ob die beiden sich am Ende auf 70, 230 oder 480 Euro geeinigt haben – wenn beide Seiten
hochzufrieden aus der Verhandlung gehen, dann ist ihnen auch hier ein Meisterstück der
Konfliktbewältigung gelungen.

Ganz was anderes

Was tun, wenn keine Seite sich der anderen unterwerfen mag und trotz bestem Willen auch
kein Kompromiss gefunden werden kann? Die Lösung des Konfliktes ist dann vielleicht
auf einem anderen Feld zu finden. Möglicherweise liegt der Mitarbeiter, der 500 Euro
mehr verdienen will, schon seit Jahren seinem Chef in den Ohren, weil er in dem seiner
Meinung nach schönsten, aber ungenutzten Büro des Hauses seinen Schreibtisch aufstellen möchte. Der Chef mag bisher gute Gründe gehabt haben, dies nicht zu genehmigen,
aber hier sieht er nun eine Möglichkeit, seinem Mitarbeiter entgegenkommen zu können,
ohne dafür die Personalkosten erhöhen zu müssen. Ist für den Mitarbeiter das Büro-

Angebot genauso viel wert wie seine Lohnforderung, dann wird er zustimmen. Und den beiden ist auch auf diesem Weg ihr Meisterstück gelungen. Konflikt gelöst, dieses Mal auf einer anderen Ebene als der ursprünglichen Euro-Skala.

Trennung

Tja – und manchmal ist eine Einigung unmöglich, egal wie willens die beiden Konfliktparteien sind. Wenn beide Seiten merken, dass es für ein gemeinsames Miteinander keine Basis mehr gibt, dann ist es nur angemessen, daraus die Konsequenz zu ziehen und sich zu trennen. Trennung ist als letzte Möglichkeit eine sehr gute und wichtige. Wer diesen Weg nicht gehen mag, entscheidet sich nämlich für eine Zusammenarbeit, in der ständig ein Konflikt vor sich hin gärt und Unzufriedenheit zum Normalzustand werden wird. Das mag im Alltag nicht jeden Tag eine Rolle spielen. Aber sobald ein neues, völlig anderes Konfliktthema zu diskutieren ist, spielt dieser offene und ungelöste Konflikt wieder seine Rolle – im Kopf und im Bauch der beiden Parteien, und damit in den Gesprächen und der Zusammenarbeit generell.

Wenn deshalb beide Seiten erkennen, dass ein Miteinander leider nicht mehr möglich ist und sie es schaffen, eine saubere Trennung ohne Verletzungen, Frust oder Nachtreten hinzubekommen, dann ist dieser Weg der Konfliktlösung genauso ein Meisterstück wie bei den drei anderen Möglichkeiten auch.

Ich persönlich kenne kaum jemanden, der von sich behaupten würde, Konflikte zu mögen. Selbst professionelle Konfliktberater geben zu, dass sie in ihren eigenen Konflikten sich oft „benehmen", als hätten sie von Konfliktbewältigung noch nie etwas gehört. Es macht eben einen großen Unterschied, ob man andere Menschen zur Lösung begleitet oder ob man selbst als Beteiligter in der Gemengelage mittendrin steckt. Wichtig ist mir, dass Sie aus den vier beschriebenen Möglichkeiten eines mitnehmen: Egal, auf welche Weise Sie und Ihr Gegenüber am Ende den Konflikt beenden, achten Sie darauf, dass beide mit einem guten Gefühl herausgehen. Bei allen vier Varianten ist das möglich. Wenn Ihnen das gelingt, werden zwei Menschen und das Unternehmen dankbar dafür sein.

Keine Schuldigen suchen – wirklich?

Vor einiger Zeit beschrieb mir der Personalleiter eines großen Automobilzulieferers die Kultur in seinem Unternehmen. „Wenn irgendetwas in der Umsetzung hängen bleibt, dann müssen Sie hier höllisch aufpassen. Das kann unser Chef nämlich überhaupt nicht leiden. Wenn es dann doch passiert, zitiert er denjenigen, den er dafür für verantwortlich hält, zu sich. Und dann wird es laut, sehr laut.", berichtete der Personaler freimütig. „Und was ist die Folge?", fragte er rhetorisch. „Alle wissen, dass das Projekt gerade hängt – und alle gehen bestens vorbereitet ins Meeting, mit genau einem Ziel: sicherzustellen, dass dieser oder jener Kollege schuld ist an der aktuellen Verzögerung, aber auf gar keinen Fall man selbst. Alle Neulinge müssen erst lernen, wie schnell bei uns geschossen wird. Aber die meisten lernen schnell und schießen zurück. Und diejenigen, die das nicht lernen, sind nach spätestens einem Jahr wieder weg."

Keine Frage, dieser Automobilzulieferer ist erfolgreich am Markt unterwegs. Meine These ist, er könnte noch wesentlich erfolgreicher sein, wenn alle im Unternehmen lernen würden, gemeinschaftlich und konstruktiv mit ihren Konflikten umzugehen. Denn was bitte bringt eine Sitzung, in der es nur darum geht, schnell und gut begründet auf andere zu zeigen, aber nie vor der eigenen Türe zu kehren, den eigenen Beitrag zur Lage zu erkennen und dafür auch Verantwortung zu übernehmen? Das bringt nichts – außer Gegenwehr bei den „Angeschossenen". Die Wahrscheinlichkeit, in einer ähnlichen Situation wieder dieselben Probleme zu bekommen, liegt nahe 100 Prozent.

Doch auch das gegenteilige Verhalten kann dysfunktional sein. Ich bin immer skeptisch, wenn mir beim Erstgespräch ein Geschäftsführer erklärt, bei ihnen würden nur Lösungen gesucht, aber keine Schuldigen. Sehr lobenswert, wenn das tatsächlich so der Fall ist. Jedoch kann sich hinter einer solchen Behauptung in der Realität auch das Gegenteil von Schuldzuweisungen verbergen: die Konfliktvermeidung.

Jeder Missstand, der im Unternehmen selbst entstanden ist, hat seinen Ausgangspunkt darin, dass eine der beteiligten Personen etwas entschieden, gesagt, getan oder unterlassen hat. Das heißt: Es gibt immer mindestens einen, nein, nicht Schuldigen, sondern einen Verantwortlichen. Und damit gibt es immer mindestens einen, der Antworten liefern muss, weshalb er so und nicht anders gehandelt und entschieden hat.

In Unternehmen, wo Harmonie über allem steht, vermeiden die Gesprächspartner jedoch genau das: Namen zu nennen und Verantwortung zuzuweisen. Wir haben schon in Abschn. 11.1 (Das Frühwarnsystem für Verantwortungslosigkeit) gesehen, dass dann gerne Sätze fallen in der Qualität von „Wir alle wollen schließlich den Erfolg." oder „Unser gutes Miteinander ist doch das Wichtigste." Das sind typische Leer-Sätze, die vom tatsächlichen Problem ablenken und das Deckmäntelchen des netten Miteinanders darüber decken wollen.

Heißt es beim besagten Automobilzulieferer also „Du bist schuld. Nicht ich.", heißt es bei den Konfliktvermeidern „Dafür müssen wir doch alle jetzt geradestehen." Damit die konsequente Umsetzung von Vereinbarungen aber funktioniert, müssen als erstes Missstände und Personen beim Namen genannt werden, und zwar ohne dass die Angesprochenen klein gemacht oder für doof erklärt werden. *Schuldige suchen: nein. Verantwortliche benennen: ja.*

Der Zacken in der Krone

Praxisbeispiel

In einem kleinen Beratungshaus legt der Chef allergrößten Wert auf Pünktlichkeit. Wer auch nur eine Minute zu spät zum Meeting kommt, darf sich garantiert eine Standpauke vor der versammelten Mannschaft abholen. Kein sehr erwachsener Umgang auf Augenhöhe ist das, aber er hat Wirkung: Alle Besprechungen beginnen auf die Minute pünktlich, denn alle sind schon etwas vor der Zeit an ihren Plätzen.

Eines Tages nun geschieht das Unvorstellbare: Der Chef kommt nach einer Mittagspause selbst zu spät. Er wollte unbedingt noch einem Kollegen sein neuestes Spielzeug vorstellen, einen historischen Traktor, mit dem er, samt Kollegen, einmal um den Block fahren musste. Als die beiden nun verspätet aus der Mittagspause zurückkommen, läuft das Meeting bereits – die Moderatorin hat pünktlich begonnen, und das Team ist schon mitten in der Diskussion. Aber eine Frage steht wie der Elefant im Raum: Was würde jetzt, wo der Chef selbst zu spät gekommen ist, geschehen? Würde er so tun, als ob nichts geschehen wäre?

„Es tut mir leid, dass ich unterbrechen muss", beginnt der Chef kurz nachdem er Platz genommen hat, „aber ich möchte mich entschuldigen, dass ich zu spät gekommen bin. Das ist das Gegenteil von dem, was ich von euch und von mir selbst erwarte und was ich auch immer deutlich kundgebe. Meinen Kollegen trifft da keine Schuld. Ich war es, der ihm unbedingt den neuen Traktor vorführen wollte. Noch einmal: Es tut mir leid."

Wow, deutlicher geht es nicht. Mit drei Sätzen ist die ganze Anspannung, die gerade noch in der Luft gelegen hat, raus, und alle können weiterarbeiten. Ohne dass es groß hätte thematisiert werden müssen, wird dadurch für alle deutlich: Hier wird nicht mit zweierlei Maß gemessen. Was für alle Teammitglieder gilt, gilt genauso für deren Leiter. Sein Zuspätkommen schadet dem Ansehen des Chefs nicht. Die Art und Weise aber, wie er für sein Verhalten Verantwortung übernimmt, erhöht seine Akzeptanz noch weiter. Und vor allen Dingen macht sie allen Mut, ebenfalls zu den eigenen Fehlern zu stehen und dafür die Verantwortung zu übernehmen. ◄

Große Runde statt stilles Kämmerlein

Praxisbeispiel

Als Trainer Seminare für andere Trainer zu halten ist immer eine spannende Angelegenheit. Vor allem, wenn die Gruppe ausschließlich aus Männern besteht, sind solche Veranstaltungen selten frei von Spielchen, wer im Raum wohl der Beste und Schönste ist. In diesem Fall habe ich Kollegen einer Finanzorganisation vor mir, die sehr erfolgreich als Vertriebler arbeiten und ihre Expertise regelmäßig in Schulungen an die jungen Kolleginnen und Kollegen weitergeben.

Da das Thema des Seminars „Sicheres Auftreten und freies Sprechen" lautet, geht es natürlich viel um persönliches Feedback, nicht nur von mir, sondern auch von allen Teilnehmern untereinander. Ein Teilnehmer fällt mir dabei von Anfang an auf, weil er immer wieder seine Feedbacks mit stark ironischem Unterton versieht und man nicht erkennen kann, ob er etwas im Spaß oder ernst meint. Auch kommentiert er wiederholt die Feedbacks anderer Kollegen so laut, dass alle es hören können. Zwei oder dreimal bitte ich ihn kurz und freundlich darum, das sein zu lassen, jedoch ohne Erfolg.

So entscheide ich mich, es direkt anzusprechen, vor der ganzen Gruppe. Mir geht es vor allem darum, deutlich zu machen, dass generell, aber insbesondere in einem Training zur Selbsterfahrung Ironie im zwischenmenschlichen Bereich destruktiv ist, weil es die Angesprochenen verunsichert und häufig auch verletzt. Und auch, weil der Sender der ironischen Feedbacks vermutlich von manchen Kollegen in dieser Beziehung als wenig integer wahrgenommen wird. „Herr Schmeer", spricht mich der besagte Teilnehmer dann in der Pause an, „wir haben doch alle gelernt, dass Kritik, wie Sie sie mir gegenüber geäußert haben, in einer Gruppe nichts zu suchen hat, sondern aus guten Gründen unter vier Augen erfolgen sollte."

Teilen Sie die Meinung dieses Teilnehmers? Wie hätten Sie sich an meiner Stelle entschieden: Was wäre für Sie der angemessene Raum für die Konfliktklärung gewesen: vor der Gruppe oder unter vier Augen? ◄

Für ein Vier-Augen-Gespräch spricht natürlich, dass beide Seiten, der Feedbackempfänger, aber auch der Feedbackgeber geschützter sind. Findet Feedback unter der Beobachtung aller statt, sind beide Seiten sichtbar und damit auch verletzbar. Im vielen Fällen mag ein vertrauliches Gespräch deshalb auch der angemessene Ort für Kritik sein. Aber ist er das generell? Gehört Kritik nur im stillen Kämmerlein geäußert? Da sprechen doch einige Gründe dagegen.

Zum einen ist es dysfunktional. Bei einem Team, das zum regelmäßigen Jour fixe zusammenkommt, wissen meist alle sehr genau, welcher Kollege in der Vergangenheit etwas gut gemacht und wer nicht geliefert hat. Wenn in diesen Runden dann ausschließlich gelobt, aber nie kritisiert wird, hat das destruktive Folgen. Das Team weiß zum Beispiel, dass Kollege Müller wiederholt nicht getan hat, was er hätte tun sollen, worunter in der Folge alle zu leiden haben. Weil Müller aber auch an einer anderen Stelle etwas gut gemacht hat, bekommt er dafür im Jour fixe die Anerkennung vom Chef ausgesprochen. Die Folge sind dann meist Frust und unterdrückte Wut beim Team. Im Meeting selbst schweigen alle. Seinen Unmut zu äußern, hieße ja, Kritik zu üben und das ist ja eben unerwünscht. Im Nachgang aber stehen alle, außer Müller natürlich, zusammen und lassen ihren Frust ab. Ausgerechnet Müller, wegen dem man im Projekt 4 Wochen hinterher ist, kassiert hier ein dickes Lob vom Vorgesetzten. So eine Frechheit! Das geht doch gar nicht!

Doch es gibt noch weitere Gründe für Kritik vor der ganzen Gruppe. Der einfachste: So kriegen alle sofort mit, was Sache ist. Sie als Führungskraft müssen nicht 12-mal dasselbe predigen und Grenzen aufzeigen, einmal genügt. So hören auch alle garantiert dasselbe, selbst wenn danach die Erinnerungen unterschiedliche sein mögen.

Auch lernen alle Anwesenden an Ihnen als Modell, wie das geht, in großer Runde offen Kritik zu äußern, aber auf eine Art und Weise, die den Angesprochenen nicht beschämt. Nicht leicht! Aber je besser Sie das als Führungskraft hinbekommen, umso mehr ermutigen Sie Ihr Team, ebenfalls kritisch und zugleich konstruktiv miteinander umzugehen. Dass kritisch und konstruktiv gut zusammenpassen, entscheidet einmal mehr Ihr Tonfall, die Art und Weise, wie Sie Ihre Kritik äußern.

Bewegung durch Einsicht oder Notwendigkeit

Wann sind Mitarbeiter bereit, den Stillstand, den sie verursacht haben, zu überwinden und wieder konsequent an der Umsetzung zu arbeiten? Allgemein gefragt: Wann sind Menschen bereit, ihr Verhalten zu ändern? Dafür gibt es genau zwei Beweg-Gründe, aus denen heraus das geschehen kann: Einsicht oder Notwendigkeit. Wer zum Beispiel über viele Jahre hinweg nicht einsehen mag, dass es sinnvoll ist, einmal jährlich zum Zahnarzt zu gehen, wird garantiert irgendwann doch hinmüssen, dann allerdings aus Notwendigkeit, weil der Zahn schmerzt oder die Wurzel entzündet ist.

Einsicht ist immer der leichtere Weg, weil er früher und schmerzfreier gegangen werden kann, als wenn erst einmal eine Notwendigkeit entstanden ist. Doch aus Einsicht in Bewegung zu kommen, also etwas anders zu machen, ohne dass eine echte Notwendigkeit dafür besteht – das fällt uns Menschen schwer. Oft braucht es erst Notwendigkeit: eine Not, die so groß ist, dass wir bereit sind, eine Wende zu vollziehen. Dieser Effekt wird uns später noch einmal begegnen, im Haus des Wandels (s. Abschn. 18.4 Mit anderen in Einklang kommen).

Was bedeutet das für Sie als Führungskraft? Wenn Ihr Team in der Umsetzung eines Zieles feststeckt: Welche Möglichkeiten haben Sie dann, Ihr Team zur Einsicht zu führen? Und wenn das nicht gelingt: Wie können Sie beim Team die erforderliche Notwendigkeit erzeugen?

Zur Einsicht führen

Wenn Sie erkannt haben, an welchem Teammitglied die Umsetzung scheitert, dieses Teammitglied sich allerdings uneinsichtig zeigt und für sein Verhalten keine Verantwortung übernimmt, dann gibt es ein hochwirksames, allerdings auch ziemlich anspruchsvolles Instrument: Sie führen mit diesem Teammitglied ein Gespräch unter vier Augen – allerdings nicht, indem Sie ihm irgendetwas erklären, Dinge richtigstellen oder Druck aufbauen. Nein, Sie führen das Gespräch, indem Sie dem Teammitglied ausschließlich Fragen stellen. Sie fragen, Ihr Gegenüber muss antworten. Übung macht den Meister! Wer das zum ersten Mal ausprobiert, wird merken, wie schnell einem Aussagen anstelle von Fragen über die Lippen kommen. Aber je öfter Sie sich darin üben, umso mehr werden Sie die große Macht dieser Vorgehensweise entdecken können.

Doch weshalb ist konsequentes Fragen so machtvoll? Erst einmal: Wer fragt, der führt. Und das sind Sie als Führungskraft! Vor dieser Eskalationsphase, um die es hier geht, ist natürlich der ganz normale Dialog angesagt: wechselseitig Fragen stellen, Aussagen treffen und dem Gegenüber zuhören. Aber wenn die Umsetzung schon viel zu lange zum Stillstand gekommen ist und auch keine Einsicht erkennbar ist, dass es endlich weitergehen muss, jetzt ist es Zeit, eine andere, effektivere Gesprächsführung zu wählen.

Der zweite Aspekt, der diese Art der Gesprächsführung so machtvoll werden lässt: Mit jeder Frage, die Sie stellen, ist Ihr Gegenüber gezwungen, sich darüber Gedanken zu machen. Das heißt: Sie bestimmen, worüber Ihr Mitarbeiter nachdenkt. Schließlich muss er Ihnen ja eine Antwort liefern. Zur praktischen Umsetzung dieses Ansatzes einige Hinweise.

Umsetzen: Wer fragt, der führt

- Streben Sie 100 % Fragen an, 0 % Aussagen. Sollten Sie am Ende bei einem Frageanteil von 98 % gelandet sein – geschenkt. Aber 90 % bedeutet bereits 10 % an Aussagen, Erklärungen, Hinweisen oder gar Rechtfertigungen durch Sie – und das wäre viel zu viel. Das hieße nämlich, dass in 10 % der Fälle es Ihrem Mitarbeiter gelungen ist, den Spieß umzudrehen. In diesen Momenten führt er das Gespräch, nicht mehr Sie. Und Sie müssen nachdenken und begründen, nicht mehr er. Die Wirksamkeit der Methode beruht gerade darauf, dass sich der Mitarbeiter ständig und konsequent hinterfragt sieht.
- Wichtig ist auch, dass Sie das Ziel Ihres Gespräches immer klar vor Augen haben. Und das ist nichts anderes, als Ihren Mitarbeiter zur Einsicht zu führen, wo seine Verantwortung dafür liegt, dass in der Sache nichts vorangeht. Dass er aufhört, auf andere zu zeigen oder auf die Umstände zu schimpfen. Dass er seine Verantwortung erkennt und diese Ihnen gegenüber auch benennt. Sinngemäß sagt er dann vielleicht: „Ja, stimmt schon, an dieser Stelle hätte ich … tun müssen, habe es aber nicht getan, und in der Folge steht nun das Projekt still."
- In dem Augenblick, wo das erreicht ist, übernimmt der Mitarbeiter wieder Verantwortung für sein Handeln. Erst dann macht die nächste und zugleich letzte Frage Sinn, nämlich was er nun tun wird, um den entstandenen Schaden zu beheben.
- Die Erfahrung zeigt, dass so uneinsichtige Mitarbeiter oft sehr kreativ sind in ihren Begründungen, weshalb sie so und nicht anders gehandelt haben. Lange Zeit bekommt man deshalb keine begründeten Einwände zu hören, sondern lediglich behauptete Vorwände. Jeder Vorwand ist nichts anderes als der Versuch Ihres Mitarbeiters, durch eine Fluchttüre zu entkommen. Ihre Aufgabe ist folglich, eine Fluchttüre nach der anderen zu schließen – und zwar durch eine kluge Folgefrage. Dafür müssen Sie den Schwachpunkt in seiner Argumentation erkennen und eine Frage stellen, die den Finger genau auf diese Stelle legt. Manchmal muss man das bei einem einzigen Aspekt fünfmal oder noch öfter wiederholen.
- Ganz wichtig: Lassen Sie sich Zeit mit Ihren Fragen. Lieber eine Minute Schweigen im Raum und dann eine Frage, die ins Schwarze trifft, als schnell geschossen, aber daneben. Mit schnellen Fragen hat Ihr Gegenüber meist leichtes Spiel, und genau das bringt Sie beide nicht weiter.

- Dass Sie eine richtig gute Frage gestellt haben, können Sie daran erkennen, wie lange Ihr Gegenüber für die Antwort benötigt. Je schneller die Antwort kommt, umso mehr ist er noch in seiner Komfortzone unterwegs, fühlt sich sicher, denkt und argumentiert so, wie er es gewohnt ist. Eine lange Zeit bis zur Antwort ist deshalb ein gutes Zeichen: Der Mitarbeiter muss nachdenken, Dinge neu bewerten sich neu sortieren. Dieses neue Denken ist die Voraussetzung, dass er am Ende auch bereit ist, Verantwortung für sein Handeln zu übernehmen.
- Fragen will gelernt sein. Die fünf relevanten Fragetypen hatten wir uns angesehen beim „Hausbau" im Zimmer „Du?" in Abschn. 8.4 (Mit anderen in Einklang kommen).
- Sollten Sie merken, dass Sie angesichts dieser ungewohnten Gesprächsführung unter Druck stehen, so machen Sie sich klar: Er, der Mitarbeiter, muss liefern. Nicht Sie. Sie haben den Luxus, selbst entscheiden zu können, welche Frage Sie ihm stellen. Er ist gezwungen, auf Ihre Frage dann eine Antwort zu liefern.
- Überhaupt kann und sollte das gesamte Gespräch von Ihrer Seite ganz ruhig verlaufen. Es geht ja gerade nicht darum, ihm einmal „den Kopf zu waschen". Es geht darum, ganz „harmlos" verstehen zu wollen, wie Ihr Mitarbeiter so tickt, und ihm dafür eben Fragen stellen, damit er am Ende bei der Einsicht seiner Verantwortung gelandet ist. Mehr nicht.

So ungemütlich solch ein Gespräch für Ihren Mitarbeiter auch sein mag, in meinen Augen ist diese Art der Gesprächsführung kein Instrument, um Druck aufzubauen. Im Gegenteil: Ihr Mitarbeiter darf stets sagen, was er denkt. Und Ihnen geht es schließlich nur darum zu klären, ob er Verantwortung übernehmen will oder nicht. Kein Druck, dass er jetzt gefälligst die Verantwortung übernehmen muss. Klärung, ob er seine Verantwortung erkennen kann und diese dann auch übernehmen will!

Das Verblüffende ist, dass manche Mitarbeiter, die so von ihrer Führungskraft befragt werden, einige Zeit später berichten, dass ihnen das Gespräch letztlich gutgetan hätte. Denn schließlich interessierte sich ihr Chef für ihre Meinung in einer Intensität, wie sie das bisher von ihm meist nicht gewohnt waren.

Doch auch diese Methode ist natürlich kein Erfolgsgarant. Sie lebt von einer entscheidenden Voraussetzung, nämlich der, dass Ihr Mitarbeiter überhaupt bereit und willens ist, sich hinterfragen zu lassen, Ihnen Rede und Antwort zu stehen. In Einzelfällen sind mir schon Mitarbeiter begegnet, deren Antworten nur aus Sätzen bestanden wie: Ich weiß auch nicht, das kann ich mir nicht erklären, das ist mir jetzt nicht mehr erinnerlich, hm, da weiß ich jetzt gar nicht, worauf Sie hinauswollen – und Ähnlichem mehr. Wer sich verweigert, den können Sie auf diese Weise auch nicht erreichen. Im Kern ist das dann allerdings auch nichts anderes als die Verweigerung von Kommunikation und damit Arbeitsverweigerung. Dann gilt es ohnehin, mit Ihrem Mitarbeiter zu einer grundsätzlichen Klärung zu kommen.

Notwendigkeit erzeugen

Gelingt es nicht, den Mitarbeiter zur Einsicht zu bewegen, gibt es nur noch eine Chance: es mit Notwendigkeit zu versuchen. Beim Mitarbeiter Not zu erzeugen, damit er bereit ist, eine Wende in seinem Denken und Verhalten zu vollziehen, das gelingt natürlich nicht mit Samthandschuhen. Dass der Druck auf einen Mitarbeiter erst einmal mit Gegendruck durch diesen beantwortet wird und dass der Druck auf ihn deshalb oft noch erhöht werden muss, das haben wir bereits in Abschn. 11.2 (Das Team in die Verantwortung führen) gesehen.

Sehr trocken auf den Punkt gebracht, hatten es die alten Ägypter leichter mit ihren unwilligen Arbeitern. Stockte das Pyramidenprojekt, weil die tonnenschweren Quader von den Sklaven nicht mehr weitergezogen werden konnten, genügten ein paar Hiebe mit der Peitsche, und der Tross setzte sich wieder in Bewegung. Dieses brutale Machtmittel ist zum Glück schon lange abgeschafft. Doch was sind die Machtmittel, die Ihnen als Führungskraft heute zur Verfügung stehen? In dieser Reihenfolge:

Umsetzen: Zur Notwendigkeit eskalieren

1. Reden, zuhören, fragen

   Dieses Machtmittel dient dazu, Ihre Mitarbeiter zu verstehen und sie für Ihre Positionen zu gewinnen (siehe hierzu auch Abschn. 6.2 Wenn Anstrengung mit Kraft verwechselt wird). Im Idealfall ist es das einzige Machtmittel, zu dem Sie überhaupt greifen müssen.

2. Knackige Gesprächsführung

   Ziehen Sie die Zügel in Ihrer Gesprächsführung an. Machen Sie kurze Sätze statt langer Ausführungen und beenden Sie die Gespräche zügig. Unterstützen Sie das auch durch Ihre Sprache. Verwenden Sie Ansagen wie „Ich erwarte ...“ statt „Ich bitte darum ...“.

3. Knackige Absprachen

   Dokumentieren Sie Vereinbarungen (noch) konsequenter, als Sie das bisher schon getan haben. Bestehen Sie bei den kritischen Punkten auf Verschriftlichung. Setzen Sie die Fristen kürzer, als Sie es üblicherweise tun. Fassen Sie sofort und konsequent nach, wenn Sie bis zum vereinbarten Termin keine Rückmeldung bekommen haben.

4. Angstmotivation

   Dass die Angst der Mitarbeiter, etwas verlieren zu können (und sei es ihr schönes Büro) sie sehr schnell in Bewegung versetzen kann, haben wir ausführlich analysiert im Abschn. 7.2 (Teams mit Spaß am Arbeiten).

5. Abmahnung

   Hilft all das nicht, heißt es, auf das personalrechtliche Instrumentarium zu setzen. Haben Sie damit wenig Erfahrung, sollten Sie unbedingt im Vorfeld einen Rechtsanwalt zu Rate ziehen, damit nicht durch formale Mängel am Ende der Schuss nach hinten losgeht. Und auch wichtig: Eine Abmahnung allein versandet juristisch gesehen irgendwann. Bleiben Sie dran, auch wenn es sicher keinen Spaß macht.

6. Trennung

Wenn Sie zur Trennung nicht bereit sind, dann sollten Sie sich gerade bei festgefahrenen Konflikten fragen, ob Sie den Machtkampf mit dem Mitarbeiter überhaupt aufnehmen wollen. Denn wer als letztes Mittel zu einer Trennung nicht bereit ist, kämpft mit einem stumpfen Schwert. Am Ende nämlich bleibt dann nicht nur der Mitarbeiter bei seinem bisherigen Verhalten, sondern er hat in seinen Augen auch einen Sieg erreicht. Kurz und bitter: Es geht weiterhin nichts voran, und jetzt ist auch noch Ihre Position als Führungskraft geschwächt.

Wie gesagt: Führungsfähigkeit beweist sich an der Konfliktfähigkeit. Es gibt Führungskräfte, für die die Schritte 4 bis 6 jenseits des Vorstellbaren sind, genauso wie solche, die viel zu schnell bei Schritt 4 beginnen, ohne 1 bis 3 wirklich effektiv genutzt zu haben. Wichtig ist in jedem Fall, niemals mit Konsequenzen zu drohen, die man nicht auch bereit ist durchzusetzen. Und sollte es in Ihrem Team gleich mehrere „Widerständler" geben, die sich auch gegenseitig immer wieder anstacheln, dann nehmen Sie sich den Stärksten davon als erstes zur Brust und treiben mit ihm die Klärung voran – von Stufe 1 beginnend, notfalls bis zur Trennung. Gelingt Ihnen hier die Klärung, egal auf welcher Stufe, dann werden die anderen folgen, und nur dann haben Sie das Problem tatsächlich gelöst. Ansonsten geht es mit dem nächsten Widerständler gleich wieder von vorne los.

13.5 Aufgeben ist auch eine Alternative

Praxisbeispiel

Claus Fender hat sich über 15 Jahre hinweg in der Tourismusbranche eine kleine Unternehmensgruppe aufgebaut. 350 Mitarbeiter sind in vier Unternehmen angestellt – und Fender hat Lust auf mehr. Per Zufall hat er Wind bekommen von der Verkaufsabsicht eines Unternehmers, der mangels Nachfolger das Geschäft nicht fortführen will und kann. So richtig passt dessen Portfolio zwar nicht zu Fenders Gruppe, das ist ihm schon klar, aber wer nicht wagt, der nicht gewinnt. Fender hat viele Ideen, wie sich aus dem Kauf tolle Synergieeffekte ergeben können. Die Warnungen seiner Führungskräfte zu dem Deal schlägt er in den Wind.

Im ersten Monat macht Fender mit seinem neuen Unternehmen 50.000 Euro Minus. Das war ja klar. Im zweiten Monat sind es nur 40.000 Euro. Ah, es geht schon aufwärts. Im dritten Monat: 80.000 Minus. Na schon … aber das liegt ja auch an einem Einmaleffekt, wird sicher nicht wieder vorkommen. Im vierten Monat ist es dann tatsächlich fast die schwarze Null … Aber dann wird ein Monat dunkler und rabenschwärzer als der vorige. Nach 15 Monaten gibt Claus Fender auf. Die Millionengrenze ist in Sicht. Das will er lieber nicht erleben. Das will er sich nicht zumuten. Fender zieht die Reißleine, schließt den Laden, leckt Wunden und trauert nicht nur seiner schönen Idee nach, sondern auch all dem Geld, das er bei seinem Projekt verbrannt hat.

„Ich hätte das nie kaufen dürfen", erzählt Fender mir später. „Oder viel früher rausgehen müssen. Da wäre es noch gegangen. Aber …", macht er eine Pause, „… ich wollte es allen beweisen. Ich wollte nicht wahrhaben, dass die anderen Recht haben und es besser wissen könnten. Wenn ich ehrlich zu mir bin: Irgendwann war das eine reine Ego-Geschichte, die mich immer tiefer in diese Sache hineingetrieben hat." ◄

„Wenn Dein Pferd tot ist, steig ab", lautet eine indianische Weisheit. Eigentlich lächerlich, wie trivial der Ratschlag ist, nicht wahr? Tatsächlich aber gibt es einen Grund, warum es dieses Sprichwort überhaupt gibt. Wir Menschen tun uns schwer damit einzugestehen, dass die Idee oder das Pferd, auf das wir gesetzt haben, tot sein könnte und nicht die erwarteten Erträge bringen wird. Was machen wir deshalb? Wir geben dem toten Pferd noch die Sporen und treiben es an. Anders gesagt: Wir werfen einem schlechten Projekt auch noch gutes Geld hinterher. Letzten Endes hatte Claus Fender Angst vor der persönlichen Kränkung, die es für ihn bedeuten würde, wenn sein schönes Projekt scheitern sollte. Um diese Kränkung nicht erleben zu müssen, steckte er immer neues Geld in die Firma.

Erinnern Sie sich an den Unterschied zwischen Kraft und Anstrengung aus Abschn. 6.2? Je aussichtsloser ein Ziel wird, umso mehr Anstrengung stecken viele hinein, entweder als Arbeitszeit oder finanziell. Verantwortung zu übernehmen hieße hier, rechtzeitig zu erkennen, dass das Ziel nicht erreichbar ist, sich genau das auch einzugestehen und daraus die einzig richtige Entscheidung zu treffen. Lieber früher als später. Das bringt in die Kraft, anstatt sie einem zu nehmen.

Einen solchen Kampf aufzugeben und die Situation so zu akzeptieren, wie sie ist: Wir haben in Abschn. 6.5 (Kraftlosigkeit erlauben) schon gesehen, wie unglaublich erleichternd und hilfreich das sein kann. Und wir hatten auch gesehen, dass gescheitert zu sein immer auch die Chance beinhaltet, gescheiter geworden zu sein. Wer mag, kann dieses „Gescheiter geworden" als zwar unerwünschten, aber eben doch auch großartigen Lerngewinn anerkennen.

Gerade weil das konsequente Umsetzen einer Entscheidung Teil des unternehmerischen Handelns ist, sei deshalb zum Abschluss festgehalten: Aufgeben ist auch eine Alternative. Gerade das macht Unternehmertum aus. Denn auch fürs absehbare Scheitern gilt es Verantwortung zu übernehmen, die schmerzliche Entscheidung zu treffen, aber diese dann mit einem klaren Schnitt auch durchzuziehen.

Literatur

1. Robert Kegan und Lisa Lahey, Immunity to Change: How to Overcome It and Unlock the Potential in Yourself and Your Organization, Harvard Business Press, 2009
2. Friedrich Glasl, Selbsthilfe in Konflikten, Haupt Verlag, 6. Auflage, 2008

Teil IV

Befreiung ins lebendige Unternehmertum

Die Ursache hinter der Ursache hinter der Ursache

Steht Ihr Unternehmen oder der Bereich, den Sie führen, da, wo Sie es haben wollen? Wo sind Sie noch unzufrieden? Was passt nicht? Und vor allen Dingen: Auf welcher Ebene liegt dafür die Ursache? Was genau verhindert bisher den gewünschten Erfolg?

Im Abschn. 4.1 (Die fünf Ebenen zur Analyse) hatten wir bereits ein robustes Modell kennengelernt, um zu erkennen, wo im eigenen Unternehmen die Schwachstellen liegen können. Das folgende Beispiel zeigt noch einmal holzschnittartig die Logik der fünf Ebenen auf – mit einem Beispiel, in dem die Ursache hinter der Ursache eben auf Ebene 1 zu finden ist: der Persönlichkeit der einzelnen Funktionsträger, bei denen sowohl Lebendigkeit als auch Unternehmertum Fehlanzeige sind.

Ebene 5: Der Gewinn sinkt, weil auch der Umsatz gesunken ist.

Ebene 4: Das Produkt hat Qualitätsmängel.

Ebene 3: Die Mängel werden in der Produktion verursacht, der Fehler ist identifiziert. Es stehen mehrere Möglichkeiten zu deren Behebung im Raum.

Ebene 2: Der Produktionsleiter und der technische Geschäftsführer sind schon länger zerstritten und haben grundsätzlich unterschiedliche Meinungen über den richtigen Lösungsweg.

Ebene 1: Der Produktionsleiter ist auch nach 3 Jahren noch verärgert, dass sein Kollege die Position des technischen Geschäftsführers bekommen hat und nicht er selbst. Der technische Geschäftsführer wiederum ist genervt, dass der Produktionsleiter stets meint beweisen zu müssen, er wisse alles besser als er selbst. Der kaufmännische Geschäftsführer, der zwischen den beiden vermitteln könnte, ist harmoniesüchtig, bei Dauerstreit überfordert und hält sich deshalb völlig heraus.

Ebene 5: Umsatz und Gewinn sinken weiter.

J. Schmeer, *Führungskräfte mit unternehmerischer Power*, https://doi.org/10.1007/978-3-658-38623-8_14

In dem Beispiel hier müssten also die beiden Streithähne aus ihrem Beleidigt- und Genervtsein herauskommen (wieder in Einklang kommen), um dann bereit zu sein, Lösungen für das Problem zu finden (Verantwortung übernehmen und entscheiden) und diese auch zu realisieren (umsetzen). Beim kaufmännischen Geschäftsführer wäre wichtig, dass er seine Harmoniesucht hinter sich lässt (damit er in seine Kraft kommt) und, anstatt sich herauszuhalten, sich auf eine konstruktive Weise einmischt (Verantwortung). Sind alle zu diesen persönlichen Schritten bereit (Ebene 1), so wird sich schlagartig die Kommunikation und Zusammenarbeit verbessern (Ebene 2), in der Folge alle Qualitäts probleme lösen (Ebenen 3, 4) und damit Umsatz und Gewinn wieder steigen (Ebene 5).

Kennen Sie den Satz „Sei Du selbst der Wandel, den Du in der Welt sehen möchtest"? Dieser Satz verweist sehr schön auf die Macht der Ebene 1 und ihre Ausstrahlung auf die 2. Ebene. Wenn Sie also mit Ihrem Team zu mehr Lebendigkeit und Unternehmertum kommen wollen, dann gelingt das umso besser, je glaubwürdiger Sie selbst bereits verkörpern, was Sie sich an Lebendigkeit und Unternehmertum erwarten. Oder – vielleicht zu Ihrer Beruhigung – wie sehr Ihr Team Ihren Willen und Ihr nachhaltiges Bemühen darum erkennen kann. Denn darauf kommt es letztlich an.

Frage ich meine Trainingsteilnehmer, welche Kompetenzen eine Führungskraft benötigt, um einen guten Job machen zu können, werden zuverlässig drei Bereiche genannt: Fach-, Methoden- und Sozialkompetenz. Wenn ich aber nach der vierten Kompetenz weiterbohre, herrscht in den meisten Gruppen ratloses Schweigen, scheint die Aufzählung doch vollständig zu sein. Dabei fehlt gerade diejenige Kompetenz noch, die sich auf alle drei anderen Felder auswirkt und deshalb eine zentrale Rolle spielt: Es ist die persönliche Kompetenz, oder, wie ich sie lieber nenne: die *Selbstkompetenz*. Doch was verbirgt sich hinter diesem etwas nebulösem Begriff?

Während die Sozialkompetenz eines Menschen bestimmt, wie ein Mensch mit anderen Menschen umgeht, also mit ihnen redet oder Konflikte klärt, so bestimmt die Selbstkompetenz, wie ein Mensch mit sich selbst umgeht. Hört sich das seltsam an: „mit sich selbst umgehen"? Mag sein, aber es ist etwas völlig Alltägliches. Drei Beispiele dazu:

(1) Sie haben monatelang hart auf ein Ziel hingearbeitet und es endlich erreicht: Können Sie sich daran freuen? Können Sie das feiern? Wie lange hält Ihre Zufriedenheit mit sich selbst und Ihrer Abteilung an, bevor Sie schon wieder auf das nächste Ziel fokussieren und den aktuellen Erfolg vergessen haben?

(2) Seit Langem steckt das gesamte Unternehmen in schwierigem Fahrwasser. Als Führungskraft kämpfen Sie an allen Fronten und geben Ihr Bestes. Doch die Stimmung bleibt mies. Aber ihr Team muss gerade jetzt liefern und dafür entsprechend motiviert sein. Nur: Wer bitte motiviert denn Sie, wenn Sie frühmorgens aufwachen und Ihren eigenen Frust schon wieder in den Knochen spüren? Woher sie nehmen, die Selbstmotivation, und nicht stehlen?

(3) Alle Optionen für die neue Strategie liegen auf dem Tisch. Doch wie das so ist: Trotz aller Gründlichkeit in den Recherchen und Prognosen – kein Mensch weiß, welche

J. Schmeer, *Führungskräfte mit unternehmerischer Power*,
https://doi.org/10.1007/978-3-658-38623-8_15

233

davon wirklich zum Erfolg führt. Alle sind sich unsicher – und alle gucken auf Sie und warten gespannt darauf, wie Sie sich entscheiden werden. Sie wissen: Wenn sich in fünf Jahren herausstellt, dass Sie richtig entschieden haben, dann sind Sie der Held. Aber wenn es eben doch falsch war, dann haben das natürlich alle schon immer gewusst. Alle, außer Ihnen natürlich … Wie kommen Sie jetzt zur Entscheidung, gerade wenn auch Sie selbst hin- und hergerissen sind und, ja, Angst haben, die falsche Entscheidung zu treffen?

Sie sehen: Bei typischen, alltäglichen Herausforderungen, die das Arbeitsleben mit sich bringt, ist immer und zwingend auch Ihre Selbstkompetenz mit im Spiel.

Selbstkompetenz können wir aber auch aus einem völlig anderen Blickwinkel beschreiben. Sie ist nämlich nichts anderes als Ihr täglicher und permanenter Umgang mit den fünf Bestandteilen, die wir ausführlich in Abschn. 4.2 (Aller Anfang liegt hier) unter der Überschrift „Der Zentralschlüssel jeder Veränderung" angesehen haben. Es ist Ihre Kompetenz, gut mit Ihrem Körper (und dessen Grenzen) umgehen zu können. Mit Ihren Emotionen (auch mit den unangenehmen). Mit Ihrem Denken (und dessen Schranken). Mit Ihrem Bewusstsein (relativ einfach). Und mit Ihrem Unbewussten (etwas anspruchsvoller). Körper, Emotionen, Denken, Bewusstes, Unbewusstes: Wie kompetent sind Sie darin, alle fünf Ebenen ständig im Blick zu haben und sich selbst gezielt dorthin steuern zu können, wo Sie sich erleben wollen?

Ich hoffe, es leuchtet unmittelbar ein, dass sowohl Lebendigkeit als auch Unternehmertum unmittelbar von der Selbstkompetenz der Führungskräfte bestimmt werden. Ist es nicht gerade Ausdruck einer hohen Selbstkompetenz, wenn Menschen bereit sind, Verantwortung zu übernehmen, schwierige Entscheidungen zu treffen und diese dann auch konsequent umzusetzen? Und wie soll es schließlich gelingen, ohne Selbstkompetenz glücklich zu sein, Spaß zu haben und mit sich im Einklang zu sein?

Sollte Ihr Ziel also sein, *lebendiges Unternehmertum* in Ihren Betrieb bringen zu wollen, dann ist nichts so wirksam wie ein Training der Selbstkompetenz, und zwar gemeinsam mit dem Team. Geschäftsführer und Bereichsleiter, Abteilungs- und Teamleiter – alle miteinander. „Selbstkompetenz? Ist das nicht meine Privatsache?", fragen manche, wenn sie das hören. „Und geht das hier in der Firma irgendjemand etwas an?", fahren sie dann oft fort und lassen ihre Antwort bereits mitklingen. „Nein. Das geht nur mich etwas an. Und niemanden sonst." Aber ist das tatsächlich so? Welche Themen auf der Ebene 1, der Persönlichkeit, gehen im Unternehmen tatsächlich niemanden etwas an – aber welche Themen sehr wohl? Dafür ist es wichtig, die Begriffe *privat* und *persönlich* auseinanderhalten zu können.

Wie Thomann und Prior in ihrem Buch [1] sehr gut aufschlüsseln, sind alle Themen *privat*, die Krankheit, Religion, Glaube, Hobbys, Ehe, Sexualität, Ideale und Ähnliches mehr betreffen. All das ist im wahrsten Sinne Ihre Privatsache, und Sie sind rechtlich geschützt, hiervon nichts erzählen oder preisgeben zu müssen. Das geht niemanden etwas an. *Persönlich* sind dagegen Ihre Emotionen. Und zwar diejenigen, die Ihre Arbeit betreffen: die fachlich-inhaltlichen genauso wie die zwischenmenschlichen, mit den Kollegen,

dem Vorgesetzten oder dem Team. All diese Emotionen sind eben gerade nicht Ihre Privatsache Ob Sie die Themen spannend finden oder langweilig, ob Sie Kollege Hitzinger gut
leiden können oder nicht – all diese Emotionen beeinflussen erheblich die Zusammenarbeit im Team. Genau deshalb gehören sie auch in jedes Training zur Selbstkompetenz.

Und was ist mit Emotionen, die ihre Ursache im Privaten haben, sich aber im Beruf
auswirken? Der arbeitslose Ehepartner, die kranken Eltern, der Teenager, der seit Wochen
nur noch schlechte Noten von der Schule nach Hause bringt … All das sind zum einen
Erlebnisse, die Privatsache sind und die niemanden etwas angehen. Und es sind in glei-
chem Maße Erlebnisse, die sichs Gemüt schlagen und einen Menschen belasten. Sie
beim Personaleingang auszuschalten, das versuchen zwar viele, und es mag ein Stück weit
auch gelingen. Aber völlig ausblenden können wir unsere Gefühle nie, vor allen Dingen
dann nicht, wenn sich so etwas über viele Wochen und Monate erstreckt. Spätestens dann
beeinflussen auch diese „privaten Gefühle" die Arbeitssituation, sei es in der Qualität der
Arbeitsergebnisse oder der Stimmung im Team.

Was ist in solchen Fällen zu tun? Müssen Sie sich offenbaren und begründen, wo Ihre seit
Langem angespannte Stimmungslage ihre Ursache hat? Nein. Kann es sein, dass es eine gute
Idee sein könnte, es trotzdem zu erzählen? Ja, Ja, und noch einmal: Ja. Ich habe es so oft erlebt, welch positive Wirkung dieses Sich-Öffnen für alle entfalten kann. Für diejenige Person,
die etwas aus ihrem privaten Leben erzählt hat, war es jedes Mal eine große Entlastung und
Erleichterung. Zu wissen, dass jetzt alle anderen ihre Situation kennen, hat ihr die Last genommen, jeden Tag so tun zu müssen als ob alles in Ordnung wäre. In der Reaktion des Teams
habe ich in all den Jahren noch nichts anderes erlebt, als Verständnis für die Situation, sowie
die Bereitschaft, die schwierige Lage auch weiter mitzutragen. Eine Befreiung ist das. Für
beide Seiten. Vorher die Angst vor dem Sich-Öffnen. Nachher die Erleichterung genau darüber. Von daher gilt ganz klar: Emotionen haben in der Arbeit ihren Platz, weil sie Motor oder
Treibsand sein können und damit die Zusammenarbeit fördern oder verhindern können. Und
Emotionen gehören zwingend auch in jedes Training zur Selbstkompetenz, weil das Training
sonst das nicht behandelt, was einen wichtigen Bestandteil der Selbstkompetenz darstellt.

Ist es für viele schon eine Herausforderung, mit Kolleginnen der gleichen Hierarchie-
stufe in ein Training zur Selbstentwicklung zu gehen, verdoppelt sich der Stress meist,
wenn auch die eigene Führungskraft mit von der Partie sein soll. „Oh Gott! Der Chef ist
mit dabei! Was wird der da von mir denken?", sorgen sich die Mitarbeiter. „Oh Gott! Mit
meinem ganzen Team auf solch einem solchen Training! Was werden die da von mir denken?", sorgt sich die Führungskraft. Hinter diesen Sorgen stecken Ängste. Die Angst, „die
Hosen runterlassen" zu müssen. Die Angst, blöd dazustehen. Die Angst, an Ansehen zu
verlieren. Die Angst, verletzt zu werden. Und schließlich auch die Angst vor nicht absehe-
baren Auswirkungen auf die spätere Zusammenarbeit.

Sollte man es dann nicht lieber sein lassen? Im Gegenteil. Denn genau hier liegt die
große Chance des Teams und dessen Chef, miteinander zu wachsen und die Zusammen-
beit auf ein neues Niveau zu heben. Nicht „Mehr vom Selben" erleben, wo alle immer nur
förmlich, freundlich und funktional miteinander umgehen. Das hat das Team schließlich ja zu dem Punkt gebracht, an dem es im Augenblick steht – inklusive all seiner

Schwächen und all seiner begrenzten Lebendigkeit. *Förmlich zu sein ist niemals kraftvoll. Immer funktionieren zu müssen macht selten glücklich. Und ständig freundlich zu sein ist bestenfalls Einklang im Fake-Format.*

Genau deswegen heißt es, aus den üblichen Verhaltensmustern herauszukommen und alle miteinander neue Erfahrungen sammeln zu lassen. Ja, da geht's raus aus der Komfortzone. Aber vor allen Dingen geht es rein in eine neue und bessere Qualität des Miteinanders. Denn Chefin und Team gehen nach solchen Trainings lebendiger und authentischer miteinander um. Sie kommen gemeinsam in ihre Kraft. Sie haben Spaß an dem neuen Umgang im Team. Und die Diskussionen sind weniger friedhöflich, dafür leidenschaftlicher, und am Ende steht eine gemeinsame Lösung, hinter der sich alle vereinen.

Damit haben Sie nun Ihren Generalschlüssel gefunden, wenn Sie Ihr Team auf Vordermann bringen wollen – und sich selbst gleich mit. In diesem Buch liegt der Fokus deswegen auf den Ebenen 1 und 2. Denn dort liegen die Türschlösser, die geöffnet werden wollen, um den Betrieb in eine neue Qualität führen zu können. Eine Qualität voller Lebendigkeit und Unternehmertum.

Wie wäre es, für eine Standortbestimmung Checklisten nutzen zu können, mit deren Hilfe Sie sofort erkennen, was im Argen liegt, und natürlich auch, was weiterhin so gut laufen darf wie bisher?

Literatur

1. Christoph Thomann und Christian Prior, Klärungshilfe 3, Das Praxisbuch, rowohlt e-book, 2013

Im Folgenden geht es um die Standortbestimmung aus der Perspektive eines Geschäftsführers. Wenn Sie Bereichs-, Abteilungs- oder Teamleiter sind, passen Sie die Hinweise und Fragen einfach auf Ihre spezifische Situation an.

16.1 Das Unternehmen

Im Idealfall wissen Sie bereits genau, wo es aus Ihrer Sicht an Lebendigkeit oder Unternehmertum mangelt, und Sie können den Finger direkt in die Wunde legen. Möglicherweise ist es aber auch eher ein diffuser Eindruck, dass da etwas im Argen liegt, und Sie können es nicht so richtig greifen. Dafür nun ein Vorgehensvorschlag plus Checkliste.

> **Umsetzen: Standortbestimmung (Unternehmen)**
> Nehmen Sie sich eine halbe Stunde Zeit und notieren sich auf einem Blatt Papier alle Punkte, bei denen Sie mit dem aktuellen Status nicht zufrieden sind.
> Was passt mir nicht in meinem Unternehmen(s. Abschn. 4.1 Die fünf Ebenen zur Analyse)?
>
> - Auf Ebene 5 (Zahlen)
> - Auf Ebene 4 (Produkte, Dienstleistung)
> - Auf Ebene 3 (Strukturen)

© Der/die Autor(en), exklusiv lizenziert an Springer Fachmedien Wiesbaden GmbH, ein Teil von Springer Nature 2022
J. Schmeer, *Führungskräfte mit unternehmerischer Power*,
https://doi.org/10.1007/978-3-658-38623-8_16

Machen Sie dazu eine Liste, sammeln Sie Brainstorming-artig und ohne lange nach-zudenken alle Punkte, die Ihnen dazu einfallen. Dann erst gehen Sie einen Schritt weiter und fragen sich: Welche dieser Missstände führen Sie darauf zurück, dass es Ihren Leuten an Lebendigkeit fehlt, sie also zu kraftlos sind, zu wenig motiviert oder aber zerrissen und zerstritten? Und welche Missstände führen Sie auf fehlendes Un-ternehmertum zurück, darauf, dass keiner Verantwortung übernehmen mag, nicht entscheidet oder auf halber Strecke stehen bleibt? Markieren Sie jeden Punkt entwe-der mit einem L für Lebendigkeit, einem U für Unternehmertum, einem LU für beides, einem Fragezeichen, wenn Sie sich nicht sicher sind, und einem Strich, wenn es keines von allem ist.

Bei den Missständen, die einen Strich bekommen haben: Wo sehen Sie dort die Ursachen? Und zur Sicherheit eine Nachfrage: Was steckt gegebenenfalls dort noch dahinter? Was ist Ihrer Meinung nach in diesen Fällen die Ursache hinter der Ursache?

Wenn Sie nun dieses Zwischenergebnis sehen:

- Was fällt Ihnen auf, was wird offensichtlich?
- Welche Themen liegen besonders im Argen?

Vermutlich haben Sie bei einigen Punkten fehlendes *lebendiges Unternehmertum* als Ursache identifizieren können. Wo im Unternehmen, in welchen Bereichen oder Teams, fehlt es daran besonders?

- Ist es vor allen Dingen die Ebene der Mitarbeiter?
- Die Teamleiter?
- Die Abteilungsleiter?
- Die Bereichsleiter?
- Betrifft es dort jeweils die meisten oder nur einzelne?
- Welche Muster erkennen Sie?
- Was konkret missfällt Ihnen dort?

Wenn es Ihnen schwerfällt, konkrete Punkte zu identifizieren, und Sie auch nicht sicher sind, bei welchen Teams Sie das verorten müssen, dann hilft Ihnen möglicher-weise die folgende Checkliste. In Abb. 16.1 und 16.2 finden Sie Aufstellungen, in denen die sechs Aspekte *lebendigen Unternehmertums* so beschrieben sind, dass es an allem mangelt. Lebendigkeit? Fehlanzeige. Unternehmertum? Ebenso. Woran genau können Sie in Ihrem Unternehmen diesen Mangel erkennen?

Dazu finden Sie für jeden Aspekt drei Beispiele, jedes davon mit ein paar knacki-gen Aussagen unterlegt. Die Worte sind bewusst überspitzt und sehr emotional ge-wählt. Schließlich handelt es sich hier um Painpoints, um Schmerzpunkte – die tun bekanntlich weh, und darüber regt man sich auf.

Es fehlt an Lebendigkeit

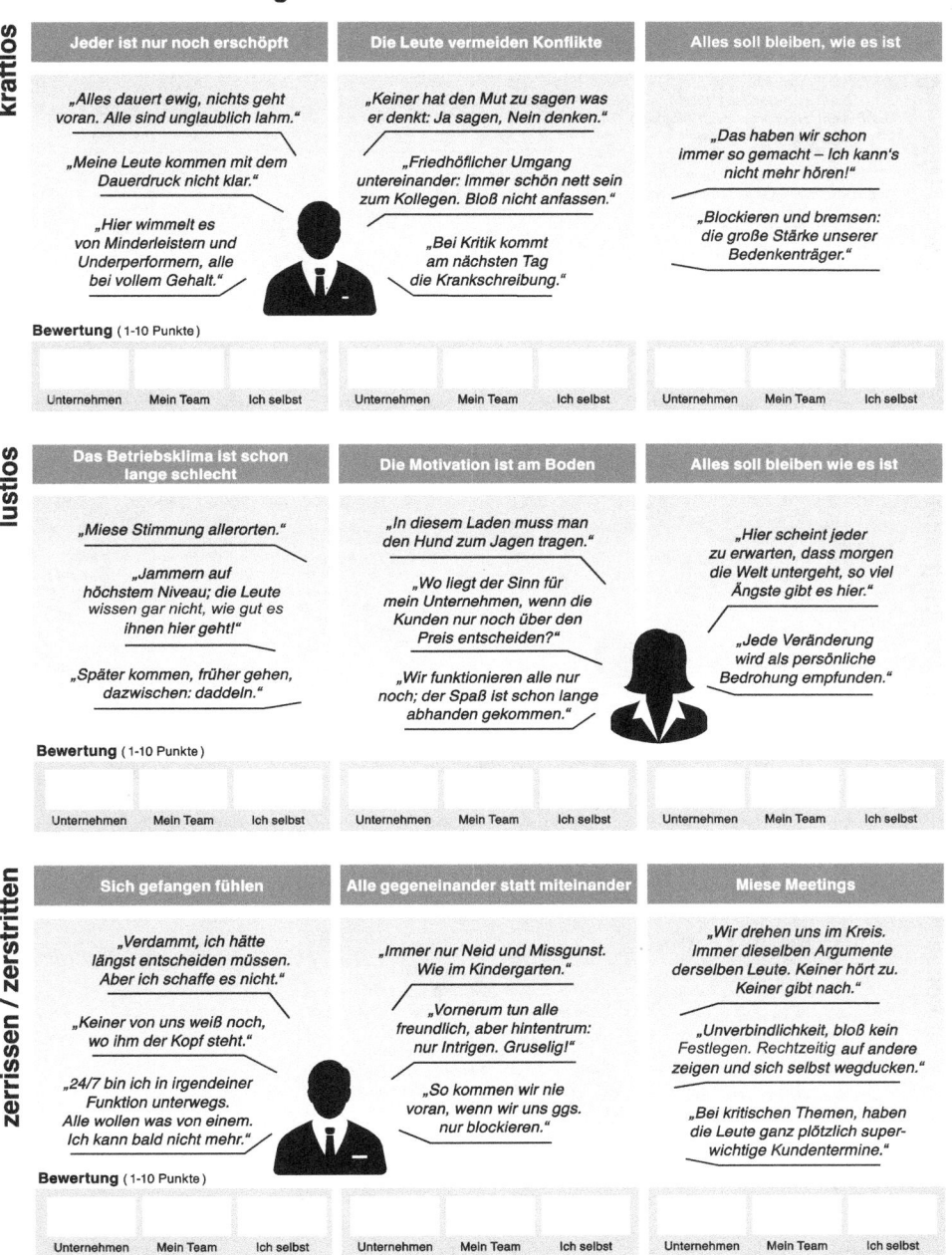

Abb. 16.1 Checkliste für die Lebendigkeit

Es fehlt an Unternehmertum

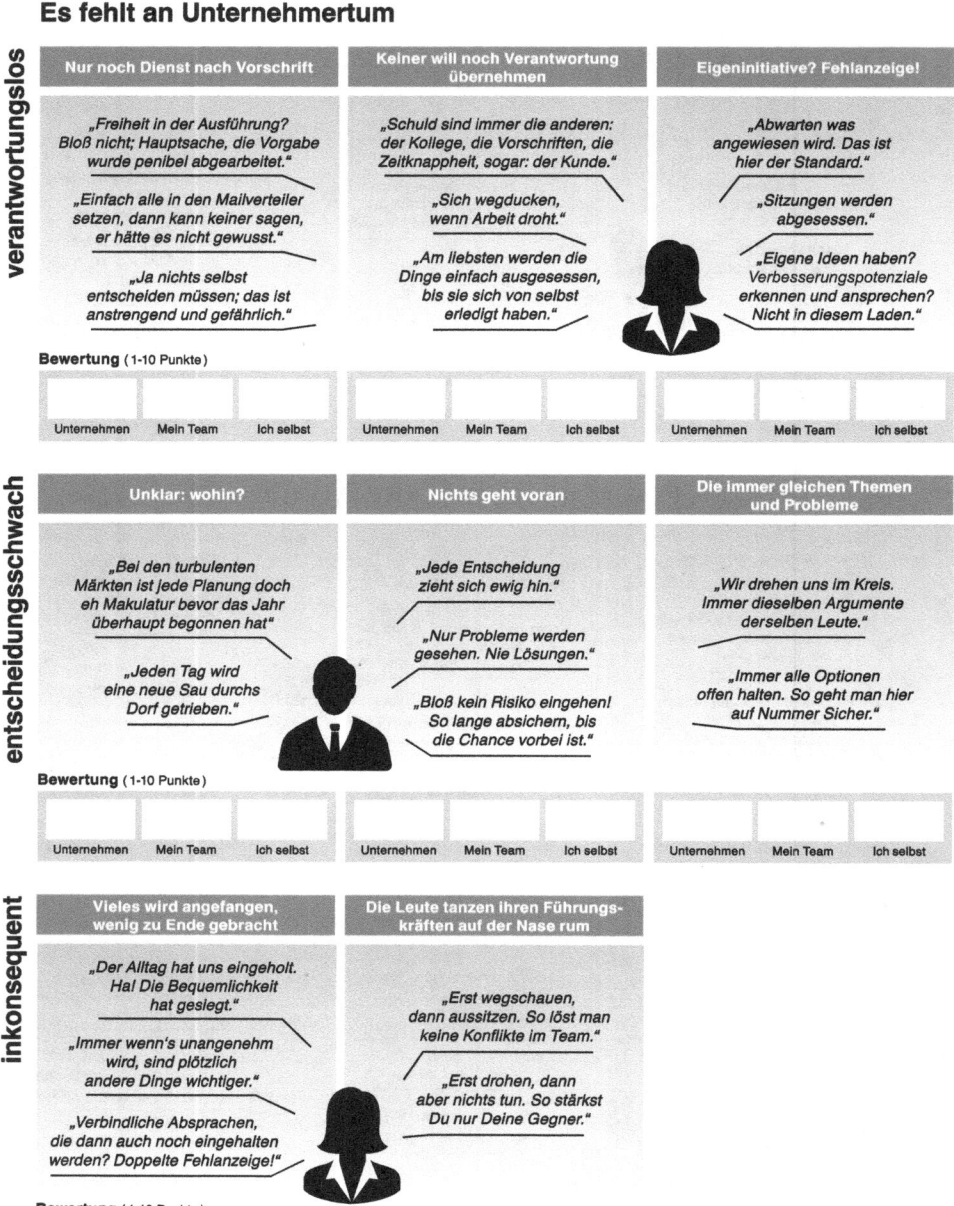

verantwortungslos

Nur noch Dienst nach Vorschrift

„Freiheit in der Ausführung? Bloß nicht; Hauptsache, die Vorgabe wurde penibel abgearbeitet."

„Einfach alle in den Mailverteiler setzen, dann kann keiner sagen, er hätte es nicht gewusst."

„Ja nichts selbst entscheiden müssen; das ist anstrengend und gefährlich."

Keiner will noch Verantwortung übernehmen

„Schuld sind immer die anderen: der Kollege, die Vorschriften, die Zeitknappheit, sogar: der Kunde."

„Sich wegducken, wenn Arbeit droht."

„Am liebsten werden die Dinge einfach ausgesessen, bis sie sich von selbst erledigt haben."

Eigeninitiative? Fehlanzeige!

„Abwarten was angewiesen wird. Das ist hier der Standard."

„Sitzungen werden abgesessen."

„Eigene Ideen haben? Verbesserungspotenziale erkennen und ansprechen? Nicht in diesem Laden."

Bewertung (1-10 Punkte)

Unternehmen	Mein Team	Ich selbst

entscheidungsschwach

Unklar: wohin?

„Bei den turbulenten Märkten ist jede Planung doch eh Makulatur bevor das Jahr überhaupt begonnen hat"

„Jeden Tag wird eine neue Sau durchs Dorf getrieben."

Nichts geht voran

„Jede Entscheidung zieht sich ewig hin."

„Nur Probleme werden gesehen. Nie Lösungen."

„Bloß kein Risiko eingehen! So lange absichern, bis die Chance vorbei ist."

Die immer gleichen Themen und Probleme

„Wir drehen uns im Kreis. Immer dieselben Argumente derselben Leute."

„Immer alle Optionen offen halten. So geht man hier auf Nummer Sicher."

Bewertung (1-10 Punkte)

Unternehmen	Mein Team	Ich selbst

inkonsequent

Vieles wird angefangen, wenig zu Ende gebracht

„Der Alltag hat uns eingeholt. Ha! Die Bequemlichkeit hat gesiegt."

„Immer wenn's unangenehm wird, sind plötzlich andere Dinge wichtiger."

„Verbindliche Absprachen, die dann auch noch eingehalten werden? Doppelte Fehlanzeige!"

Die Leute tanzen ihren Führungs-kräften auf der Nase rum

„Erst wegschauen, dann aussitzen. So löst man keine Konflikte im Team."

„Erst drohen, dann aber nichts tun. So stärkst Du nur Deine Gegner."

Bewertung (1-10 Punkte)

Unternehmen	Mein Team	Ich selbst

Abb. 16.2 Checkliste für das Unternehmertum

Sicher haben Sie aus Ihrer aktuellen Situation noch andere Beispiele im Blick, die Sie ärgern und an denen Sie etwas ändern wollen. Notieren Sie, was Sie speziell in Ihrem Unternehmen stört und weshalb Sie vermutlich dieses Buch gekauft haben.

Machen Sie nun die Aufstellung also für sich passend. Entweder, indem Sie die dicken Brocken mit einem ebenso dicken Kringel versehen. Oder, wenn Sie es differenzierter haben wollen, indem Sie die 10er-Skala nutzen. Die 0 in einer Zeile heißt dann: „Ist bei mir im Team bzw. im Unternehmen kein Problem". Die 10 bedeutet „Riesenproblem!". Kleiner Tipp: Der erste Wert, der Ihnen jeweils spontan einfällt, ist meist der richtige. Die Erfahrung zeigt: Gerade dann, wenn die Zahl, die als uns erstes durchs Hirn schießt, uns nicht gefällt, fangen wir gerne an, die Lage schönzudenken, und verpassen genau damit die große Chance zu ihrer Verbesserung.

Wichtig: Bevor Sie gleich loslegen, entscheiden Sie unbedingt eindeutig, auf wen sich Ihre Bewertungen beziehen sollen: Das ganze Unternehmen? Ihr oberstes Führungsteam? Die Führungskräfte der Ebene zwei oder drei? Auf Bereich X oder Abteilung Y? Vielleicht sogar auf sich selbst? Im Idealfall durchlaufen Sie die Tabelle einfach mehrmals, für jedes Team getrennt, dann haben Sie auch den direkten Vergleich vor Augen.

Was wird offensichtlich, wenn Sie Ihre Bewertungen oder Kringel ansehen? Wo läuft es offenbar gut oder sogar sehr gut? Welche Punkte sind kritisch und wollen angepackt werden?

Was auch immer Sie sich jetzt notiert und welche Missstände Sie identifiziert haben, allein werden Sie das nicht lösen können. Dafür benötigen Sie die Unterstützung Ihrer Führungskräfte, Ihres direkt geführten Teams.

16.2 Ihr Team

Nehmen wir an, Sie hätten bei der Standortbestimmung für das Unternehmen einen bestimmten Bereich identifiziert, bei dem es in mehreren Abteilungen an *lebendigem Unternehmertum* mangelt. Dann ist es das Beste, Sie bilden mit dessen Bereichsleiter ein Zweierteam und machen sich gemeinsam daran, die Situation zu verbessern. Betrifft es mehrere Bereiche, so besteht das Team aus Ihnen und den betroffenen Bereichsleitern. Sind fast alle Bereiche betroffen, dann ist das eine Aufgabe der gesamten zweiten Führungsebene, auch derjenigen, bei denen alles im grünen Bereich liegt.

Umsetzen: Standortbestimmung (Team)

Wenn das Team mit *lebendigem Unternehmertum* bereits vertraut ist, alle schon einige Zeit damit arbeiten und jeder mit den Begrifflichkeiten dasselbe verbindet, dann können Sie natürlich direkt auf Ebene 2, der Zusammenarbeit und Kommunikation, einsteigen. Jeder würde dann im Meeting oder Workshop direkt und klar benennen, wo er unzufrieden ist und an welchen Stellen ihm Lebendigkeit und Unternehmertum fehlen. Im Laufe der Diskussion wird dann die Gruppe die Standortbestimmungen noch spezifischer werden lassen: Wer übernimmt wo keine Verantwortung? Wer trifft wo die längst fälligen Entscheidungen nicht? Wer lässt wo die Umsetzung schleifen? Warum kostet Arbeiten immer mehr Anstrengung? Wo macht sie keinen Spaß mehr? Und zwischen wem gibt es ungelöste Dauerkonflikte? Wir haben ja gesehen: Ohne Klarheit keine Klärung. Und ohne Klärung keine Verbesserung.

Kann die Gruppe mit den Begriffen Lebendigkeit und Unternehmertum noch nichts anfangen, heißt es, weiter vorn zu beginnen. Am Anfang würde das Team – so, wie Sie selbst es bereits für sich getan haben – auf den Ebenen 5, 4 und 3 alle Schwachpunkte und Ärgernisse benennen. Damit nicht der Eindruck entsteht, dass „anscheinend alles schlecht läuft" und keine entsprechende Missstimmung entsteht, können natürlich auch die Stärken abgefragt werden. Auch hier ist ein direkter Einstieg auf Ebene 2 möglich, sofern vertraute Begriffe genutzt werden. „Was läuft in unserer Zusammenarbeit, Kommunikation und Führung gut – und was nicht?" wäre eine typische Einstiegsfrage, mit deren Hilfe Sie den aktuellen Standort aus Sicht Ihres Führungsteams bestimmen könnten.

Im Anschluss daran machen Sie deutlich, worum es beim *lebendigen Unternehmertum* geht: Weshalb sind gerade diese zwei Gesichtspunkte so entscheidend für den Erfolg des Unternehmens? Und welche sechs Aspekte verstecken sich hinter diesen zwei Worten? Kommen Sie danach alle miteinander ins Gespräch, damit Ihr Team Lebendigkeit und Unternehmertum nicht nur intellektuell verstanden hat, sondern dessen Qualität auch emotional erahnen kann.

Jetzt folgt der spannende Moment: Das Team nimmt alle negativen Kritikpunkte, die es zu den Ebenen 5 bis 2 gesammelt hat, und ordnet sie dem Unternehmertum, der Lebendigkeit oder gleich den einzelnen Unterbegriffen zu. Was wird offensichtlich? Wo liegt der größte Schwachpunkt? Welche Aspekte fallen weniger ins Gewicht? Wo werden Zusammenhänge zwischen fehlendem Unternehmertum und fehlender Lebendigkeit sichtbar?

Ein hundertprozentiger Konsens ist an dieser Stelle weder sinnvoll noch notwendig. Die Standortbestimmung ist vor allen Dingen für diejenigen Aspekte wichtig, die das Team als die größten Knackpunkte betrachtet. Wichtig ist, dass auch Sie als Geschäftsführer offen und ungeschminkt Ihre Sichtweise einbringen, also all diejenigen Punkte, die Sie bereits allein für sich auf dem Blatt Papier notiert hatten. Für diesen Schritt gibt es einen enorm hilfreichen Türöffner: Sie beziehen sich selbst ausdrücklich in die Reflexion mit ein und machen deutlich, dass auch Sie selbst kein Heiliger sind, sondern es ebenfalls immer wieder an Lebendigkeit oder Unternehmertum vermissen lassen. Es wissen ohnehin alle, dass auch der Chef seine schwachen Seiten hat. Genau das aber von ihm persönlich ausgesprochen zu hören, erhöht enorm die Bereitschaft, später auch über die eigenen Fehler und Schwächen zu sprechen. Denn damit sind wir bei der Schlüsselstelle angekommen: jedem Einzelnen.

16.3   Sie selbst

Die Entwicklung des Unternehmens oder allgemein: des eigenen Verantwortungsbereiches, beginnt bei dessen Führungskraft. All deren Stärken und Potenziale können den Bereich voranbringen. All ihre Schwächen und Blockaden seine Entwicklung beschränken. Mir ist in 25 Jahren noch keine Führungskraft begegnet, die nicht sowohl Stärken als auch Schwächen gehabt hätte – und das bei durchwegs gut laufenden und erfolgreichen Unternehmen. Und mir ist in diesen 25 Jahren auch noch kein Leadership-Experte begegnet, der nicht reichlich Schwächen neben all seinen Stärken gehabt hätte – auch nicht, wenn ich morgens in den Spiegel gucke. Von daher: alles ganz normal. Bloß keinen Stress, wenn es gleich um die eigenen weniger starken Seiten gehen soll!

Wenn Sie nun als Geschäftsführer mit Ihren Bereichsleitern zusammensitzen, heißt es folglich, Nabelschau zu betreiben, wo jeder Einzelne von Ihnen Unternehmertum und Lebendigkeit fördert – oder eben auch behindert. Gerade wenn der eigene Verantwortungsbereich zum Stillstand gekommen ist, schon länger nichts mehr vorangeht oder aber der Aufwand für kleine Veränderungen immer größer wird, dann bedeutet das: Unternehmensentwicklung beginnt mit Selbstentwicklung. Und Selbstentwicklung benötigt zuerst eine persönliche Standortbestimmung.

Umsetzen: Standortbestimmung (Selbst)
Die meisten der folgenden Fragen bedürfen etwas Ruhe, um darauf eine Antwort zu finden. Manches mag auf der Hand liegen, andere Antworten sollten eine Weile im Hinterkopf heranreifen können. Sie und Ihr Führungsteam können sich diese Zeit in einem moderierten Workshop nehmen oder aber zu Hause an zwei, drei Wochenenden immer wieder einmal zu den Fragen greifen und ein wenig daran arbeiten. Gerade eine Verteilung auf zwei oder drei Wochenenden hat den Vorteil, dass Sie sich unter der Woche selbst auch beobachten und bewusst wahrnehmen können. Da taucht oft Überraschendes auf, was bei einem Abarbeiten am Stück unter den Tisch gefallen wäre. Hier nun die Fragen zur Selbstreflexion, zu beantworten aus der persönlichen Erfahrung und Einschätzung einer jeder Führungskraft.

Lebendigkeit

- Was bedeutet Lebendigkeit für mich? Was verbinde ich persönlich mit diesem Begriff?
- Wie ist es um meine eigene Lebendigkeit bestellt?
    - Wann und wo fühle ich mich lebendig? Wann und wo nicht?
    - Wie geht es mir? Was vermisse ich bei mir?
- Wenn ich auf die hier verwendete Definition von Lebendigkeit zurückgreife:
    - Wie kraftvoll bin ich unterwegs?
        - Als wie anstrengend empfinde ich meinen Arbeitsalltag?
        - Kann ich mir erfolgreiches Arbeiten ohne Anstrengung überhaupt vorstellen?
    - Wo bin ich glücklich und habe Spaß – wo bin ich lustlos oder frustriert?
        - Wenn mir die Arbeit angeblich so Spaß macht – warum spüre ich das so wenig?
    - Wo bin ich mit mir im Einklang – und wo innerlich zerrissen?
- Inwiefern ist die Lebendigkeit, die ich im Team wahrnehme, auch ein Spiegel meiner eigenen Lebendigkeit?

Unternehmertum

- Was bedeutet Unternehmertum für mich persönlich? Was verbinde ich mit diesem Begriff?
- Wie unternehmerisch bin ich …
    - in meiner Haltung, Einstellung und Denken?
    - im Sprechen, Handeln und Führen?
- Wenn ich auf die hier verwendete Definition von Unternehmertum zurückgreife:
    - Wo übernehme ich in meiner Funktion angemessen Verantwortung im Unternehmen?
        - Wo zu wenig?
        - Wo zu viel?
        - Kann ich loslassen, delegieren?
        - Behalte ich (zu) gern die Kontrolle?
        - Wie sieht es mit meinem Vertrauen in andere aus?
    - Wie steht es um meine Entscheidungsfähigkeit?
        - Wo fällt mir Entscheiden leicht?
        - Wo schwer?
        - Wie komme ich zu einer Entscheidung? Wie bin ich mir sicher, die in diesem Augenblick richtige Entscheidung getroffen zu haben?
    - Wie bin ich in der Umsetzung meiner Entscheidungen?
        - Wo bin ich konsequent?
        - Welche Dinge lasse ich schleifen oder verliere sie aus den Augen?
- Inwiefern ist das Unternehmertum, das ich beim Team wahrnehme, auch ein Spiegel meines eigenen Unternehmertums?

Das Ziel: Wo wollen Sie hin?

Wir wissen: Damit Ziele Bestand haben, müssen sie alle Kriterien erfüllen, die wir uns in Abschn. 10.1 (Ziele mit eingebautem Booster) angesehen haben. Und es gilt dabei, den Blick stets auf das große Ganze zu richten: Ziele für das Unternehmen wirken sich unmittelbar auf die Ziele des Teams aus, und diese wiederum zwingend auf Ihre eigenen Ziele, sowohl in Ihrer Rolle als Führungskraft als auch häufig als Privatperson. Vielleicht machen neue Unternehmensziele andere Arbeitszeiten erforderlich, mehr oder weniger Reisetätigkeit oder gar einen Umzug – alles Faktoren, die Sie auch persönlich im privaten Bereich betreffen.

17.1 Sie selbst

Gerade wenn es Ihnen darum geht, mehr Lebendigkeit oder mehr Unternehmertum in Ihre (Führungs-)Teams zu bekommen, lohnt es sich deshalb, nicht beim Unternehmen und dessen Zielen zu beginnen, sondern tatsächlich bei sich selbst.

- Wo würden Sie in Ihrer Funktion als Führungskraft gerne wieder mehr Lebendigkeit erleben? Wo möchten Sie sich wieder mehr in Ihrer Kraft fühlen, wieder mehr Spaß haben und mehr innere Ruhe?
- Wo wollen Sie etwas an Ihrem Verständnis von Unternehmertum ändern? Was soll anders werden in der Art, wie Sie bisher Verantwortung übernommen, entschieden und umgesetzt haben, um sich auf diese Weise selbst entlasten zu können?
- Wenn Ihr Team lebendiger werden soll: Was genau wollen Sie bei ihm sehen, hören oder erleben? Woran erkennen Sie, dass die Lebendigkeit wieder Einzug hält?
- Wenn Ihr Team unternehmerischer werden soll: Woran konkret machen Sie das fest? Was wird sich geändert haben, wenn dieses Ziel erreicht ist?

J. Schmeer, *Führungskräfte mit unternehmerischer Power*,
https://doi.org/10.1007/978-3-658-38623-8_17

Es ist fast zwingend, dass manche Ziele sich gut ergänzen, andere sich aber gegenseitig das Leben schwer machen. Bei allen auftauchenden Zielkonflikten gilt es also, immer wieder den Blick von oben darauf zu werfen. Zielen, die später tatsächlich erreicht werden, geht meist ein mehrstufiger Zielfindungsprozess voraus, der sämtliche Einflussfaktoren im Blick hat. Dazu gehört natürlich auch der Ressourcenbedarf, den jede Zielsetzung mit sich bringen würde. Fragen Sie also schon jetzt bei jedem möglichen Ziel danach, wie der Weg dorthin auszusehen hätte.

- Welche Ressourcen stehen Ihnen allen zur Verfügung?
- Welche Maßnahmen müssten für jedes dieser Ziele ergriffen werden?
- Und was bedeutet das für die anderen Ziele, die wir gerade diskutieren?

Ausschließlich smart formulierte Ziele können bekanntlich ausgesprochen kraftlos sein, im Gegensatz zu Attraktionen, die eine regelrechte Sogwirkung entfalten und den inneren Motor auf Hochtouren bringen. Wenn auf einer 10er-Skala ein Pflicht-Ziel 0 Punkte bekommt und eine Attraktion, bei der alle sofort dabei sein wollen, 10, dann geben Sie sich nicht mit Zielen zufrieden, die 7 oder weniger Punkte bekommen würden. Wozu sich für solch ein mittelprächtiges Ziel all die Mühe machen? So schlecht ist es aktuell doch gar nicht! Je größer die Ziele sind und je grundlegender die Veränderungen, die sie mit sich bringen, umso mehr werden Sie selbst und Ihr Team auch die Komfortzone verlassen müssen. Und jeder Schritt raus aus dieser behaglichen Ecke kostet Sie etwas: Zeit, Geld, Engagement, Lernen, Grenzen überwinden … Blicken Sie und Ihr Team nur auf diese Mühen, die vor ihnen liegen, dann werden die Widerstände groß sein und die Entscheidung ganz schnell zugunsten des Status quo ausfallen.

Bei Pflicht-Zielen hilft natürlich auch der Blick auf den Sinn hinter dem Ziel. Eine gesetzliche Vorgabe umsetzen zu müssen mag für sich genommen 0 bis 3 Punkte bekommen – „Muss halt!". Beim Blick dahinter wird jedoch schnell klar, dass das Unternehmen nur so seine Lizenz behalten und das Geschäft weiter betreiben kann. Wer Spaß daran hat, in dieser Firma zu arbeiten, dessen Punktwert steigt vermutlich ganz schnell auf 8 bis 10 Punkte. Weniger wegen der Tätigkeit an sich, sondern wegen des Sinns, der hinter dem Ziel steckt. Dann sind die Menschen bereit, echtes Engagement zu investieren. Denn sie blicken weniger auf das Preisschild als vielmehr darauf, was sie dafür bekommen.

Auch andere Faktoren hatten wir uns angesehen, die ebenfalls einen entscheidenden Beitrag dazu leisten, dass gesetzte Ziele tatsächlich erreicht werden: Die Erwartungshaltung in Abschn. 5.1 (Fluch und Segen unserer Erwartungshaltung) und das Selbstbild in Abschn. 5.3 (Selbstbild: Daumen rauf oder runter). Stellen Sie deshalb sicher, dass Sie und Ihr Team mit breiter Brust (Selbstbild) und siegesgewiss (Erwartungshaltung) die Ziele anpacken. Je höher die Selbstsicherheit ist und je mehr alle überzeugt sind, das Ziel tatsächlich zu erreichen, umso besser sind die Voraussetzungen dafür, dass es am Ende eben auch gelingt.

17.2   Ihr Team

Wenn es Ihr Ziel ist, Ihr Team oder das gesamte Unternehmen wieder neu in seine Lebendigkeit zu führen und bei allen Führungskräften und Mitarbeitern ein echtes unternehmerisches Mindset zu etablieren, dann stehen Ihnen die zwei klassischen Möglichkeiten zur Verfügung: Reden oder miteinander reden. Information oder Gespräch, Einweg- oder Zweiweg-Kommunikation. Am besten natürlich: Sowohl als auch.

Reden

„Nur wer selber brennt, kann andere auch entzünden", soll Augustinus gesagt haben, und diese Erfahrung hat vermutlich jeder schon einmal gemacht. Erinnern Sie sich an eine Situation, wo vorne ein Redner stand, vielleicht Ihr damaliger Chef, und er in monotoner Stimmlage seine Sätze vom Blatt abgelesen hat? Die Wahrscheinlichkeit, dass ihm jemand aufmerksam zugehört hat, geht gegen Null. Hatte Ihr Chef damals sein Publikum für irgendetwas gewinnen wollen, dann ist das sehr wahrscheinlich schief gegangen. Denn Menschen gewinnt man, indem man sie emotional erreicht, nicht nur in ihrem Kopf. Und so, wie sich der Inhalt einer Rede über ihre Worte vermitteln lässt, werden Emotionen wie Zuversicht, Aufbruch oder Begeisterung vermittelt durch die Art und Weise, wie der Redner spricht. Laut und leise. Langsam und schnell, hoch und tief. Und mit dem Blick natürlich nicht auf dem Skript, sondern bei den Menschen, die er erreichen will. Nur durch den direkten Blickkontakt entsteht die nötige Beziehung.

Keine Frage: Gute Rhetorik ist Handwerk und lässt sich erlernen. Vieles von dem, was ein Vorgesetzter nicht empfindet, kann er durch entsprechende Sprache und Körpersprache kompensieren. Die Erfahrung zeigt aber auch: Wenn der Redner von einer Sache wirklich begeistert ist, dann mag seine Rhetorik an vielen Stellen unperfekt sein. Sein Publikum wird er trotzdem erreichen. Da ist ein Feuer in ihm, das jeder sehen, hören und spüren kann – und da springt der Funke über. Das ist also Ihre erste Möglichkeit, Menschen für etwas zu gewinnen: indem Sie Ihnen erzählen, wo die Reise hingehen wird.

Miteinander reden

Selbst wenn Sie ein begeisterter und begeisternder Redner sind und Sie Ihr Publikum auf allen Ebenen erreichen können, an persönlichen Gesprächen mit Ihrem Team werden Sie nicht vorbeikommen. Mit den Begriffen der Lebendigkeit und des Unternehmertums verhält es sich ähnlich wie mit dem der Digitalisierung. Vor einigen Jahren wussten nur Fachleute damit etwas anzufangen. Dass es wohl etwas mit IT zu tun haben würde, das war zwar klar, aber sonst? Die Vorstellungen dazu waren vage und vielfältig. Spätestens in der Pandemie hat dann jeder begriffen, was damit gemeint ist, und dass Deutschland in Sachen Digitalisierung weit hinterherhinkt, ist heute auch jedem klar.

Alles, was Sie für die Gespräche mit Ihren Leuten benötigen, haben wir uns in den vorausgegangenen Kapiteln genau angesehen. Unter welcher Voraussetzung ist Ihr Team mit Begeisterung dabei, und wann aus reiner Pflicht? Welche Möglichkeiten haben Sie, die Motivation Ihrer Leute positiv zu triggern (beides im Abschn. 7.2 Teams mit Spaß am Arbeiten)? Wie führt man solche Gespräche, damit sie nicht an der Oberfläche bleiben, sondern auch im Verborgenen liegende Gedanken und Gefühle ans Tageslicht bringen können (Abschn. 6.2 Wenn Anstrengung mit Kraft verwechselt wird)? Was können und sollten Sie tun, wenn Einzelne nicht bereits sind, den Weg mitzugehen, und die Gefahr besteht, dass sie Kollegen mit auf ihre Seite ziehen (Abschn. 11.2 Das Team in die Verantwortung führen und Abschn. 13.4 Überall nur Konflikte)?

Wichtig ist, dass am Ende dieser Phase aus Reden und miteinander reden in den Köpfen aller Verantwortlichen das gleiche klare Bild darüber existiert, wo alle gemeinsam hinwollen. Was Lebendigkeit für sie alle bedeutet – und woran sie sie erkennen. Und genauso, was Unternehmertum für sie alle bedeutet – und woran sie festmachen, dass es funktioniert. Kleiner Tipp: Solange *lebendiges Unternehmertum* noch nicht von allen als Attraktion empfunden wird, wo alle sofort loslegen wollen, ist diese Idee auch noch nicht verstanden worden. Dann heißt es entweder ein weiteres Mal in den Austausch gehen zu müssen oder aber loszulegen und durch das Erleben der Veränderungen die Menschen zu gewinnen.

17.3   Das Unternehmen

Zwei Aspekte kann man aus dem folgenden Praxisfall lernen: dass es auch ganz anders funktionieren kann, Menschen ins Unternehmertum zu führen, als ich es hier beschrieben habe. Und weshalb diese Alternative am Ende trotzdem gescheitert, oder besser: in ihren Anfängen steckengeblieben ist.

Praxisbeispiel

Es ist Ende der 90er-Jahre, als Matthias Rille, ein junger und extrem umtriebiger Leistungsträger, die Ressortleitung in einer alteingesessenen und ausgesprochen konservativen Bank übernimmt. Was er dort vorfindet, ist für ihn ein Graus: Mitarbeiter, die zu allem Ja und Amen sagen und die keinen Finger rühren, ohne sich vorher dreimal rückversichert zu haben. Ihm ist klar: So wird dieser Bereich sich nie entwickeln können. Um schneller auf notwendige Veränderungen reagieren zu können, braucht es einen großen Zuwachs an unternehmerischem Mindset und Handeln: Mitarbeiter, die bei Problemen von sich aus Verantwortung übernehmen. Die ohne unnötige Rücksprachen selbstständig entscheiden. Und die den Mut haben, das, wovon sie überzeugt sind, auch zu tun.

Er stellt ein Team zusammen aus Menschen, von denen er vermutet, dass sie noch am ehesten bereit sind, sich auf Neues einzustellen. Seine Aufgabe an dieses Team ist die Erstellung eines Projekthandbuches für das Ressort. Die Aufgabe ist anspruchsvoll (es gibt damals noch keinerlei Vorlagen), aber auch überschaubar. Sie ist klar abgegrenzt zum laufenden Tagesgeschäft. Und sollte sie im schlechtesten Fall scheitern, dann wäre das zwar ärgerlich, aber nicht weiter dramatisch – so Rilles Überlegungen.

Wie erwartet stößt die Projektgruppe, sieben Männer und Frauen mit reichlich Bankerfahrung, von Anfang an an ihre Grenzen. Alle sind motiviert, alle finden die Herausforderung spannend. Doch alles, was sie für die Bewältigung der Aufgabe brauchen, haben sie bisher nicht gelernt: selbstständig zu denken, sich daraus eine Meinung zu bilden, aus der Abwägung verschiedener Möglichkeiten zu einem Ergebnis zu kommen und dieses dann auch zu vertreten. Genau das ist nun aber die Erwartung ihres neuen Ressortleiters.

„Vom Kopf her verstehen die alle genau, worauf ich hinauswill. Und trotzdem stehen sie am nächsten Tag wieder in meinem Büro und fragen, wie sie es denn machen sollen!" – so Rilles Bericht. Doch Rille widersteht der Versuchung, es seinem Team leicht zu machen. Über die Monate hinweg werden die Besuche in seinem Büro seltener, das Team langsam mutiger, und nach 18 Monaten ist es tatsächlich geschafft. Das Projekthandbuch wird offiziell abgesegnet und als Vorgehensweise festgelegt.

Nach weiteren 12 Monaten ist Rille allerdings auch schon wieder aus der Bank ausgeschieden. Wie es einer seiner Führungskräfte formuliert: „Er war wie der junge Wilde im Vatikan. Er hatte mit allem recht, was er sagte und vorantrieb. Aber er hat es versäumt, Kollegen und Vorstand besser mitzunehmen. Er hat sein Ding durchgezogen. Aber die anderen dabei zu wenig mitgenommen." ◄

Rille ist es zumindest in seinem eigenen Ressort gelungen, unternehmerisches Denken und Handeln lebendig werden zu lassen. Er hat es mit einer sehr konkreten Aufgabe verbunden, an der alle Beteiligten selbst erkennen konnten, ob sie unternehmerisch vorankommen oder wieder einmal in ihren alten Mustern steckenbleiben. Das Gute war auch, dass die Mitarbeiter immer alle Freiheiten und Verantwortung hatten und zugleich Rille bei definierten Meilensteinen beteiligt war. So war sichergestellt, dass am Ende nur ein Ergebnis herauskommen konnte, das er selbst mitzutragen bereit war. Seine Schwäche lag in der fehlenden Teamfähigkeit. Den nötigen Einklang mit den Kollegen und Vorständen herzustellen, um diese auch in seine fortschrittliche Arbeit einzubinden, das ist ihm nicht gelungen, und daran ist er letztlich gescheitert: bei einem Aspekt der Lebendigkeit, nicht des Unternehmertums.

Die Lebendigkeit des Teams hatte während des Projektes übrigens deutlich gelitten, zumindest phasenweise. Je größer die Schwierigkeiten nämlich wurden, je mehr sich alle außerhalb ihrer Komfortzone bewegten, umso weniger hatten sie Spaß an dem Projekt, und umso größer wurde die Anspannung. Als sie aber gegen Ende des Projektes unternehmerisch auf den Geschmack gekommen waren, hatten alle Kraft, Spaß und ein tolles Miteinander. „Früher dachte ich immer, Verantwortung zu übernehmen bedeutet nur Stress", sagte mir einer der Mitarbeiter aus dem Team. „Stress ist es zwar tatsächlich. Aber was ich gelernt habe: Verantwortung zu übernehmen macht vor allem richtig Spaß!"

Sie haben schon gesehen, es dreht sich alles immer wieder um dieselben drei Faktoren: Sie selbst als Führungskraft, Ihr Team, und natürlich das Unternehmen. Wie praktisch, dass es ein Tool gibt, das bei der Entwicklung von allen Dreien wertvolle Hilfe leisten kann.

18.1 Das Universal-Werkzeug

Ruth Cohn, die Begründerin der „themenzentrierten Interaktion" (TZI), hat ein erstklassiges Modell entwickelt, um gute Zusammenarbeit in einem Unternehmen zu gewährleisten [1]. Praktisch ist es auch noch, denn, wie Abb. 18.1 zeigt, umfasst es gerade einmal vier Faktoren, die zu berücksichtigen sind: Ich, Wir, Thema und Umfeld. Das *Ich* ist jeder Einzelne mit seinen Interessen, Meinungen, Zielen, Erwartungen und Befürchtungen, aber auch mit seiner aktuellen Stimmung und Gesamtverfassung. Das *Wir* umfasst alle Personen, die da gerade in der Besprechung mit am Tisch sitzen, in unserem Fall ist es das eigene Team. Und klar: Sie und Ihr Team kommen zusammen wegen des *Themas*, wo es etwas zu diskutieren oder vielleicht auch zu entscheiden gibt. *Ich, Wir* und *Thema*, das können dann zum Beispiel Sie als Bereichsleiter Produktion im Gespräch mit Ihren Teamleitern sein, wo Sie für ein aktuelles Problem in der Endfertigung eine Lösung suchen. Oder Sie als Geschäftsführer mit Führungskräften ausgewählter Bereiche, wo es um eine erste Meinungsbildung zu einem neuen Geschäftszweig geht.

Und das Umfeld? Das ist alles, was auf Sie, das Team und das Thema eine Auswirkung haben kann, das aber nicht „mit am Tisch sitzt". Das können Möglichkeiten, Restriktionen oder Stimmungsbilder aus dem Unternehmen sein. Aber es sind auch alle Einflüsse von Markt und Konjunktur, dem Recht, der Gesellschaft und sogar Dinge aus dem privaten

© Der/die Autor(en), exklusiv lizenziert an Springer Fachmedien Wiesbaden GmbH, ein Teil von Springer Nature 2022
J. Schmeer, *Führungskräfte mit unternehmerischer Power*,
https://doi.org/10.1007/978-3-658-38623-8_18

Abb. 18.1 Das TZI-Dreieck

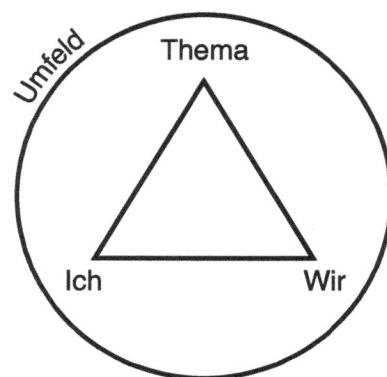

Bereich, wie zum Beispiel Sorgen, die man sich um sein Kind macht, weil es am Vortag mit seinem Fahrrad einen Unfall hatte.

Zwei Dinge entscheiden laut Cohn darüber, ob das Zusammenarbeiten zum gewünschten Ergebnis führt. 1. Es braucht eine dynamische Balance von Ich, Wir und Thema. Und 2. die Verantwortung eines jeden Einzelnen. Was heißt das konkret?

Natürlich steht zuerst einmal das Thema im Mittelpunkt der Aufmerksamkeit, dessentwegen man überhaupt zusammengekommen ist, sei es die Vorbereitung eines Kundentermins oder die Überarbeitung der Kernprozesse. Doch bekommt *ausschließlich* das Thema sein Recht, dann geht alles Zwischenmenschliche, sowohl beim Ich als auch beim Wir, verloren. Eine kleine Erzählrunde nach dem Wochenende entfällt, auf Pausen wird verzichtet, Sorgen oder Ängste werden ignoriert. Einzig dem Sachergebnis wird die volle und ungeteilte Aufmerksamkeit gewidmet. Die Folge dieser Disbalance zeigt sich vermutlich schon im Meeting selbst: Die Teilnehmer stehen einfach auf und verdrücken sich zur Pause aufs stille Örtchen. Die Konzentration lässt nach, und die Arbeitsatmosphäre wird immer zäher oder gereizter. Und im Nachgang brechen dann die Konflikte auf, wodurch die Umsetzung des Vereinbarten schon ins Stocken gerät, bevor sie überhaupt richtig begonnen hat.

Genauso destruktiv ist es, wenn der Einzelne (Ich) dauernd im Mittelpunkt steht. Das kann ein Vielredner sein, der den anderen keinen Raum lässt, oder einer, der versucht, die Agenda immer dorthin zu biegen, wo er sie unbedingt haben möchte. Auch wenn das meist ohne böse Absicht geschieht, aber in diese Falle tappen viele Führungskräfte leicht hinein. Gerade weil sie gegenüber dem Team oft einen Wissensvorsprung haben und weil sie es gewohnt sind, dass ihnen alle zuhören, fehlt es oft an der Sensibilität für die Gruppe, deren Meinungen, deren Bedürfnisse, deren Sorgen, deren Fragen und deren Ziele. Wie soll es dann aber gelingen, dass die Führungskraft (hier das Ich) und ihr Team (Wir) beim Thema zu einem gemeinsamen Ergebnis kommen? Äußerst unwahrscheinlich, dass das gelingt. Die Gruppe macht sich dann im Nachhinein Luft und holt nach, was sie zu sagen gehabt hätte, die Führungskraft aber nicht mehr zu hören bekommt, weil sie schon wieder im nächsten Meeting verschwunden ist.

Und natürlich gilt auch für das Wir, dass es seine eigene Wichtigkeit hat, aber kein dauerhaftes Übergewicht bekommen darf. Ist das nämlich der Fall, dann stehen permanent irgendwelche zwischenmenschlichen Themen und Befindlichkeiten der Gruppe im Mittelpunkt, die Teilnehmer kreisen um sich selbst, nehmen sich selbst als Gruppe wichtiger als alles andere. Auf der Strecke bleiben dann das Thema und die Arbeitsergebnisse.

Genau das meint also Ruth Cohn, wenn sie betont, wie wichtig eine *dynamische Balance* von Thema, Ich und Wir ist. Das Thema ist wichtig, aber nicht nur. Der Einzelne ist wichtig, aber nicht nur. Und die Gruppe ist wichtig, aber nicht nur. Alle drei Faktoren fordern ihr eigenes Recht, und wenn sie das nicht bekommen, schadet es dem Arbeitsprozess und dem Arbeitsergebnis – und folglich auch dem Unternehmen.

Damit zum zweiten Punkt, auf den es ankommt nämlich die Frage, wer denn die Verantwortung trägt, auf diese Balance zu achten. Zu Ihrer Beruhigung als Führungskraft: Alle. Nicht nur Sie allein und ausdrücklich auch nicht nur der Moderator, sollte es einen geben. Jeder einzelne ist verantwortlich, sowohl für sich selbst zu sorgen (Ich) als auch auf die Gruppe zu achten (Wir) und stets das Ziel im Auge zu behalten (Thema), dessentwegen alle zusammengekommen sind. Das heißt: Wenn nach einem Meeting einzelne Teilnehmer unzufrieden hinausgehen, weil sie der Meinung sind, das hätte ja mal wieder alles nichts gebracht, sie ihre Kritik aber während des Meetings nicht geäußert haben – dann sind diese Mitarbeiter ihrer Verantwortung nicht gerecht geworden und tragen für das Resultat entsprechend Mit-Verantwortung.

Das Modell funktioniert in jedem Kontext, wo Menschen für ein gemeinsames Thema zusammenkommen. Sie können es anwenden in jedem 2er-Meeting, jeder Teambesprechung, in einer Betriebsversammlung und bei einem Kundenevent. Das Modell gilt immer. Und die Zusammenarbeit ist umso erfolgreicher, je besser es gelingt, alle Faktoren in der richtigen Balance zu halten.

Doch wo in diesem Modell zeigen sich nun die Lebendigkeit und das Unternehmertum? Die Befreiung Ihres (Führungs-)Teams in die unternehmerische Lebendigkeit ist schließlich kein Selbstzweck. Sie muss dem Unternehmen einen Mehrwert liefern; nur daraus bezieht sie ihre Berechtigung. Auf den ersten Blick scheint es offensichtlich: Die Lebendigkeit wird sichtbar in der Art und Weise, wie der Einzelne (Ich) und die Gruppe (Wir) miteinander sprechen. Unternehmertum zeigt sich demzufolge daran, wie sehr der Einzelne und die Gruppe für das Thema Verantwortung übernehmen, anstehende Entscheidungen treffen und konkrete Vereinbarungen zu deren Umsetzung treffen.

Bei näherem Hinsehen wird jedoch deutlich, dass Unternehmertum auch zwischen Ich und Wir eine Rolle spielt: Vielleicht erleben Sie die Diskussion schon eine Weile als gleichgültig und destruktiv. Aber Sie stellen fest, dass weder der Moderator noch ein Teammitglied das bisher angesprochen hat. Dann ist es an Ihnen, Verantwortung für die unbefriedigende Situation zu übernehmen, sich zu entscheiden, ob Sie das ansprechen wollen und, wenn ja, auch Stellung zu beziehen und Ihrem Unmut Ausdruck zu verleihen.

Das gilt analog für die Lebendigkeit. Wie engagiert und kraftvoll sind alle Anwesenden an der Diskussion des Themas beteiligt? Macht das Streiten um sachliche Argumente

Abb. 18.2 *Lebendiges Unternehmertum*

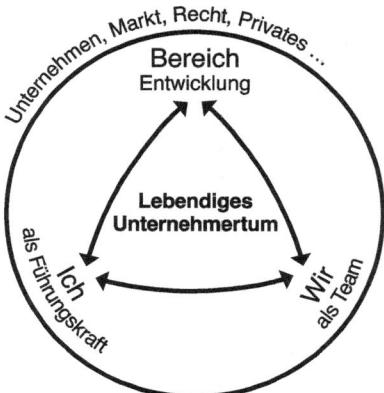

Spaß, weil es konstruktiv und auf das Thema bezogen ist? Und wie sehr sind alle bereit, aufeinander zuzugehen, um das Thema zu einer Lösung zu führen und gemeinsamen Einklang herzustellen?

Sie sehen: Unternehmertum beschränkt sich nicht auf Sachfragen, es betrifft genauso den Arbeitsprozess mit allen zwischenmenschlichen Belangen. Und Lebendigkeit beschränkt sich nicht auf Zwischenmenschliches, sie betrifft genauso die Art und Weise, wie sich alle mit dem Thema auseinandersetzen. Letzten Endes wird *lebendiges Unternehmertum* damit zur zentralen Qualität, um die herum sich alle versammeln. Die Menschen sind stolz, in einem Team arbeiten zu können, wo die Lebendigkeit der Motor der unternehmerischen Entwicklung ist. Abb. 18.2 bringt das anschaulich auf den Punkt.

An zwei Beispielen werden wir hier sehen, wie das TZI-Dreieck für *lebendiges Unternehmertum* genutzt werden kann. Einmal, um es im Betrieb neu zu etablieren, und einmal, um es dort dauerhaft zu festigen.

18.2   Sie selbst

Praxisbeispiel

Klaus Pittson ist 23 Jahre alt, als er durch den plötzlichen Tod des Vaters zum Chef einer kleinen Kfz-Werkstatt mit sieben Mitarbeitern wird. Er will sein Bestes geben, denn er fühlt sich dem Erbe seines Vaters verpflichtet, dem seine Werkstatt stets alles bedeutet hatte. Bald stellen sich unter seiner Führung erste Erfolge ein, neue Mitarbeiter werden eingestellt, der gute Ruf zieht immer neue Kunden an. Doch Pittson will mehr, und als er Mitte 30 den Vertrag mit einem der Premiumanbieter unterschreibt, hat er sowohl das Gefühl, es „geschafft zu haben" als auch wieder bei Null anzufangen und sich und der Welt beweisen zu müssen, dass er ein würdiger Vertragspartner sei.

Weitere 20 Jahre später ist sein Autohaus die mit Abstand größte Niederlassung im norddeutschen Raum – und Pittson am Ende. Fünf Jahre zuvor hat seine Frau die Scheidung eingereicht, sie war es leid, ihr ganzes Leben lang auf den Ehemann warten zu müssen. Der Kontakt mit den längst erwachsenen Kindern ist schwierig, selten nur gibt es Begegnungen, die nicht in Vorwürfen und Rechtfertigungsversuchen enden. Und Pittson merkt, wie er auch gesundheitlich immer mehr abbaut. „Die Firma ganz oben. Und ich ganz unten", so bringt er es auf den Punkt, und zitiert dann noch sinngemäß Götz Werner: Den Aufbau meiner Firma habe ich zwar gut hinbekommen. Aber so kann es auf keinen Fall weitergehen.

Klaus Pittson ist an einem Punkt angekommen, wo er der Wahrheit, die er bisher immer erfolgreich verdrängt hat, direkt ins Auge sehen kann. Ihm ist völlig klar, wie sehr er ein Getriebener ist, der sich immer noch etwas beweisen muss, egal wie erfolgreich er tatsächlich schon ist. Ihm ist genauso klar, dass er mit seiner Denke, alles besser zu wissen, seine eigenen Leute klein hält und sie ihre Fähigkeiten deshalb noch nie wirklich entfalten konnten. Und ihm ist klar, dass er Angst hat vor dem Loch, in das er fallen könnte, wenn seine Arbeitswoche nicht mehr aus 70 Stunden bestehen würde, sondern nur noch aus 40.

Mit dieser Bestandsaufnahme ist Pittson auch klar, wo die Lösung all seiner Probleme liegt: in ihm selbst. Mit der gleichen Verve, wie er sich bisher um seine Firma gekümmert hat, taucht er nun in die Welt der Selbsterfahrung ein. Er besucht Trainings, lässt sich coachen, liest dutzendfach Bücher – und arbeitet ein Thema nach dem anderen systematisch ab. Als ich Pittson kennenlerne, geht diese Phase gerade dem Ende entgegen. Seine Niederlassung wächst auf hohem Niveau langsam weiter und wirft stabile Erlöse ab. Pittsons Arbeitswoche aber, die ist tatsächlich bei 20 Stunden angekommen. „Weniger will ich nicht. Das ist genau der Rahmen, wie ich noch nah genug dran bin, um das Wesentliche mitzubekommen. Und zugleich meinen Leuten die Freiheit gebe, so zu entscheiden und umzusetzen, wie sie es wollen und es der Firma guttut", bilanziert Pittson. „Und wenn ich ehrlich bin", fügt er mit einem Lächeln hinzu, „es hat sich noch keiner beschwert, dass ich so wenig da wäre. Im Gegenteil, die sind alle froh darum … Und ich mittlerweile auch." ◄

Selbstentwicklung ist Unternehmensentwicklung, so könnte man die Geschichte von Klaus Pittson auf den Punkt bringen. Und das heißt im Umkehrschluss: Unternehmensentwicklung ist abhängig von der Selbstentwicklung, zuallererst von der des Geschäftsführers und jeder seiner Führungskräfte. Wenn die Menschen, die in einem Unternehmen Verantwortung tragen, sich nicht entwickeln: Wo sollte dann schließlich die Entwicklung des Unternehmens herkommen? Wo sollte sie ihren Anfang nehmen?

Pittson hat sich selbst in eine neue Lebendigkeit befreit und konnte davon loslassen, alles allein verantworten, entscheiden und umsetzen zu müssen. Damit hat er seinen Führungskräften und Mitarbeitern ermöglicht, selbst unternehmerisch handeln zu können. Zugleich hat er sie offensichtlich auch in ihre Lebendigkeit befreit. Wenn die Mitarbeiter in ihrer Kraft sind, Spaß am Arbeiten haben und sie es schaffen, verschiedene Meinungen zur besten Lösung zu bündeln, dann wird der Chef tatsächlich weniger gebraucht und hat Freiräume für neue, sinnstiftende Themen und Ziele bekommen.

Mit anderen Worten: Pittson hat auf Ebene 1 begonnen sich zu verändern. Das hat direkt auf Ebene 2 eingewirkt, und, wie sich herausstellte, nachhaltig bis auf Ebene 5 durchgeschlagen (s Abschn. 4.1 Die fünf Ebenen zur Analyse). Oder als Metapher: Wenn der Kopf des Fisches beschließt, eine neue Richtung einzuschlagen, dann muss er den Anfang machen und in die gewünschte Richtung abbiegen. Der Körper wird folgen, zwingend.

Keine Frage, Klaus Pittson hat seine Selbstentwicklung sehr grundlegend angegangen. Das hat ihm und in der Folge auch dem Team und seinem Unternehmen gutgetan. Letztlich kann Selbstentwicklung aber auch etwas ganz Kleines und nur scheinbar Banales sein: ein neuer, meist weniger strenger Blick auf sich selbst. Die Entscheidung, es nicht mehr jedem recht machen zu wollen. Hinter Bereichsleiter Müllers grimmiger Art den weichen Kern entdecken. Streit im Team nicht mehr als furchtbar einordnen, sondern ihn gelassen beobachten. Die Auseinandersetzungen mit Hinteregger nicht mehr als zermürbend erleben, sondern als Trainingslager für den Umgang mit Sturköpfen … Es gibt unendlich viele Möglichkeiten. Letztlich kann es ein einziger neuer Gedanke, Blickwinkel, eine Haltung oder Idee sein, die einen Richtungswechsel bei sich selbst, dann im Team und auf mittlere Sicht im Unternehmen bewirkt. Wichtig ist, sich dessen bewusst zu sein. Deshalb zwei Fragen an Sie: Welche Probleme begegnen Ihnen in Ihrem Bereich immer wieder aufs Neue, weil Sie immer wieder mit demselben Blick auf diesen Menschen oder die Situation gucken? Und mit welchen anderen Augen wollen Sie ab sofort stattdessen darauf sehen?

Aber … wenn Sie solche Fragen lesen … Sind Sie eigentlich verpflichtet, sich mit solchen Themen überhaupt auseinanderzusetzen? Ist arbeiten an der Selbstkompetenz eigentlich ein Muss? Nein. Ganz sicher nicht. Sie müssen tatsächlich gar nichts in dieser Richtung tun. Selbst wenn Sie in der Führungshierarchie „nur" als Teamleiter arbeiten, müssen Sie nicht machen, was Ihr Vorgesetzter Ihnen sagt und was er von Ihnen erwartet, wie Sie sich in Ihrer Einstellung oder Ihrem Verhalten ändern sollen. Erst recht gilt das für Sie als Geschäftsführer oder sogar Inhaber, wenn Sie sich nicht mit Ihrer Selbstkompetenz auseinandersetzen wollen: Sie müssen gar nichts.

Außer einem.

Sie müssen die Konsequenzen aus Ihrer Entscheidung tragen. Und diese ist: Wenn Sie immer mit demselben Blick auf die Lage sehen, dann werden Sie auch zu den immer gleichen Bewertungen kommen und zu den immer gleichen Entscheidungen. Sie werden deshalb auf die immer gleiche Art und Weise reagieren – und damit immer wieder dieselben Ergebnisse erzielen. Diese Konsequenz tragen: das ist das Einzige, was Sie müssen.

Sagen Sie jetzt „Passt!", die Konsequenzen Ihres Tuns sind genau das, was Sie erreichen wollen? Dann Glückwunsch! Sagen Sie dagegen „Aua! Bloß nicht! Ich bin's leid!", dann heißt es eben, die Veränderung ganz entspannt bei sich selbst zu beginnen. Wie es einer meiner Kunden es so schön sagte: „Ich ändere es, indem ich etwas ändere und dafür zu Beginn mich selbst."

Vor einem Coaching oder Training zur Selbsterfahrung sind zwar die meisten Menschen angespannt und fragen sich ein wenig sorgenvoll, was da wohl auf sie zukommen wird. Aber in all den Jahren ist mir noch kein Coachee begegnet, der nicht spätestens nach der zweiten Sitzung gemerkt hätte, wie unglaublich gut ihm das tut, und der am Ende nicht froh war, sich auf „so etwas" eingelassen zu haben. Ist ja auch klar, schließlich hat Selbstentwicklung nur einen Sinn: dass es einem nachher besser geht als vorher! Dass Menschen zu führen leichter gelingt. Dass Verantwortung zu tragen weniger belastet. Dass Entscheidungen schneller fallen. Dass destruktiver Streit ab- und konstruktive Diskussionen zunehmen. Dass alles endlich wieder mehr Spaß macht … Diese Aspekte stehen hinter jedem Coaching. Das ist der Nutzen, für den es lohnt, sich darauf einzulassen.

Einverstanden: im Einzelfall mag man auch mal „Autsch!" rufen, wenn man mit einer unangenehmen Wahrheit über sich konfrontiert wird. Aber das ist ähnlich wie beim Zahnarzt: In genau diesem Augenblick tut's zwar weh. Aber danach ist es nur noch herrlich. Keine Schmerzen mehr, keinen Frust und keinen Ärger. Dafür ein befreites und neues (Lebens-)Gefühl! Es tut einfach gut, von einem latent negativen Selbstbild zu einem positiven und kraftvollen gekommen zu sein. Oder Zukunftssorgen, die einen lange Zeit belastet haben, in Zuversicht verwandelt zu haben. Es tut gut, innerlich nicht mehr so getrieben zu sein und stattdessen wieder mehr Freiräume zu haben. Und es hat noch keinem geschadet, angestauten Ärger endlich einmal ablassen und entstressen zu können. Viele Geschäftsführer, Vorstände und Bereichsleiter haben es sich deshalb zur wohltuenden Angewohnheit gemacht und nehmen sich regelmäßig eine Auszeit zur persönlichen Selbstreflexion und Entwicklung. „Weshalb sollte ich darauf verzichten? Es tut einfach gut!", war die Antwort eines Geschäftsführers auf die Frage seines Kollegen, weshalb er sich „das" denn immer wieder „antun" würde. Er wusste genau, wozu er sich das regelmäßig gönnte. Sein Kollege dagegen war noch mehr mit der Pflege seiner Befürchtungen und Vorurteile befasst.

Soweit zu Ihnen als Führungskraft und Ihrem eigenen *lebendigen Unternehmertum*. Höchste Zeit, jetzt Ihr Team mit an Bord zu nehmen.

18.3   Mit dem Team

Möglichkeit 1, wie Sie Ihr Team einbeziehen können, besteht natürlich darin, dass Sie einfach Fakten schaffen, ohne mit dem Team groß darüber diskutieren zu müssen. Sie ändern etwas in Ihrem Verhalten – und das Team wird gar nicht anderes können als zu reagieren. Vielleicht haben Sie gemerkt, dass Sie Ihre Lebendigkeit nicht länger auf Ihre Führungsfunktion im Unternehmen beschränken wollen, sondern von der Fülle, die Ihnen das Leben auch außerhalb der Firma bietet, mehr mitbekommen möchten. Deshalb treffen Sie die Entscheidung, jeden Arbeitstag ab sofort bereits um 17 Uhr zu beenden und nicht erst um 19 oder 20 Uhr. Und dann beobachten Sie, was in der Folge geschieht und wie Sie das bewerten. Vorhersehbar ist diese Reaktion nicht. Es kann sein, dass Sie selbst mit der Zeit ganz einfach entspannter werden und sich das wohltuend auf Ihr Team auswirkt, das ebenfalls weniger angestrengt arbeitet und dafür wieder mehr in seine Kraft kommt. Vielleicht merken Sie aber auch, wie Sie lockerer werden und auch in der Firma wieder anfangen, nette Anekdoten vom Wochenende zu erzählen oder eine stressige Diskussion mal mit einem Witz auflockern. Sie registrieren, wie Ihr Team langsam, aber sicher wieder mehr Spaß an der gemeinsamen Arbeit bekommt. Genauso gut ist es möglich, dass Ihr Team merkt, dass Sie durch die reduzierte Arbeitszeit bestimmte Themen nicht mehr so abdecken, wie Sie es bisher getan haben, und der eine oder andere nun beginnt, das Thema selbst zu besetzen und dafür Verantwortung zu übernehmen. Kurz: Sie machen dauerhaft früher Feierabend – und Ihr Team reagiert, in meinen Beispielen zweimal mit mehr Lebendigkeit und einmal mehr Unternehmertum. Jede Reaktion, die Sie beobachten können und die dem Unternehmen dient, ist herzlich willkommen!

Möglichkeit 2 liegt in der bewussten Einbeziehung Ihres Teams. Sie wollen mit ihm gezielt über Lebendigkeit und Unternehmertum in Ihrem Bereich sprechen und dadurch bei allen die nötige Bewusstheit schaffen, wie sehr *lebendiges Unternehmertum* den Bereich voranbringen wird. Sollten Sie bei Möglichkeit 1, wo Sie durch Ihr neues Verhalten einfach Fakten geschaffen haben, nicht die gewünschten Ergebnisse erzielen können, so ist eine inhaltliche Auseinandersetzung mit dem Team unumgänglich. Ansonsten aber stehen Möglichkeit 1 und 2 gleichwertig nebeneinander. Beide sind Wege zu mehr Unternehmertum und mehr Lebendigkeit.

Wie kann so ein Gespräch mit dem Team nun aussehen? Auch dafür lässt sich das TZI-Dreieck nutzen. Sie machen *lebendiges Unternehmertum* ganz einfach zum Thema eines oder mehrerer Meetings. Machen Sie mit Ihrem Team eine Standortbestimmung, wie lebendig und unternehmerisch Sie alle bereits unterwegs sind, wo die Reise noch hingehen soll und natürlich auch, was sie alle tun werden, um dieses Ziel tatsächlich zu erreichen.

Umsetzen: *Lebendiges Unternehmertum* ins Team bringen
Jeder Teilnehmer, jedes *Ich* also, stellt sich dafür zuerst einmal selbst drei essenzielle Fragen:

- Wer bin ich? Wofür stehe ich?
- Was bedeuten für mich Lebendigkeit und was Unternehmertum?
- Wo zeigt sich beides bereits heute in meiner täglichen Arbeit? Wo nicht?

Aus den persönlichen Selbstbildern entsteht dann im *Wir* das Gruppenverständnis:

- Wer sind wir? Wofür stehen wir?
- Was bedeuten für uns gemeinsam Lebendigkeit und was Unternehmertum?
- Woran könnten beide Qualitäten in unserer täglichen Zusammenarbeit sichtbar und erlebbar werden?

Schließlich gilt es, beim *Thema* festzuhalten:

- Wo werden wir unseren Ansprüchen an Lebendigkeit und Unternehmertum bereits gerecht? Wo noch nicht?
- Was konkret werden wir ändern?
- Wie stellen wir sicher, dass das gelingt?
- Wann kommen wir für eine erste Zwischenbilanz wieder zusammen?

Gerade wenn Sie erst am Anfang Ihres Entwicklungsprozesses stehen, empfiehlt es sich, das Thema keinesfalls im Rahmen eines Regelmeetings anzugehen. Die Erfahrung zeigt, dass die Teilnehmer damit meist völlig überfordert und entsprechend unsicher sind, wie sie darauf reagieren sollen. Die Aussagen sind deshalb meist nur oberflächlich und Ergebnisse – sofern überhaupt welche zustande kommen – nicht umsetzbar. Zum Einstieg bietet sich deshalb ein extern moderierter Workshop an. Zum einen hat jeder Moderator das TZI-Dreieck ohnehin im Kopf und achtet darauf, dass alle Faktoren immer wieder ihr Recht bekommen. Zum anderen sind die Beteiligten oft zu sehr im Tagesgeschäft gefangen und finden immer wieder Gründe, weshalb mehr Lebendigkeit oder mehr Unternehmertum zwar wünschenswert, aber angeblich nicht möglich sein sollen. Impulse und Feedbacks von außen sind da hilfreiche Anstöße, um nicht im eigenen Saft zu schmoren und stattdessen die eigenen Denk-Schranken überwinden zu können.

Bei einem unerfahrenen Team bedarf es meist mehrerer solcher von außen gestützter Anstöße, um *lebendiges Unternehmertum* dauerhaft im Denken und vor allem im Handeln zu verankern. Je vertrauter aber alle damit sind, umso selbstverständlicher können Sie als Führungskraft diese Themen auch allein mit ihrem Team bearbeiten. Der Team-TÜV im folgenden Abschn. gibt dazu eine genaue Anleitung.

18.4   Im Unternehmen

Woran liegt es eigentlich, dass Veränderungen oft erst so spät angegangen werden? Was lässt Menschen oft so lange zögern, das Nötige zu tun, sodass der Aufwand am Ende viel höher ist, als wenn sie es frühzeitig angegangen wären? Und: Wenn Sie als Geschäftsführer *lebendiges Unternehmertum* etablieren wollen: Mit welchen Problemen müssen Sie rechnen, und wie können Sie diesen vorbeugen?

Das Haus des Wandels

Generell laufen Veränderungen oft nach demselben Schema ab, im Privaten genauso wie im Unternehmen. Im Original stammt das Modell, das ich hier in abgewandelter Form vorstelle, von dem schwedischen Psychologen Claes Janssen. Das Schema ist vergleichbar mit den vier Zimmern eines Hauses, die alle durch Türen miteinander verbunden sind. Das erste Zimmer ist das der *Zufriedenheit*. Alles, oder wenigstens fast alles läuft bestens, man wünscht sich, es würde für immer so bleiben. Doch weil die Dinge sich nun einmal ständig verändern, ist es irgendwann vorbei mit der Zufriedenheit – nur dass wir genau das nicht wahrhaben wollen. Damit sind wir in Zimmer 2 angekommen, dem *Verdrängen und Verleugnen*. Dieses Zimmer könnte allerdings auch andere Namen tragen: *Schönreden, Halbherzigkeit, Unentschiedenheit, Ambivalenz*.

Weil wir in diesem Zimmer also nichts unternehmen, um die Lage wieder zu verbessern, landen wir über kurz oder lang in Zimmer Nummer 3, der *Krise*. Jetzt ist offensichtlich,

Abb. 18.3 Das Haus
des Wandels

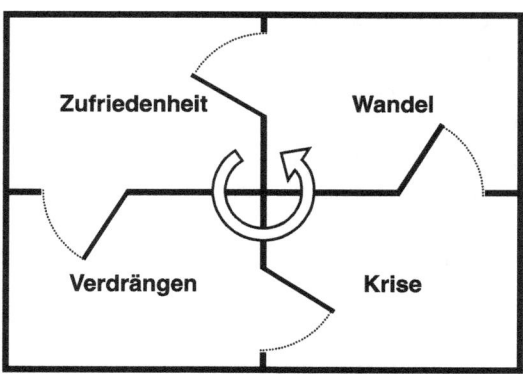

dass alles im Argen liegt. Die Missstände stinken förmlich zum Himmel. Ganz oft müssen
wir erst in diesem Zimmer angekommen sein, um Probleme endlich anzupacken. In der
Krise zu sein heißt, am Boden zu liegen. Und genau in diesem schwächsten aller Momente
gilt es, Kräfte mobilisieren zu müssen, um ins nächste Zimmer gehen zu können, das Zimmer 4, die *Veränderung*. Man räumt auf, bringt alles wieder in Ordnung – und kommt dadurch nach geraumer Zeit endlich wieder in Zimmer 1 an, der *Zufriedenheit* – siehe
Abb. 18.3.

Ist das zwingend so? Müssen wir Menschen oder ein Unternehmen immer erst in der
Krise stecken, um dann aus dieser Notwendigkeit heraus uns zu verändern? Zwingend ist
das nicht – aber leider üblich. Die Klassiker im Privaten sind hier der ungesunde Lebens-
wandel mit zu viel Arbeit, Alkohol oder Nikotin, wo wir oft erst zur Umkehr bereit sind,
wenn unser Körper nicht mehr mitmacht. Aber auch den Ärger als Führungskraft, wo immer dieselben Mitarbeiter die immer gleichen Probleme bereiten, schieben viele Führungskräfte gern vor sich her (Zimmer 2), bis ihnen die Folgekosten zu hoch geworden
sind (Zimmer 3) und sie bereit sind, den Konflikt zu lösen (Zimmer 4), um endlich wieder
Ruhe im Betrieb zu haben (Zimmer 1).

In Zimmer 2 sind wir mit einer schleichenden, aber permanenten Verschlechterung
konfrontiert, es ist schließlich das Verbindungszimmer von der Zufriedenheit zur Krise.
Ist an der Schwelle von Zimmer 1 zu 2 noch fast alles in Ordnung, verschlimmert sich die
Lage langsam, aber stetig, je weiter wir in Zimmer 2 vordringen, bis wir an der Schwelle
zu Zimmer 3 stehen und damit kurz vor der großen Krise. Das Dumme ist: Weil diese
Verschlechterung so langsam vonstatten geht, gewöhnen wir uns auch fortlaufend daran.
Obwohl es also immer ärger wird, reagieren wir nicht. Vielleicht unternehmen wir mal
einen halbherzigen Versuch, an der Situation etwas zu ändern, doch wir ziehen es nicht
durch. Sind wir über lange Zeit (oft sind es Jahre) in Zimmer 2 gefangen und kommen
trotz wiederholter Anläufe nicht heraus, dann machen sich zunehmend Resignation, Mut-
losigkeit, Ratlosigkeit, fehlender Selbstwert und fehlender Wille breit. Dann stehen wir
längst an der Schwelle zu Zimmer 3 – und selbst dort halten wir es oft noch eine ganze
Zeit lang aus.

Warum ist das häufig so, im Privaten wie in einem Unternehmen? Wieso packen wir die Probleme nicht viel frühzeitiger an und ersparen uns und anderen diese Qualen? Darauf gab der Verhaltenstherapeut Jens Corssen in einem Vortrag einmal eine tolle Antwort. Seine These: Wir Menschen sind alle Preisvergleicher und Schnäppchenjäger. Wir bewerten – meist unbewusst – fortlaufend die Situation, in der wir stehen, samt den damit verbundenen Kosten und Nutzen. Das vergleichen wir dann mit den Alternativen, die wir ergreifen könnten, und bewerten auch diese, was sie uns wohl bringen würden und was wir dafür investieren müssten. Das Fazit, das Corssen zieht, lautet deshalb: Da, wo wir sind, da wollen wir sein. Alles andere ist uns im Augenblick zu teuer. Eine ernüchternde Erkenntnis ist das. Heißt es doch, sich freiwillig gewählt für das Mäßige oder sehr Mäßige zu entscheiden. Leiden ist manchmal leichter als Probleme zu lösen, könnte man hier auch diagnostizieren.

Für eine kurze Standortbestimmung: Wo finden Sie sich wieder? Bei welchen Themen halten Sie sich schon lange Zeit in Zimmer 2 auf, verdrängen die Lage aber, oder reden sie schön?

Für Sie als Führungskraft ist Zimmer 2 der Dreh- und Angelpunkt. Hier entscheiden Sie darüber, wie lange, teuer und schmerzlich ein anstehender Veränderungsprozess wird – oder wie kurz, preiswert und (relativ betrachtet) einfach. Vielleicht wollen Sie diese Entscheidung auch als Messlatte für Ihr eigenes *lebendiges Unternehmertum* nutzen. Denn eines ist klar: Zimmer 2 steht schon mal nicht für Lebendigkeit. Hier wird alles mit jeder Woche kraftloser und angestrengter bis hin zur Erschöpfung. Der Spaß geht mit jedem weiteren Schritt ins Zimmer verloren, bis er komplett verschwunden ist. Und all das geht zunehmend einher mit innerer Unzufriedenheit, Zerrissenheit und damit auch Streit und Stress mit dem Team. Etwas melodramatisch formuliert: Das *Zimmer 2 ist nichts anderes als das Sterbezimmer der Lebendigkeit. Für eine einzelne Person, für ein Team oder für ein ganzes Unternehmen.*

Genau deshalb ist jetzt Ihr Unternehmertum gefragt. Und zwar bereits mit dem ersten Schritt, den Sie oder Ihr Team ins Zimmer 2 gemacht haben. Gelebtes Unternehmertum bedeutet, schon beim Übergang von Zimmer 1 in 2 „Stopp!" zu sagen, „So geht es nicht weiter! Lasst uns die Probleme jetzt angehen. So klein, wie sie jetzt noch sind, so einfach bekommen wir sie später nicht mehr gelöst!" Der Camembert aus Abschn. 2.3 (Die Killer von Unternehmertum) lässt grüßen. Beim Eintreten ins Zimmer 2 heißt es, Verantwortung zu übernehmen, die Verschlechterung der Situation wahrzunehmen, eine bewusste und klare Entscheidung zu treffen, was Sie zum Wohle des Unternehmens tun werden, und genau das dann auch umsetzen. Klar, nicht bei jeder kleinen Verschlechterung muss zwingend etwas getan werden. Aber abwarten und Tee trinken, hoffen und beten, das ist das Gegenteil von Verantwortung übernehmen und entscheiden und führt, wir haben es gesehen, auf Dauer in die Krise.

Wie ist es generell in den vier Zimmern um *lebendiges Unternehmertum* bestellt? In Zimmer 2 fehlt es typischerweise komplett. Die Lebendigkeit siecht dahin, weil das Unternehmertum auf Urlaub ist. Anders verhält es sich in allen anderen drei Zimmern. In Zimmer 1 ist es auf den ersten Blick lebendig, alle sind kraftvoll, haben Spaß und sind im

Einklang. In Zimmer 3 haben wir die Lebendigkeit auf den zweiten Blick. Hier überwiegen Kraftlosigkeit, Frust und Zerrissenheit. Und Zimmer 4 ist Lebendigkeit pur, weil die Menschen wieder in Bewegung gekommen sind und sich gemeinsam in ihre Lebendigkeit befreien. Spätestens in diesem Zimmer sind auch alle wieder unternehmerisch unterwegs. Also: Zimmer 1, 3 und 4 stehen mit ihren ganz spezifischen Ausprägungen für *lebendiges Unternehmertum*. Zimmer 2 fehlt es an beidem.

Team-TÜV

Haben Sie als Geschäftsführer mit Ihren Bereichsleitern *lebendiges Unternehmertum* etabliert, dann verhält es sich damit ähnlich wie bei der Marktführerschaft mit einem bestimmten Produkt. Das ist nichts, was man „hat", sondern etwas, das fortlaufend gepflegt, gefördert und auch verteidigt werden will. Sie und Ihr Führungsteam sind hier in einer besonderen Verantwortung. Alles, was Sie lebendig sein und unternehmerisch handeln lässt, wird auf mittlere Sicht im gesamten Unternehmen gelebt. Und alles, wo Sie und Ihr Team beginnen nachzulassen, all das werden Sie auf Dauer im gesamten Unternehmen verlieren. Was oben in der Hierarchiepyramide gelebt wird, wird auf Dauer auch unten gelebt. Und was nicht, nicht.

Um *lebendiges Unternehmertum* im Betriebe sicherstellen zu können, gibt es ein hervorragendes Instrument. Es basiert auf dem TZI-Dreieck von Ruth Cohn, das Sie gerade in Abschn. 18.1 (Ihr Universal-Werkzeug) kennengelernt haben. Die Erfahrung zeigt, dass jede Führungskraft, selbst wenn sie stets auf die Balance von Thema, Wir und Ich achtet, trotzdem gut beraten ist, von Zeit zu Zeit innezuhalten und mit ihrem Team einen Check-up zu machen. „Team-TÜV" nennt Tilman Metzger dieses Format, von dem ich mich hier habe inspirieren lassen (https://www.tilmanmetzger.de/). Ziel des Team-TÜVs ist es, möglichst früh unausgesprochene fachliche und persönliche Unstimmigkeiten erkennen zu können, bevor sie später die Zusammenarbeit belasten und das *lebendige Unternehmertum* des Teams gefährden.

Umsetzen: Team-TÜV
Je kritischer es ist, falls irgendwo etwas „anbrennt" und damit den Erfolg gefährden könnte, umso häufiger sollte ein Team-TÜV durchgeführt werden. Regelmäßigkeit ist in jedem Fall wichtig. Die Zeiträume können nach Bedarf täglich, wöchentlich oder monatlich sein. Ein Treffen dauert je nach Größe des Teams und der Häufigkeit der Treffen zwischen 30 und 90 Minuten. Die Führungskraft und alle Teammitglieder nehmen teil, eines von ihnen moderiert. Wichtig ist, dass die Teilnehmer anders als sonst üblich zusammensitzen, idealerweise im Stuhlkreis und ohne Tische. Als einziges Medium braucht es ein Flipchart. Jeder spricht für sich und so offen, wie es für ihn in diesem Augenblick stimmig erscheint.

Die Themenfelder
Ich

* Wie geht es mir heute Morgen?
* Wo bin ich in der letzten Zeit bei der Arbeit an meine Grenze gekommen? Wo fühlte es sich vielleicht sogar wie Scheitern an?

    Die Frage nach dem Scheitern mag überraschen, hat aber einen sehr konkreten Hintergrund. In der Zusammenarbeit mit Kollegen zeigen wir üblicherweise nur den möglichst perfekten Funktionsträger her. Gleichzeitig kennt jeder bei sich selbst Stressphasen, in denen er an seine Grenzen stößt. Weil deshalb das nach außen Gezeigte vom inneren Erleben abweicht, entsteht leicht der Eindruck, alle anderen wären stets souverän, und nur man selbst sei „klein und schwach". Die Aussagen zum Scheitern tragen deshalb wesentlich zur Entspannung und zur besseren Zusammengehörigkeit aller bei. Nobody is perfect! Das gilt es hier zu lernen, jedoch nicht als allgemeingültige Phrase, sondern aus den persönlichen Aussagen der Kollegen und Kolleginnen.

Wir

* Wie erlebe ich die Atmosphäre im Team?
* Wie sorgt die Führungskraft dafür, die gute Arbeitsatmosphäre im Team zu stärken?
    → Menschliche Führung des Teams.

Thema

* Wie geht es mir mit der Arbeit?
* Wie unterstützt die Führungskraft fachlich?
    → Fachliche Führung des Teams.

Umfeld

* Was geschieht außerhalb der Arbeitsstelle, im Unternehmen oder im Privaten, das mich davon abhalten könnte, mit voller Aufmerksamkeit hier zu sein?

    Wir haben in Kap. 15 (Die Schlüsselkompetenz für lebendiges Unternehmertum) schon gesehen: wenn zu Hause zum Beispiel das Kind schwer erkrankt ist, dann ist das privat, und es gibt keine Verpflichtung, das in der Gruppe zu teilen. Es aber doch zu tun, entlastet diejenige Person meist sehr und gibt auch dem Team die Möglichkeit, darauf Rücksicht zu nehmen.

Der Ablauf
Einführung

- Der Moderator stellt den Team-TÜV mit seinen Zielen und Nutzen vor.
- Der Moderator zeichnet das TZI-Dreieck auf ein Chart, inklusive des lebendigen Unternehmertums als Zielqualität in der Mitte, und erläutert kurz, worum es bei jedem der vier Faktoren geht. Wichtig ist hier, nicht zu meinen, perfekt malen oder erklären zu müssen. Je selbstverständlicher der Moderator seine beschränkten „künstlerischen" Fähigkeiten zeigen kann, umso mehr erlebt das Team damit die Einladung, später über das eigene Nicht-perfekt-Sein sprechen zu können.
- Der Moderator ermuntert durch seine einführenden Worte, offen zu allen Punkten Stellung zu beziehen, mit ganzen Sätzen und ausdrücklich auch allem, was nicht so toll läuft, wie man es vielleicht gerne hätte.

Runde 1

- Wer von den Teilnehmern möchte, beginnt die Runde und nimmt zu jeder Frage Stellung. Je nach Größe der Gruppe kommt als Nächstes die zweite, dritte oder vierte Person neben dem ersten Sprecher an die Reihe. Bis die erste Runde durch ist, haben also etwa drei bis fünf Personen gesprochen.

Runde 2

- Jetzt öffnet sich das Format, es wird flexibler. Wer mag, kann jetzt auch noch sprechen, aber nicht jeder muss am Ende etwas gesagt haben. Die Reihenfolge geht nach Meldung. Die Beiträge können thematisch also durchaus hin- und herspringen. Man kann sich auf etwas beziehen, das in Runde 1 gesagt wurde, und seine Sicht daneben stellen. Das kann eine Ergänzung sein oder ein Widerspruch, weil man etwas ganz anders sieht oder anders erlebt hat. Vielleicht mag man sich aber auch zu etwas äußern, das bisher noch nicht angesprochen worden war. Alles ist möglich. Sind nur noch 20 Minuten der geplanten Zeit übrig und die Meldungen immer noch zahlreich, wirkt der Moderator auf ein Ende dieser Runde hin, indem er zum Beispiel fragt, wer – mit Blick auf die Uhr – noch etwas Wichtiges ergänzen möchte.

Runde 3

- Themen, die angesprochen wurden und wozu es etwas zu vereinbaren gibt, hat der Moderator notiert. Das kann einen geplanten Umtrunk genauso betreffen wie eine technische oder organisatorische Frage, die zu klären ist. Die Gruppe ergänzt bei Bedarf die Auflistung des Moderators und vereinbart sich zu den genannten Punkten. Der Moderator schreibt für alle sichtbar die Vereinbarungen auf das Chart.

Abschluss

* Der Moderator schließt das Treffen pünktlich. Sollten Punkte offengeblieben sein, gibt er bekannt, wann und in welchem Rahmen diese dann auch noch geklärt werden.

Aufgaben des Moderators

* Der Moderator schafft einen sicheren Rahmen, indem er eine offene Aussprache fördert und Spannungen, die sich zeigen, aushält. Seine Haltung lautet: „Es ist, wie es ist."
* Er erteilt das Wort und entzieht es auch, zum Beispiel, wenn jemand den Redner unterbricht. Auch kann er Vielredner bitten, sich doch kürzer zu fassen und auf den Punkt zu kommen.
* Manches, was in dieser Runde gesagt wird, rührt die Menschen an, es belastet oder irritiert sie. Hier kann der Moderator normalisieren. Das heißt, er erwähnt im entspannten Tonfall, dass das gerade Gehörte sicherlich nicht nur diejenige Person betrifft, die gerade gesprochen hat, und fragt nach, wer so etwas denn auch von sich kennt. Oder er geht empathisch auf etwas Gesagtes ein, drückt aus, dass er eine Sorge oder Enttäuschung, die benannt wurde, gut verstehen und nachvollziehen kann. Doch genauso hilfreich kann es sein, als Moderator auf die Gruppe zu vertrauen, die das oft selbst gut klären und aufeinander eingehen kann.
* Der Moderator ist der Aufpasser auf die Zeit und auch der Protokollant für die Stichworte, die in Runde 3 zu klären sein werden. Diese notiert er sich erst einmal auf einem Zettel und erst später auf dem Chart.
  - Und schließlich ist der Moderator auch Teilnehmer. Er kann in Runde 1 beim Abzählen drankommen oder auch in Runde 2, wenn er etwas sagen möchte. Wichtig ist, dass er sich als Teilnehmer keine Sonderrechte herausnimmt und erst spricht, wenn er auch tatsächlich an der Reihe ist.

Die Führungskraft
Die Einstellung und das Verhalten der Führungskraft ist entscheidend für den Erfolg des Team-TÜVs. Je mehr sie sich bedeckt hält, umso weniger werden die Teammitglieder bereit sein zu sagen, was sie denken und fühlen. Je offener sie spricht, umso mehr macht sie allen Mut, es ihr gleich zu tun.

Emotionen
Im Einzelfall kann es tatsächlich sein, dass auch einmal Tränen in einer solchen Runde fließen. Das ist völlig normal und menschlich, gerade wenn man sich einmal geöffnet hat und merkt, wie alle anderen aufmerksam zuhören. Keiner in der Runde braucht deshalb Angst vor Gefühlen zu haben. Wenn sich beim Sprecher Tränen

zeigen, steht es ihm frei, an den Nächsten zu verweisen oder den Raum für einige Minuten zu verlassen. Meist wollen diejenigen aber gerade mit ihren augenblicklichen Emotionen weitersprechen.

Heftige Konflikte zwischen zwei oder mehreren Teammitgliedern können mit dieser Methode nicht geklärt werden. Hier ist es sehr wichtig, deutlich zu machen, dass dafür die Zeit und damit auch die nötige Ruhe fehlt, um zu einer echten Klärung zu kommen. Genauso wichtig ist es, in Runde 3 eine verbindliche Absprache zu treffen, wann und in welchem Rahmen der Konflikt später besprochen werden soll.

Literatur

1. Löhmer/Standhardt: TZI, Die Kunst, sich selbst und eine Gruppe zu leiten, Klett-Cotta, 2015

Endlich wieder Zeit haben, sich in Ruhe um spannende und wichtige Themen kümmern zu können. Nicht jeden Tag mit Moderieren und Reparieren verbringen müssen, nur weil die Teams das mal wieder nicht allein geregelt kriegen. Genau diese Qualität das erlebt eine Führungskraft, deren Verantwortungsbereich von *lebendigem Unternehmertum* geprägt ist.

Dorthin zu kommen, ist ein ordentliches Stück Weg, das ohne zahlreiche Rückschläge nicht gelingen kann. Sie gehören einfach dazu, wenn wir Menschen versuchen, uns zu ändern. Wenn wir immer wieder Rückschläge erleben, mag das frustrierend sein und der Gedanke „An diesem Punkt stehe ich jetzt schon zum zehnten Mal!" naheliegend und verständlich.

Und doch spiegelt er die Wahrheit nur zur Hälfte wider. Um das zu verstehen, hilft es, sich die Entwicklung einer einzelnen Person, eines Bereiches oder des ganzen Unternehmens wie eine Auffahrt in einer Parkgarage vorzustellen, die sich Ebene für Ebene nach oben schraubt. Fährt ein Auto nun von der Einfahrt bis aufs sonnige Parkdeck, und man blickt aus der Vogelperspektive von oben drauf, dann scheint dieses Auto tatsächlich lediglich im Kreis zu fahren. Wie unsinnig, könnte man denken, da geht ja nichts voran! Mit dem Blick von der Seite wird jedoch sichtbar, dass das Auto mit jeder Umdrehung seinem Ziel ein Stück nähergekommen ist.

Nicht anders verhält es sich, wenn wir Menschen ein neues Verhalten lernen wollen. Immer und immer wieder scheinen wir am gleichen Punkt zu stehen und haben das Gefühl, uns nur im Kreis gedreht zu haben. Nichts scheint vorangegangen zu sein. Doch bei genauem Hinsehen bemerken wir, dass es vielleicht dieses Mal etwas länger gedauert hat als üblich, bis wir wieder in unser altes Verhaltensmuster zurückgefallen sind. Und selbst wenn es theoretisch exakt genau so schief gegangen ist, wie wir das zuvor schon zigmal erlebt haben, selbst dann hat das erneute Scheitern einen kleinen Mehrwert in der Erkenntnis, dass es auf diese Weise nun ganz sicher nicht funktionieren kann. Die Einsicht, es beim nächsten Mal völlig anders angehen zu müssen, wird zur klaren Entscheidung, das tatsächlich auch zu tun. Rückschläge mögen also immer wieder gleich aussehen, doch im Vergleich zum letzten Mal sind wir jedes Mal ein Stück weitergekommen.

Und noch etwas: Zu meinen, Sie müssten erst etwas schaffen, um dann ein *lebendiger Unternehmer* zu sein, führt in eine Sackgasse. Sie mögen bei der Erreichung des Ziels eine gewisse Genugtuung empfinden, vielleicht sogar Glück. Aber die Zeit bis dahin ist viel länger als der Moment der Zielerreichung. Und das Erarbeiten und Hinkämpfen zum Ziel verschafft Ihnen einen Tunnelblick, der Sie das Schöne des Augenblicks nicht mehr sehen lässt und deshalb nur in Daueranspannung versetzt.

Lebendiger Unternehmer zu sein hängt nicht davon ab, ob Sie dieses Ziel erreichen. Es hängt davon ab, ob Sie sich entscheiden, es zu sein, und in der Lage sind, das auch zu spüren.

„Lebe den Moment, denn er ist alles, was Du hast!", habe ich einmal irgendwo gelesen. Und tatsächlich gibt es nur genau zwei Tage im Leben, an denen Sie kein lebendiger Unternehmer sein können: gestern und morgen. Noch genauer: Es gibt exakt zwei Augenblicke, in denen Sie sich nicht lebendig und unternehmerisch fühlen können: vorhin und gleich. Es ist immer *jetzt*. Und entscheidend für Ihr Gefühl *jetzt* ist Ihre Entscheidung *jetzt*. Entscheiden Sie sich, ein *lebendiger Unternehmer* zu sein, und Sie sind es.

Doch neben dieser „Wahrheit des Augenblicks" steht gleichberechtigt auch deren Gegenteil. Denn genauso wahr ist natürlich, dass in Lebendigkeit und Unternehmertum zu kommen kein Sprint ist, sondern ein Marathon. Und wie bei einem Marathon gilt deshalb auch hier: Glauben Sie an sich und halten Sie sich immer wieder die Attraktion *lebendigen Unternehmertums* vor Augen. Kämpfen Sie für Ihre Überzeugungen – und bleiben Sie dabei locker. *Lebendiges Unternehmertum* heißt, sich ständig darin zu üben. Immer wieder neu, und auf eine möglichst leichte und spielerische Art und Weise.

Seien Sie also *geduldig* auf Ihrem Weg, mit sich selbst und mit Ihrem Umfeld. Seien Sie *beharrlich* und lassen Sie nicht los, bevor Sie das Ziel erreicht haben. Und haben Sie *Vertrauen* auf dem Weg dorthin, dass Sie ihn meistern werden.

Zur Befreiung in die Lebendigkeit und zum Aufbau echten Unternehmertums wünsche ich Ihnen viel Erfolg: Für sich selbst. Für Ihr Team. Und dann natürlich für das ganze Unternehmen!

Herzlich
Ihr Johannes Schmeer

MIX

Papier | Fördert
gute Waldnutzung

FSC® C083411

Zeitfracht Medien GmbH
Ferdinand-Jühlke-Straße 7
99095 Erfurt, Deutschland
produktsicherheit@kolibri360.de